北京地区少数民族古籍目录丛书之九

中央民族大学馆藏少数民族文字古籍名录

中央民族大学中国少数民族语言与古籍研究所
北京市民族古籍整理出版规划小组办公室
编

中央民族大学出版社
China Minzu University Press

图书在版编目（CIP）数据

中央民族大学馆藏民族文字古籍名录/黄建明，马兰主编．—北京：中央民族大学出版社，2017.12

ISBN 978－7－5660－1177－0

Ⅰ．①中…　Ⅱ．①黄…　②马…　Ⅲ．①少数民族—古籍—图书目录—中国　Ⅳ．①Z838

中国版本图书馆 CIP 数据核字（2016）第 057666 号

中央民族大学馆藏民族文字古籍名录

主　　编　黄建明　马　兰
责任编辑　杨爱新
封面设计　汤建军
出 版 者　中央民族大学出版社
　　　　　北京市海淀区中关村南大街 27 号　邮编:100081
　　　　　电话:68472815(发行部)　传真:68932751(发行部)
　　　　　　　68932218(总编室)　　　　68932447(办公室)
发 行 者　全国各地新华书店
印 刷 厂　北京盛华达印刷有限公司
开　　本　787×1092（毫米）　1/16　印张：24
字　　数　555 千字
版　　次　2017 年 12 月第 1 版　2017 年 12 月第 1 次印刷
书　　号　ISBN 978－7－5660－1177－0
定　　价　148.00 元

总　序

今天奉献给大家的这套丛书，展示了近十年来北京地区在保护、抢救、搜集、整理少数民族古籍工作中的阶段性成果，是近十年来北京地区广大民族古籍工作者心血的结晶。

中华民族作为一个历史悠久的民族，在漫长的文明进程中，创造了丰富多彩的中华文化，为世人留下了诸多宝贵的物质和精神财富。就少数民族而言，他们不仅创造了自己的文字，而且用这些不同的民族文字书写、刊印了大量流传至今、种类浩繁的民族古籍文献，形成了自己独特的民族文化，成为中华文化重要的组成部分，也是弥足珍贵的人类文化遗产。

研究表明，中国少数民族古籍不仅是中华文明延续发展的历史见证和中华文明的重要载体，更凝聚着中华民族的智慧和结晶，是维系民族情感的精神纽带和重要桥梁。这些民族古籍文献承载着丰厚的历史和多彩的文化，具有十分重要的保存、研究和文物价值。然而，由于年代久远等因素所致，民族古籍的永久性保存问题越来越受到严峻的挑战，因此，对民族古籍文献进行有效的抢救和整理工作已迫在眉睫。

1997 年，在国家民委的直接领导下，《中国少数民族古籍总目提要》编纂工作正式启动。

作为历史文化古都，北京古籍藏量浩如烟海；作为政治文化中心，北京文化机构众多、大专院校林立，民族古籍的分布十分广泛，抢救和整理工作任务相当繁重。作为一项艰巨复杂细致的系统工程，多年来，北京地区少数民族古籍整理工作在国家民委古籍整理研究室的具体指导下，结合北京地区特点，制定了详细的工作计划和工作细则，使北京的民族古籍整理工作逐渐走向深入。

由于民族古籍整理方面人才匮乏，尤其是个别文种已出现人才断档问题，北京地区民族古籍整理工作面临相当大的难度。好在此项工作启动伊始，便得到了北京市政府、市属有关机构及中央所属在京各有关单位的大力支持。在北京市民委的直接领导下，在大批专家、学者的参与指导下，近十年间，民族古籍整理工作人员不计酬劳，默默耕耘，对分散保存在各图书馆、档案馆、科研院所等单位的书籍、文书、拓片、金石铭刻等进行普查核对、数据著录、分析考究等项工作，最终编辑成此套丛书。

本丛书的出版发行，既展示了北京地区民族古籍整理工作的阶段性成果，也为编写《北京地区民族古籍总目提要》，乃至完成《中国少数民族古籍总目提要》的编写工作，创造了有利的基础条件。同时，也为有计划分步骤地深入开展北京地区民族古籍抢救和整理工作打下了基础。

本丛书收录的范围，从内容上看，可谓包罗万象，丰富多彩，既包括北京地区所藏满、蒙、藏、回、彝、纳西等当代民族的古籍文献，也包括西夏、突厥、回鹘、女真、契丹等古代民族的文献典籍，涉及这些民族的政治、法律、哲学、历史、宗教、文学艺术、语言文字、天文地理等诸多方面。

编写工作坚持严谨规范的科学态度，遵循古籍文献整理的基本法则，充分体现各民族古籍文献的基本特色，按其文字或文献的种类编辑成册，无法独立成册者，酌加合并成册。每册都按其所收古籍文献的基本特点，分别制定相对独立的编辑体例。本丛书原则上成熟一集出版一集，以期将近十年来北京地区少数民族古籍整理工作的阶段性成果汇集起来，便于广大学者查阅和研究，发挥其应有的社会功效。

古籍整理工作任重而道远。本套丛书的编辑出版，仅仅是北京地区民族古籍整理工作计划的第一步。目前，从中央到地方的各级人民政府都高度重视少数民族古籍保护工作，民族古籍整理工作面临新的机遇和挑战，任务更为艰巨和复杂。我们仍需加大工作力度，制定科学规划，充分发挥相关协作单位和个人的积极性，使北京地区民族古籍整理工作更好地为保护和弘扬中华民族的传统文化发挥作用。

应该强调的是，在这套丛书的编辑出版过程中，为了一个共同的目标——抢救和保护民族古籍文献，许许多多不同部门、不同民族、不同年龄的人走到一起，并为之付出了艰辛劳动。在此，谨向各位可敬可爱的同仁表示深深的谢意。最后需要说明的是，古籍文献的整理是一项繁琐而严谨的工作，本套丛书的编辑出版仍有需要逐步完善之处，敬请广大读者指正。

北京市民族古籍整理出版规划小组办公室

2011 年 10 月 1 日

序

中国少数民族古籍是中华民族古籍的重要组成部分，是中华古典文明的重要标志。发掘、整理中国少数民族古籍，对丰富中华民族文化宝库，建设中国特色的社会主义具有十分重要的意义。

中国传统的治学方法是建立在历史文献的基础上，以文献为依据，展开学术研究，由此，有本之学成了国学之特色。中华民族历来十分重视历史文献的建设，中央民族大学也是如此。建校之初，学校就把民族学科当作特色学科、主干学科来建设。国家从北京大学、清华大学等调了一批顶尖级的民族学家、语言学家、历史学家、社会学家到中央民族学院（中央民族大学前身）从事教学科研工作，同时把国内有关院校和科研机构馆藏的少数民族古籍调集中央民族大学收藏。这样，中央民族大学不仅是大师云集的地方，也是民族古籍收藏量最多的高校。

为进一步加强中央民族大学古籍学科建设，20 世纪 60 年代初，或组织派遣，或教师主动深入少数民族地区，从民间征集了大量的纳西东巴文献、傣文献、彝文献带回学校，做深入研究，但由于受当时政治生态环境的影响，千辛万苦从边疆征集回来的资料，一直没能整理研究，有些甚至连包都没能打开。这些宝贵资料不仅没能利用，还渐渐被人们淡忘。

20 世纪 90 年代初，我们整理办公室时，偶然发现两个破木箱中装满了尚未开包的当年和志武先生等从纳西地区征集回来的东巴文献。为使这批宝贵的文献重见天日，我们利用编写《中国少数民族古籍总目提要》之机，从云南丽江东巴文化研究院请来多位老东巴开包整理。近年黄建明等又利用美国大使文化保护基金项目“中国中央民族大学馆藏少数民族古籍整理与保护”课题，对这批古籍进行了全面整理，对每卷逐步整理、编目，并分类装入盒套入库保存。可以说这批古籍得到了科学的保护。

黄建明等又将课题的相关成果汇编成《中央民族大学馆藏少数民族文字古籍名录》正式出版，这将为广大学者利用这批文献提供一定的方便，同时也将为保护这批珍贵古籍提供依据。

半个多世纪以来，我国在利用汉文献和外文资料进行中国少数民族研究方面取得了可喜的成绩。而其实，用少数民族文字记载的史料也极其宝贵，也是学术研究难得的一份史料。遗憾的是由于语言文字的隔阂，少数民族古籍中的许多宝贵资料尚未得到合理的利用。鉴此，希望有关机构加大少数民族古籍编译整理的力度，让宝贵的少数民族古籍发挥应有的作用，更希望有条件的同志直接利用少数民族文字古籍的第一手资料展开学术研究。我相信我国的少数民族研究会更上一层楼，出现新局面。

中华民族正向和平崛起的道路阔步前进，民族古籍事业方兴未艾。现今阶段是有史以来少数民族古籍整理研究的最好时机，大家携起手来，共同努力，把中国少数民族古籍整理研究工作推向深处。

是为序。

张公瑾

2015 年 6 月 20 日

凡　例

一、本书所收内容为中央民族大学中国少数民族语言与古籍研究所、校图书馆馆藏的纳西东巴文、蒙古文、满文古籍名录。

二、本书古籍顺序以民族为单位编排，一个民族一个板块，本书共 3 个板块。其编排顺序参照国家标准 GB/T3304－1991 中国各民族名称排列法，即蒙古、满、纳西。

三、本书的纳西东巴文古籍目录条目按现行纳西东巴文分类排列习惯进行编排；蒙古文、满文古籍按中央民族大学图书馆索书号排列。

四、本书古籍目录著录按少数民族文字、国际音标注音或拉丁字母转写、汉语意译的顺序编写。

五、本书著录项目包括书名、卷次、著者、成书年代、纸质、规格、款识等。

六、本书对所录古籍内容只作提示性描述。

目　录

蒙文卷目录

满文卷目录

纳西卷目录

蒙文卷

目 录

ᠭᠤᠷᠪᠠᠨ ᠵᠦᠢᠯ ᠦᠨ ᠦᠭᠡ ᠬᠠᠳᠠᠮᠠᠯ ᠪᠣᠭᠳᠠ ᠶᠢᠨ ᠰᠤᠷᠭᠠᠯ ᠢ ᠰᠡᠩᠬᠡᠷᠡᠭᠦᠯ ᠦᠨ ᠪᠠᠳᠠᠷᠠᠭᠤᠯᠤᠭᠰᠠᠨ ᠪᠢᠴᠢᠭ

γurban ǰüli-ün üge qadamal boγda-yin surγal-i sengkeregül-ün badaraγulu-γsan bičig

三合圣谕广训　满蒙汉合璧

清世宗（胤禛）撰

清同治十三年（1874）北京萧氏重刻本

4 册（248 页）。

6 至 9 行不等。白口，单鱼尾，四周双边，墨色，版框 22.1×15cm。版心刻汉文题名、页码。竹纸，线装，页面 27.3×17.8cm，保存完好。护国寺、隆福寺庙内书摊萧姓存板。

圣谕广训序。源于康熙皇帝《圣谕十六条》，雍正皇帝继位后加以推行，清政府在各地推行宣讲，并定为考试。关于敦孝悌、笃宗教和乡党等训诫。

ᠪᠣᠭᠳᠠ ᠶᠢᠨ ᠰᠤᠷᠭᠠᠯ ᠢ ᠰᠡᠩᠬᠡᠷᠡᠭᠦᠯ ᠦᠨ ᠪᠠᠳᠠᠷᠠᠭᠤᠯᠤᠭᠰᠠᠨ ᠪᠢᠴᠢᠭ

boγda-yin surγal-i sengkeregül-ün badaraγulu-γsan bičig

圣谕广训　二卷　满蒙合璧

清世宗（胤禛）撰

清雍正二年（1724）刻本

2 册（157 页）。

8～10 行不等。白口，单鱼尾，四周双边。墨色，半页版框 22.8×19.2cm。版心上有满文书名、篇目、汉文页码。竹纸，线装。页面 36.1×24cm

保存完好。

圣谕广训序。有“圣”字的抬头位凸出边框线。关于敦孝悌、笃宗教和乡党等训诫。

ᠪᠣᠭᠳᠠ ᠶᠢᠨ ᠰᠤᠷᠭᠠᠯ ᠢ ᠰᠡᠩᠬᠡᠷᠡᠭᠦᠯ ᠦᠨ ᠪᠠᠳᠠᠷᠠᠭᠤᠯᠤᠭᠰᠠᠨ ᠪᠢᠴᠢᠭ

boγda-yin surγal-i sengkeregül-ün badaraγulu-γsan bičig

圣谕广训　满蒙合璧

（清）清世宗（胤禛）撰

清雍正二年（1724）刻本

1 册（71 页）。

9 至 18 行。白口，单鱼尾，四周双边。墨色，半页版框 21×17cm。版心有满文书名、页码。竹纸，28×19.4cm，线装。边角破损，纸张老化。

印篆字章，满文和蒙文对照 12 页，蒙文部分为手抄。只序文有汉文，正文无汉文。有尊称之处凸出边框线。关于敦孝悌、笃宗教和乡党等训诫。

ᠮᠠᠭᠠᠳ ᠲᠡᠮᠳᠡᠭᠯᠡᠯ ᠳᠡᠬᠢ ᠮᠠᠨᠵᠤ ᠮᠣᠩᠭᠣᠯ ᠦᠰᠦᠭ ᠦᠨ ᠵᠢᠷᠤᠮ ᠢ ᠰᠠᠯᠭᠠᠭᠰᠠᠨ ᠪᠢᠴᠢᠭ

maγad temdeglel-deki manǰu mongγol üsüg-ün ǰirum-i salγaγsan bičig

实录满蒙晰义　满蒙汉合璧

佚名撰。

清宣统元年（1909）石印本

4 册。

8 行。页面 27×19.1cm。版心有书名《蒙文晰义》、页码。竹纸，线装。脱线。

本书附《实录馆蒙文成语》《皇帝徽号》《皇后徽号》。第一册《实录满蒙晰义·元》，内容分为告祭、畿筵、奏章；第二册《实录满蒙晰义·亨》，内容分为赈缓、赏赉、出差、旌表、傅胪等；第三册《实录满蒙晰义·利》，内容分为谕旨、庙、宫、堂、门等类；第四册《实录满蒙晰义·贞》，内容分为亲王、君王封号、皇帝皇后封号等门类。

ᠮᠣᠩᠭᠣᠯ ᠦᠰᠦᠭ ᠦᠨ ᠵᠢᠷᠤᠮ ᠢ ᠰᠠᠯᠭᠠᠭᠰᠠᠨ ᠪᠢᠴᠢᠭ

mongγol üsüg-ün ǰirum-i salγaγsan bičig

蒙文晰义　四卷　满蒙汉合璧

（清）赛尚阿纂辑

清道光二十八年（1848）刻本

4 册（308 页）。

6 至 8 行不等，白口，三对双鱼尾，四周双边。墨色，半页版框 20.2 × 15.9cm。版心有汉文卷次，汉文页码。竹纸，页面 24.8 ×17.2cm，线装。

有赛尚阿作序，有部分蒙古文签注。词条按满文字母顺序排列，并配有蒙古文、汉文翻译。一二卷讲解“蒙文晰义”，第三卷讲授“蒙文法程”，第四卷为“圣谕广训”更定便览讹字、便览遗字等内容，满文、蒙古文、汉文对照词典。

ᠭᠤᠷᠪᠠᠨ ᠵᠦᠢᠯ ᠦᠨ ᠦᠭᠡ ᠬᠠᠳᠠᠮᠠᠯ ᠦᠵᠡᠬᠦᠢ ᠳᠦᠷ ᠬᠢᠯᠪᠠᠷ ᠪᠣᠯᠭᠠᠭᠰᠠᠨ ᠪᠢᠴᠢᠭ

γurban ǰüil-ün üge qadamal üǰeküi-dür kilbar bolγaγsan bičig

三合便览　十一卷　满蒙汉合璧

（清）敬斋公撰　富俊增补

清刻本

12 册。

8 行。白口，双鱼尾，四周双边。墨色，半页版框 20.4 ×14.6cm。版心有汉文书名、页码。绵纸，页面 26.5 ×17cm，线装。封面破损，纸张老化。

卷前有清乾隆四十五年（1780）富俊撰满蒙汉三体合璧序文。第一册内容为蒙文指要、清文指要、十二字头。字条按满文字母顺序排列。书行为四格，首冠以满文、次汉文、次蒙古文、末则以清书书蒙古语。这是一部满汉蒙三文合璧、集语法和词典为一体的工具书，也是清代最早按音序编排的满蒙汉文对照词典。

ᠳᠥᠷᠪᠡᠨ ᠵᠦᠢᠯ ᠦᠨ ᠦᠰᠦᠭ ᠬᠠᠪᠰᠤᠷᠤᠭᠰᠠᠨ ᠲᠣᠯᠢ ᠪᠢᠴᠢᠭ

dörben ǰüil-ün üsüg qabsuruγsan toli bičig

御制四体清文鉴　三十四卷　满蒙藏汉合璧

清刻本

10 册。

12 行。白口，单鱼尾，四周双边，墨色，半页版框 21.5 ×16.2m。版心有汉文书名、卷次、页码、类别。竹纸，页面 26 ×17.2cm，线装。纸张老化。

汉满蒙藏四体文鉴，对照文。是清代官修以文鉴命名的分类词汇集。全书分三十六部，收词一万七千余条，按满文、藏文、蒙古文、汉文次序排列，其中在藏文格栏下附有两种满文注音，一种叫切音（用满文字母转写藏文），一种叫对音（用满文字母标音）。

ᠳᠥᠷᠪᠡᠨ ᠵᠦᠢᠯ ᠦᠨ ᠦᠰᠦᠭ ᠬᠠᠪᠰᠤᠷᠤᠭᠰᠠᠨ ᠲᠣᠯᠢ ᠪᠢᠴᠢᠭ

dörben ǰüil-ün üsüg qabsuruγsan toli bičig

四体合璧文鉴　三十二卷　满蒙藏汉合璧

清刻本

11 册。

12 行。白口，单鱼尾，四周双边。墨色，半页版框 23 ×16.3cm。版心有汉文书名、卷次、篇目、页码、册序、12 组词。竹纸，页面 28.8 ×19.1cm，线装。纸张老化，脱线。

满文文鉴总纲八卷，满蒙合璧文鉴总纲单独 1 册，21 页。是书为满、蒙、藏、汉合璧标音词典，以《御制增订清文鉴》为蓝本编成。

ᠳᠥᠷᠪᠡᠨ ᠵᠦᠢᠯ ᠦᠨ ᠦᠰᠦᠭ ᠬᠠᠪᠰᠤᠷᠤᠭᠰᠠᠨ ᠲᠣᠯᠢ ᠪᠢᠴᠢᠭ

dörben ǰüil-ün üsüg qabsuruγsan toli bičig

四体合璧文鉴　三十二卷　满蒙藏汉合璧

清刻本

8 册。

12 行。白口，单鱼尾，四周双边。墨色，半页版框 21.3×16.5cm。版心有汉文书名、卷次、篇目、页码、册序、12 组词。竹纸，页面 25.4×18.8cm，线装。纸张老化，脱线。

是书为满、蒙、藏、汉合璧标音词典，以《御制增订清文鉴》为蓝本编成。有朱字批。

ᠲᠥᠪᠡᠳ ᠦᠭᠡ ᠬᠢᠯᠪᠠᠷ ᠰᠤᠷᠬᠤ ᠪᠢᠴᠢᠭ ᠭᠤᠷᠪᠠ ᠰᠢᠭᠦᠵᠦ ᠵᠠᠰᠠᠭᠰᠠᠨ ᠣᠷᠣᠰᠢᠪᠠᠢ

töbed üge kilbar surqu bičig γurba šigü-ǰü ǰasa γsan orošibai

易学藏文书　藏蒙对照

（清）衮布扎布等编

清乾隆二年（1737）北京木刻本

1 册（206 页）。

11 行。四周双边，墨色，半页版框 27×17.5cm。绵纸，页面 32.5×21cm，线装。有蒙古文序文，藏文跋文，天头盖有红色篆书章子。前面部分严重残损。

为蒙古人学习藏文而编撰的藏文和蒙古文对照辞典。

ᠮᠣᠩᠭᠣᠯ ᠬᠢᠲᠠᠳ ᠪᠢᠴᠢᠭ ᠢᠶᠡᠷ ᠬᠠᠪᠰᠤᠷᠤᠭᠰᠠᠨ ᠲᠠᠪᠤᠨ ᠵᠦᠨ ᠦᠨ ᠠᠭᠤᠤ ᠠᠭᠠᠯᠭᠤ ᠪᠢᠴᠢᠭ

mongγol kitad bi č ig-iyer qabsuruγsan tabun ǰün ün aγuu aγalγu bičig

蒙汉合璧五方元音

海山（1865—1927）编译

民国六年（1917）石印本

1 册。

10 行。白口，单鱼尾，四周双边，墨色，半页版框 21×13.5cm。版心有汉文书名、页码。机造纸，页面 26.3×15cm，平装。纸张老化。

钤有汉文“喀喇沁右翼旗贝子章”、大四方朱砂印章和海山像。有编译者等四人的四篇序文。汉文跋文。蒙汉书名并列。有版权页。为研究蒙古族语言文字的一部著作。

ᠮᠣᠩᠭᠣᠯ ᠤᠳᠬ᠎ᠠ᠎ᠶᠢᠨ ᠵᠦᠢᠯ ᠬᠣᠪᠢᠶᠠᠭᠰᠠᠨ ᠲᠣᠯᠢ ᠪᠢᠴᠢᠭ

mongγol udq-a-yin ǰüil qobiyaγsan toli bičig

蒙文分类辞典　二卷　蒙汉合璧

汪睿昌（1887—1939）编撰

民国十五年（1926）北京蒙文书社铅印本

2 册。

16 行。上白口，下黑口，单鱼尾，四周双边，墨色，半页板框 21×13.4cm。版心有汉文书名、页码、篇目、出版者名称“蒙文书社出版”等。竹纸，页面 26×15.3cm，线装。保存完好。

蒙古文和汉文对照分类辞典。辞典条目从天文类至虫动类共计 292 个类目。

ᠮᠣᠩᠭᠣᠯ ᠨᠠᠩᠬᠢᠶᠠᠳ ᠦᠰᠦᠭ ᠦᠨ ᠲᠣᠯᠢ ᠪᠢᠴᠢᠭ

mongγol nanggiyad üsüg-ün toli bičig

蒙汉字典　上、下

汪睿昌（1887—1939）编撰

民国十七年（1928）北京蒙文书社铅印本

2 册（512 页）。

11 至 13 行不等。作者肖像图。上白口，下黑口，单鱼尾，四周双边，墨色，半页版框 21×13.4cm。版心有书名、蒙古文字元音序、汉文页码和“蒙文书社出版”等。机造纸，页面 26×16cm，平装。断线。

汪睿昌序文。词条按蒙古文字母顺序编排。

ᠮᠣᠩᠭᠣᠯ ᠨᠠᠩᠭᠢᠶᠠᠳ ᠦᠰᠦᠭ ᠦᠨ ᠲᠣᠯᠢ ᠪᠢᠴᠢᠭ

mongγol nanggiyad üsüg-ün toli bičig

蒙汉字典

蒙藏学校刘铎、谢龙泉、李树译等增编。

民国二十七年（1938）芷江文新石印局石印本

2 册。

11 行。白口，单鱼尾，四周双边，墨色，半页版框 22.1×14.5cm。版心有书名、蒙古文音序、汉文页码、“芷江文新代印”字样。竹纸，页面 28.5×18cm，线装。保存完好。

除原作者汪睿昌作蒙汉对照序文外，还有吴铸人等四位的三篇序文。此字典在北京蒙文书社出版的汪睿昌编撰的《蒙汉字典》基础上增补。附录中增入新名词若干。

ᠮᠣᠩᠭᠣᠯ ᠦᠰᠦᠭ ᠦᠨ ᠵᠢᠷᠤᠮ ᠢ ᠰᠠᠯᠭᠠᠭᠰᠠᠨ ᠪᠢᠴᠢᠭ

mongγol üsüg-ün ǰirum-i salγaγsan bičig

蒙文晰义上、下卷　满蒙汉合璧

（清）赛尚阿增补

由其父亲编纂

清道光二十八年（1848）刻本

2 册（209 页）。

8 行，白口，三对双鱼尾，四周双边。墨色，半页版框 20.4×14.8cm。版心有汉文卷次、页码。竹纸，页面 29×17.6cm，线装。

正文有朱字批文，作者序言，页面边角酸化、破损、断线。

以《三合便览》体例为蓝本纂辑，满蒙汉合璧音序词典。

ᠮᠣᠩᠭᠣᠯ ᠦᠭᠡᠨ ᠦ ᠪᠥᠭᠥᠳᠡ ᠬᠤᠷᠠᠭᠠᠭᠰᠠᠨ ᠪᠢᠴᠢᠭ

mongγol ügen-ü bögöde quraγaγsan bičig

蒙文总汇　十一卷　蒙汉满合璧

（清）品三李鋐编着

清光绪十七年（1891）北京木刻本

12 册（共 2072 页）。

9 行。白口，单鱼尾，四周双边，墨色，半页版框 21.5×16.2cm。版心有汉文页码、汉文卷次。竹纸，页面 29.8×17.9cm，线装。保存完好。

有清光绪十七年（1891）十二月裕彰所作序，据序文为固什喇嘛品三李纮编撰。按蒙古文字母排列词序，并注汉文、满文翻译。

ᠮᠣᠩᠭᠣᠯ ᠦᠭᠡᠨ ᠦ ᠪᠥᠭᠥᠳᠡ ᠬᠤᠷᠠᠭᠠᠭᠰᠠᠨ ᠪᠢᠴᠢᠭ

mongγol ügen-ü bögöde quraγaγsan bičig

蒙文总汇　蒙汉满合璧

（清）品三李鋐编着

清刻本

不分卷，6 册。

9 行。大黑口，单鱼尾，四周双边，墨色，半页版框 20×15.5cm。版心有汉文页码、汉文卷次。竹纸，页面 27.5×18cm，线装。断线，纸张老化。

按蒙古文字母排列词序，并注汉文、满文翻译。蒙汉满合璧音序词典。

ᠮᠣᠩᠭᠣᠯ ᠦᠭᠡᠨ ᠦ ᠪᠥᠭᠥᠳᠡ ᠬᠤᠷᠠᠭᠠᠭᠰᠠᠨ ᠪᠢᠴᠢᠭ

mongγol ügen-ü bögöde quraγaγsan bičig

钦定蒙文汇书　十六卷　蒙汉满合璧

（清）理藩院蒙古文汇书纂办堂照式

修纂

（清）塞尚阿编，松森等重编

清光绪十七年（1891）刻本

17 册（1541 页）。

8 行。白口，单鱼尾，四周双边，墨色，半页版框 26 × 18.9cm。版心有汉文书名、篇目、卷次、页码。竹纸，页面33.9 × 21.4cm，线装。纸张老化，断线。

由院奏十六页、官衔十九页合为 1 册；正文 16 册；在序文中记录“窃维臣院存有故臣赛尚阿蒙文汇书一种未经刊刻流传，拟由臣院拣派提调等官重加编辑等因”。书体例为首著蒙文、次列汉文、终书满文。17 册分别装在元、亨、利、贞四函，比较规范的蒙、汉、满三体合璧词典。

mongγol ügen-ü bögöde quraγaγsan bičig

蒙文汇书　蒙汉满合璧

（清）赛尚阿编纂

清手抄本

不分卷，16 册。

8 行。墨色。竹纸，页面 29.7 × 18cm，线装。纸张老化，破损。

有编者序文，朱批。似原始手稿。

主要包括名词、形容词、动词的综合词典。

mongγol yapon toli

蒙日辞典

［日本］萩尾长一郎著

民国三十二年（1943）铅印本

1 册（688 页）。

22 行。机造纸，页面 24.9 × 18cm。有羽田亨日文序和作者序文。精装。

蒙文和日文对照辞典。

šin-e-ber qarγuγulun seyilügsen mayima iyin tuqai

新刻校正买卖蒙古同文杂字　汉满蒙合璧

清嘉庆六年（1801）刻本

1 册（106 页）。

6 行。白口，单鱼尾，四周双边，墨色，有图，半页版框 12.4 × 10.2cm。版心有汉文页码。竹纸，页面 17 × 11.6cm，线装。

采用图文形式，收录汉、蒙古、满三种文字对照的有关生意买卖名词术语 316 个。

mongγol ügen-ü börin bičig

蒙古大辞典　蒙汉对照

黄锟、赵常恂、包用冯等编辑

民国元年（1912）筹蒙学社印刷发行

1 册（1458 页）。

9 行。四周单边，墨色，版框 12.5 × 8.3cm。框外有汉文篇目、页码。机造纸，页面 14.1 × 10cm。平装。保存完好。

此书由汉文对照表目录、汉文对照表和蒙汉对照词组成。前面部分为汉文。

aγalγu-i temdeglegsen kitad-iyar tayilburilaγsan mongγol udq-a-yin ungšiqu bičig

蒙文读本　蒙汉合璧

伊德钦编著

民国二十四年（1935）南京汉文正楷印书局石印本

1册（112页）。

14行。墨色。机造纸，页面26.4×19cm，平装。

共38课，有版权页。蒙古语基础读本。

mongγol kelen-ü qarilčan kelelčekü üges

蒙古语会话篇　蒙汉合璧

施云卿著

民国二十二年（1933）北平蒙文书社铅印本

1册（237页）。

10行。四周单边，墨色，半页版框14.2×8.4cm。版框右边外侧有汉文书名、页码。机造纸，页面1.7×12.1cm，平装。保存完好。

乌力吉书序文，封面朱字题名，书脊题名为《蒙语会话篇全》。为汉族人学习蒙古语的书。

mongγol bičig-un hagulburi

蒙古文钞

［日］服部四郎　编

东京文求堂昭和十四年（1939）铅印

1册（83页）。

10至14行不等。墨色，插图。机造纸，页面19.2×13.3cm，平装。保存完好，装订。有作者序，第27页至36页是蒙汉对照《论语卷一》。日文版权页。

mongγol riben ügin-u huriyanggui-yin bičig

增补改订蒙和辞典

韩穆精阿等著

大阪市贾文堂书店昭和十二年（1937）铅印本

1册（547页）。

17行，左右单边，墨色，框线外目次、汉文页码。页面20.4×15.5cm，平装。保存完好。

除韩穆精阿作蒙文序文外，还有三篇日文序文。凡例、附录（文法）。正文为首冠以蒙古文、次蒙古文拉丁撰写、次字音、末日文对照而成。这是一部蒙古文和日文对照词典。

mongγol üges-ün huriyanggui toli bičig

蒙古语大辞典　上、中、下

陆军省编纂

昭和八年（1933）铅印本

3册。

22行。四周双边，墨色，版框22.3×15.5cm。上卷有彩图、题词。框外有蒙古文篇目、汉文页码。机造纸，页面30.3×23cm。精装。

此大辞典上、中卷为蒙和之部，蒙古文、拉丁转写、日文对照；下卷为和蒙之部，日文、蒙古文、拉丁转写对照。书顶（上切口）部有金粉装饰。

mongγol oros yapun üges-un toli bičig

最新标音蒙露日大辞典

南满洲铁道株式会社调查部编；石田喜舆司着东京学艺社版昭和十六年（1941）铅印本

1册（823页）。

13至21行不等。墨色，机造纸，页面25.5×18.7cm，精装。

蒙古文、俄文和日文对照辞典。俄文

题名为《Монгольско-Русско-Японский Словарь》，有凡例，田中清次郎作序。

ᠵᠢᠨ ᠤᠯᠤᠰ ᠤᠨ ᠡᠬᠢ ᠠᠳᠠᠭ ᠤᠨ ᠬᠡᠷᠡᠭ ᠢ ᠲᠡᠮᠳᠡᠭᠯᠡᠭᠰᠡᠨ ᠱᠠᠰᠲᠢᠷ

ǰin ulus-un eki ɑdɑγ-un kereg-i temdeg-legsen šɑstir

金史纪事本末　五十二卷

（清）李有堂撰；乌尔巴图，特睦格图翻译

民国十五年（1926）北京蒙文书社铅印本

5 册（736 页）。

13 至 16 行不等。白口、单鱼尾，四周双边，墨色，半页版框 21.9×14.8cm。版心有蒙文书名、蒙文册数（卷次）、阿拉伯数页码、“[illegible]”等。机造纸，页面 29.2×17.2cm，线装。破损，纸张老化。

记载金代重要史事的纪事本末体史书蒙古文译本。

ᠲᠡᠦᠬᠡ ᠶᠢᠨ ᠬᠠᠭᠠᠳ ᠤᠨ ᠤᠭ ᠤᠳᠤᠮ ᠤᠨ ᠢᠯᠡᠳᠬᠡᠯ

teüke-yin qɑγɑd-un uγ udum-un iledkel

帝王世系表　蒙古文

民国抄本

1 册。

5 行。页面 21×11cm，线装。严重残损。

蒙元宗室世系，元朝皇帝世系，蒙古帝国世系对照表。

ᠮᠣᠩᠭᠣᠯ ᠤᠨ ᠨᠢᠭᠤᠴᠠ ᠲᠣᠪᠴᠢᠶᠠᠨ

mongγol-un niγuča tobčiyan

蒙古秘史

［蒙古］策·达木丁苏荣编译

民国三十六年（1947）内蒙古日报社铅印

1 册，285 页。

14 者 16 行不等。墨色。机造纸，页面 25.5×18.3cm，平装。纸张老化，破损。

由沙·纳楚克道尔基作序；策·达木丁苏荣绪论。

是一部记述蒙古民族形成、发展、壮大之历程的历史典籍。

ᠶᠡᠬᠡ ᠶᠤᠸᠠᠨ ᠤᠯᠤᠰ ᠤᠨ ᠮᠠᠨᠳᠤᠭᠰᠠᠨ ᠲᠥᠷᠥ ᠶᠢᠨ ᠬᠥᠬᠡ ᠰᠤᠳᠤᠷ

yeke yuwɑn ulus-un mɑnduγsɑn törö-yin köke sudur

青史演义

（清）尹湛纳希著

民国二十九年（1940）蒙古文化教育会石印本

13 册

14 行。页面 23.8×18.2cm，平装。纸张老化，破损

有原序。章回小说。描绘了成吉思汗率诸将领统一各部的英雄业绩，在广阔的社会背景上展现出十二十三世纪蒙古草原的历史风貌。

ᠶᠡᠬᠡ ᠶᠤᠸᠠᠨ ᠤᠯᠤᠰ ᠤᠨ ᠮᠠᠨᠳᠤᠭᠰᠠᠨ ᠲᠥᠷᠥ ᠶᠢᠨ ᠬᠥᠬᠡ ᠰᠤᠳᠤᠷ

yeke yuwɑn ulus-un mɑnduγsɑn törö-yin köke sudur

青史演义　四卷

（清）尹湛纳希著

民国北平蒙文书社铅印本

4 册，66，69，74，74 页。

12 行。白口，单鱼尾，四周双边，墨色，半页版框 18.2×12.5cm。版心有蒙文书名、蒙文卷次、汉文页码、“[illegible]”等。页面 25.9×15cm，线装。纸张老化，脱线。

有序文，有成吉思汗图像、苏勒德图、成陵图、忽必烈图像等。章回小说，共十二章。描绘了成吉思汗率诸将领统一各部的英雄业绩，在广阔的社会背景上展现出十二十三世纪蒙古草原的历史风貌。

ᠰᠢᠨ᠎ᠡ ᠴᠣᠭᠣᠯᠣᠯ ᠲᠠᠢ ᠣᠷᠴᠢᠭᠤᠯᠤᠭᠰᠠᠨ ᠭᠤᠷᠪᠠᠨ ᠤᠯᠤᠰ ᠤᠨ ᠲᠡᠦᠬᠡ

šin-e čoqolol tai orčiγuluγsan γurban ulus-un teüke

新译带批三国演义　十二卷（一百二十回）

（明）罗贯中著，特睦格图译

民国十七年（1928）蒙文书社铅印本

12 册。

15 行。四周双边，半页版框 20.1 × 14cm，墨色。每册首页有彩图，插图，框外汉文书名《新译三国演义》、卷次、回次、页码。机造纸，页面 25.5 × 18.3cm，平装。纸张老化。已装订。

译者特睦格图汉语名为汪睿昌。有译者序文。有学者研究认为蒙古文译自满文。

根据三国时期的史实和民间传说创作而成的历史小说。

ᠰᠣᠩᠭᠣᠵᠤ ᠣᠷᠴᠢᠭᠤᠯᠤᠭᠰᠠᠨ ᠯᠢᠶᠣᠤ ᠵᠠᠢ ᠵᠢ ᠢ ᠪᠢᠴᠢᠭ

songγoju orčiγuluγsan liyoujai zhi yi bičig

选译聊斋志异　四卷　蒙古文

（清）蒲松龄著

清抄本

4 册，61，55，59，54 页。

9 行。白口，双黑鱼尾，四周双边，墨色，半页版框 18.7 × 14.8cm。版心汉文卷次　汉文页码。页面 28.3 × 18.1cm，线装。保存完好。

函套书名为《蒙文聊斋》（全），是一部思想艺术都具有独特风貌的文言短篇小说集，是我国志怪传奇小说系统中的一部奇书。

ᠰᠣᠩᠭᠣᠵᠤ ᠣᠷᠴᠢᠭᠤᠯᠤᠭᠰᠠᠨ ᠯᠢᠶᠣᠤ ᠵᠠᠢ ᠵᠢ ᠢ ᠪᠢᠴᠢᠭ

songγoju orčiγuluγsan liyou jai zhi yi bičig

选译聊斋志异　第二至八卷　蒙古文

（清）蒲松龄著；特睦格图译。

民国十七年（1928）北京蒙文书社铅印本

7 册。

11 行。四周花边，墨色，半页版框 16.2 × 11.4cm。封面彩绘图，有故事人物插图，右栏外侧有汉文书名、篇目、页码、章回名。有版权页。页面 20.5 × 15cm，线装。纸张老化。

是一部思想艺术都具有独特风貌的文言短篇小说集，是我国志怪传奇小说系统中的一部奇书。

ᠰᠣᠩᠭᠣᠵᠤ ᠣᠷᠴᠢᠭᠤᠯᠤᠭᠰᠠᠨ ᠯᠢᠶᠣᠤ ᠵᠠᠢ ᠵᠢ ᠢ ᠪᠢᠴᠢᠭ

songγoju orčiγuluγsan liyou jai zhi yi bičig

选译聊斋志异　第一卷

（清）蒲松龄著；特睦格图译

民国十七年（1928）北京蒙文书社铅印本

1 册，188 页。

11 行。四周花边，墨色，半页版框 16.2 × 11.4cm。书的前部分有故事人物图，插图，右栏外侧有汉文书名、篇目、页码、章回名。有版权页。页面 20.5 × 15cm，线装，纸张老化。

另一部第二至八卷的第一卷。翻译者特睦格图汉语名为汪睿昌。

是一部思想艺术都具有独特风貌的文言短篇小说集，是我国志怪传奇小说系统中的一部奇书。

sayin kalab-un mingγan burqan-u ner-e

贤劫千佛号　上卷　梵藏满蒙汉合璧

（清）三世章嘉·呼图克图·若必多吉编

刻本

存1册（共2册），63页。

4至8行不等，白口，双鱼尾，四周双边。墨色，半页板框19.5×16.8cm。版心有梵文和汉文页码，汉文卷序。竹纸，页面24.7×19.4cm，黄绫封面。纸张老化，断线。

详细地记述千佛的名号、出生地名、佛父母及佛子名、侍者名、人寿长短、聚会比丘众数、住法年限、舍利供养情况和初发菩提心之情况等。

ja qun sung yi yui

八纮译语

罗福成校录

丙子仲春发行

石印本

2册。

11行．黑口，单鱼尾，四周单边。墨色，版框14×10.2cm。白色开化纸，保存完好。

内有蒙兀儿译语一卷，又诏敕一卷，畏兀儿译语一卷，唐古突译语一卷，八思巴字百家姓一卷，以上五卷分装两册。

wen čang di giyün-u bitekü-yin erdem-ün bičig

文昌帝君阴骘文　满蒙汉合璧

作者不详；明叙蒙译。

清光绪六年（1819）刻本

1册，21页。

6行。白口，单鱼尾，四周双边，半页版框19.7×11cm。版心有汉文《三合阴骘文》、汉文页码。竹纸，页面23.3×18.3cm，线装。保存完好。

道教重要典籍。

mongγol nanggiyad qoyar naiči du burqan bagsi-yin namdar

蒙汉合璧释尊圣传

佐藤富江著

昭和十三年（1938）东京大亚细亚建设社

铅印本

1册，265页。

11至12行不等。插图，墨色，页面21.8×15cm，平装。保存完好。

卷端蒙古文题名为《……》，汉文题名为《释尊圣传》。作者作日文序文。有日文版权页。

是日本有关佛传的著作和研究。

šin tistamint kemegči nom anu orosibei

新约全书　二十二章　蒙古文

威廉姆斯，艾德沃德·斯塔利布拉斯自希腊文译为蒙古文。

1880年俄罗斯圣彼得堡铅印本

1册（658页）。

17行。四周双边。墨色，版框20.2×12cm。框外印有蒙古文编目、章节次。机造纸，23.8×15.5cm。平装。保存完好。

有蒙古文和英文书名页。从希腊文基督教《圣经》译为蒙文。

ᠳᠤᠮᠳᠠᠳᠤ ᠠᠷᠠᠳ ᠤᠯᠤᠰ ᠤᠨ ᠬᠣᠷᠢᠨ ᠭᠤᠷᠪᠠᠳᠤᠭᠠᠷ ᠣᠨ ᠤ ᠤᠯᠤᠰ ᠤᠨ ᠠᠷᠠᠳ ᠤᠨ ᠴᠠᠭ ᠤᠯᠠᠷᠢᠯ ᠤᠨ ᠲᠣᠭᠠᠨ ᠤ ᠪᠢᠴᠢᠭ

dumdadu arad ulus-un qorin γurbaduγar on-u ulus-un arad-un čaγ ularil-un toγan-u bičig

中华民国二十三年国民历：蒙汉合璧

国民政府行政院蒙藏委员会“中央研究院”文研究所编辑

民国铅印本

1册

9行。白口，单鱼尾，四周双边，墨色，半页版框22.7×12.7cm。版心有汉文页码“[illegible]”字样。竹纸，页面25.7×15.2cm，线装。

记录了民国期间的历史事件。

ᠳᠤᠮᠳᠠᠳᠤ ᠠᠷᠠᠳ ᠤᠯᠤᠰ ᠤᠨ ᠬᠣᠷᠢᠨ ᠲᠠᠪᠤᠳᠤᠭᠠᠷ ᠣᠨ ᠤᠯᠤᠰ ᠤᠨ ᠠᠷᠠᠳ ᠤᠨ ᠴᠠᠭ ᠤᠯᠠᠷᠢᠯ ᠤᠨ ᠲᠣᠭᠠᠨ ᠤ ᠪᠢᠴᠢᠭ

dumdadu arad ulus-un qorin tabuduγar on ulus-un ɐrad-un čaγ ularil-un toγan-u bičig

中华民国廿五年国民历　汉蒙合璧

国民政府行政院蒙藏委员会、“中央研究院”天文研究所编辑

民国铅印本

1册。

9行。白口，四周双边，墨色，半页版框22.7×12.8cm。版心有单鱼尾　汉文页码“[illegible]”字样。竹纸，页面26.2×15.6cm线装。记录了民国期间的历史事件。

ᠬᠠᠭᠠᠨ ᠤ ᠪᠢᠴᠢᠭᠰᠡᠨ ᠣᠷᠴᠢᠭᠤᠯᠤᠭᠰᠠᠨ ᠳᠥᠷᠪᠡᠨ ᠪᠢᠴᠢᠭ

qaγan-u bičigsen orčiγuluγsan dörben bičig

御制翻译四书　六卷　满蒙汉合璧

（清）清高宗（弘历）敕译；（清）噶勒藏蒙译

清光绪十八年（1892）刻本

20册，2函。

9行。白口，单鱼尾，四周单边。墨色，版框24.3×17.7cm。版心刻汉文书名页码。竹纸，线装，页面27.5×20cm。断线，纸张老化。

御制序言。章节序言。《大学》卷有蒙文刻者序言。蒙古文为清代土默特噶勒藏译自满文。内容涵盖哲学、伦理、政治、教育等诸多方面。

ᠬᠠᠭᠠᠨ ᠤ ᠪᠢᠴᠢᠭᠰᠡᠨ ᠣᠷᠴᠢᠭᠤᠯᠤᠭᠰᠠᠨ ᠳᠥᠷᠪᠡᠨ ᠪᠢᠴᠢᠭ

qaγan-u bičigsen orčiγuluγsan dörben bičig

御制翻译四书　满蒙汉合璧

（清）清高宗（弘历）敕译；（清）噶勒藏蒙译

清光绪十八年（1892）刻本

13册（2函）。

9行。白口，单鱼尾，四周单边。墨色，版框24.3×16.9cm。版心刻汉文书名、页码。宣纸，页面30.5×20cm，线装。纸张老化。

御制序言。章节序言。《大学》卷有蒙文刻者序言。分大学、中庸、论语上、论语下。蒙古文为清代土默特噶勒藏译自满文。内容涵盖哲学、伦理、政治、教育等诸多方面。

ᠬᠠᠭᠠᠨ ᠤ ᠪᠢᠴᠢᠭᠰᠡᠨ ᠮᠠᠨᠵᠤ ᠺᠢᠲᠠᠳ ᠮᠣᠩᠭᠣᠯ ᠲᠥᠪᠡᠳ ᠬᠡᠯᠡ ᠬᠠᠪᠰᠤᠷᠤᠭᠰᠠᠨ ᠪᠥᠬᠥᠯᠢ ᠭᠠᠨᠵᠤᠷ ᠤᠨ ᠲᠠᠷᠨᠢ

qaγan-u bičigsen manǰu kitad mongγol töbed kele qabsuruγsan bököli ganǰur［T: bka′-′gyur］-un tarni

御制满汉蒙古西番合璧大藏全咒八十八卷

（清）章嘉呼图克图译校

民国上海涵芬楼影印乾隆内附刻本

88册。

8行。前后有佛像，图文，上下双边，

墨色，半页板框22.2×13.5cm。竹纸，页面29.5×13.5cm，线装。

清高宗弘历下令编纂此书主要为规范《大藏经》中的咒语音韵。卷前附乾隆二十三年（1758）满汉蒙藏四体“御制满汉蒙古西番合璧大藏全咒序”、乾隆二十四年（1759）四体“御制序”、乾隆三十八年（1773）汉文“御制序”等三篇序文，此外还附有“御制满汉蒙古西番合璧大藏全咒目录”8卷。全咒正文共80卷，按《大藏经》诸经卷帙编次为序编排，每卷前附佛像图。书天头印“旨谕”。

ᠵᠢᠷᠤᠮᠠᠯᠲᠠᠢ ᠢᠦᠢ ᠯᠢ ᠲᠤᠶᠢᠯᠤᠨ ᠡᠷᠳᠡᠨᠢ ᠶᠢᠨ ᠶᠢᠷᠲᠢᠨᠴᠦ ᠶᠢ ᠤᠬᠠᠭᠤᠯᠬᠤ ᠪᠢᠴᠢᠭ

ǰirumal-tai iui li tuyilun erdeni-yin yirtin čü-yi uqaɣulqu bičig

玉历宝钞

苏德纳木忠乃译

民国九年（1920）北平蒙文书社铅印本

1册，124页。

13行。上白口、下黑口，单鱼尾，四周双边，墨色，半页版框20.2×13.1cm。版心有蒙文书名《[illegible]》、汉文页码、出版者“北平蒙文书社”。机造纸，页面26.1×15.3cm，线装。纸张破损，脱线。

有序文，插图，封面为朱字题名。《玉历宝钞》成书于清雍正时期，是一本传抄已久的“阴律”善书，一名法号“淡痴”的修行者游历地府，将此书从地府带出。

满文卷

目　录

翻译忠经孝二经

ubaliyambuha tondo hiyooš ungga juwe nomun

（清）孟保　刘质堂译

清咸丰元年（1851）刻本

1 册

满汉合璧。满汉文相间各 5 行。上黑口，单鱼尾，四周双边。版框 19. 6 × 14cm。版心有汉文书名。竹纸，纸张老化。

《孝经》是一部重要的儒家经典，是“十三经”中篇幅最短的一部。全书共分十八章，以孔子与其门人曾参谈话的形式，对孝的含义、作用等问题加以阐述，并首次将孝亲和忠君联系起来，忠、孝思想开始成为儒家学说的重要内涵和范畴，在中国古代社会流传极广，影响甚巨。《忠经》，全书共分十八章，是一部完全仿照《孝经》体例而作的儒家经典。

大学衍义四十三卷

dai hiyo i jurgan be badarambuha bithe

（宋）真德秀撰（清）福达礼等译

清抄本

60 册

满汉合璧。满汉文相间。各 5 行。白口，单鱼尾，四周双边（红色）。朱丝栏抄本。版框19. 3 × 13. 5cm。版心上有汉文书名、汉文卷次、页码。竹纸，纸叶有残佚。封面稍有破损。

从汉籍《大学衍义》翻译而来。

黄石公素书一卷

manju nikan hergen kamciha hūwang ši g'ung ni su šu bithe

（汉）黄石公撰（宋）张商英注（清）达海译（清）和素校

清康熙四十三年（1704）刻本

1 册，35 页

满汉合璧。满汉文相间各 5 行。白口，四周双边。版框 17. 2 × 11. 9cm。版心有满文书名、篇目、汉文页码。竹纸，纸张老化。

《素书》以道家思想为宗旨，集儒、法、兵的思想，以道、德、仁、义、礼为立身治国的根本，揆度宇宙万物自然运化的理数，以此认识、处理事物。

翻译养真集二卷

ubaliyambuha unenggi be ujire isamjaha bithe

（清）养真子撰（清）王士端注（清）培宽译

清光绪二十六年（1900）抄本

4 册，233 页

满汉合璧。满汉文相间各 5 行，开本 23. 5 × 12. 8cm。白口，版心有汉文页码。竹纸，纸张老化。

卷首有乾隆丁未（1787）王士端序，可知此书成于乾隆四十八年（1783），乾隆五十二年（1787）曾有刻本。光绪年间，荆州驻防翻译总学教习培宽将其译为满文。

卷末题“乾隆丁未”（1787），可知该本乃据乾隆五十二年（1787）刻本所抄。从汉籍《养真集》翻译而来。书中主要论述道家修身之学，参以儒、释之说。

满汉合璧性理四卷

manju nikan hergen kamciha sing li bithe
清雍正十年（1732）京都墨华堂刻本
4 册，157 页

满汉文相间各 6 行。白口，双鱼尾，四周双边。版框 18.8 ×13.3cm。版心有汉文书名、卷次、汉文页码。竹纸，保存完好。性理，指宋儒性理之学，即人性和天理，研究生命的原理、规律。内容以养生为主。

满汉合璧性理四卷
manju nikan hergen kamciha sing li bithe
清敦复堂刻本
8 册

满汉文相间各 6 行。白口，双鱼尾，四周双边。版框 18.8 ×13.6cm。版心有汉文书名、汉文页码。竹纸，纸张老化。

性理真诠三卷
sing li jen ciowan bithe
清乾隆十八年（1753）武英殿刻本
3 册

满文。7 行。白口，单鱼尾，四周双边。版框 19.9 ×13.2cm。版心有满文书名。竹纸，保存完好。

该书从概念、命题的辨析入手，比较中西文化。

性理一则
sing li bithe i dorgi emu meyen
清刻本
1 册

满汉合璧。满汉文相间各 5 行。白口，四周双边。版框 17.1 ×11.4cm。竹纸，纸张严重老化。

从《性理大全》中抽译而来。《性理大全》七十卷，明胡广等奉敕编辑。

朱子节要十四卷
ju dzi jiyei yoo bithe
（宋）朱熹撰（明）高攀龙辑
清康熙十四年（1675）刻本
5 册，291 页

满汉合璧。满汉文相间各 7 行。白口，单鱼尾，四周双边。版框 20.6 ×14.5cm。版心有汉文书名、篇目、页码。竹纸，线断。

《朱子节要》是南宋理学大师朱熹的撰述之一，后来成为科举考试依据的教科书。

（翻译）小学十二卷
ajigan tacin bithe
（宋）朱熹撰（清）孟保译
清咸丰元年（1851）京都三槐堂刻本
6 册，4041 页

满汉合璧。满汉文相间各 5 行。白口，单鱼尾，四周双边。版框 19.5 ×13.9cm。版心有汉文书名。竹纸，纸张老化。

《小学》全书分内、外两篇。内篇有四个纲目：立教、明伦、敬身、稽古；外篇分两纲目：嘉言、善行。内、外篇都包括立教、明伦、敬身三部分。

御制小学集解
han i araha ajigan tacin bithe
（宋）朱熹撰（清）古巴岱译
清雍正五年（1727）刻本

4 册

满汉合璧。满汉文相间各 7 行。白口，单鱼尾，四周双边。版框 20.8 × 16.7cm。版心有满文书名。书中有朱批。竹纸，纸张老化。

记述有关古代对初学儿童的教育。

ᠠᠵᡳᡤᡝ ᡨᠠᠴᡳᡴᡡ ᠪᡝ ᠠᠴᠠᠪᡠᡶᡳ ᠰᡠᡥᡝ ᠪᡳᡨᡥᡝ

小学合解六卷

ajige tacikū be acabufi suhe bithe

（宋）朱熹撰（明）陈选注（清）古巴岱译

清雍正五年（1727）武英殿刻本

现存 6 册

满文。6 行。白口，单鱼尾，四周双边。版框 21 × 16.5cm。版心有满文书名。竹纸，部分纸张老化。

《小学合解》又名《小学集注》，此书为启蒙撰作，分内、外两篇。内篇又分立教、明伦、敬身、稽古四门；外篇分嘉言、善行二门。朱子编撰此书，启迪童蒙。陈选为之集注，随文衍义，明白晓畅。

ᠰᡳᠣᠸᡝᡳ ᠸᡝᠨ ᠴᡳᠩ ᡤᡠᠩ ᠰᡳᠶᠠᠨ ᡧᡝᠩ ᠨᡳ ᠣᠶᠣᠩᡤᠣ ᡤᡳᠰᡠᠨ ᡳ ᠪᡳᡨᡥᡝ

薛文清公要语二卷

siowei wen cing gung siyan šeng ni oyonggo gisun i bithe

（明）薛瑄撰（清）富达礼译

清康熙五十三年（1714）刻本

4 册，182 页

满汉合璧。满汉文相间各 7 行。白口，单鱼尾，四周双边。版框 20.4 × 16.3cm。竹纸，保存完好。

《薛文清公要语》又名《薛文清先生要语》，分内篇和外篇，记录了薛文清公的语录。

ᡥᠠᠨ ᡳ ᠪᠠᠨᠵᡳᠪᡠᡥᠠ ᠰᡳᠩ ᠯᡳ ᠵᡳᠩ ᡳ ᠪᡳᡨᡥᡝ

御纂性理精义十二卷

han i banjibuha sing li jing i bithe

（清圣祖）玄烨撰（清）李光地编校

清康熙五十六年（1717）武英殿刻本

8 册

满文。7 行。白口，单鱼尾，四周双边。版框 21.1 × 16.6cm。版心有满文书名、汉文页码。开化纸，纸张老化。

李光地奉旨取明胡广等编纂《性理大全书》，删繁就简，存其纲要，诠解详注，并以御纂的名义颁行全国。是书集前人研读之精华，共分为太极图说、西铭、皇极经世、家礼等。

ᠮᠠᠨᠵᡠ ᠨᡳᡴᠠᠨ ᡥᡝᡵᡤᡝᠨ ᡳ ᡳᠯᠠᠨ ᡩᡠᡳᠨ ᡥᡝᡵᡤᡝᠨ ᡳ ᡴᠣᠣᠯᡳᠩᡤᠠ ᡤᡳᠰᡠᠨ

满汉三四格言

manju nikan hergen i ilan duin hergen i koolingga gisun

编撰者不详

清刻本

2 册，100 页

满汉合璧。白口，单鱼尾，四周双边。版框 21 × 13cm。版心有汉文页码。竹纸，封面破损。

又名《可为不可为》，记录了可为和不可为之事，是一部格言总集。

ᡠᠪᠠᠯᡳᠶᠠᠮᠪᡠᡥᠠ ᠵᡠ ᠸᡝᠨ ᡤᡠᠩ ᠨᡳ ᠪᠣᠣᡳ ᡨᠠᠴᡳᡥᡳᠶᠠᠨ

合璧朱子家训

ubaliyambuha ju wen gung ni booi tacihiyan

清宣统二年（1910）荆州驻防广化善堂刻本

1 册，8 页

满汉合璧。满汉文相间各 5 行。粗黑口，单鱼尾，四周双边。版框 20.9 × 13.6cm。版心有汉文页码。竹纸，无残损。

《朱子家训》又名《朱子治家格言》《朱柏庐治家格言》，精辟地阐明了修身治家之道，是以家庭道德为主的启蒙教材。

ᡩᡝᠣᡨᡝ ᠵᡠᠰᡝᡳ ᡩᡠᡵᡠᠨ

弟子规

deote jusei durun

（清）李毓秀撰

清同治二年（1863）刻本

1 册，18 页

满汉合璧。满汉文相间各 5 行。白口，单鱼尾，四周双边。版框 19 × 14.2cm。版心有汉文书名、汉文页码。竹纸，局部破损。

该书内容采用《论语》“学而篇”第六条的文义，列述弟子在家、出外、待人、接物与学习上应该恪守的守则规范。全书共有 360 句、1080 个字，三字一句，两句或四句连意，和仄押韵，朗朗上口，是一部儿童启蒙读物。

ᠪᠠᠶᠠᠨ ᠸᡝᠰᡳᡥᡠᠨ ᠵᠠᠯᠠᡶᡠᠨ ᠪᠠᡥᠠ ᡳ ᠪᡳᡨᡥᡝ

延寿格言一卷

bayan wesih'un jalafun baha i bithe

（清）博赫译

清乾隆四十四年（1779）刻本

1 册，47 页

满汉合璧。满汉文相间各 6 行。白口，左右双边。版框 20.6 × 13.0cm。版心有汉文页码。竹纸，纸张老化。

本书由镶黄旗蒙古博赫翻译。书中采用“四言”和“六言”形式，讲述教育子女、为人处世，从而实现“延寿”等内容。

ᠵᠠᠯᠠᠨ ᡩᡝ ᡠᠯᡥᡳᠪᡠᡵᡝ ᠣᠶᠣᠩᡤᠣ ᡤᡳᠰᡠᠨ ᡳ ᠪᡳᡨᡥᡝ

（翻译）醒世要言四卷

jalan de ulhibure oyonggo gisun i bithe

（明）吕坤撰（清）和素译（清）孟保校正

清同治六年（1867）武英殿刻本

4 册，91 页

满汉合璧。满汉文相间各 5 行。白口，单鱼尾，四周双边。版框 18.6 × 13.9cm。版心有汉文书名、汉文卷次、页码。竹纸，线断，纸张老化。

《醒世要言》内容为成人的道德规范，是一部内容广博、影响较大的古代启蒙读物。

ᡝᠮᡠ ᡨᠠᠩᡤᡡ ᠣᡵᡳᠨ ᠰᠠᡴᡩᠠ ᡳ ᡤᡳᠰᡠᠨ ᠰᠠᡵᡴᡳᠶᠠᠨ

百二老人语录八卷

emu tanggū orin sakda i gisun sarkiyan

（清）松筠辑（清）富俊译

旧抄本

16 册

满文。白口。开本 24.5 × 16cm。竹纸，保存完备。

该书分为上、下两函存放，全书仅存满文。书中所记一百二十个老人的旧言，主要内容讲旗人礼节规矩。

ᡩᡠᡳᠨ ᡶᡠᠯᡝᡥᡝ ᠣᠶᠣᠩᡤᠣ ᡧᠣᡧᠣᡥᠣᠨ ᡳ ᠪᡳᡨᡥᡝ

四本简要一卷

duin fulehe oyonggo šošohon i bithe

（清）富公鲁辑（清）富明安译

清乾隆三十三年（1768）刻本

4 册

满汉合璧。满汉文相间各 6 行。白口，单鱼尾，四周双边。版框 17.6 × 13.5cm。版心有汉文书名、汉文卷次、页码。竹纸，纸张老化。

书有前序和后序，摘自《四本堂全编》，由编者之弟明安翻译。本书内容为读书、雅量、勤俭、敬畏、智谋、劝诫、静观等为人处世方面。

（翻译）六事箴言四卷

ningg'un baitai targabun gisun bithe

（清）叶玉屏辑（清）孟保译

清咸丰元年（1851）京都文英堂刻本

4 册，176 页

满汉合璧。满汉文相间 4 至 5 行不等。白口，单鱼尾，四周双边。版框 19.8 × 14.2cm。版心有汉文页码、卷次。竹纸，纸张老化。

书前有两序，由原序可知王鼎重刻于嘉庆二十年（1815）。包括持身、持家、居官、居乡、处事、处人六个方面内容。

七训须读二卷

nandan tacihiyan be urunakū hūlabure bithe

（清）博赫辑

清乾隆二十九年（1764）刻本

2 册，84 页

满汉合璧。满汉文相间各 6 行。白口，单鱼尾，左右双边。版框 20.5 × 15cm。版心上有汉文书名、卷次、页码。竹纸，保存完好。

书中主要是讲授做人的规矩。

幼训二卷

ajigan be tacihiyara bithe

清刻本

1 册，48 页

满汉合璧。满汉文相间各 6 行，小字双行。白口，单鱼尾，四周双边。版框 21 × 15cm。版心上有满文书名、满文页码。竹纸，保存完好。

人生十岁称为“幼”，自此开始学习。书中主要是讲授幼儿应懂得的知识和规矩。

满汉训旨十则

manju nikan hergen i tacibure hesei bithe juwan hacin

（清）长寿、查郎阿编

清雍正五年（1727）敬修堂刻本

1 册，35 页

满汉合璧。满汉文相间各 6 行。白口，单鱼尾，四周双边。版框 18.8 × 13.9cm。版心上有汉文书名、页码、“敬修堂”。竹纸，保存完好。钤有满文藏书印。

内容有关教训戒饬旨要，为满语教科书。

清话问答一卷射的一卷

manju gisun i meyen gabtan i jorin

（清）常钧撰

清乾隆三十五年（1770）刻本

1 册，48 页

满汉合璧。满汉文相间各 5 行。白口，单鱼尾，四周双边。版框 20.2 × 15.2cm。版心有满文书名、汉文页码、目次。竹纸，残损严重。

附《观马图说》。

资治通鉴纲目

dzi jy tung giyan g'ang mu bithe

（宋）朱熹（明）商辂等编撰（清）

和素译

清武英殿刻本

存2册，161页

满文残本。8行。白口，四周双边。版框23×16.5cm。版心上有满文书名、卷次、年代、汉文页码。竹纸，保存完好。

从汉籍《资治通鉴纲目》翻译而来。《资治通鉴纲目》系朱熹生前未定稿，取材《通鉴》，记事内容同《资治通鉴》，创造了一种史书新体裁，即纲目体。朱熹编撰此书目的除了条理《通鉴》以便阅读外，更主要的是借修史维护纲常名教，宣扬儒家正统思想观念。

ᡯᡳ ᠵᡟ ᡨᡠᠩ ᡤᡳᠶᠠᠨ ᡬᠠᠩ ᠮᡠ ᠪᡳᡨᡥᡝ

资治通鉴纲目二卷

dzi jy tung giyan g'ang mu bithe

（宋）朱熹（明）商辂等编撰（清）和素译

清内府精抄本

1册，162页（本馆存48－49卷）

满汉合璧。满汉文相间18行。白口，四周双边。版框21.6×15.2cm。版心上有满文书名、卷次、版刻年代、汉文页码。竹纸，保存完好。

从汉籍《资治通鉴纲目》翻译而来。《资治通鉴纲目》朱熹生前未定稿。它取材《通鉴》，记事内容同《资治通鉴》。朱熹编撰此书目的除了条理《通鉴》以便阅读外，更主要的是借修史维护纲常名教，宣扬儒家正统思想观念。

ᡥᠠᠨ ᡳ ᠠᡵᠠᡥᠠ ᠠᠮᠪᠠᠰᠠᡳ ᠮᡠᠵᡳᠯᡝᠨ ᠪᡝ ᡨᠠᡵᡤᠠᠪᡠᡵᡝ ᠪᡳᡨᡥᡝ

御制人臣儆心录

han i araha ambasai mujilen be targabure bithe（清世祖）福临撰

清顺治十二年（1655）刻本

1册，63页

满文。6行。白口，单鱼尾，四周双边。版框16.5×11.6cm。版心上有满文书名、满文页码。竹纸，保存完好。

该书概括了历代奸臣作恶不法的劣迹，包括植党、好名、营私、徇利、骄志、作伪、附势和旷官，等等。

ᡥᠠᠨ ᡳ ᠠᡵᠠᡥᠠ ᠰᠠᡳᠨ ᠪᡝ ᡥᡠᠸᡝᡴᡳᠶᡝᠪᡠᡵᡝ ᠣᠶᠣᠩᡤᠣ ᡤᡳᠰᡠᠨ

御制劝善要言

han i araha sain be huwekiyebure oyonggo gisun

（清世祖）福临辑译

清光绪间刻本

4册

满汉合璧。满汉文相间各5行。白口，单鱼尾，四周双边。版框24.4×17.6cm。版心有满文书名、汉文页码。竹纸，纸张老化。

劝世人心存善念。

ᡝᠨᡩᡠᡵᡳᠩᡤᡝ ᡨᠠᠴᡳᡥᡳᠶᠠᠨ ᠪᡝ ᠨᡝᡳᠯᡝᠮᡝ ᠪᠠᡩᠠᡵᠠᠮᠪᡠᡥᠠ ᠪᡳᡨᡥᡝ

圣谕广训

enduringge tacihiyan be neileme badarambuha bithe

（清圣祖）玄烨撰（清世宗）胤禛广训

清光绪十六年（1890）京都聚珍堂刻本

1册，80页

满汉合璧。满汉文相间各7行。白口，单鱼尾，四周双边。版框19.3×14.8cm。版心上有汉文书名、篇目、页码、“聚珍堂”。竹纸，保存完好。

《圣谕广训》分为康熙《圣谕十六条》与雍正《广训》两部分。训谕世人守法及宣讲做人的德行和道理。

圣谕广训不分卷

enduringge tacihiyan be neileme badarambuha bithe

（清圣祖）玄烨撰（清世宗）胤禛广训

清刻本

1 册

满文。10 行。白口，单鱼尾，四周双边。版框 22.8×20.5cm。版心上有满文书名、满文篇目、页码。竹纸，保存完好。

《圣谕广训》分为康熙《圣谕十六条》与雍正《广训》两部分。训谕世人守法及宣讲做人的德行和道理。

圣谕广训二卷

enduringge tacihiyan be neileme badarambuha bithe

（清圣祖）玄烨撰（清世宗）胤禛广训

清雍正二年（1724）内府刻本

2 册

满汉合璧。满汉文相间各 8 行。白口，单鱼尾，四周双边。版框 23×20cm。版心有满文书名。竹纸，封面破损，纸张老化。

《圣谕广训》分为康熙《圣谕十六条》与雍正《广训》两部分。训谕世人守法及宣讲做人的德行和道理。

三合圣谕广训

ilan hacin i gisun kamcibuha enduringge tacihiyan be neileme badarambuha bithe

（清圣祖）玄烨撰（清世宗）胤禛广训

清同治十三年（1874）萧氏京都刻本

4 册，246 页

满蒙汉合璧。满蒙汉文相间各 6 至 9 行不等。白口，单鱼尾，四周双边。版框 22×15.6cm。

《圣谕广训》分为康熙《圣谕十六条》与雍正《广训》两部分。清政府在各地推行宣讲，并定为考试。训谕世人守法及宣讲做人的德行和道理。

雍正上谕

hūwaliyasun tob i dergi hese

（清世宗）胤禛撰

清刻本

3 册

满文。9 行。白口，单鱼尾，四周双边，朱丝栏。版框 22×16.4cm。版心有满文书名、满文页码。竹纸，纸张老化。

雍正皇帝告臣民诏。

上谕八旗十三卷

dergi hese jakūn gūsa de wasimbuhangge

（清世宗）胤禛撰（清）允禄等编

清武英殿刻本

10 册

满文。11 行。白口，单鱼尾，四周双边。版框 20.3×14.7cm。版心有满文书名、汉文页码。竹纸，纸张老化。

雍正皇帝有关八旗的上谕。

dergi hesei wasimbuha gūsai baita be dahūme gisurefi wesimbuhengge

上谕旗务议覆十二卷

（清世宗）胤禛撰（清）允禄等编

清雍正年间武英殿刻本

存6册

满文。11行。白口，单鱼尾，四周双边。版框20.7×14.6cm。版心有满文书名、汉文页码。竹纸，纸张老化，开线。

清雍正帝有关旗务的奏议回复。

御制朋党论

han i araha gucu hoki i leolen

（清世宗）胤禛撰

清雍正二年（1724）武英殿刻本

1册，16页

满汉合璧。满汉文相间各7行。白口，单鱼尾，四周双边。版框20×13.5cm。版心上有汉文书名、汉文页码。竹纸，保存完好。书后有奉宽题字。

雍正帝驳斥欧阳修《朋党论》“君子以同道为朋”的言论。

满汉奏折底五卷

manju nikan hergen i wesimbuhe bukdari i jise

清抄本

5册

满汉合璧。满汉文相间各4行。白口，上下双边。版框21.9×15.8cm。竹纸，纸张严重老化。

清朝奏折底本。

谕行旗务奏议十三卷

hesei yabubuha hacilame wesimbuhe gūsai baita

（清）允禄等编

清雍正年间武英殿刻本

存4册（共13册）

满文。12行。白口，单鱼尾，四周双边。版框21.1×14.7cm。版心有满文书名、汉文页码、年代。竹纸，纸张老化。

此书是雍正时期大力整顿旗务，有关旗人事务方面的奏议。

满汉奏议

manju nikan hergen i gisurefi wesimbuhengge

清抄本

4册

满文。10行。开本24×15.8cm。竹纸，书本残佚，纸张严重老化。

满汉档案

manju nikan dangse

清光绪三十年（1904）写本

1册

满汉合璧。满汉文相间各8行。开本34.5×17.7cm。竹纸，纸质严重酸化，脱线。

满汉档案

manju nikan dangse

清写本（年代不详）

3册

实录满蒙晰义

yargiyan kooli i manju monggo hergen i jurgan be faksalaha bithe

（清）景煇辑（清）赛尚阿增补

清宣统元年（1909）油印本

4 册

满蒙汉合璧。满蒙汉文相间各 2 行。开本 27×19cm。竹纸，脱线。

附《实录馆蒙文成语》《皇帝徽号》《皇后徽号》等书。

满汉蒙对照词典。

ᠨᡳᠶᡝᠴᡝᠮᡝ ᠰᡳᠨᡩᠠᡵᠠ ᠪᡝ ᠠᠯᡳᠶᠠᡵᠠ ᠮᠠᠨᠵᡠ ᠰᠠᡵᡴᡳᠶᠠᠮᡝ ᠠᡵᠠᡵᠠ ᡥᠠᡶᠠᠨ ᠰᡳᠮᠨᡝᡵᡝ ᠵᠣᡵᡳᠩᡤᠠ

考试候补誊录官试题

niyeceme sindara be aliyara manju sarkiyame arara hafan simnere joringga

（清）惠彬译

清光绪五年（1879）写本

3 册

满文。8 行。朱丝栏，白口，四周双边。共 3 件，其中 2 件经折装，1 件线装。版框分别为 26.6×10.7cm；23.9×164cm。封面有朱印二。竹纸，保存完好。

誊录官由皇帝在进士、举人和五种贡生中遴选，入誊录院，负责誊录考生试卷事务，如受卷、弥封、誊录、对读等。

ᡤᡳᠨᠴᡳᡥᡳᠶᠠᠩᡤᠠ ᡶᡝᡳ ᡳ ᠠᠪᡩᠠᠩᡤᠠ ᡳᠯᡝᡨᡠᠯᡝᡥᡝᠨ ᠪᡳᡨᡥᡝ

瑾妃镀金银册文（正分）

gincihiyangga fei i abdangga iletulehen bithe

（清）松寿缮写

清写本

1 件

满汉合璧。经折装。开本 24×11.3cm。

金银册为清廷宫中妃子身份的证明，在册封礼后生效。封号册宝藏于所居住的宫殿，非常珍贵。

ᡦᠠᠨ ᡧᡳ ᡳ ᡧᠣᡧᠣᡥᠣᠨ ᡳ ᠯᡝᠣᠯᡝᠨ

潘氏总论

pan ši i šošohon i leolen

（清）潘荣撰（清）阿什坛译

清康熙四十六年（1707）刻本

2 册，61 页

满汉合璧。满汉文相间各 5 行。白口，四周双边。版框 17.2×12cm。版心有满文书名、汉文页码。竹纸，纸张老化。

阿什坛，满族镶黄旗人，清朝初年政治人物、儒学者，专长翻译。

ᡥᡡᠯᠠᡥᠠ ᠰᡠᡩᡠᡵᡳ ᡳ ᡧᠣᡧᠣᡥᠣᠨ ᠪᡝ ᠯᡝᠣᠯᡝᡥᡝ ᠪᡳᡨᡥᡝ

读史论略二卷

hūlaha suduri i šošohon be leolehe bithe

（清）杜诏撰（清）庆格译

清道光二十九年（1849）京都三槐堂刻本

2 册，109 页

满汉合璧。满汉文相间各 6 行。白口，单鱼尾，四周双边。版框 20.8×14.1cm。版心有汉文书名、汉文卷次。竹纸，封面破损。

所论历朝治乱兴亡事迹，上起战国，下迄明末，共计两千余年。评论历代帝王和将相大臣，褒贬忠义节气之士和外戚宦官。

ᡨᠠᡳᡯᡠᠩ ᡥᡡᠸᠠᠩᡩᡳ ᠮᡳᠩ ᡤᡠᡵᡠᠨ ᡳ ᠴᠣᠣᡥᠠ ᠪᡝ ᠰᡠᠩ ᡧᠠᠨ ᡩᡝ ᠠᠮᠪᠠᡵᠠᠮᡝ ᡝᡶᡠᠯᡝᠮᡝ ᠠᡶᠠᡥᠠ ᠪᠠᡳᡨᠠ ᠪᡝ ᡝᠵᡝᠮᡝ ᠠᡵᠠᡥᠠ ᠪᡳᡨᡥᡝ

太宗皇帝大破明师于松山之战书事文

taidzung hūwangdi ming gurun i cooha be sung šan de ambarame efuleme afaha baita be ejeme araha bithe

（清圣祖）玄烨撰

清嘉庆年间武英殿刻本

2册，41页

满汉文各1册，满文册26页，汉文册15页。7行。白口，单鱼尾，四周双边。版框19×14.2cm。版心有满文篇目、汉文页码。竹纸，保存完好。

明崇祯十三年（1640）“松山之战”结束后，太宗皇帝命盛京将军富俊仿萨尔浒碑式，于杏山大营东建亭勒石纪念。“松山之战”视为清军对明军的最后一战。清军的胜利结束了明清辽东军事冲突，标志着双方辽西军事僵局的打破和清军新的战略进攻到来。

ᡨᠠᡳᡯᡠ ᡥᡡᠸᠠᠩᡩᡳ ᠮᡳᠩ ᡤᡠᡵᡠᠨ ᡳ ᠴᠣᠣᡥᠠ ᠪᡝ ᠰᠠᡵᡤᡡ ᡧᠠᠨ ᡩᡝ ᠠᠮᠪᠠᡵᠠᠮᡝ ᡝᡶᡠᠯᡝᠮᡝ ᠠᡶᠠᡥᠠ ᠪᠠᡳᡨᠠ ᠪᡝ ᡝᠵᡝᠮᡝ ᠠᡵᠠᡥᠠ ᠪᡳᡨᡥᡝ

太祖皇帝大破明师于萨尔浒山之战书事文

taidzu hūwangdi ming g′urun i cooha be sargū šan de ambarame efuleme afaha baita be ejeme araha bithe

（清高宗）弘历撰

清嘉庆年间武英殿刻本

2册，45页

满汉文各1册，满文册29页，汉文册16页。满汉文。7行。白口，单鱼尾，四周双边。版框19.1×14cm。版心有汉文页码。竹纸，纸张老化。

明万历四十七年（天命四年，1619）三月，明军与后金军大战于萨尔浒山（今辽宁抚顺），以后金的胜利和明军的失败宣告结束。清乾隆四十一年（1776）建“萨尔浒山之战书事”碑亭，碑文详细记载了萨尔浒大战的经过，歌颂了努尔哈赤的军事天才和辉煌人生。

ᠮᡠᡴᡩᡝᠨ ᡳ ᡩᠣᡵᡤᡳ ᠪᠠᡳᡨᠠ ᠪᡝ ᡠᡥᡝᡵᡳ ᡴᠠᡩᠠᠯᠠᡵᠠ ᠶᠠᠮᡠᠨ ᡳᠵᡳᠰᡥᡡᠨ ᡩᠠᠰᠠᠨ ᡳ ᡩᠠᠩᠰᡝ

盛京内务府顺治年档册

mukden i dorgi baita be uheri kadalara yamun ijishūn dasan i dangse

（伪）满洲帝国国立中央图书馆筹备处

（伪）满洲国康德九年（1942）石印本

1册，80页

满文。11行。开本26.1×17.3cm。机制纸，保存完好。

清顺治年间档案。

ᠮᠠᠨᠵᡠ ᡥᡝᡵᡤᡝᠨ ᡳ ᡶᡝ ᡩᠠᠩᠰᡝ

满文老档四十二卷

manju hergen i fe dangse

（日本）户田茂喜抄

民国抄本

42册

满汉合璧。满汉文相间各12行。开本20.8×16.6cm。朱色批校。机制纸，封面破损。

清皇太极时期官修史书。

ᠵᡠᠯᡝᡵᡤᡳ ᠪᡝ ᡨᠣᡴᡨᠣᠪᡠᡵᡝ ᠠᠮᠪᠠ ᠵᡳᠶᠠᠩᡤᡳᠶᡡᠨ ᠪᡳᠮᡝ ᡩᠣᡵᠣᡳ ᠪᡝᡳᠯᡝ ᡧᠠᠩ ᡧᠠᠨ ᡠ ᠰᠠᠨ ᡤᡠᡳ ᡩᡝ ᡠᠩᡤᡳᡵᡝ ᠠᡶᠠᡵᠠ ᠪᡝ ᠪᠣᠯᠵᠣᡵᠣ ᠪᡳᡨᡥᡝ

定南大将军多罗贝勒尚善致吴三桂之约战书

julergi be toktobure amba jiyanggiyūn bime doroi beile šang šan u san gui de unggire afara be boljoro bithe

（清）尚善撰

清康熙十三年（1674）刻本

1册

满汉合璧。满汉文相间各6行。白口，单鱼尾，四周双边。版框18.1×16.7cm。

竹纸，保存完好。

贝勒，清代贵族爵名，全称多罗贝勒。此书为写给吴三桂的约战书。

亲征平定朔漠方略四十八卷目录一卷

beye dailame wargi amargi babe necihiyeme toktobuha bodogonbithe

（清）温达等撰

清康熙四十八年（1709）武英殿刻本

存 3 册（共 49 册）

满文。7 行。白口，四周双边。版框 24.5×16.7cm。版心有满文书名、汉文页码。竹纸，老化、脱线。

此书为康熙帝亲率大军三次出征平定噶尔丹叛乱的重要史料，记事自康熙十六年至三十七年（1677—1698）止。卷首有康熙帝亲撰《纪略》，综述战争经过。

御制平定金川告成太学碑文

han i araha dzanla cucin i be be necihiyeme toktobufi amba tacikūi yamun de gungge mutehe be alaha eldengge wehei bithe

（清高宗）弘历撰

清乾隆四十四年（1779）刻本

1 册

满汉合璧。满汉文相间各 9 行。白口，双鱼尾，竹丝边栏。版框 24.1×16.2cm。版心有汉文书名。竹纸，保存完好。

乾隆帝平定大、小金川叛乱后，为纪念平叛胜利，撰写碑文，详述两征金川的原因、经过、艰苦及功过，以炫耀武功。

平定两金川方略

dzanla cucin i babe necihiyeme toktobuha bodogon i bithe

（清）阿桂等撰

清乾隆四十五年（1780）武英殿刻本

现存 12 册

满文。7 行。白口，四周双边。版框 23.3×16.5cm。版心有满文书名、汉文页码。竹纸，封面破损。

《平定两金川方略》为皇帝钦定，所记为乾隆三十一至四十一年（1766—1776）第二次出兵平定大、小金川土司反清事。将用兵中凡有关谕旨、奏折、部分君臣互相唱和的庆贺诗文和勒石以铭战功的碑文等，择其要者纂辑成书。

大清德宗景皇帝实录

daicing gurun i dedzung ambalinggū hūwangdi i yargiyan kooli

（清）徐致喜等辑

稿本

100 册

满文。4 行。朱丝栏，白口，四周双边。版框 22.1×14.7cm。竹纸，纸质老化。脱线。

为德宗皇帝在位期间的编年大事记。新皇帝嗣位后，开设实录馆，令儒臣为先帝编纂实录，并每日晨读先皇《实录》一册，以为治国之鉴。

初学必读

tuktan tacire urse urunakū hūlaci acara

bithe

清光绪十六年（1890）京都聚珍堂刻本

6 册

满文。9 行。白口，单鱼尾，四周双边。版框 18.1 × 13.1cm。版心有汉文书名、汉文类名、页码、“聚珍堂”。封面钤有“真佛”方印。竹纸，纸张老化。

为满文启蒙教科书。

点名簿

tuwabuci acara

编者不详

清刻本

1 册

白口，双鱼尾，四周双边。版框 22.8 × 17cm。竹纸，线断，纸张老化。

清廷官员名册。

钦定续纂外藩蒙古回部王公表传四十八卷

hesei toktobuha sirame banjibuha tulergi goloi monggo hoise aiman i wang gung sai ulabun

（清）彭蕴章等撰

清咸丰九年（1859）武英殿刻本

12 册，存 12 卷

满蒙合璧。满蒙文相间各 8 行。白口，单鱼尾，四周双边。版框 25.1 × 19.6cm。版心有满文书名、满文页码、汉文卷次。竹纸，纸张老化。

清代有关内蒙古和外蒙古、青海、新疆、西藏地区的蒙古藩部盟、旗等的行政建制。

宗室王公功绩表传

uksun i wang gung sai gungge faššan be iletulere ulabun

（清）允祕等撰

清乾隆二十九年（1764）武英殿刻本

现存 2 册（共 7 册）

满文。8 行。白口，双鱼尾，四周双边。版框 23.7 × 16.8cm。版心有满文书名、满文册数、页码。毛装，竹纸，老化。

记录宗室王公功绩。皇太极在位时规定以清显祖塔克世的直系子孙为“宗室”。

蒙古王公谱

monggo i wang gung ni durugan

清内府精写本

1 册

满文。8 行。白口，单鱼尾，四周双边，朱丝栏。版框 22.3 × 16.5cm。竹纸，纸张老化。

为蒙古王公传谱。蒙古王公爵位分为六等，即亲王、郡王、贝勒、贝子、镇国公、辅国公。

满洲八旗根源四卷

jakūn gūsai manjusai mukūn hala be uheri ejehe bithe

撰者不详

清刻本

5 册　序一册，其余四册

满文残本。10 行。白口，单鱼尾，四周双边。版框 20.1 × 14.1cm。竹纸，老化，脱线。

记录满洲八旗的族源及发展。

ᠠᠪᡴᠠᡳ ᡥᡝᠰᡝᡳ ᡤᠠᠣ ᠮᡳᠩ

诰命（清山西巡抚刘弘遇）

abkai hesei g'ao ming

清顺治八年（1651）刻本

1 册

满汉合璧。满汉文相间各 4 行。朱色，四周龙纹图案。开本 35 ×20. 5cm。封面稍损，保存较好。

皇帝封赠官员的文书。

ᡧᠠᠵᡳᠨ ᡶᡠᠴᠠ ᡥᠠᠯᠠ ᡳ ᠪᠣᠣᡳ ᡩᡠᡵᡠᡤᠠᠨ

沙金傅察氏家谱

šajin fuca hala i booi durugan

（清）倭克精额西拉布撰

清道光十六年（1836）抄本

1 册

满汉合璧。开本 28. 6 ×24cm。竹纸，纸张老化。

本谱记载了清代世家大族富察氏家族自沙金傅察氏始祖达尔巴哈起之后长房及次房，共计六世子孙。

ᡤᡠᠯᡠ ᡧᠠᠨᠶᠠᠨ ᡳ ᠮᠠᠨᠵᡠ ᡤᡡᠰᠠᡳ ᠶᡝᡥᡝ ᠨᠠᡵᠠ ᡥᠠᠯᠠᡳ ᠪᠣᠣᡳ ᡩᡠᡵᡠᡤᠠᠨ

正白旗满州叶赫纳喇氏宗谱

g'ulu šanyan i manju gūsai yehe nara halai booi durugan

（清）崇秀等撰

清同治九年（1870）抄本

1 册

满文。版框 36. 5 ×24cm。开化纸，保存完备。

清代满族“八大姓”之一叶赫纳喇氏的宗谱。叶赫纳喇氏族谱对研究清初历史有较大意义。

ᡥᠣᡧᠣᡳ ᡠᡵᡤᡠᠨ ᡝᡵᡩᡝᠮᡠᠩᡤᡝ ᠴᡳᠨ ᠸᠠᠩ ᠨᡳ ᠶᠠᠪᡠᡥᠠ ᠪᠠᡳᡨᠠ ᠪᡝ ᡨᡠᠴᡳᠪᡠᠮᡝ ᠠᡵᠠᡥᠠ ᠪᡳᡨᡥᡝ

和硕怡贤亲王行状

hošoi urgun erdemungge cin wang ni yabuha baita be tucibume araha bithe

（清）张廷玉撰

清刻本

2 册

满汉合璧。满汉文相间各 7 行，白口，四周双边。版框 20. 4 × 14. 4cm。开化纸，保存完好。

记述清朝和硕怡亲王的生平事迹。

ᡥᠠᡳᠯᠠᠨᠴᠠ ᡳ ᡶᠠᡳᡩᠠᠩᡤᠠ ᡠᠯᠠᠪᡠᠨ

海兰察列传

hailanca i faidangga ulabun

（清）撰者不详

清乾隆二十年（1755）稿本

1 册

满文。7 行。开本 28. 5 ×17. 9cm。版心有满文书名、汉文页码。竹纸，纸张破损，线断。

海兰察（1740—1793），呼伦贝尔索伦左翼镶黄旗鄂温克人。此书记述了海兰察勇武过人，身先士卒，晋升头等侍卫、一等超勇公、侍卫大臣、都统参赞大臣等要职，为维护中国领土完整，征战大、小金川、西藏、台湾等地，战功赫赫，彪炳史册等内容。

ᠸᡝᠨᠪᡳᠨ ᡳ ᡶᠠᡳᡩᠠᠩᡤᠠ ᡠᠯᠠᠪᡠᠨ

文彬列传

wenbin i faidangga ulabun

（清）撰者不详

清末精抄本

1 册

满汉合璧。满汉文相间各 6 行。朱丝

栏，白口，单鱼尾，四周双边。版框22.2×17.5cm。开化纸，黄绫封面，保存完备。

记述内务府满洲正白旗人文彬（1825—1880）生平。

ᠮᠠᠨᠵᡠ ᠮᠣᠩᡤᠣ ᠨᡳᡴᠠᠨ ᠪᠣ ᡤᡠᠩ ᠪᡝᡳ ᠪᡳᡨᡥᡝ

保公碑文

manju monggo nikan bo gung bei bithe

（清）撰者不详

清精写本

满蒙汉合璧。满蒙汉文相间各10行。折装。开本27×16.7cm。纸张老化。

谱主不详。

ᡥᡝᠰᡝᡳ ᡨᠣᡴᡨᠣᠪᡠᡥᠠ ᠮᠠᠨᠵᡠᠰᠠᡳ ᠸᡝᠴᡝᡵᡝ ᠮᡝᡨᡝᡵᡝ ᡴᠣᠣᠯᡳ ᠪᡳᡨᡥᡝ

钦定满州祭神祭天典礼六卷

hesei toktobuha manjusai wecere metere kooli bithe

清武英殿刻本

1册

白口，单鱼尾，四周双边。版框22.5×17cm。版心有满文书名、卷次、页码。竹纸，纸张老化。

满族祭祀中使用的祭神、祭天、背灯、献神、报祭、求福等各种祭祀活动及祭期、祭品、仪注、祝辞及所用器皿图集。

ᠪᡠᠶᠠ ᠵᡠᠰᡝᡳ ᠮᡠᠸᠠ ᡤᡳᠰᡠᠨ ᡳ ᠪᡳᡨᡥᡝ

童谚

buya jusei muwa gisun i bithe

（清）秀宁选辑（清）禧恩译

清道光二十五年（1845）刻本

1册

满文。3行。白口，单鱼尾，四周双边。版框14.5×20.7cm。版心有汉文页码。黄色封面。竹纸，纸质老化。

记录儿童谚语之书。

ᠠᠵᡳᡤᡝ ᠵᡠᠰᡝᡳ ᡤᡳᠰᡠᡵᡝᠨ ᡳ ᠪᡳᡨᡥᡝ

小儿语

ajige jusei gisuren i bithe

（明）吕得胜、吕坤编（清）秀宁选辑（清）禧恩译

清道光二十五年（1845）京都聚珍堂刻本

1册，32页

满汉合璧。满汉文相间各3行。白口，单鱼尾，四周双边。版框20.3×15cm。版心有汉文页码。竹纸，封面破损，线断。

此书从明代吕得胜、吕坤父子编选的《小儿语》翻译而来，简洁易懂。用四言、六言、杂言的语言形式，宣传一些做人的道理。

ᡥᡝᠰᡝᡳ ᡨᠣᡴᡨᠣᠪᡠᡥᠠ ᡨᡠᠯᡝᡵᡤᡳ ᡤᠣᠯᠣ ᠪᡝ ᡩᠠᠰᠠᡵᠠ ᠵᡠᡵᡤᠠᠨ ᡳ ᡴᠣᠣᠯᡳ ᡥᠠᠴᡳᠨ ᡳ ᠪᡳᡨᡥᡝ

钦定理藩院则例五十一卷

hesei toktobuha tulergi golo be dasara jurgan i kooli hacin i bithe

（清）赛尚阿等编纂（清）松水等译

清道光二十九年（1849）武英殿刻本

现存32册

满文。7行。白口，单鱼尾，四周双边。版框20.9×15.8cm。版心有满文书名、册数、页码。竹纸，纸张老化。

ᡥᡝᠰᡝᡳ ᡨᠣᡴᡨᠣᠪᡠᡥᠠ ᠴᠣᠣᡥᠠᡳ ᠵᡠᡵᡤᠠᠨ ᡳ ᠸᡝᡳᠯᡝ ᡤᡳᠰᡠᡵᡝᡵᡝ ᡴᠣᠣᠯᡳ ᡥᠠᠴᡳᠨ ᡳ ᠪᡳᡨᡥᡝ

钦定兵部处分则例七十六卷

hesei toktobuha coohai jurgan i weile gisurere kooli hacin i bithe

（清）兵部编

清武英殿刻本

32 册

满文。9 行。白口，单鱼尾，四周双边。版框 20 × 15.8cm。版心有满文书名、卷次、类目、汉文页码。竹纸，保存完备。

清代各衙门均修则例，把衙门中经办的事例归纳、选编成册，使有关官员在办事时有所遵循。此书即兵部所编则例。全书七十六卷，分为八旗三十七卷，绿营三十九卷，存绿营三十九卷。

ᡥᡝᠰᡝᡳ ᡨᠣᡴᡨᠣᠪᡠᡥᠠ ᡥᠣᡳᠰᡝ ᠵᡝᠴᡝᠨ ᡳ ᡴᠣᠣᠯᡳ ᡥᠠᠴᡳᠨ ᠪᡳᡨᡥᡝ

钦定回疆则例八卷

hesei toktobuha hoise jecen i kooli hacin bithe

（清）赛尚阿等编纂（清）永璘等译

清道光二十二年（1842）武英殿刻本

9 册

满文。7 行。白口，单鱼尾，四周双边。版框 20.8 × 15.9cm。版心有满文书名、卷次、汉文页码。竹纸，线断，纸张老化。

《回疆则例》详列“回疆”地区职官的设置、职掌、品秩、承袭、任用、休致等。是新疆建省前清朝处理新疆南部民族事务的主要法律依据。

ᡥᡝᠰᡝᡳ ᡨᠣᡴᡨᠣᠪᡠᡥᠠ ᡠᡴᠰᡠᠨ ᠪᡝ ᡴᠠᡩᠠᠯᠠᡵᠠ ᠶᠠᠮᡠᠨ ᡳ ᡴᠣᠣ ᠯᡳ ᡥᠠᠴᡳᠨ ᠪᡳᡨᡥᡝ

钦定宗人府则例

hesei toktobuha uksun be kadalara yamun i kooli hacin bithe

（清）宗人府编

清内府抄本

1 册

满文，7 行。白口，单鱼尾，四周双边，朱丝栏。版框 21.4 × 15.8cm。版心有满文书名、类目。竹纸，保存完备。

清廷宗人府所编则例。

ᠸᡝᠴᡝᠨ ᡳ ᠪᠠᡳᡨᠠ ᠪᡝ ᠠᠯᡳᡥᠠ ᠶᠠᠮᡠᠨ ᡳ ᡴᠣᠣᠯᡳ ᡥᠠᠴᡳᠨ ᡳ ᠪᡳᡨᡥᡝ

太常寺则例

wecen i baita be aliha yamun i kooli hacin i bithe

清内府抄本

1 册

满文。7 行。白口，单鱼尾，四周双边，朱丝栏。版框 22.1 × 16.1cm。

是书辑录清太常寺职掌，其中祭祀、工程、仓储等条例及案例，涉及满族风俗、信仰者颇多。

ᡥᡝᠰᡝᡳ ᡨᠣᡴᡨᠣᠪᡠᡥᠠ ᠸᡝᠴᡝᠨ ᡳ ᠪᠠᡳᡨᠠ ᠪᡝ ᠠᠯᡳᡥᠠ ᠶᠠᠮᡠᠨ ᡳ ᡴᠣᠣᠯᡳ ᡥᠠᠴᡳᠨ ᡳ ᠪᡳᡨᡥᡝ

钦定太常寺则例

hesei toktobuha wecen i baita be aliha yamun i kooli hacin i bithe

清写本

3 册

满文。7 行。白口，单鱼尾，四周双边，朱丝栏。版框 21.9 × 16cm。黄绫书面。开化纸，老化。

是书辑录清太常寺职掌，其中祭祀、工程、仓储等条例及案例，涉及满族风俗、信仰者颇多。

ᡥᡝᠰᡝᡳ ᡨᠣᡴᡨᠣᠪᡠᡥᠠ ᠴᠣᠣᡥᠠᡳ ᠵᡠᡵᡤᠠᠨ ᡳ ᠪᠠᡳᡨᠠ ᡴᠣᠣᠯᡳ

钦定中枢政考三十一卷

hesei toktobuha coohai jurgan i baita kooli

（清）鄂尔泰等编纂（清）文福等译

清乾隆七年（1742）武英殿刻本

现存 10 册（共 18 册）

满文。7 行。白口，单鱼尾，四周双

边。版框 21.4×16.6cm 。版心有满文书名、满文册数、汉文页码、篇目。竹纸，纸质老化。

大学士鄂尔泰等于乾隆六年（1741）奉敕编纂，计八旗则例十五卷、绿营则例十六卷。主要有职制、公式、户役、仓库、田宅、军政、邮驿、关津、盗贼、杂犯等类。详细记载了顺治、康熙、雍正三朝有关八旗、绿营的各项规章制度。

ᡧᠠᠨᠶᠠᠨ ᠰᡠᠪᠠᡵᡥᠠᠨ ᡳ ᡨᡝᠮᡤᡝᡨᡠ ᡦᠣᠣ ᡳ ᡴᠣᠣᠯᡳ ᡥᠠᠴᡳᠨ

白塔信炮章程一卷

šanyan subarhan i temgetu poo i kooli hacin

（清）步军统领纂修

清嘉庆间武英殿刻本

1 册，70 页

满汉合璧。满汉文相间各 7 行。白口，单鱼尾，四周双边。版框 21.6×13.9cm。全书汉字在前，满文在后。版心有汉文页码。竹纸，封面破损。

此章程是一部有关清代北京城警报设备的典籍。该书记述了清代驻守京城内外的八旗文武官兵，在紧急情况下闻炮后迅速行动的具体方案，包括京城内外八旗各军兵种驻营、防守区划和宫内文武官员闻炮后的集合地点。

ᠴᠣᠣᡥᠠ ᠪᡝ ᡠᡵᡝᠪᡠᡵᡝ ᡩᡝ ᡥᡝᠰᡝ ᡠᠯᡥᡳᠪᡠᡥᠠᠩᡤᡝ

练兵示谕

cooha be urebure de hese ulhibuhangge

（清）奕譞撰

清同治三年（1864）刻本

1 册

满文。6 行。白口，单鱼尾，四周双边。版框 19.2×13.5cm。版心有汉文页码。开化纸，轻微老化。

该书为钦命总理神机营事务之议政王、亲王衔多罗醇郡王谕各队官兵的练兵示谕。书中贴签印曰："此谕务须时常讲论、熟记，不许损坏、遗失。倘考问、查验时，有全不记忆及损失各情，定行究办不贷。"

ᠴᠣᠣᡥᠠᡳ ᡶᠠᡶᡠᠨ

军令

coohai fafun

清乾隆四十九年（1784）刻本

2 册

满文。7 行。白口，单鱼尾，四周双边。版框 18.9×13.9cm。版心有汉文页码。竹纸，保存完好。

清代统治者十分重视作战和行军纪律的重要作用，先后几次制定和修正军令、军律。此书即军令、军律的汇集。

ᡳᠯᠠᠨ ᡥᠠᠴᡳᠨ ᡳ ᡤᡳᠰᡠᠨ ᡴᠠᠮᠴᡳᠪᡠᡥᠠ ᡨᡠᠸᠠᡵᠠ ᡩᡝ ᠵᠠ ᠣᠪᡠᡥᠠ ᠪᡳᡨᡥᡝ

三合便览十一卷

ilan hacin i gisun kamcibuha tuwara de ja obuha bithe

（清）富俊编

清刻本

12 册

满蒙汉合璧，满蒙汉文相间各 8 行。白口，双鱼尾，上下双边。版框 20.4×15.4cm。版心有汉文书名、页码。竹纸，封面破损，纸张老化。

内含《蒙文指要》《清文指要》《十二字头》。

ᠮᠣᠩᡤᠣ ᠪᡳᡨᡥᡝᡳ ᠣᠶᠣᠩᡤᠣ ᠪᡝ ᠵᠣᡵᡳᡥᠠ ᠪᡳᡨᡥᡝ

蒙文指要四卷

monggo bithei oyonggo be joriha bithe

（清）赛尚阿纂辑

清道光二十八年（1848）刻本

2 册

满蒙汉合璧，满蒙汉文相间各 8 行。白口，六鱼尾，四周双边。版框 20.2 × 15.4。版心有汉文书名、页码。竹纸，保存完好。

存卷一、卷二《蒙文晰义》。

ᡥᠠᠨ ᡳ ᠠᡵᠠᡥᠠ ᠨᠣᠩᡤᡳᠮᡝ ᡨᠣᡴᡨᠣᠪᡠᡥᠠ ᠮᠠᠨᠵᡠ ᡤᡳᠰᡠᠨ ᡳ ᠪᡠᠯᡝᡴᡠ ᠪᡳᡨᡥᡝ

御制增订清文鉴四十六卷

han i araha nonggime toktobuha manju gisun i buleku bithe

（清）傅恒等编

清乾隆间刻本

47 册

满汉合璧。满汉文相间各 8 行。白口，四周双边。版框 22.7 × 17.7cm。版心上有满文书名、卷数、汉文类目、页码。竹纸，保存完好。

《御制清文鉴》为康熙帝敕修，是由皇帝敕修的第一部满文辞典。乾隆时敕修增订，是为《御制增订清文鉴》。

ᡥᠠᠨ ᡳ ᠠᡵᠠᡥᠠ ᠮᠠᠨᠵᡠ ᡤᡳᠰᡠᠨ ᡳ ᠪᡠᠯᡝᡴᡠ ᠪᡳᡨᡥᡝ

御制清文鉴二十五卷

han i araha manju gisun i bulek'u bithe

（清圣祖）玄烨撰

清康熙四十七年（1708）武英殿刻本

26 册

满文。6 行。白口，四周双边。版框 22.2 × 17.3cm。版心有满文书名、卷次、类目、页码。竹纸，线断。

清代官修辞书，是清帝敕修的第一部满文辞典。

ᡩᡠᡳᠨ ᡥᠠᠴᡳᠨ ᡳ ᡥᡝᡵᡤᡝᠨ ᡴᠠᠮᠴᡳᡥᠠ ᠪᡠᠯᡝᡴᡠ ᠪᡳᡨᡥᡝ

四体合璧文鉴

duin hacin i hergen kamciha buleku bithe

清刻本

11 册

白口，单鱼尾，四周双边。版框 23 × 17.2cm。版心有汉文书名、汉文卷次、类目、页码、册序。竹纸，纸张老化，脱线。

《四体合璧文鉴》用满、蒙、藏、汉四种文字编成。

ᠴᡳᠩ ᡥᠠᠨ ᠸᡝᠨ ᡥᠠᡳ ᠪᡳᡨᡥᡝ

清汉文海四十卷

cing han wen hai bithe

（清）巴尼珲编辑（清）普恭校订

清道光元年（1821）江南驻防衙门刻本

20 册

满汉合璧。满汉文相间各 10 行。白口，单鱼尾，左右双边。版框 20.4 × 14cm。版心上汉文书名、汉文卷次、页码。竹纸，保存完好。

ᠮᠠᠨᠵᡠ ᡤᡳᠰᡠᠨ ᡳ ᠣᠶᠣᠩᡤᠣ ᠵᠣᡵᡳᠨ ᡳ ᠪᡳᡨᡥᡝ

清文指要三卷续编二卷

manju gisun i oyonggo jorin i bithe

（清）富俊编

清嘉庆十四年（1809）大酉堂刻本

4 册

满汉合璧。4 行。白口，单鱼尾，四周双边。版框 17.9 × 14.1cm。版心有汉文卷目、汉文卷次。竹纸，纸质老化。

此书收录了满汉文对照的日常用语，简称《清文指要》，约收 1000 条话条，反映了当时的社会生活、饮食习惯、风土人情等，为八旗子弟学习满语会话之用，是满、汉文翻译的教学参考书。

ᡩᠠᡳᠴᡳᠩ ᡤᡠᡵᡠᠨ ᡳ ᠶᠣᠣᠨᡳ ᠪᡳᡨᡥᡝ

大清全书十四卷附录三卷

daicing gurun i yooni bithe

（清）沈启亮编

清康熙五十二年（1713）三义堂刻本

存13册（共14册，缺第1册）

满汉文。5行。白口，单鱼尾，四周双边。版框17×25cm。版心有十二字头、汉文页码。竹纸，纸张老化。

《大清全书》是第一部刊刻的大型满汉语文词典。正文满文部分，主要是满语词语以及这些词组成的专有名词、词组及动词的形态变化，有些词条后附例句。汉文部分采用对译或对译辅以解释的方法，少量采用音译或解释方法。书中收录了相当数量的早期汉语借词和满语古词，是研究和翻译早期满文文献及满语中汉语借词的重要参考书。

ᠮᠠᠨᠵᡠ ᡤᡳᠰᡠᠨ ᡳ ᠶᠣᠩᡴᡳᠶᠠᠮᡝ ᡨᠣᡴᡨᠣᠪᡠᡥᠠ ᠪᡳᡨᡥᡝ

清文备考

manju gisun i yongkiyame toktobuha bithe

（清）戴穀撰

清康熙六十一年（1722）刻本

10册

满汉文。8行。白口，单鱼尾，四周双边。版框23.8×16.1cm。版心有汉文书名、满文书名、汉文页码。竹纸，纸张老化。

开篇为《虚字讲约》，按满文排序，将满语词汇，分门别类，字诠句解，是与《清文启蒙》并行的满文语法书。

ᠮᠠᠨᠵᡠ ᡤᡳᠰᡠᠨ ᡳ ᠶᠣᠩᡴᡳᠶᠠᠮᡝ ᡨᠣᡴᡨᠣᠪᡠᡥᠠ ᠪᡳᡨᡥᡝ

清文备考

manju gisun i yongkiyame toktobuha bithe

（清）戴穀撰

清抄本

1册

满汉文。8行。开本28.7×18cm。竹纸，老化。

记录满文语法的书籍。

ᠮᠠᠨᠵᡠ ᡤᡳᠰᡠᠨ ᡳ ᡠᡥᡝᡵᡳ ᡳᠰᠠᠪᡠᡥᠠ ᠪᡳᡨᡥᡝ

清文总汇十二卷

manju gisun i uheri isabuha bithe

（清）志宽等编

清光绪二十三年（1897）荆州驻防翻译总学刻本

存2册（共12册）

满汉文。8行。大黑口，单鱼尾，四周双边。版框18.6×14cm。版心有汉文书名、汉文卷次、满文字头、汉文页码。竹纸，纸张老化，脱线。

此书是清代最后一部官修满汉音序释义辞典，合并《清文汇书》《清文补汇》而成。全书约收23000条词语，所选词语规范，释义简明易懂。

ᠮᠠᠨᠵᡠ ᡳᠰᠠᠪᡠᡥᠠ ᠪᡳᡨᡥᡝ

清文汇书十二卷

manju isabuha bithe

（清）李延基编

清京都三槐堂刻本

12册

满汉文。8行。白口，单鱼尾，四周双边。版框22×14.3cm。版心有汉文书名、汉文卷数、页码。竹纸，边角碳化，残损严重。

正文首列满文词语，下列汉文译词和汉文注解，解释词义及用法。将《御制清文鉴》所有满文词语译成汉文，并详细分析、考证，并增补2000余条词语。

ᠮᠠᠨᠵᡠ ᡳᠰᠠᠪᡠᡥᠠ ᠪᡳᡨᡥᡝ

清文汇书十二卷

manju isabuha bithe

（清）李延基编

清雍正二年（1724）刻本

12 册

满汉文。8 行。白口，单鱼尾，四周双边。版框 21.3×15.1cm。版心有汉文书名、汉文卷数、页码。竹纸，老化。

正文首列满文词语，下列汉文译词和汉文注解，解释词义及用法。将《御制清文鉴》所有满文词语译成汉文，并详细分析、考证，并增补 2000 余条词语，最后以满文字母顺序编排满文词语。

ᠮᠠᠨᠵᡠ ᡳᠰᠠᠪᡠᡥᠠ ᠪᡳᡨᡥᡝ

清文汇书十二卷

manju isabuha bithe

（清）李延基编

清嘉庆二十年（1815）四合堂刻本

12 册

满汉文。8 行。白口，单鱼尾，四周双边。版框 19.9×14.8cm。版心有汉文书名、汉文卷次、页码。竹纸，保存完好。

正文首列满文词语，下列汉文译词和汉文注解，解释词义及用法。将《御制清文鉴》所有满文词语译成汉文，并详细分析、考证，并增补 2000 余条词语。

ᠮᠠᠨᠵᡠ ᡤᡳᠰᡠᠨ ᠪᡝ ᠨᡳᠶᡝᠴᡝᠮᡝ ᡳᠰᠠᠪᡠᡥᠠ ᠪᡳᡨᡥᡝ

清文补汇八卷

manju gisun be niyeceme isabuha bithe

（清）宜兴编

清嘉庆七年（1802）刻本

8 册

满汉文。8 行。白口，单鱼尾，四周双边。版框 20×15cm。版心上有汉文书名、汉文卷次、页码。竹纸，保存完好。

此书是满汉释义辞典，为修订、增补《清文汇书》而编。正文体例、词语编排、注解等均与《清文汇书》相近。全书约收 8300 条词语。该书与《清文汇书》为清代满族语言文化发展最全面的资料之一，对研究清代满语词汇变化颇有参考价值。

ᠮᠠᠨᠵᡠ ᠨᡳᡴᠠᠨ ᡥᡝᡵᡤᡝᠨ ᡳ ᠠᠵᡳᡤᡝ ᡴᠣᠣᠯᡳ ᠪᡳᡨᡥᡝ

满汉袖珍字典

manju nikan hergen i ajige kooli bithe

清抄本

2 册

满汉对照。满汉文相间各 10 行。开本 17.7×13.4cm。竹纸，保存完好。

满汉双语辞书。

ᠮᠠᠨᠵᡠ ᠨᡳᡴᠠᠨ ᡥᡝᡵᡤᡝᠨ ᡳ ᡴᠣᠣᠯᡳ ᠪᡳᡨᡥᡝ

满汉字典

manju nikan hergen i kooli bithe

（清）编撰者不详

清抄本

经折装

1 册

满汉合璧。四周单边，朱丝栏。版框 30×15.9cm。封面题“竹香室”。保存完好。

满汉双语辞书。

ᠮᠠᠨᠵᡠ ᠨᡳᡴᠠᠨ ᡥᡝᡵᡤᡝᠨ ᡴᠠᠮᠴᡳᠪᡠᡥᠠ ᠮᡳᠩᡤᠠᠨ ᡥᡝᡵᡤᡝᠨ ᡳ ᠪᠠᠨᠵᡳᠪᡠᠮᡝ ᠠᡵᠠᡥᠠ ᠪᡳᡨᡥᡝ

满汉合璧千字文

manju nikan hergen kamcibuha minggan hergen i banjibume araha bithe

（梁）周兴嗣撰

清敬修堂刻本

1 册

满汉合璧。满汉文相间各 5 行。白口，双鱼尾，四周双边。版框 18 × 11. 5cm。版心上有汉文书名、汉文页码、“敬修堂”。竹纸，保存完好。

此书为梁武帝时期（502 —549）员外散骑侍郎周兴嗣奉皇命从王羲之书法中选取 1000 个字编纂成文。

ᡠᠪᠠᠯᡳᠶᠠᠮᠪᡠᡥᠠ ᠴᡳᠶᠠᠨ ᡯᡳ ᠸᡝᠨ ᠪᡳᡨᡥᡝ

翻译千字文

ubaliyambuha ciyan dzi wen bithe

（梁）周兴嗣撰

清精抄本

1 册

满汉合璧。满汉文相间各 8 行。开本 23. 6 ×16. 1cm。竹纸，保存完好。

ᠴᡳᠩ ᠸᡝᠨ ᡴᡳ ᠮᡝᠩ ᠪᡳᡨᡥᡝ

清文启蒙四卷

cing wen ki meng bithe

（清）舞格撰

清二酉堂刻本

4 册

满汉文。6 行。白口，单鱼尾，四周双边。版框 22. 1 × 14. 5cm。版心有汉文书名、汉文篇目、卷数、汉文页码。有咸丰朱批。竹纸，老化严重。

《清文启蒙》是最早的用传统方法讲授满文的教科书。是语音、词汇、语法合一体的满汉文对照辞书，为清代成书最早、讲述最全面详细、例句最多的满文语法辞书，也是初学满文者入门的启蒙教科书。

ᠴᡳᠩ ᠸᡝᠨ ᡴᡳ ᠮᡝᠩ ᠪᡳᡨᡥᡝ

清文启蒙四卷

cing wen ki meng bithe

（清）舞格撰

清雍正八年（1750）京都三槐堂刻本

4 册

满汉文。满汉文相间各 6 行。白口，单鱼尾，四周双边。版框 20. 3 × 13. 7cm。版心有汉文书名、汉文篇目、卷数、汉文页码。竹纸，老化严重。

《清文启蒙》是最早的用传统方法讲授满文的教科书。是语音、词汇、语法合一体的满汉文对照辞书，为清代成书最早、讲述最全面详细、例句最多的满文语法辞书，也是初学满文者入门的启蒙教科书。

ᠵᡠᠸᠠᠨ ᠵᡠᠸᡝ ᡠᠵᡠᡳ ᠪᡳᡨᡥᡝ

十二字头

juwan juwe ujui bithe

（清）编撰者不详

清咸丰十一年（1861）京都文兴堂刻本

2 册

满汉文。满汉文相间各 6 行。白口，左右双边。版框 18. 4 × 12. 2cm。版心有汉文书名、汉文页码。有“北京西单旧刑部街四十一号今西春秋”长方印。

是书为满文语音辞书，收录满文十二字头及汉文对音字。第一卷：满文写法，满文字母拼写规律；第二卷：讲述满语套话；第三卷：讲述满语助词、虚词及词尾变化；第四卷：解释满文成语。

ᡥᠠᠨ ᡳ ᠠᡵᠠᡥᠠ ᡠᠪᠠᠯᡳᠶᠠᠮᠪᡠᡥᠠ ᡩᡠᡳᠨ ᠪᡳᡨᡥᡝ

御制翻译四书六卷

han i araha ubaliyambuha duin bithe

（宋）朱熹集注（清高宗）弘历敕译

清光绪十八年（1892）刻本

20 册

满蒙汉合璧，满蒙汉文相间各 6 行。

白口，单鱼尾，四周单边。版框 24.3 × 17.6cm。版心有汉文书名、页码。竹纸，纸张老化，线断。

御制翻译四书四卷

han i araha ubaliyambuha duin bithe

（宋）朱熹集注（清高宗）弘历敕译

清乾隆二十年（1755）京都三槐堂刻本

6 册

满汉合璧。满汉文相间各 7 行。白口，单鱼尾，四周双边。版框 17.9 × 13.9cm。版心有汉文四书书名、汉文篇目、页码。竹纸，老化。

上谕成语

dergi hesei toktoho gisun i bithe

撰者不详

清抄本

6 册

满汉合璧。朱笔点校。开本 29.4 × 18.4cm。竹纸，封面破损，纸张老化，边角碳化。

用满汉文记录了大量上谕、公文固定用法。

圆音正考

yuwan in jeng k'ao bithe

撰者不详

清道光十年（1830）刻本

1 册

满汉文。6 行。白口，单鱼尾，四周双边。版框 11.3 × 9.1cm。版心上有汉文书名、汉文页码。竹纸，保存完好。

此书专为纠正尖音舌面化的语病，分辨尖团音而写。

清汉对音字式

cing han dui in dzi ši bithe

（清高宗）弘历敕撰

清光绪十六年（1890）京都聚珍堂刻本

1 册，60 页

满汉文。9 行。白口，单鱼尾，四周双边。版框 16.8 × 13cm。版心有汉文书名、汉文篇目、汉文页码、“聚珍堂”。竹纸，封面破损严重。

书中规定满汉文译音标准，内容由两部分组成：第一部分包括“满文十二字头”、“切音单字”、“切音双字”等；第二部分为满汉文对照地名，收盛京、吉林、黑龙江、扎萨克、喀尔喀、青海、甘肃、新疆等 143 个地名。

钦定清汉对音字式

hesei toktobuha cing han dui in dzi ši bithe

清乾隆三十七年（1772）武英殿刻本

（清高宗）弘历敕撰

1 册

满汉文。9 行。白口，单鱼尾，四周双边，版框 19.3 × 14.1cm。版心有汉文书名、汉文篇目、汉文页码、“聚珍堂”。竹纸，脱线。

此书是一部规范满汉语音标准的满汉对照语音辞书。

对音辑字二卷

dui yen ji dzi bithe

（清）志宽 培宽同辑

清光绪十六年（1890）荆州翻译总学刻本

2 册

满汉对照。8 行。白口，单鱼尾，四周双边。版框 18 × 12.3cm。版心有汉文书名、汉文卷次、页码。开化纸，保存完好。

有关满语语音研究著作。

音韵逢源四卷

in yun feng yuwan bithe

（清）裕恩撰（清）禧恩校

清道光二十年（1840）京都聚珍堂刻本

4 册

满汉文。白口，单鱼尾，四周双边。版框14.4 × 22.7cm。版心有汉文书名、汉文卷次、页码、类目。竹纸，保存完好。

《音韵逢源》是一部韵书，记录了当时北京话的语音。书中韵母共分十二部，以地支为名；每部又分为乾一、坎二、艮三、震四，即合、开、齐、撮四呼。

初学满文指蒙歌

manju hergen be tuktan tacire de jori šame ulhibure ucun

清抄本

满汉文。满汉文相间各 8 行。朱丝栏，朱、墨两色抄本。开本 29 × 24cm。竹纸，封面破损。

此书专讲满文语音文字。

十二字头一卷

juwan juwe ujui bithe

（清）编撰者不详

清刻本

1 册，24 页

满汉合璧。满汉文相间各 6 行。白口，四周双边。版框 21.3 × 17.5cm。版心上有满文书名、汉文页码。竹纸，保存完好。

是书为满文语音辞书，以满文十二字头为例编成。

（新刻）清书全集

manju hergen i yooni bithe

（清）陈子可等编

清康熙三十八年（1699）金陵听松楼刻本

1 册

满汉文。5 行。白口，单鱼尾，四周双边。版框 20.8 × 14.1cm。版心有汉文书名、汉文页码。竹纸，老化。

《清书全集》是清代最早的满汉文标音词典。

钦定清语

han i toktobuha manju gisun

（清）编撰者不详

清抄本

8 册

满汉对照。开本 24.4 × 16cm。竹纸，封面破损，线断，边角碳化。

满汉对照分类词典。

满汉同文全书八卷

manju nikan šu adali yooni bithe

（清）编撰者不详

清康熙二十九年（1690）秘书阁刻本

8 册

满汉合璧。满汉文相间各 6 行。黑口，双鱼尾，四周双边。版框 21.3 × 12.2cm。版心有汉文卷次、汉文页码。竹纸，保存完好。

此书按满文字母音序编排，首创满语词典编纂法，成为清代词典编纂典范。

ᠮᠠᠨ ᠸᡝᠨ ᠵᡠᡳ ᡳᠣᡳ ᠪᡳᡨᡥᡝ

满文缀语

man wen jui ioi bithe

（清）编撰者不详

油印本（年代不详）

1 册

满汉文，满汉文相间各 6 行。有朱笔批校。版心有汉文书名、汉文篇目、汉文页码。竹纸，封面破损。

ᡨᡠᠩ ᠸᡝᠨ ᠶᠣᠣ ᠯᠠᠨ

同文要览二卷

tung wen yoo lan

（清）编撰者不详

清刻本

1 册

满汉合璧。满汉文相间各 8 行。白口，单鱼尾，四周双边。版框 14.3 × 10.8cm。版心有汉文书名、册数、页码。竹纸，老化。

满文词典。

ᠮᠠᠨᠵᡠ ᡤᡳᠰᡠᠨ ᡳ ᠪᡠᠯᡝᡴᡠ ᠪᡳᡨᡥᡝ ᠴᡳ ᡨᡠᠯᡤᡳᠶᡝᠨ ᡳᠴᡝ ᡤᡳᠰᡠᠨ

清文鉴外新语

manju gisun i buleku bithe ci tulgiyen ice gisun

（清）编撰者不详

清刻本

1 册

满汉文。8 行。白口，单鱼尾，四周双边。版框 24.5 × 14.9cm。版心有汉文页码。竹纸，纸质老化。

满文音韵学词典。

ᠮᠠᠨᠵᡠ ᡤᡳᠰᡠᠨ ᡳ ᡠᠨᡨᡠᡥᡠᠨ ᡥᡝᡵᡤᡝᠨ ᡳ ᡨᡝᠮᡤᡝᡨᡠ ᠵᠣᡵᡳᠨ ᠪᡳᡨᡥᡝ

清文虚字指南编二卷

manju gisun i untuhun hergen i temgetu jorin bithe

（清）万福撰

清光绪十一年（1885）刻本

2 册，112 页

满汉文。满汉文相间各 6 行。白口，单鱼尾，四周双边。版框 26.2 × 16.1cm。版心有汉文书名、页码。竹纸，保存完好。

采用传统方法讲述满语虚词，内容全面，对后世影响较大，成为满语语法著作中的典范。

ᠮᠠᠨᠵᡠ ᡤᡳᠰᡠᠨ ᡳ ᡠᠨᡨᡠᡥᡠᠨ ᡥᡝᡵᡤᡝᠨ ᡳ ᡨᡝᠮᡤᡝᡨᡠ ᠵᠣᡵᡳᠨ ᠪᡳᡨᡥᡝ
ᡩᡝ ᡥᡡᠯᠠᠴᡳ ᠠᠴᠠᡵᠠ ᠪᡳᡨᡥᡝ

清文虚字指南读本

manju gisun i untuhun hergen i temgetu jorin bithe de hūlaci acara bithe

（清）编者不详

清光绪间刻本

满汉合璧。满汉文相间各 8 行。白口，单鱼尾，四周双边。版框 19.2 × 12.3cm。版心有汉文书名、页码。竹纸，边角碳化。

采用传统方法讲述满语虚词，内容全面，对后世影响较大，成为满语语法著作中的典范。

ᠮᠠᠨᠵᡠ ᡤᡳᠰᡠᠨ ᡳ ᡠᠨᡨᡠᡥᡠᠨ ᡥᡝᡵᡤᡝᠨ ᡳ ᡨᡝᠮᡤᡝᡨᡠ ᠪᡳᡨᡥᡝ

清文虚字讲约二十卷

manju gisun i untuh'un hergen i temgetu

bithe

（清）编撰者不详

清雍正二年（1724）鸣皋阁刻本

1 册

满文。6 行。白口，单鱼尾，四周双边。版框 11.9 × 18.5cm。版心有汉文篇目。钤有“居士”、“静修书屋”等多方印。有朱笔批校。竹纸，酸化严重。

此书又题《凝华集》。满文实词较其他语言少，故虚词发达而补其不足。此书为清传统方法讲述满语语法的书。

ᠴᡳᠩ ᠸᡝᠨ ᠵᡳᠶᡝ ᡯᡳ ᠪᡳᡨᡥᡝ

清文接字

cing wen jiye dzi bithe

（清）嵩洛峰撰

清同治五年（1866）京都聚珍堂刻本

1 册

满汉文。5 行。白口，单鱼尾。四周双边。版框 18.3 × 14cm。版心有汉文书名、汉文页码。竹纸，老化。

满语工具书。

ᠮᠠᠨᠵᡠ ᡤᡳᠰᡠᠨ ᠪᡝ ᠵᠠ ᡳ ᡤᡳᠰᡠᡵᡝᡵᡝ ᠪᡳᡨᡥᡝ

清语易言

manju gisun be ja i gisurere bithe

（清）博赫辑录

清乾隆三十九年（1774）刻本

1 册，25 页

满汉文。满汉文相间各 6 行。白口，单鱼尾，四周双边。版框 21 × 14.4cm。版心有汉文页码。竹纸，纸张破损。

《清语易言》是清代重要满语语言学撰述之一，内容为清代满语书面语与口语的异同，为初学者讲解句法。

ᠮᠠᠨᠵᡠ ᠨᡳᡴᠠᠨ ᡶᡝ ᡤᡳᠰᡠᠨ ᠪᡝ ᠵᠣᡶᠣᡥᠣ ᠠᠴᠠᠪᡠᡥᠠ ᠪᡳᡨᡥᡝ

满汉成语对待四卷

manju nikan fe gisun be jofoho acabuha bithe

（清）编撰者不详

清金陵听松楼刻本

4 册

满汉对照。满汉文相间各 7 行。白口，单鱼尾，四周双边。版框 19.9 × 14.1cm。版心有满文书名、汉文卷次、页码。竹纸，线断，边角碳化。

这是一部满汉文对照的成语书籍，对研究清代政治制度、经济形态和词汇的演变情况，都有一定的参考价值。

ᠮᠠᠨᠵᡠ ᡤᡳᠰᡠᠨ ᡳ ᠰᠣᠨᠵᠣᡶᡳ ᠰᠠᡵᡴᡳᠶᠠᡥᠠ ᠪᡳᡨᡥᡝ

清语摘抄

manju gisun i sonjofi sarkiyaha bithe

（清）编撰者不详

清光绪十五年（1889）京都聚珍堂刻本

4 册

满汉合璧。满汉文相间各 9 行。白口，单鱼尾，四周双边。版框 18.8 × 13cm。版心有汉文书名、汉文篇目、汉文页码、汉文堂号。竹纸，封面破损，边角碳化。

又名《新译成语摘抄词林》，包括官衔名目、衙署名目、公文成语、折奏成语。是为满汉对照翻译的专门用书。

ᠨᡳᠩᡤᡠᠨ ᠵᡠᡵᡤᠠᠨ ᡳ ᡨᠣᡴᡨᠣᡥᠣ ᡤᡳᠰᡠᠨ ᡳ ᠪᡳᡨᡥᡝ

六部成语六卷

ninggun jurgan i toktoho gisun i bithe

清嘉庆二十一年（1816）京都文盛堂刻本

6 册

满汉合璧。满汉文相间各 5 行。白口，

单鱼尾，四周双边。版框 19×14.9cm。版心有汉文书名、卷次、类目、页码。竹纸，线断，封面破损，纸张老化。

清政府一些公文采用满汉文互译的形式，此书主要供官吏拟写、翻译公文时参考。

ᠨᡳᠩᡤᡠᠨ ᠵᡠᡵᡤᠠᠨ ᡳ ᡨᠣᡴᡨᠣᡥᠣ ᡤᡳᠰᡠᠨ ᡳ ᠪᡳᡨᡥᡝ

六部成语六卷

ninggun jurgan i toktoho gisun i bithe

（清）编撰者不详

清道光二十二年（1842）京都文英堂刻本

2 册

满汉合璧。满汉文相间各 5 行。白口，单鱼尾，四周单边。版框 18.9×14cm。版心有汉文书名、卷次、类目、页码。竹纸，线断。

清政府一些公文采用满汉文互译的形式，此书主要供官吏拟写、翻译公文时参考。

ᡩᡝᡵᡤᡳ ᡥᡝᠰᡝᡳ ᡨᠣᡴᡨᠣᡥᠣ ᡤᡳᠰᡠᠨ ᡳ ᠪᡳᡨᡥᡝ

上谕成语

dergi hesei toktoho gisun i bithe

（清）编撰者不详

清抄本

满文。8 行。开本 16.1×10cm。毛装，竹纸，脱线。

成语辞书。

ᠠᠨ ᡳ ᡤᡳᠰᡠᠨ ᡩᡝ ᠠᠮᡨᠠᠨ ᠪᡝ ᠰᠠᡵᠠ ᠪᡳᡨᡥᡝ

庸言知旨二卷

an i gisun de amtan be sara bithe

（清）宜兴撰（清）查兴阿校订

清嘉庆二十四年（1819）刻本

2 册

满汉合璧。满汉文相间各 7 行。白口，单鱼尾，四周双边。版框 21.1×16.1cm。版心有汉文书名、卷次、页码。竹纸，保存完好。

《庸言知旨》编辑了大量的满语俗谚语。

ᠠᠨ ᡳ ᡤᡳᠰᡠᠨ ᡩᡝ ᠠᠮᡨᠠᠨ ᠪᡝ ᠰᠠᡵᠠ ᠪᡳᡨᡥᡝ

庸言知旨

an i gisun de amtan be sara bithe

（清）宜兴撰（清）查兴阿校订（清）桂当阿抄

清光绪十七年（1891）桂当阿抄本

4 册

满汉合璧。满汉文相间各 4 行。开本 24.9×13.8cm。竹纸，受潮破损。

是清代满文鼎盛时期的满语作品。

ᠮᠠᠨᠵᡠ ᠨᡳᡴᠠᠨ ᡥᡝᡵᡤᡝᠨ ᡳ ᠴᡳᠩ ᠸᡝᠨ ᡴᡳ ᠮᡝᠩ ᠪᡳᡨᡥᡝ

清文启蒙四卷（附《翻译孝经》）

manju nikan hergen i cing wen ki meng bithe

（清）舞格撰

清刻本

2 册

满汉合璧。满汉文相间各 6 行。白口，单鱼尾，四周双边。版框 19.6×13.7cm。版心有汉文书名、页码。竹纸，线断。

《清文启蒙》为翻译入门指南，是学童启蒙必读书。

附《翻译孝经》

ᠮᠠᠨᠵᡠ ᡤᡳᠰᡠᠨ ᡳ ᠣᠶᠣᠩᡤᠣ ᠵᠣᡵᡳᠨ ᡳ ᠪᡳᡨᡥᡝ

清语指要

manju gisun i oyonggo jorin i bithe

（清）撰者不详

清抄本

2 册（满汉各 1 册）

10 行。竹纸，保存完好。

此书是满汉文的满语辞书。

ᠮᠠᠨᠵᡠ ᠮᠣᠩᡤᠣ ᡤᡳᠰᡠᠨ ᡳ ᠠᠯᡳᡧᠠᡵᠠ ᡨᠣᠣᡴᠠᠨ ᠪᡳᡨᡥᡝ

满蒙消遣

manju monggo gisun i ališara tookan bithe

（清）伊昌阿撰

清抄本

1 册

满蒙汉合璧。满蒙汉文相间各 6 行。开本 23.2 × 13.9cm。有朱笔批校。竹纸，纸张老化。

此书是用满语标注蒙古语音的满文读本会话类文献，为满族人学习蒙古语之用。

ᠮᠠᠨᠵᡠᡵᠠᠮᡝ ᡶᠣᠨᠵᡳᡵᡝ ᠵᠠᠪᡠᡵᡝ ᡤᡳᠰᡠᠨ ᡩᡝᡥᡳ ᠮᡝᠶᡝᠨ

清话问答四十条

manjurame fonjire jabure gisun dehi meyen

（清）常钧撰

清乾隆二十三年（1758）刻本

1 册，56 页

满汉合璧。满汉文相间各 5 行。白口，单鱼尾，四周单边。版框 19.7 × 14.3cm。版心有满文书名、汉文页码。竹纸，纸张老化。

这是一部学习满语，以对话形式编写的教科书。

ᠮᠠᠨᠵᡠ ᠨᡳᡴᠠᠨ ᡥᡝᡵᡤᡝᠨ ᡳ ᡴᠠᠮᠴᡳᠮᡝ ᠠᡵᠠᡥᠠ ᡩᡝᡥᡳ ᠮᡝᠶᡝᠨ ᡳ ᠪᡳᡨᡥᡝ

满汉合璧四十条

manju nikan hergen i kamcime araha dehi meyen i bithe

（清）撰者不详

清光绪四年（1878）刻本

1 册

满汉合璧。满汉文相间各 5 行。白口，单鱼尾。四周双边。版框 20.5 × 14.2cm。版心有汉文页码。竹纸，纸张老化。

这是一部以对话形式编写的满语教科书。

ᡠᠪᠠᠯᡳᠶᠠᠮᠪᡠᡵᡝ ᡩᡝ ᡦᡳᠯᡝᡥᡝ ᠵᠠᠪᡠᡥᠠ ᡤᡳᠰᡠᠨ

翻译批答

ubaliyambure de pilehe jabuha gisun

清抄本

1 册

满汉合璧。满汉文相间各 6 行。开本 26 × 12.3cm。有朱笔批校。竹纸，纸张酸化，封面污损。

满语学习教程。

ᡨᠠᠩᡤᡡ ᠮᡝᠶᡝᠨ

话条一百则四卷

tanggū meyen

（清）撰者不详

清刻本

4 册

满汉合璧。满汉文相间各 6 行。白口，单鱼尾，四周单边。版框 18.5 × 12.5cm。版心上有汉文卷次、页码。竹纸，保存完好。

此书体例采用问答、话条形式，用于彼此练习满汉语，是学习满语会话的主要参考书。

ᡩᠠᠰᠠᠮᡝ ᡶᠣᠯᠣᡥᠣ ᠮᠠᠨᠵᡠ ᡤᡳᠰᡠᠨ ᡳ ᡠᠨᡨᡠᡥᡠᠨ ᡥᡝᡵᡤᡝᠨ ᡳ ᡨᡝᠮᡤᡝᡨᡠ ᠵᠣᡵᡳᠨ ᠪᡳᡨᡥᡝ

重刻清文虚字指南编二卷

dasame foloho manju gisun i untuhun hergen i temgetu jorin bithe

（清）万福撰（清）凤山订

清光绪二十年（1885）聚珍堂刻本

2 册

满汉合璧。满汉文相间各 7 行。白口，单鱼尾，四周双边。版框 19.5 × 14.2cm。版心上有汉文书名、汉文卷次、汉文页码、汉文堂号。竹纸，保存完好。

ᡴᠠᡨᡠᡵᡳ ᠵᡝᡨᡝᡵᡝ ᠵᡠᠪᡝᠨ ᡳ ᠪᡳᡨᡥᡝ

螃蟹段儿

katuri jetere juben i bithe

（清）撰者不详 关德栋注

文萃堂刻本

1 册

满汉文。朱丝栏。稿纸，边角破损。

为满族子弟书之一种。子弟书是清代的一种曲艺形式，曾盛行于北京、沈阳等地。文辞渊雅，音节沈穆。

此书对满汉语写成的《螃蟹段儿》进行介绍和注释。关德栋（1920—2005），是我国当代著名俗文学家、敦煌学家和满学家，精通满语文，是山东大学的资深教授。此书为关先生早年所注。

ᡴᠠᡨᡠᡵᡳ ᠵᡝᡨᡝᡵᡝ ᠵᡠᠪᡝᠨ ᡳ ᠪᡳᡨᡥᡝ

螃蟹段儿

katuri jetere juben i bithe

（清）撰者不详

清道光间文萃堂刻本

1 册

满汉合璧。满汉文相间各 5 行。白口，单鱼尾，四周双边。有朱笔批校。版框 16.3 × 11cm。版心有汉文页码。竹纸，封面污损。

为满族子弟书之一种。子弟书是清代的一种曲艺形式，曾盛行于北京、沈阳等地。文辞渊雅，音节沈穆。

ᠯᠠᠨ ᡨᡳᠩ ᡤᡳ ᠪᡳᡨᡥᡝ

兰亭记

lan ting gi bithe

清乾隆三十九年（1774）抄本

存 1 册（共 4 册）

满汉合璧。满汉文相间各 7 行。开本 22.1 × 21.8cm。竹纸，保存完好。

从汉籍《兰亭记》翻译而来。

ᡠᠪᠠᠯᡳᠶᠠᠮᠪᡠᡥᠠ ᡠᠴᡠᠯᡝᠨ ᠵᡠᡵᡠ ᡤᡳᠰᡠᠨ ᡳᡵᡤᡝᠪᡠᠨ ᡶᡠᠵᡠᡵᡠᠨ

翻译词联诗赋

ubaliyambuha uculen juru gisun irgebun fujurun

（清）撰者不详

清京都文英堂刻本

1 册

5 行。白口，单鱼尾，四周双边。版框 19 × 13.9cm。版心上有汉文篇目、汉文卷数、篇目、页码。竹纸，保存完好。

ᡠᠪᠠᠯᡳᠶᠠᠮᠪᡠᡥᠠ ᠵᡠᠯᡤᡝᡳ ᡧᡠ ᡶᡳᠶᡝᠯᡝᠨ

合璧古文十六卷

ubaliyambuha julgei šu fiyelen

（清）孟保辑

清咸丰元年（1851）刻本

10 册

满汉合璧。满汉文相间各 5 行。白口，单鱼尾，四周双边。版框 19.2 × 14.1cm。版心上有汉文书名、卷次、篇目、页码。竹纸，保存完好。

从汉籍翻译而来。

ᡤᡡ ᠸᡝᠨ ᠶᡠᠸᠠᠨ ᡤᡳᠶᠠᠨ ᠪᡳᡨᡥᡝ

古文渊鉴六十四卷

g'u wen yuwan giyan bithe

（清）徐乾学等编注

清康熙二十四年（1685）武英殿刻本

36 册

满文。8 行。白口，四周双边。版框 24.2×16.7cm。版心上有汉文页码。竹纸，有虫蛀。

从汉籍《古文渊鉴》翻译而来，这是一部大型古文选集。

ᡥᠠᠨ ᡳ ᠠᡵᠠᡥᠠ ᠶᠣᠩᡴᡳᠶᠠᠨ ᠮᡠᡩᠠᠨ ᡳ ᡳᡵᡤᡝᠪᡠᠨ

御制全韵诗八卷

han i araha yongkiyan mudan i irgebun

（清高宗）弘历撰

清抄本

8 册

满汉合璧。满汉文相间各 5 行。白口，单鱼尾，四周双边。版框 19.6×14.1cm。版心上有汉文书名、卷次、页码。竹纸，保存完好。

从汉籍中翻译而来。清代官刻文献，往往冠以“御制”、“钦定”等头衔，不仅刊印美观大方，而且体现皇家威严。

ᡥᠠᠨ ᡳ ᠠᡵᠠᡥᠠ ᠮᡠᡴᡩᡝᠨ ᡳ ᡶᡠᠵᡠᡵᡠᠨ ᠪᡳᡨᡥᡝ

御制盛京赋

han i araha mukden i fujurun bithe

（清高宗）弘历撰

清乾隆十三年（1748）武英殿刻本

1 册

满文。7 行。白口，单鱼尾，四周双边。版框 19.7×13.3cm。版心上有书名、页码。竹纸，保存完好。

此书是乾隆在 1743 年第一次东巡盛京（沈阳）拜祭祖陵时所做的一篇歌颂先世创业之武功和盛京物产之丰富、人才之鼎盛的文学作品。

ᡥᠠᠨ ᡳ ᠠᡵᠠᡥᠠ ᠮᡠᡴᡩᡝᠨ ᡳ ᡶᡠᠵᡠᡵᡠᠨ ᠪᡳᡨᡥᡝ

御制盛京赋

han i araha mukden i fujurun bithe

（清高宗）弘历撰

清乾隆十三年（1748）武英殿刻本

4 册

满文。5 行。白口，单鱼尾，四周双边。版框 22×16.5cm。版心上有书名、页码。竹纸，保存完好。

此书是乾隆在 1743 年第一次东巡盛京（沈阳）拜祭祖陵时所做的一篇歌颂先世创业之武功和盛京物产之丰富、人才之鼎盛的文学作品。该本以满文三十二种篆体缮写而成。

ᡥᠠᠨ ᡳ ᠠᡵᠠᡥᠠ ᠮᡠᡴᡩᡝᠨ ᡳ ᡶᡠᠵᡠᡵᡠᠨ ᠪᡳᡨᡥᡝ

御制盛京赋

han i araha mukden i fujurun bithe

（清高宗）弘历撰

清乾隆十三年（1748）武英殿刻本

1 册

满文。5 行。玉筋篆。白口，单鱼尾，四周双边。版框 21.3×16.5cm。版心上有书名、页码。竹纸，保存完好。

此书是乾隆在 1743 年第一次东巡盛京（沈阳）拜祭祖陵时所做的一篇歌颂先世创业之武功和盛京物产之丰富、人才之鼎盛的文学作品。该本以满文三十二种篆体缮写而成。

ᡥᠠᠨ ᡳ ᠠᡵᠠᡥᠠ ᠮᡠᡴᡩᡝᠨ ᡳ ᡶᡠᠵᡠᡵᡠᠨ ᠪᡳᡨᡥᡝ

御制盛京赋

han i araha mukden i fujurun bithe

（清高宗）弘历撰

清乾隆十三年（1748）武英殿刻本

4 册

满文。5 行。白口，单鱼尾，四周双边。版框 21.3×16.4cm。版心上有书名、页码。竹纸，保存完好。

此书是乾隆在1743年第一次东巡盛京（沈阳）拜祭祖陵时所做的一篇歌颂先世创业之武功和盛京物产之丰富、人才之鼎盛的文学作品。该本以满文三十二种篆体缮写而成。

ᡥᠠᠨ ᡳ ᠠᡵᠠᡥᠠ ᠮᡠᡴᡩᡝᠨ ᡳ ᡶᡠᠵᡠᡵᡠᠨ ᠪᡳᡨᡥᡝ

han i araha mukden i fujurun bithe

御制盛京赋

（清高宗）弘历撰

清乾隆十三年（1748）武英殿刻本

1册

满文，7行　无纂字。龙书上方大篆。白口，单鱼尾，四周双边。版框21.6×16.5cm。版心上有书名、页码。竹纸，保存完好。

此书是乾隆在1743年第一次东巡盛京（沈阳）拜祭祖陵时所做的一篇歌颂先世创业之武功和盛京物产之丰富、人才之鼎盛的文学作品。该本以满文三十二种篆体缮写而成。

ᠨᠠᡵᡥᡡᡧᠠᠮᡝ ᡠᠪᠠᠯᡳᠶᠠᠮᠪᡠᡥᠠ ᠯᡠ ᡮᠠᡳ ᡯᡳ ᡮᡟ

精译六才子词四卷

narhūšame ubaliyambuha lu ts'ai dzi ts'i

（元）王实甫撰（清）刘顺译校

清康熙四十七年（1708）寄畅斋刻本

4册

满汉合璧。满汉文相间各7行。白口，单鱼尾，四周双边。版框24.8×15.3cm。版心上有汉文书名、页码。竹纸，保存完好。

从汉籍翻译而来。

ᠮᠠᠨᠵᡠ ᠨᡳᡴᠠᠨ ᠰᡳ ᠰᡳᠶᠠᠩ ᡤᡳ ᠪᡳᡨᡥᡝ

满汉西厢记四卷

manju nikan si siyang gi bithe

（元）王实甫撰

清康熙四十七年（1708）刻本

存1册（共4册）

满汉合璧。满汉文相间各6行。白口，四周双边。版框20.8×14.7cm。版心有汉文书名、满文卷数、汉文页码。竹纸，保存完好。

从汉籍翻译而来。

ᠮᠠᠨᠵᡠ ᠨᡳᡴᠠᠨ ᠰᡳ ᠰᡳᠶᠠᠩ ᡤᡳ ᠪᡳᡨᡥᡝ

满汉西厢记四卷

manju nikan si siyang gi bithe

（元）王实甫撰

清康熙四十九年（1710）刻本

4册

满汉合璧。满汉文相间各6行。白口，单鱼尾，四周双边。版框16.5×12.1cm。版心有汉文书名、卷数、页码。竹纸，保存完好。

从汉籍翻译而来，译者不详，翻译水平极高。

ᠮᠠᠨᠵᡠ ᠨᡳᡴᠠᠨ ᠰᡳ ᠰᡳᠶᠠᠩ ᡤᡳ ᠪᡳᡨᡥᡝ

满汉西厢记

manju nikan si siyang gi bithe

（元）王实甫撰

清康熙四十九年（1710）刻本

2册

满文。8行。白口，单鱼尾。有插图。版框16×12cm。版心有汉文书名、满文卷数、汉文页码。竹纸，保存完好。

从汉籍翻译而来，水平极高。译者不详。

ᠮᠠᠨᠵᡠ ᠨᡳᡴᠠᠨ ᠯᡳᠶᠣᠣ ᠵᠠᡳ ᠵᡟ ᡳ ᠪᡳᡨᡥᡝ

合璧聊斋志异二十四卷

manju nikan liyoo jai jy i bithe

（清）蒲松龄撰（清）札克丹译
清道光二十八年（1848）刻本
24 册
满汉合璧。满汉文相间各 7 行。白口，双鱼尾，四周双边。版框 19 × 16cm。版心上有汉文篇目、书名、卷次、页码。竹纸，保存完好。
此书又名《择翻聊斋志异》。

唐太宗金镜
tang g′urun i taidzung i araha suduri bithe be hūlara ejebun
（唐太宗）李世民撰
抄本（年代不详）
1 册
满文。6 行。开本 26.5 × 12cm。竹纸，保存完好。
内容为“陈寿定诸葛亮故事表”。

成语字汇四卷
toktoho gisun hergen i isabuha bithe
（清）赵英撰
清抄本
4 册
满文。10 行。竹纸，保存完好。

水浒传
šui hū bithe
（元）施耐庵撰
清抄本
存 4 册
满文。10 行。开本 26.1 × 20cm。竹纸，保存完好。
从汉籍翻译而来。

三国志二十四卷
Iian gúrun i bithe
（元）罗贯中撰（清）祁充格等译
清雍正间坊刻本
存 8 册（共 48 册）
满汉合璧。满汉文相间各 7 行。白口，单鱼尾，四周双边。版框 22.4 × 15.7cm。版心有汉文书名、汉文卷次、汉文页码。竹纸，纸张老化。
译自汉籍《三国演义》。

金瓶梅一百回
gin ping mei bithe
（明）兰陵笑笑生撰
清康熙四十七年（1708）刻本
存 18 册（共 40 册）
满汉文。9 行。白口，单鱼尾，四周双边。版框 19.5 × 14.3cm。版心有汉文回次、页码。竹纸，封面破损严重，老化。
从汉籍翻译而来，是满文水平最高的文学译著。书中人名、官名、地名、诗词名等满文加汉文注释。

众女及其他
geren hehesei bithe
（清）撰者不详
清抄本
1 册
满文。8 行。白口，单鱼尾，四周单边，朱丝栏。朱丝栏，版框 20.9 × 11.4cm。竹纸，保存完好。

醒世词一卷

jalan de ulhibure uculen

（明）撰者不详

清刻本

1 册

满汉合璧。满汉文相间各 5 行。白口，单鱼尾，四周双边。版框 19 ×14cm。版心有汉文书名、卷次、篇目、页码。开化纸，保存完好。

汉文《醒世词》，满译本。成于明中后期的《醒世词》是一部描绘世态人情的文学作品。

大方广圆觉修多罗了义经

yongkiyan ulhisungge nomun

清抄本

5 册

满汉合璧。满汉文相间各 8 行。白口，单鱼尾，四周双边，朱丝栏。版框 13. 8 × 18. 8cm。版心有书名、页码。钤有：“八千卷楼丁氏”。开化纸，蓝绫封面，保存完好。

《大方广圆觉修多罗了义经》简称《圆觉经》，为佛教大乘经典。历来因其义理渊深澄澈，文辞优美酣畅，对后世中国佛教文化影响极大。

金刚般若波罗蜜经

sure ulhisu cargi dalin de akūnaha gin g'ang ging

清刻本

1 册

经折装

满汉合璧。满汉文相间各 4 行。四周双边。版框 15. 1 × 7. 3cm。竹纸，绫面，保存完好。

《金刚般若波罗蜜经》全称《能断金刚般若波罗蜜经》（vájra-cchedikā-prajñā-pāramitā-sūtra），梵文意为以能断金刚的智慧到彼岸之经。简称《金刚经》，是大乘佛教的重要经典。

心经

niyaman i nomun

清乾隆四十九年（1784）刻本

1 册

经折装

满汉藏合璧。满汉藏文相间各 2 行。朱丝栏，四周双边。版框 15. 3 × 7cm。开化纸，保存完好。

译本。《心经》是中国古代流传最广的佛经。

佛说阿弥陀经 · 心经

fucihi i nomulaha abida nomun · niyaman i nomun

清刻本

1 册

满汉合璧。满汉文相间各 5 行。白口，单鱼尾，四周双边。版框 18. 9 × 14. 2cm。版心有汉文书名、汉文页码。竹纸，脱线，老化严重。

《心经》是中国古代流传最广的佛经。《阿弥陀经》是释迦牟尼佛在憍萨罗国舍卫城的南方祇园精舍，与长老舍利弗等十六位大弟子及文殊等大菩萨以及诸多佛弟子而说的经典。

地藏菩萨本愿经二卷

na i niyamangga fusa i da forobun i nomun

（唐释）实叉难陀译

清刻本

2 册，114 页

满汉合璧。满汉文相间各 6 行。白口，单鱼尾，四周双边。版框 21.1 ×15cm。版心有汉文书名、卷次、页码。竹纸，脱线，老化严重。

又称《地藏本愿经》《地藏本行经》《地藏本誓力经》，属于地藏三经之一。本经叙说地藏菩萨之本愿功德，及本生之誓愿，强调地藏菩萨不可思议之大愿力。

贤劫千佛号二卷

sain g'alba i minggan fucihi i colo

（清）章嘉喇嘛译

清刻本

存 1 册（共 2 册），128 页

满蒙汉藏梵合璧。满蒙汉藏梵文相间各 4 行。白口，双鱼尾，四周双边，黄绫面。版框 18.7 ×20.5cm。版心有梵文页码、汉文卷次。竹纸，纸张老化。

非常珍贵的五体文字本。在佛典所述宇宙循环成灭过程中，劫，是佛教的时间观念，分为小劫、中劫、大劫。千佛出世的现在劫称为“贤劫”。

观世音菩萨普门品经

na mo amba gosingga g'uwan ši in pusa

清抄本

经折装

满文。4 行。版框 24.8 ×12cm。竹纸，黄绫封面。纸张老化。

《观世音菩萨普门品经》的满文译本。本品原是《法华经》里的一品，简称《普门品》。主要宣说观世音菩萨普门示现、普门说法、普门救苦等救度众生的慈悲因缘。

满汉文佛经

manju nikan hergen i fucihi i nomun

清刻本

1 册

满汉文。6 行。黑口，单鱼尾，四周双边。版框 20.7 ×16.1cm。版心有汉文页码。竹纸，纸张老化。

佛经满文译本。

师子峰如如颜丙劝修净业文

ši dzi fung ba i ruru yan bing ni araha bolgo weilen be dasara be hacihiyara bithe

清刻本

1 册

满汉合璧。满汉文相间各 5 行。黑口，单鱼尾，四周双边。版框 13.9 ×19.5cm。版心有汉文书名、汉文页码。竹纸，纸张老化。

慈照宗主临终三疑，善导和尚临终往生正念文。

吾主耶酥基督新约圣书

musei ejen isus heristos i tutabuha ice hese

1911 年上海圣经公会铅印本

2 册

满汉合璧。满汉文相间各 9 行。白口，

单鱼尾，四周双边。版框 13.4 ×20.8cm。版心有满文书名、满文页码。竹纸，保存完好。

书中有“Shanghai 1911”字样。

《圣经》的满文译本。

文昌帝君阴骘文

wen cang di giyūn i butui erdemu i bithe

清光绪六年（1880）盛京西彩盛刻字铺刻本

1 册

满蒙汉合璧。满蒙汉文相间各 4 行。白口，单鱼尾，四周双边。版框 18.7 × 11.9cm。版心有汉文书名、页码。竹纸，保存完好。

三种文字对照的道教典籍。书叶上有：“盛京钟楼南路西彩盛刻字铺存版”。

太上感应篇

tai šang ni acabume karulara bithe

（清）内三院译

清刻本

1 册

满汉合璧。满汉文相间各 7 行。白口，单鱼尾，四周单边。版框 20 ×13.5cm。版心有书名、页码。竹纸，纸张老化。

译自道教经文。《太上感应篇》是道教的经典著作之一，旨在劝善，简称《感应篇》。

御制三角形推算法论

han i araha ilan hošonggo arbun i badarambume bodoro arga i leolen

清抄本

1 册

满文。5 行。白口，双鱼尾，四周双边，蓝色边栏。版框 21.4 ×17.1cm。版心有汉文页码。竹纸，纸张老化。

康熙皇帝撰写的一部数学专著。

大清宣统二年时宪书

daicing gurun i gehungge yoso i juweci aniya erin forgon i ton i bithe

清宣统元年（1909）刻本

两册

满文。黑口，双鱼尾，四周双边。版框 27.1 ×19.6cm。版心有汉文“目”字。开化纸，红绫面，保存完好。

从汉籍中翻译而来。中国古代记录天象推算历法的书。

大清宣统四年时宪书

daicing gurun i gehungge yoso i duici aniya erin forgon i ton i bithe

清宣统四年（1912）刻本

1 册

满文。黑口，双鱼尾，四周双边。版框 24 ×18.2cm。版心有汉文“目”字，封面题有“宣统四年清文历书得于隆福寺镜古堂”字样。竹纸，封面残损严重。

从汉籍中翻译而来。中国古代记录天象推算历法的书，因避乾隆讳，改历书为时宪书。

钦定割体全录六卷

dergici toktobuha ge ti ciowan lu bithe

晒蓝本

6 册

满文。7 行。开本 26.2 × 17.9cm。蓝底阴文。保存完好。馆藏本著录为《钦定格体全录书》。

医学书。

ᡶᠠᡶᡠᠨ ᡴᠣᠣᠯᡳ ᡴᡠᡵᡝᠨ ᡳ ᡩᡠᡳᠪᡠᠯᡝᠮᡝ ᡨᠣᡴᡨᠣᠪᡠᡥᠠ ᠮᡠᡵᡳᠪᡠᡥᠠ ᠪᡝ ᡧᠠᡵᡳᠩᡤᡳᠶᠠᡵᠠ ᡴᠣᠣᠯᡳ ᡳ ᠪᡳᡨᡥᡝ

律例馆校正洗冤录

fafun kooli kuren i duibuleme toktobuha muribuha be šaringgiyara kooli i bithe

（清）律例馆校正

清抄本

4 册

满汉合璧。6 行。白口，单鱼尾，四周双边，蓝色边栏。开本 28 × 18.1cm。版心有汉文篇目。竹纸，封面残损严重。

ᠮᠠᠨ ᡥᠠᠨ ᠯᡝᡳ ᡧᡠ ᠴᡳᠶᠣᠨ ᠵᡳ

满汉类书全集三十二卷

man han lei šu ciyon ji

（清）桑额编

清康熙三十九年（1700）刻本

10 册

满汉合璧。满汉文相间各 7 行。白口，双鱼尾，四周双边。版框 20 × 14.1cm。版心有汉文页码。竹纸，脱线。

ᡨᡠᠩ ᠸᡝᠨ ᡤᡠᠸᠠᠩ ᡥᠣᡳ ᠴᡳᠣᠸᠠᠨ ᡧᡠ ᠪᡳᡨᡥᡝ

同文广汇全书四卷

tung wen guwang hoi ciowan šu bithe

（清）阿敦 刘顺 桑格同编

清康熙四十一年（1702）金陵听松楼刻本

5 册

满汉合璧。满汉文相间各 8 行。白口，单鱼尾，四周单边。25.2 × 15.9cm。版心有汉文书名、卷次、页码。竹纸，脱线。

附《联珠集》一卷。

ᡝᠮᡠ ᠪᡝ ᡨᠠᠴᡳᡶᡳ ᡳᠯᠠᠨ ᠪᡝ ᡥᠠᡶᡠᡴᡳᠶᠠᡵᠠ ᠮᠠᠨᠵᡠ ᡤᡳᠰᡠᠨ ᡳ ᠪᡠᠯᡝᡴᡠ ᠪᡳᡨᡥᡝ

一学三贯清文鉴八卷

emu be tacifi ilan be hafukiyara manju gisun i buleku bithe

（清）肫图撰

清乾隆十一年（1746）静宜斋刻本

4 册

满汉合璧。满蒙汉文相间各 7 行。白口，单鱼尾，四周双边。版框 22.4 × 17.3cm。版心有汉文书名、类目、页码。竹纸，纸张老化。

是书为满汉合璧的注解辞典，选录《御制清文鉴》词语编纂而成。此书卷前附乾隆十一年（1746）宗室肫图撰满汉文“序”及汉文“凡例”。书中“满文十二字头”、“连字法”讲述满语音、文字。

ᠨᡳᡴᠠᠨ ᡥᡝᡵᡤᡝᠨ ᡳ ᡠᠪᠠᠯᡳᠶᠠᠮᠪᡠᡥᠠ ᠮᠠᠨᠵᡠ ᡤᡳᠰᡠᠨ ᡳ ᠪᡠᠯᡝᡴᡠ ᠪᡳᡨᡥᡝ

音汉清文鉴二十卷

nikan hergen i ubaliyambuha manju gisun i buleku bithe

（清）明铎编

清乾隆二十二年（1757）藜照阁刻本

4 册

满汉文。满汉文相间各 7 行。白口，上下双边。版框 20.9 × 14.6cm。版心有汉文卷次、篇目、页码。竹纸，纸张老化。

是书为满汉合璧的注解辞典，约收 12300 条词语。它以《御制清文鉴》为蓝本，所收词语、编排顺序及类名等均与之基本相同。不同处附汉文注解，删掉其注解下引用的古书例句。

ᡤᠠᡵᡤᠠᡨᠠ ᠮᠠᠨᠵᡠ ᡤᡳᠰᡠᠨ

单清语八卷

gargata manju gisun

（清）培宽 志宽择录

清光绪十七年（1891）荆州驻防翻译总学刻本

8 册

满汉合璧。8 行。白口，单鱼尾，四周双边。版框 16.2×11.4cm。版心有汉文书名、汉文卷次、汉文页码。竹纸，保存完好。

本书主要收汉语一般性词语，还收一些清代常见的习惯语、生活用语和少量成语等。

ᡥᡝᠰᡝᡳ ᡨᠣᡴᡨᠣᠪᡠᡥᠠ ᠮᠠᠨᠵᡠ ᡤᡳᠰᡠᠨ

钦定新清语

hesei toktobuha manju gisun

（清）撰者不详

清抄本

2 册

满汉合璧。7 行。开本 19.3×18.3cm。竹纸，纸张残损严重。

清乾隆皇帝颁发上谕推广满语，即"钦定新清语"。本书收录乾隆四十七年至六十年间（1782－1795）都虞司、会计司、盛京将军衙门给盛京内务府的咨文，内容涉及骑射围猎、人名、地名、官职、生活用品等。

ᡶᠠᠨ ᡳ ᠯᡝᡳ ᠪᡳᠶᠠᠨ ᠪᡳᡨᡥᡝ

翻译类编四卷

fan i lei biyan bithe

（清）冠景辑

清乾隆十四年（1749）刻文渊阁后印本

4 册

满汉文。9 行。黑口，单鱼尾，四周双边。版框 17.8×12.9cm。版心有汉文卷目、汉文页码。竹纸，保存完好。

从汉籍中翻译而来，内容为古人嘉言善行。

ᠮᠠᠨᠵᡠ ᠪᡳᡨᡥᡝ ᡳ ᡴᠣᠣᠯᡳ ᡧᠣᡧᠣᡥᠣᠨ ᡳ ᠶᠣᠣᠨᡳ ᠪᡳᡨᡥᡝ

清文典要大全十二卷

manju bithe i kooli šošohon i yooni bithe

（清）明昌等撰

清乾隆五十八年（1793）抄本

20 册

满汉合璧。8 行。开本 25.1×14.2cm。竹纸，纸张老化。

以《清文典要》为基础，参考《御制增订清文鉴》并按《康熙字典》排列，收录词条 20000 余，反映了当时汉满编纂词典的水平。此书未付刊梓，仅有抄本传世。

ᠮᠠᠨᠵᡠ ᠪᡳᡨᡥᡝ ᡳ ᡴᠣᠣᠯᡳ ᡧᠣᡧᠣᡥᠣᠨ ᡳ ᠪᡳᡨᡥᡝ

清文典要四卷

manju bithe i kooli šošohon i bithe

（清）秋芳堂主人辑

清乾隆三年（1738）秋芳堂刻本

4 册

满汉对照。14 行。白口，单鱼尾，四周双边。版框 14.7×11.7cm。版心有汉文书名、卷次、页码、"秋芳堂"堂号。有朱笔批校。竹纸，老化严重。

系以汉字部首排列的汉满文大词典，用满文对译汉语成语及常用词组。

ᡨᠣᡴᡨᠣᠪᡠᡥᠠ ᡤᡳᠰᡠᠨ ᡳ ᡴᠣᠣᠯᡳ ᠪᡳᡨᡥᡝ

成语字典

toktoho gisun i kooli bithe

清抄本

13 册

满汉对照。12 行。开本 15.9 × 10.1cm。有朱笔批校。竹纸，纸张老化。

《成语字典》是一部满汉对照成语词典。正文首列汉文词语、下列满文译词。该词典的分卷方式、部首排列及编排等均与《字汇》《康熙字典》相近。

ᠴᡳ ᠪᡝᠨ ᡨᡝᠣ ᠪᡳᡨᡥᡝ

七本头

ci ben teo bithe

（清）和素辑译

清康熙间刻本

7 册

满汉合璧。白口，单鱼尾，四周双边。19 × 13.2cm。版心有书名、卷数、页码。竹纸，保存完好。

《七本头》丛书收录了《黄石公素书》《菜根谭》《孝经》《御制三角形论》《性理一则》《醒世要言》《潘氏总论》等七部重要著作。其中，《黄石公素书》是达海在关外所译，经和素校后刊印。《御制三角形论》则是康熙皇帝的数学论文。

ᠮᠠᠨᠵᡠ ᠨᡳᡴᠠᠨ ᡥᡝᡵᡤᡝᠨ ᡳ ᠵᠠᡴᡡᠨ ᡥᠠᠴᡳᠨ

满汉文八种

manju nikan hergen i jakūn hacin

（清）广州将军衙门辑

清光绪二十五年（1899）京都翻译书坊刻本

8 册

版框开本不一。竹纸，保存完好。

内含：《清文接字》《军令四十则》《满汉合璧八旗箴》《初学津梁》《满汉合璧行军纪律》《满汉合璧四十头》《三字经》《满汉合璧戒赌十条》。

ᠮᠠᠨᠵᡠ ᠨᡳᡴᠠᠨ ᡥᡝᡵᡤᡝᠨ ᡳ ᡩᡠᡳᠨ ᡥᠠᠴᡳᠨ

满汉文四种

manju nikan hergen i duin hacin

（清）广州将军衙门辑

清光绪四年（1878）八旗官学刻本

4 册

白口，单鱼尾，四周双边。版框20.1 × 14.7。版心有书名、页码。竹纸，部分脱线，保存良好。

满汉文对照读物，内含《清汉对音十二字头》《初学津梁》《满汉合璧四十条》《三字孝经》等四种书。全书以满文字母读音为序编排而成。

ᡥᠠᠨ ᡳ ᠠᡵᠠᡥᠠ ᡠᠪᠠᠯᡳᠶᠠᠮᠪᡠᡥᠠ ᠵᡳᠵᡠᠩᡤᡝ ᠨᠣᠮᡠᠨ

御制翻译易经四卷

han i araha ubaliyambuha jijungge nomun

清乾隆三十年（1765）武英殿刻本

4 册

满汉合璧。满汉文相间各 7 行。白口，单鱼尾，四周双边。版框 18.3 × 13.6cm。版心有汉文书名、卷次、页码。竹纸，纸张老化。

从汉籍《周易》中翻译而来。《易经》即《周易》，相传系周人所作，是中国传统文化经典之一。

ᡳᠴᡝ ᡶᠣᠯᠣᡥᠣ ᠮᠠᠨᠵᡠ ᠨᡳᡴᠠᠨ ᡥᡝᡵᡤᡝᠨ ᡳ ᡧᡠ ᡤᡳᠩ

新刻满汉字书经

ice foloho manju nikan hergen i šu ging

清雍正十一年（1733）精一斋刻本

存 4 册（共 6 册）

满汉合璧。两截本，满汉文（上、下）各 10 行。白口，单鱼尾，左右双边。版框 23.7 × 13.1cm。版心有汉文书名、卷次、页码。竹纸，纸张老化。

《书经》的满译本。内载二帝三王的治国之道。

ᡳᠴᡝ ᡶᠣᠯᠣᡥᠣ ᠮᠠᠨᠵᡠ ᠨᡳᡴᠠᠨ ᡥᡝᡵᡤᡝᠨ ᡳ ᡧᡠ ᡤᡳᠩ

新刻满汉字书经六卷

ice foloho manju nikan hergen i šu ging

清乾隆三年（1738）京都文锦、堂刻本

4 册

满汉合璧。两截体。满汉文上、下二酉各 10 行。白口，单鱼尾，左右双边。版框 22.6 × 14.3cm。版心有书名、篇目、卷次、页码。竹纸，边角碳化。

从汉籍《书经》翻译，内载二帝三王的治国之道。

ᡥᠠᠨ ᡳ ᠠᡵᠠᡥᠠ ᡠᠪᠠᠯᡳᠶᠠᠮᠪᡠᡥᠠ ᡩᠠᠰᠠᠨ ᡳ ᠨᠣᠮᡠᠨ

御制翻译书经六卷

han i araha ubaliyambuha dasan i nomun

（清）撰者不详

清光绪二十二年（1896）荆州驻防翻译总学刻本

6 册

7 行。白口，单鱼尾，四周双边。版框 19 × 14cm。版心有汉文书名、卷次、类目、页码。竹纸，边角碳化。

该书为清人奉诏翻译《尚书》。共五十八篇，二帝三王治天下之大经大法皆载入此书。

ᡥᠠᠨ ᡳ ᠠᡵᠠᡥᠠ ᡠᠪᠠᠯᡳᠶᠠᠮᠪᡠᡥᠠ ᡳᡵᡤᡝᠪᡠᠨ ᡳ ᠨᠣᠮᡠᠨ

御制翻译诗经八卷

han i araha ubaliyambuha irgebun i nomun

（清高宗）弘历敕译

清武英殿刻本

4 册

满汉合璧。满汉文相间各 6 行。白口，单鱼尾，左右双边。版框 18.5 × 13.9cm。版心有汉文书名、卷次、页码。竹纸，边角碳化。

该书为奉诏翻译《诗经》，内容包含国风、小雅、大雅、周颂、鲁颂、商颂六部分。

ᡳᠴᡝ ᡶᠣᠯᠣᡥᠣ ᠮᠠᠨᠵᡠ ᠨᡳᡴᠠᠨ ᡥᡝᡵᡤᡝᠨ ᡳ ᡧᡳ ᡤᡳᠩ

新刻满汉字诗经

ice foloho manju nikan hergen i ši ging

（宋）朱熹集注

清顺治十一年（1654）金陵听松楼刻本

6 册

满汉合璧。两截本。9 行。白口，单鱼尾，四周单边。版框 22.7 × 14cm。版心有汉文书名、卷次、页码。竹纸，纸张老化。

《诗经》满汉文对照本。版框上半部分内容为满文，下半部分内容为汉文。

ᡥᠠᠨ ᡳ ᠠᡵᠠᡥᠠ ᡠᠪᠠᠯᡳᠶᠠᠮᠪᡠᡥᠠ ᡩᠣᡵᠣᠯᠣᠨ ᡳ ᠨᠣᠮᡠᠨ

御制翻译礼记三十卷

han i araha ubaliyambuha dorolon i nomun

（清高宗）弘历敕译

清乾隆四十八年（1783）武英殿刻本

12 册

满汉合璧。7 行。白口，单鱼尾，四周双边。版框 17.8 × 13.9cm。版心有汉文书名、卷次、类目、页码。竹纸，边角碳化，线断。

《礼记》满译本。

ᡥᠠᠨ ᡳ ᠠᡵᠠᡥᠠ ᡠᠪᠠᠯᡳᠶᠠᠮᠪᡠᡥᠠ ᡩᡠᡳᠨ ᠪᡳᡨᡥᡝ

御制翻译四书

han i araha ubaliyambuha duin bithe

（宋）朱熹集注（清）鄂尔泰等译

清乾隆间刻本

20 册

满蒙汉合璧。满蒙汉文相间各 3 行。白口，单鱼尾，四周单边。版框 23 × 18.4cm。版心有汉文书名、页码。竹纸。线断，边角碳化，保存较完备。

从汉文“四书”翻译而来。“四书”是《大学》《中庸》《论语》《孟子》的合称。

ᡥᠠᠨ ᡳ ᠠᡵᠠᡥᠠ ᡠᠪᠠᠯᡳᠶᠠᠮᠪᡠᡥᠠ ᡩᡠᡳᠨ ᠪᡳᡨᡥᡝ

御制翻译四书六卷

han i araha ubaliyambuha duin bithe

（宋）朱熹集注（清）鄂尔泰等译

清乾隆二十年（1775）刻本

6 册

满汉合璧。满汉文相间各 3 行。白口，单鱼尾，四周单边。版框 24.6 × 18cm。版心有汉文书名、页码。竹纸，边角碳化。

从汉文“四书”翻译而来。“四书”是《大学》《中庸》《论语》《孟子》的合称。

ᡥᠠᠨ ᡳ ᠠᡵᠠᡥᠠ ᡠᠪᠠᠯᡳᠶᠠᠮᠪᡠᡥᠠ ᡩᡠᡳᠨ ᠪᡳᡨᡥᡝ

御制翻译四书六卷

han i araha ubaliyambuha duin bithe

（宋）朱熹集注（清）鄂尔泰等译

清光绪十四年（1888）京都聚珍堂刻本

6 册

满汉合璧。满汉文相间各 7 行。白口，单鱼尾，四周双边。版框 18.5 × 13.9cm。版心有汉文书名、页码、堂名。竹纸，封面破损，线断。

从汉文“四书”翻译而来。“四书”是《大学》《中庸》《论语》《孟子》的合称，是中国儒家经典的书籍。

ᡥᠠᠨ ᡳ ᠠᡵᠠᡥᠠ ᡠᠪᠠᠯᡳᠶᠠᠮᠪᡠᡥᠠ ᡩᡠᡳᠨ ᠪᡳᡨᡥᡝ

御制翻译四书六卷

han i araha ubaliyambuha duin bithe

（宋）朱熹集注（清）鄂尔泰等译

清乾隆二十年（1755）刻本

6 册

满汉合璧。满汉文相间各 7 行。白口，单鱼尾，上下双边。版框 18.3 × 13.7cm。版心有汉文书名、页码。竹纸，封面破损，纸张老化。

从汉文“四书”翻译而来。“四书”是《大学》《中庸》《论语》《孟子》的合称。

ᡥᠠᠨ ᡳ ᠠᡵᠠᡥᠠ ᡠᠪᠠᠯᡳᠶᠠᠮᠪᡠᡥᠠ ᡩᡠᡳᠨ ᠪᡳᡨᡥᡝ

御制翻译四书六卷

han i araha ubaliyambuha duin bithe

（宋）朱熹集注（清）鄂尔泰等译

清光绪十六年（1890）刻本

6 册

满汉合璧。满汉文相间各 3 行。白口，单鱼尾，四周单边。版框 23 × 17.8cm。版心有汉文四书名称、页码。竹纸，保存完备。

从汉文“四书”翻译而来。“四书”是《大学》《中庸》《论语》《孟子》的合称。

ᠮᠠᠨᠵᡠ ᠨᡳᡴᠠᠨ ᡩᡠᡳᠨ ᠪᡳᡨᡥᡝ

满汉四书六卷

manju nikan duin bithe

（宋）朱熹集注（清）鄂尔泰等译

清武英殿刻本

6 册

满汉合璧。满汉文相间各 7 行。白口，单鱼尾，四周双边。版框 18.5 × 13.8cm。版心有汉文四书名、页码。竹纸，封面破损，线断。

从汉文“四书”翻译而来。“四书”是《大学》《中庸》《论语》《孟子》的合称。

ᡥᠠᠨ ᡳ ᠠᡵᠠᡥᠠ ᠤᠪᠠᠯᡳᠶᠠᠮᠪᡠᡥᠠ ᡩᡠᡳᠨ ᠪᡳᡨᡥᡝ

御制翻译四书六卷

han i araha ubaliyambuha duin bithe

（宋）朱熹集注（清）鄂尔泰等译

清光绪四年（1878）成都驻防八旗官学刻本

8 册

满汉合璧。满汉文相间各 7 行。白口，单鱼尾，四周双边。版框 19.6 × 14.7cm。版心有汉文书名、页码。竹纸，线断。

从汉文“四书”翻译而来。“四书”是《大学》《中庸》《论语》《孟子》的合称。

ᡳᠴᡝ ᡶᠣᠯᠣᡥᠣ ᠮᠠᠨᠵᡠ ᠨᡳᡴᠠᠨ ᡥᡝᡵᡤᡝᠨ ᡳ ᠰᡟ ᡧᡠ ᠪᡳᡨᡥᡝ

（新刻）满汉字四书

ice foloho（manju nikan hergen i sy šu）bithe

（宋）朱熹集注

清康熙三十年（1691）玉树堂刻本

5 册

满汉合璧。满汉文相间各 10 行。黑口，单鱼尾，左右双边。版框 22.3 × 14cm。版心有汉文卷次、页码。竹纸，边角碳化。

从汉文“四书”翻译而来。“四书”是《大学》《中庸》《论语》《孟子》的合称。

ᠮᠠᠨᠵᡠ ᡩᡠᡳᠨ ᠪᡳᡨᡥᡝ

满文四书

manju duin bithe

清武英殿刻本

6 册

7 行。白口，单鱼尾，四周双边。版框 20 × 14.3cm。版心有书名、页码。竹纸，纸张破裂。

从汉文“四书”翻译而来。“四书”是《大学》《中庸》《论语》《孟子》的合称。

ᠮᡝᠩᡩᡯᡳ ᠪᡳᡨᡥᡝ

孟子二卷

mengdzi bithe

（宋）朱熹集注

清乾隆间刻本

2 册

满汉合璧。满汉文相间各 7 行。白口，单鱼尾，上下双边。版框 18.3 × 13cm。版心有汉文书名、篇目、页码。竹纸，边角碳化。

从《孟子》中翻译而来。《孟子》是孟子和他的弟子谈话记录。

ᡳᠣᡳ ᠯᡠᠨ ᠪᡳᡨᡥᡝ

御论　附讲章

ioi lun bithe

（清文宗）奕詝撰

清咸丰三年（1853）刻朱印本

1 册

满汉文。满汉文相间各 5 行。白口，单鱼尾，四周双边。龙纹边框。版框 24.5 × 14.9cm。版心有满文页码。开化纸，黄绫封面。纸张破损，书皮污损，线断。

ᠮᠠᠨᠵᡠ ᠨᡳᡴᠠᠨ ᡤᡳᠩ ᠪᡳᡨᡥᡝᡳ ᡨᠣᡴᡨᠣᡥᠣ ᡤᡳᠰᡠᠨ

满汉经文成语四卷

manju nikan ging bithei toktoho gisun

（清）明铎编译

清乾隆二年（1737）京都英华堂刻本

4 册

满汉合璧。满汉文相间各 10 行。白口，单鱼尾，四周双边。版框 20.8 × 14.9cm。版心有汉文书名、类目、页码。竹纸，纸张老化，边角碳化。

《满汉经文成语》是一部成语词典。正文首列汉文词语，下列满文译词。该词典的分卷方式、部首排列及编排等均与《字汇》《康熙字典》相近。

纳西卷

目　录

延寿仪式（A）
$z\eta^{33}t\c{s}u^{55}py^{21}$

撒神粮设神坛

$ka^{33}dzo^{21}be^{33}$

佚名撰

抄本

1册，38页

左右双栏，版框24×9cm。瑞香荛花纸，保存基本完好。

搜集于云南省迪庆州香格里拉白地行政村。内述设置神坛、请神降临以享供养等内容。

恒依巴达神树的来历·请巴达神树

$ba^{33}da^{21}dz\text{ə}r^{21}thv^{33}$、$ba^{33}da^{21}dz\text{ə}r^{21}khv^{21}$

佚名撰

抄本

1册，40页

左右双栏，版框27×9cm。瑞香荛花纸，保存基本完好。

搜集于云南省迪庆州香格里拉白地行政村。内述东巴教中神树恒依巴达神树的来历、请恒依巴达神树等内容。

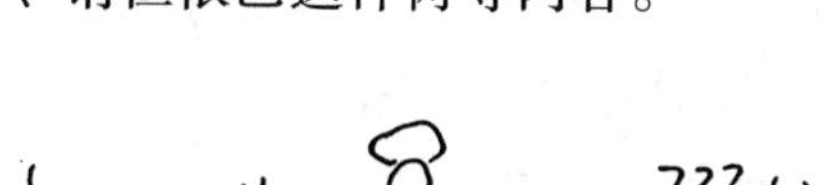

仪式规程

$du^{33}mu^{21}ua^{21}me^{55}$

佚名撰

抄本

1册，32页

左右双栏，版框27×9cm。瑞香荛花纸，保存基本完好。

搜集于云南省丽江市。内述延寿仪式规程、所要诵读的经书及顺序。

仪式规程

$du^{33}mu^{21}ua^{21}me^{55}$

佚名撰

抄本

1册，12页

左右双栏，板框24×9cm。瑞香荛花纸，封面、封底残缺。

搜集于云南省迪庆州香格里拉白地行政村。内述延寿仪式规程和诵读经书之顺序。

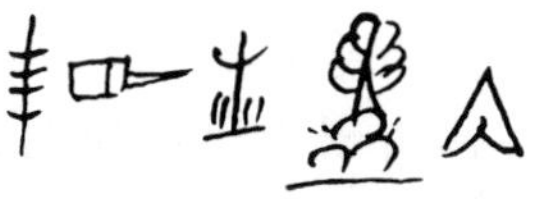

建翠柏纳召

$\c{c}y^{55}h\text{ə}r^{21}na^{33}tsa^{21}tsh\eta^{55}$

佚名撰

抄本

1册，26页

左右双栏，板框22×8cm。瑞香荛花纸，封面模糊、边沿残缺。

搜集于云南省迪庆州香格里拉白地行政村。内述由东巴祭司在东南西北中五方建翠伯纳召，“纳召”为一种宗教结构建筑物，用以压鬼。

用绵羊献牲·用绵羊占卜

$y^{21}mu^{33}kh\text{ɯ}^{55}$·$y^{21}\c{c}i\text{ə}$

佚名撰

抄本

1 册，44 页

左右双栏，板框 28 × 8.5cm。瑞香荛花纸，前几页残缺，后几页基本完好，第 31、第 32 页残缺。

搜集于云南省丽江市。内述仪式中向神献绵羊并用绵羊占卜之吉凶。

迎请巴达神树

bɑ^{21}dɑ^{21}dzər^{21}khv^{21}

佚名撰

抄本

1 册，20 页

左右双栏，板框 22 × 9cm。瑞香荛花纸，封面、封底、边沿残缺。

搜集于云南省迪庆州香格里拉白地行政村。内述恒依巴达神树的出处并迎请神树。

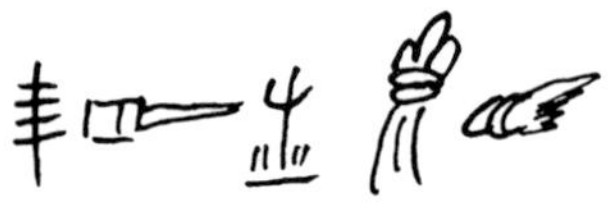

祭送远祖

ku^{33}lɑ^{55}

佚名撰

抄本

1 册，20 页

左右双栏，板框 21 × 8cm。瑞香荛花纸，封页不清。

搜集于云南省迪庆州香格里拉白地行政村。内述用牦牛、绵羊、酒饭供养远祖后将远祖送走。

向各种神灵献饭以求寿岁

hɑ^{21}hɑ^{33} ʂz̩^{21}

佚名撰

抄本

1 册，22 页

左右双栏，板框 22 × 8.5cm。瑞香荛花纸，保存基本完好。

搜集于云南省迪庆州香格里拉白地行政村。内述仪式中向华神等诸神献饭并向各种神灵求寿岁。

建塔经

thɑ^{55}tshɿ^{55}uɑ^{21}me^{55}

佚名撰

抄本

1 册，20 页

左右双栏，板框 27 × 10cm。瑞香荛花纸，保存基本完好。

搜集于云南省迪庆州香格里拉白地行政村。内述历代祖先建白塔向神求寿岁，遵古规主人也建白塔向神求寿岁。

gə^{33}sər^{33}gə^{33}dər^{21}zər^{21}

请神压各种鬼

佚名撰

抄本

1 册，26 页

左右双栏，板框 26.5 × 9cm。瑞香荛花纸，保存基本完好。

搜集于云南省迪庆州香格里拉白地行

政村。内述祖先请神镇压仇敌获得长寿，祭祀之家亦请神镇压鬼以求长寿。

迎请拉姆女神

lɑ^{33}mu^{33}sɑ^{55}

佚名撰

抄本

1 册，24 页

左右双栏，板框 22 × 9cm。瑞香荛花纸，封面不清。

搜集于云南省迪庆州香格里拉白地行政村。内述祭祀之家迎请五方拉姆女神，向拉姆女神求寿岁。

尝圣灵药

tʂhər^{33}so^{33}uɑ^{21}me^{55}

佚名撰

抄本

1 册，12 页

左右双栏，板框 27 × 10cm。瑞香荛花纸，保存基本完好。

搜集于云南省迪庆州香格里拉白地行政村。内述圣灵药的来历，祖先尝药，子孙兴旺；祭祀之家亦尝药而子孙兴旺，益寿延年。

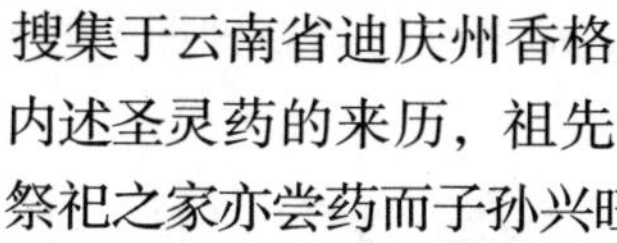

恒依巴达神树的来历

bɑ^{33}dɑ^{21}dzər^{21}khv^{33}pɯ^{55}

佚名撰

抄本

1 册，32 页

左右双栏，板框 26 × 9cm。瑞香荛花纸，保存基本完好。

搜集于云南省迪庆州香格里拉白地行政村。内述东巴教恒依巴达神树的出处来历。

恒依巴达神树的来历

bɑ^{33}dɑ^{21}dzər^{21}thv^{33}pɯ^{55}

佚名撰

抄本

1 册，26 页

左右双栏，板框 27 × 9cm。瑞香荛花纸，保存基本完好。

搜集于云南省丽江市。内述东巴教恒依巴达神树的出处来历。

建翠柏纳召

çy^{55}hər^{21}nɑ^{33}tsɑ^{21}tshɿ^{55}

佚名撰

抄本

1 册，32 页

左右双栏，板框 27.5 × 10.5cm。瑞香荛花纸，保存基本完好。

搜集于云南省迪庆州香格里拉白地行政村。内述东巴建翠柏纳召以压鬼，纳召为一种宗教结构建筑。

巴达神树的出处·迎请巴达神树

bɑ^{21} dɑ^{21} dzər^{21} thv^{33} · bɑ^{33} dɑ^{21} dzər^{21} khv^{21}

佚名撰

抄本

1 册，30 页

左右双栏，版框 22 × 9cm。瑞香荛花纸，内页一些文字上有黄颜色的标志。保存基本完好。

搜集于云南省迪庆州香格里拉白地行政村。内述东巴教中恒依巴达神树的出处来历及迎请恒依巴达神树。

设神坛献神粮点神灯

kɑ^{55} dzo^{21} be^{33} · bæ^{33} mi^{33} tʂʅ^{55}

佚名撰

抄本

1 册，32 页

无边栏，版框 26 × 9cm。瑞香荛花纸，封一模糊，其他基本完好。

搜集于云南省迪庆州香格里拉白地行政村。内述东巴设神坛，神坛上献上神粮、点上神灯迎请各种神灵并予以供养。

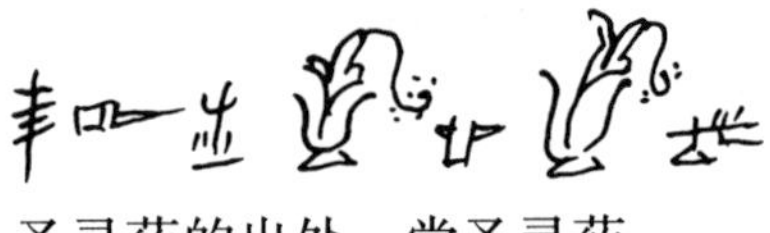

圣灵药的出处 · 尝圣灵药

tʂhər^{33} thv^{33} tʂhər^{33} so^{33}

佚名撰

抄本

1 册，14 页

无边栏，版框 22 × 9cm。瑞香荛花纸，内页少数字符上着了黄色。尾页残缺。

搜集于云南省迪庆州香格里拉白地行政村。内述圣灵药的来历，神灵们尝圣灵药而长寿，祭祀之家也请来圣灵药以求长寿。

求神压鬼

gə^{33} so^{33} gə^{33} dər^{33} zər^{21}

佚名撰

抄本

1 册，16 页

无边栏，版框 22 × 9cm。瑞香荛花纸，内页少数字符上着了黄色。保存基本完好。

搜集于云南省迪庆州香格里拉白地行政村。内述历代祖先求神镇压各种鬼而得长寿，祭祀之家遵守古规求神压鬼以求长寿。

人类繁衍记 · 献牲

tsho^{21} bər^{33} sɑ^{55} · mu^{33} dzi^{33}

佚名撰

抄本

1 册，26 页

左右双栏，版框 28 × 10. 5cm。瑞香荛花纸，保存基本完好。

搜集于云南省迪庆州香格里拉白地行政村。纳西族的创世神话，内述洪水滔天后，人类的祖先崇忍利恩娶得天女衬恒褒白来到人间繁衍人类，后有献牲祭各种神灵的章节。

历代祖先请神压鬼

tshʅ^{55} lɯ^{33} mə^{33} dɑ^{21} sɑ^{55}

佚名撰

抄本

1 册，26 页

左右双栏，版框 27 × 10. 5cm。瑞香荛花纸，封二画有三尊神像。保存基本完好。

搜集于云南省迪庆州香格里拉白地行政村。内述历代祖先请神压鬼而获子孙兴旺，延年益寿。

迎请华神神石、神树枝、神水·迎请圣灵药

huɑ^{21} kə^{55} huɑ^{21} lv^{33} huɑ^{21} dʑi^{21} pɯ^{55} sɑ^{55} · kɑ^{55} tʂhər^{33} sɑ^{55}

佚名撰

抄本

1 册，26 页

左右双栏，版框 27 × 10.5cm。瑞香荛花纸，封二画有三尊神像。保存基本完好。

搜集于云南省迪庆州香格里拉白地行政村。内述历代祖先请神压鬼而获子孙兴旺，延年益寿。

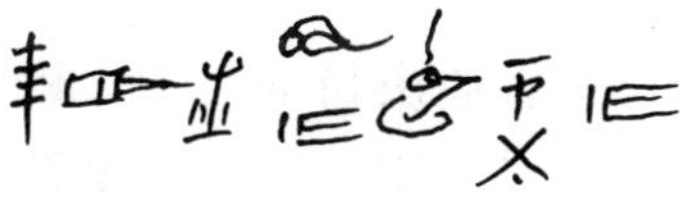

迎净水·请神

dʑi^{33} sɑ^{55} tsɿ^{33} · phv^{331} ɑ^{21} sɑ^{55}

佚名撰

抄本

1 册，32 页

左右双栏，版框 28 × 9cm。瑞香荛花纸。保存基本完好。

搜集于云南省迪庆州香格里拉白地行政村。内述东巴迎净水请神灵，点上神灯供养神灵。

迎请拉姆女神

lɑ^{33} mu^{33} sɑ^{55} · uɑ^{21} me^{55}

佚名撰

抄本

1 册，24 页

左右双栏，版框 27 × 10cm。瑞香荛花纸。保存基本完好。

搜集于云南省迪庆州香格里拉白地行政村。内述历代祖先请来拉姆女神压鬼而获长寿。祭祀之家亦请拉姆女神以求长寿。

历代祖先请神压鬼

tshɿ^{55} lɯ^{33} mə^{33} · dɑ^{21} sɑ^{55}

佚名撰

抄本

1 册，30 页

无边栏，版框 22.5 × 9cm。瑞香荛花纸，内页少量字符上着黄色，保存基本完好。

搜集于云南省迪庆州香格里拉白地行政村。内述历代祖先请神供养压鬼而获长寿，祭祀之家亦遵祖规请神压鬼以求子孙兴旺、延年益寿。

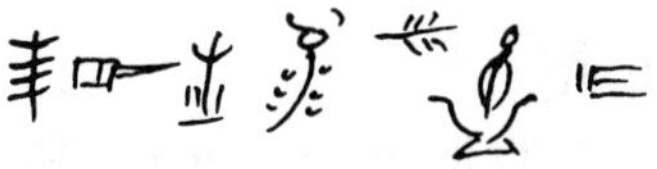

迎请华神神树枝、华神神水·迎华神

huɑ^{21} kə^{55} huɑ^{21} dʑi^{21} sɑ^{55} · huɑ^{21} tsɿ^{33}

佚名撰

抄本

1 册，30 页

无边栏，版框 23 × 9cm。瑞香荛花纸，内有少数字符着黄色，保存基本完好。

搜集于云南省迪庆州香格里拉白地行政村。内述祭祀之家求得华神九颗神石、九枝神树枝、九条神河水，迎请华神；请华神赐予子孙兴旺、延年益寿之福分。

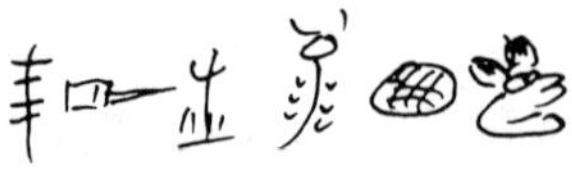

向华神献牲

huɑ^{21}mu^{33}dzi^{33}

佚名撰

抄本

1册，22页

无边栏，版框21×9cm。瑞香荛花纸，内有少数字符着黄色，封二写有两行藏文。封页模糊，其他基本完好。

搜集于云南省迪庆州香格里拉白地行政村。内述祭祀之家杀猪向华神献牲，向神求子嗣与寿岁。

祭署仪式（B）

求寿求岁·竖督树

khv^{55}me^{33}zɿ^{33}me^{55}·tv^{21}tshɿ

佚名撰

抄本

1册，40页

左右双栏，版框26.5×9cm。瑞香荛花纸，残两页，缺末页和封三封四。

搜集于云南省丽江市。内述东巴供养各种神灵以求寿岁，叙述竖督树请神降临到督树上给人类庇佑赐福。

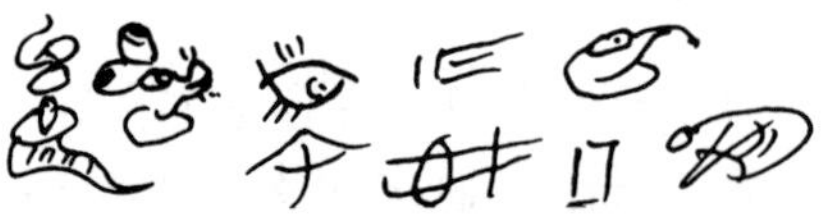

送走里母、刹道的格多面偶

lɯ^{33}mu^{33}sɑ^{21}dɑ^{55}kə^{33}to^{33}phi^{55}

东仔（东巴名）撰

抄本

1册，24页

左右双栏，版框29.5×9.5cm。瑞香荛花纸，书末有一些画木牌画的画稿。保存完好。

搜集于云南省迪庆州维西达母崇。内述东巴供养各种署、里母、刹道等精灵后，送格多面偶，并送精灵回到它们的居住地。

大鹏斗署

ɕiə^{33}tɕhy^{21}sɿ^{21}æ^{21}uɑ^{21}me^{55}

佚名撰

抄本

1册，12页

左右双栏，版框28×9.5cm。瑞香荛花纸，保存完好。

搜集于云南省迪庆州维西县。相传人类与署为同父异母兄弟，人类侵犯署的利益，遭到署的报复。人类请东巴什罗制服署，什罗派大鹏抓到署，人类与署订下互不侵犯条约。

把面偶抛弃

to^{33}mɑ^{33}phi^{55}uɑ^{21}me^{55}

佚名撰

抄本

1册，12页

无边栏，版框29×9.5cm。瑞香荛花纸，封一装饰有彩色，保存基本完好。

搜集于云南省迪庆州维西县。内述

把祭署仪式上所用的面偶抛到各方的鬼王那去，带走人们的灾难，以祛除病痛和灾难。

送恶署

sɿ^{21} do^{21} phi^{55} uɑ^{21} me^{55}

佚名撰

抄本

1 册，18 页

无边栏，版框 29 ×9cm。瑞香荛花纸，封一装饰图上有彩色。封三封四残缺，其他完好。

搜集于云南省迪庆州维西县。恶署给人类降下病痛灾难，祭祀后把恶署送走，不让它再降各种病痛和灾难。

杀猛鬼和恩鬼

mɑ^{33} ɯ^{21} sy^{55} uɑ^{21} me^{55}

佚名撰

抄本

1 册，12 页

左右双栏，版框 29 ×9. 5cm。瑞香荛花纸。保存完好。

搜集于云南省迪庆州维西县。内述猛鬼和恩鬼的出处来历，东巴用鸡还猛鬼和恩鬼的债，把猛鬼和恩鬼送走，不准它们返回来作祟于人。

迎请尼补劳端神

ȵi^{33} bv^{33} lɑ^{21} duɑ^{33} sɑ^{55} uɑ^{21} me^{55}

佚名撰

抄本

1 册，14 页

左右双栏，版框 28. 5 ×9. 5cm。瑞香荛花纸，封三、封四残缺，其他完好。

搜集于云南省迪庆州维西县。内述东巴迎请尼补劳端神及各种神灵对主人家予以庇佑赐福。

送署寨守门者

gv^{33} kɑ^{33} phi^{55} uɑ^{21} me^{55}

佚名撰

抄本

1 册，12 页

左右双栏，版框 28. 5 ×9. 5cm。瑞香荛花纸，封一装饰图着色。保存基本完好。

搜集于云南省迪庆州维西县。署寨守门者会阻拦署酋的去路，东巴把许多财物送给守门者让它走开，让署酋来到祭祀场所赐寿及福泽子嗣给人们。

搭署桥

sɿ^{21} dzo^{21} tso^{55}

佚名撰

抄本

1 册，26 页

左右双栏，版框 27. 5 ×9. 5cm。瑞香荛花纸，封三、封四画有木牌画画稿。其他保存完好。

搜集于云南省迪庆州维西县。内述东巴用麻布象征署桥，请各方署降临。

普蚩乌路的故事

sɿ^{21}gv^{21} · phv^{33}tʂhɿ^{33}uə^{33}lu^{55}tʂər^{55}dzo^{21}

佚名撰

抄本

1 册，16 页

左右双栏，版框 29 ×10cm。瑞香荛花纸，封一装饰图着色，保存完好。

搜集于云南省迪庆州维西县。讲述了普蚩乌路因不尊重东巴什罗而被署摄去灵魂，他请东巴什罗作法治病的故事。

大鹏斗署

sɿ^{21}gv^{21} · ɕiə^{33}tɕhy^{21}sɿ^{21}æ^{21}

佚名撰

抄本

1 册，24 页

无边栏，版框 25 ×8cm。瑞香荛花纸，边缘残损，无封底。

搜集于云南省迪庆州维西县。内述人类不断侵犯署而署降灾于人，人类请东巴什罗制服署。什罗派大鹏神去抓署，经什罗调停，人类与署和好。

建塔念咒语求福泽子嗣（头本）

thɑ^{55} tshɿ^{55} tɕiə^{21} tʂhu^{33} nɯ^{21} o^{21} me^{55} kv^{33}tʂu^{55}

佚名撰

抄本

1 册，12 页

左右双栏，版框 28 ×10cm。瑞香荛花纸。保存完好。

搜集于云南省迪庆州维西县。全书为咒语，咒语义不明。

建塔念咒语求福泽子嗣（末本）

thɑ^{55}tshɿ^{55}tɕiə^{21}tʂhu^{33}mæ^{55}tʂu^{55}

东金撰

抄本

1 册，12 页

左右双栏，版框 27 ×10cm。瑞香荛花纸，东巴文与藏文混合写成。保存基本完好。

搜集于云南省迪庆州维西县。建塔念咒语，咒语义不明。

高勒趣为父招魂

kɑ^{33}le^{21}tshy^{55}o^{21} ʂər^{55}

佚名撰

抄本

1 册，12 页

无边栏，版框 27 ×9cm。瑞香荛花纸，保存基本完好。

搜集于云南省迪庆州维西县。高勒趣与父一起去砍柴而获得署家的猪，署就抓走高勒趣之父致死，高勒趣为自己的父亲招魂。

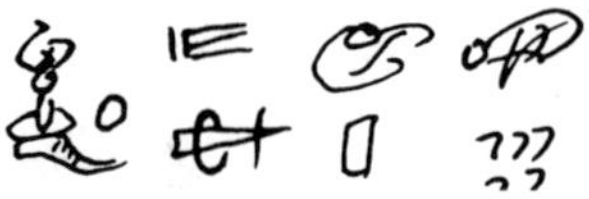

送刹道格多面偶

sɑ^{21}dɑ^{55}kə^{33}to^{33}phi^{55}uɑ^{21}
佚名撰
抄本
1 册，20 页
左右双栏，版框 28 ×10cm。瑞香荛花纸，保存完好。
搜集于云南省迪庆州维西县。内述把格多面偶送给刹道，让刹道来取面偶。

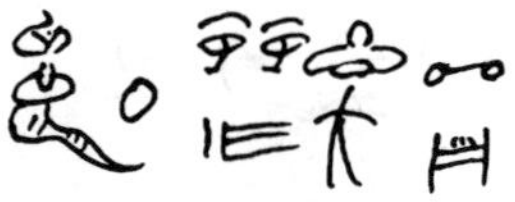

都沙敖吐的故事
do^{33}sɑ^{33}ŋɑ^{33}thv^{55}tʂər^{55}dzo^{21}
佚名撰
抄本
1 册，24 页
无边栏，版框 28. 5 ×9cm。瑞香荛花纸。封一模糊残损。
搜集于云南省迪庆州维西县。都沙敖吐到高原上放牧，其妻与署酋纽莎许罗通奸被都沙敖吐发现，杀死纽莎许罗。都沙敖吐得病，请东巴作仪后病愈。

岛奏欧吾、尤拉丁端、哈拉恭补的故事
tɑ^{33}tʂə^{33}ə^{33}uə^{55}、iə^{21}lɑ^{55}di^{33}hɑ^{33}lɑ^{33}gu^{55}bv^{33}tʂər^{55}dzo^{21}
佚名撰
抄本
1 册，22 页
无边栏，版框 29 ×8. 5cm。瑞香荛花纸，封一装饰画着红色，保存完好。
搜集于云南省丽江市。内述岛奏欧吾、尤拉丁端、哈拉恭补因得罪了署，署将他们的魂摄去，其妻请东巴作仪，向署还债并招魂。

高勒趣为父招魂
kɑ^{33}le^{21}tshy^{55}o^{21}sər^{55}
佚名撰
抄本
1 册，14 页
左右双栏，版框 26 ×8cm。瑞香荛花纸，封一模糊不清。
搜集于云南省迪庆州维西县。高勒趣之父被署抓去折磨至死，高勒趣为父招魂。

建署塔
sɿ^{21}thɑ^{55}tshɿ^{55}the^{33}ɯ^{33}uɑ^{21}me^{55}
佚名撰
抄本
1 册，28 页
左右双栏，版框 27. 5 ×10cm。瑞香荛花纸。保存基本完好。
搜集于云南省迪庆州维西县。内述祭署仪式上建署塔，请各种署降临到塔上，赐寿岁、子嗣福泽给人类。

与署斗争又和好
le^{33}læ^{21}le^{33}dv^{21}uɑ^{21}me^{55}
佚名撰
抄本
1 册，12 页

左右双栏，版框 27.5 ×10cm。瑞香荛花纸，无封底。

搜集于云南省迪庆州维西县。内述历代祖先与署发生争斗，经各种神及东巴调解又与署和好。

大烧天香

sɿ^{21} thɑ^{55} tshɿ^{55} the^{33} ɯ^{33} uɑ^{21} me^{55}

佚名撰

抄本

1 册，64 页

左右双栏，版框 27.5 ×9.5cm。瑞香荛花纸。保存完好。

搜集于云南省迪庆州维西县。内述仪式上大烧天香供养各种神灵。

放生鸡向署和仄神许来年再祭之愿

æ^{21} ku^{55} ɕy^{55}

佚名撰

抄本

1 册，38 页

左右双栏，版框 26.5 ×8.5cm。瑞香荛花纸。封底残缺。

搜集于云南省迪庆州维西县。仪式上献放生鸡，许下来年再祭之愿，讲述鸡的来历。

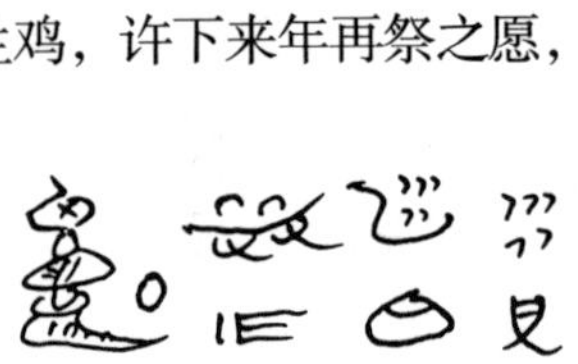

do^{33} sɑ^{33} ŋɑ^{33} thv^{55} dzo^{21} uɑ^{21} me^{55}

都沙敖吐的故事

佚名撰

抄本

1 册，24 页

左右双栏，版框 28.5 ×8.5cm。瑞香荛花纸，保存完好。

搜集于云南省迪庆州维西县。都沙敖吐到高原上放牧，其妻与署酋纽莎许罗通奸被发现，都沙敖吐杀死纽莎许罗。都沙敖吐得病请东巴作仪，病愈。

大鹏斗署

ɕiə^{33} tɕhy^{21} sɿ^{21} æ^{21} mu^{33} me^{55}

佚名撰

抄本

1 册，32 页

左右双栏，版框 28.5 ×8.5cm。瑞香荛花纸，封一彩色。保存基本完好。

搜集于云南省丽江市。内述人类侵犯署的利益，遭到报复，人类请东巴什罗制服署。什罗派大鹏抓署。经什罗调和，人与署和解。

董的儿子依庚给孔和梅生督迪两人的故事

du^{21} zo^{33} i^{33} gɯ^{33} kɯ^{21} khɑ^{55} me^{55} se^{33} tv^{33} dɯ^{21} ȵi^{33} tʂər^{55}

佚名撰

抄本

1 册，32 页

左右双栏，版框 27.5 ×7.5cm。瑞香荛花纸。保存基本完好。

搜集于云南省丽江市。讲述董的儿子依庚给孔、梅生督迪去打猎而得罪署，被署报复而生病，请东巴作仪后病愈的故事。

打猎三兄弟和务鲁昌堆的故事

khɯ^{33}tɕy^{21}sɿ^{21}zɿ^{33}gv^{33}lv^{33}tʂhər^{21}ty^{33}tʂər^{55}

佚名撰

抄本

1 册，24 页

左右单栏，版框 27.5 ×9cm。瑞香荛花纸，封一、封二，第一页、第二页残缺。

搜集于云南省丽江市。两个故事都讲述牵狗去打猎得罪署，被署抓住，家人经占卜知其因，请东巴作法，家人无病无灾。

梅生督迪的故事

me^{55} se^{33}tv^{33}dɯ^{21}tʂər^{55}dzo^{21}

佚名撰

抄本

1 册，16 页

左右双栏，版框 29 ×8.5cm。瑞香荛花纸，保存基本完好。

搜集于云南省丽江市。内述梅生督迪去打猎而获一头白鹿，回到家则病，请东巴作法，向署还债，病愈，全家安康。

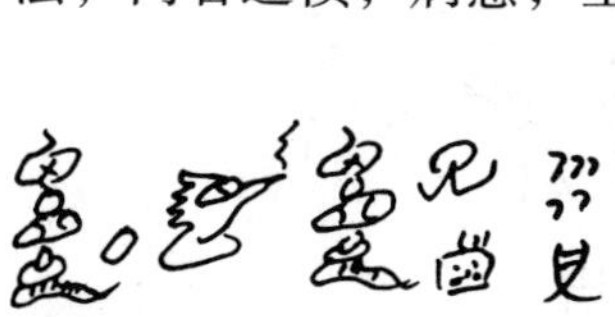

鸡鸣时叫醒署

æ^{21}tɕy^{21}sɿ^{21}i^{55}sɿ^{33}uɑ^{21}me^{55}

佚名撰

抄本

1 册，8 页

左右双栏，版框 29 ×9.5cm。瑞香荛花纸。保存基本完好。

搜集于云南省迪庆州维西县。

两个纳人的故事

nɑ^{21}zo^{33}ȵi^{33}kv^{55}tʂər^{55}dzo^{21}

佚名撰

抄本

1 册，14 页

无边栏，版框 28 ×9.5cm。瑞香荛花纸。保存基本完好。

搜集于云南省迪庆州维西县。讲述两个纳人去干活，在水塘边打死了一条蛇和一只黑鼠，回到家里就身心不舒服，请东巴举行祭署仪式，向署还债，病愈。

请署·请署安寝

sɿ^{21}khv^{21}sɿ^{21}hɑ^{55}uɑ^{21}me^{55}

佚名撰

抄本

1 册，14 页

左右双栏，版框 28.5 ×10cm。瑞香荛花纸。封三、封四残缺。

搜集于云南省迪庆州维西县。东巴在仪式上把各方的署请来，来到祭祀场上，天已晚，东巴就请署安睡到署寨。

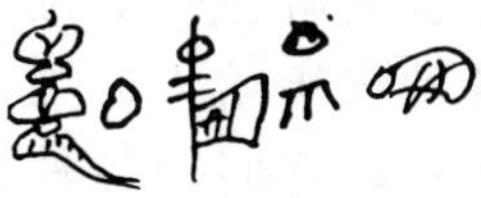

送署寨守门者

gv^{33}kɑ^{33}phi^{55}

佚名撰

抄本

1册，22页

左右双栏，版框24×9.5cm。瑞香荛花纸，书末残缺。

搜集于云南省迪庆州香格里拉白地行政村。署寨守门者会阻挡署酋赐子嗣福泽给人类，请各方面署酋时就先送走署寨守门者。

送恶署

sɿ^{21}do^{21}phi^{55}

佚名撰

抄本

1册，16页

无边栏，版框27×8cm。瑞香荛花纸，封一、封二、封三、封四残缺。

搜集于云南省迪庆州香格里拉白地行政村。内述仪式上送走恶署之过程。

送恶署

sɿ^{21}do^{21}phi^{55}

佚名撰

抄本

1册，44页

无边栏，版框26×9.5cm。瑞香荛花纸，保存基本完好。

搜集于云南省迪庆州香格里拉白地行政村。恶署降各种灾害给人，主人请东巴作仪送走恶署并让它们把各种灾害带走。

向署献放生鸡许愿

sɿ^{21}ku^{55}ɕy^{55}

佚名撰

抄本

1册，28页

无边栏，版框27.5×8cm。瑞香荛花纸，封一、封二残缺，无封三、封四。

搜集于云南省迪庆州香格里拉白地行政村。讲述鸡的出处来历，向署献放生鸡，许下来年再祭之愿。

向署献放生鸡许愿

sɿ^{21}ku^{55}ɕy^{55}

东齐撰

抄本

1册，26页

左右双栏，版框28×8.5cm。瑞香荛花纸，封一装饰图着红色，封三、封四残缺。

搜集于云南省丽江市玉龙县长水村。讲述鸡的出处来历，向署献放生鸡许下来年再祭之愿。

木牌画画谱

khuɑ^{55}ku^{33}

佚名撰

抄本

1册，22页

无边栏，版框26×8.5cm。瑞香荛花

纸，缺封底。

记载了祭署仪式所需木牌画的画稿，供后人在制作木牌画的时候参考。

与署和好·给署点药·送署

sɿ^{21} dv^{21} · sɿ^{21} tʂhər^{33} khɯ^{55} · sɿ^{21} tshɿ^{33}tɕhi^{33}

佚名撰

抄本

1 册，32 页

无边栏，版框 27 ×9cm。瑞香荛花纸，封二画有和一武士。保存基本完好。

搜集于云南省香格里拉县白地行政村。人类不曾拿署的财物向署还债，以求与署和好。讲述药的来历并给署施药，把署送回它们自己的住地。

木牌画画谱

khuɑ^{55}du^{33}uɑ^{21}me^{55}

佚名撰

抄本

1 册，32 页

无边栏，版框 29 ×9cm。瑞香荛花纸，保存基本完好。

记载了祭署仪式所需木牌画的画稿。

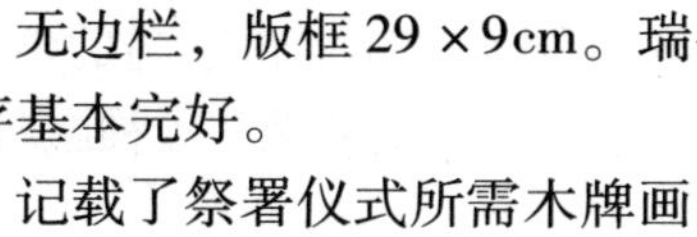

迎请尼补劳端神·迎请大鹏神

n̥i^{33} bv^{33} lɑ^{21} duɑ^{33} sɑ^{55} · ɕiə^{33} tɕhy^{21} kɑ^{33}tɕhi^{33}

佚名撰

抄本

1 册，32 页

左右双栏，版框 28 ×7.5cm。瑞香荛花纸。保存基本完好。

搜集于云南省丽江市。讲述东巴神降临到神坛上，请署降临到署寨里，主人向署和神求寿岁、求福泽子嗣。后节讲述大鹏神鸟的出处，请大鹏神鸟庇佑人类。

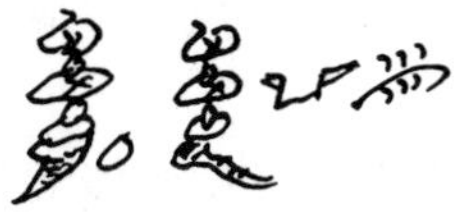

署的出处来历

sɿ^{21}thv^{33}sɿ^{21}pɯ^{55}

佚名撰

抄本

1 册，8 页

无边栏，版框 28 ×8.5cm。瑞香荛花纸。书写不完整。

搜集于云南省丽江市。天地产生佳声佳气，声气发生变化，产生各色的蛋，蛋生出各种署。

枚生督迪和古鲁古久的故事

me^{21} se^{33} tv^{33} dɯ^{21} gv^{33} lv^{21} tɕiə^{55} tʂə^{55} the^{33}ɯ^{33}

佚名撰

抄本

1 册，18 页

无边栏，版框 29 ×9cm。瑞香荛花纸，保存基本完好。

搜集于云南省丽江市。讲述枚生督迪打猎打到一头白鹿，署家的古鲁古久变成一美女向枚生督迪索赔，枚生督迪不还生病。东巴祭署向署还债，枚生督迪病愈。

大鹏鸟斗署

ɕiə^{33}tɕhy^{21}si^{21}æ^{21}

佚名撰

抄本

1 册，32 页

左右单栏，版框 29 × 8.5cm。瑞香荛花纸，封面、封底皆缺。

搜集于云南省丽江市。人类侵犯署的利益，遭署报复，人类无立足之地。人类请东巴什罗制服署，什罗派大鹏抓署，经东巴什罗调停，人署和好。

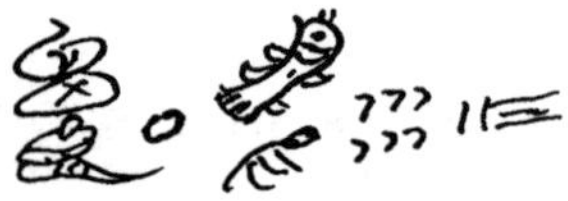

迎请尼补劳端神

ȵi^{33}bv^{33}lɑ^{21}duɑ^{21}sɑ^{55}

佚名撰

抄本

1 册，16 页

左右双栏，版框 28.5 × 8.5cm。瑞香荛花纸，封面、封底有残缺。

搜集于云南省丽江市。讲述东巴迎请各种神和各方署并供养之，请它们庇佑赐福给人类。

迎接署 · 供养署（头本）

sɿ^{21}tsɿ^{33} · sɿ^{21}bu^{21}kv^{33}tʂu^{55}

佚名撰

抄本

1 册，24 页

左右双栏，版框 27 × 9cm。瑞香荛花纸，保存基本完好。

搜集于云南省丽江市。请来各方署酋，烧上天香，请署赶快来享祭。

迎接署 · 供养署（中本）

sɿ^{21}tsɿ^{33}sɿ^{21}bu^{21} · ly^{55}tʂu^{55}

佚名撰

抄本

1 册，24 页

左右双栏，版框 27.5 × 9cm。瑞香荛花纸，封一装饰图着红色。

搜集于云南省丽江市。东巴烧天香，并念咒语供养署。

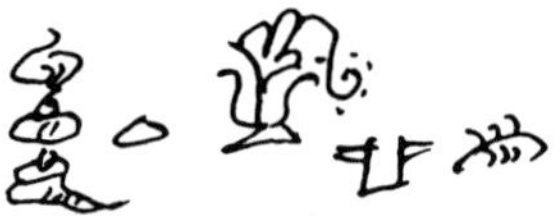

药的出处来历

thər^{33}thv^{33}tʂhər^{33}pɯ^{55}

佚名撰

抄本

1 册，24 页

左右双栏，版框 27 × 9cm。瑞香荛花纸。封面封底缺页。

搜集于云南省丽江市。讲述药的出处来历，给各种神施药，给署施药，给神施药。

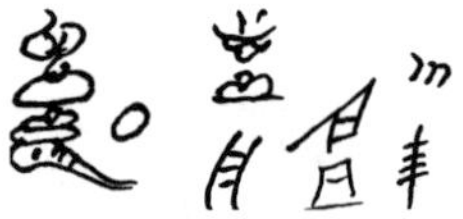

本堆三兄弟的故事

gv^{33}lv^{33}bɯ^{33}ty^{33}sɿ^{21}zɿ^{33}tʂər^{55}dzo^{21}

佚名撰

抄本

1 册，30 页

左右双栏，版框 28 ×8cm。瑞香荛花纸，封面着彩色装饰图案，保存基本完好。

搜集于云南省丽江市。讲述雪山脚下的本堆三兄弟去打猎，见一红猴，未射中；又一日，见一岩羊，未射中，岩羊入海中，海里出蛇兵鱼兵与三兄弟斗。三兄弟丢了魂，东巴什罗作法仪招魂，病愈。

拉朗拉镇的故事

佚名撰

抄本

1 册，20 页

左右双栏，版框 27.5 ×8.5cm。瑞香荛花纸。封一封、二残缺。

搜集于云南省丽江市。讲述拉朗拉镇家的仆人干活时打死一黑鼠而病，拉朗拉镇请东巴作法仪，仆人病愈。

请尼补劳端神

佚名撰

抄本

1 册，20 页

左右双栏，版框 28.5 ×8.5cm。瑞香荛花纸，封一、封二缺页。

搜集于云南省丽江市。讲述东巴迎请各种神和署酋，并予以供养，请神和署庇佑人类。

抛厅昌面偶

thi^{33}tshɑ^{33}to^{33}mɑ^{33}phi^{55}

佚名撰

抄本

1 册，30 页

左右双栏，版框 27 ×8.5cm。瑞香荛花纸，封底三、四页缺。

搜集于云南省丽江市。讲述把厅昌面偶送给署，署赐福给人类，不降灾害在人间，把厅昌面偶放在十八个鬼域里，各种鬼又心生善心。

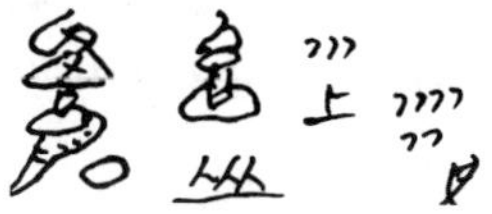

恒命素寿玛的故事

he^{21}mi^{55}sɿ^{55}ʂə^{33}mɑ^{13}uɑ^{21}me^{55}

佚名撰

抄本

1 册，16 页

左右双栏，版框 26.5 ×8cm。瑞香荛花纸，封一中着色装饰。保存完好。

搜集于云南省丽江市。讲述东巴迎请各种神和署酋，并予以供养，请神和署庇佑人类。

迎请刹道祖先

佚名撰

抄本

1 册，42 页

左右双栏，版框 27 ×9cm。瑞香荛花纸，封一着红色装饰，保存完好。

搜集于云南省丽江市。内述东巴作法请刹道祖先并供养之，还送以很多财物，请署赐子嗣福泽。

送守署寨寨门者

佚名撰

抄本

1 册，22 页

左右单栏，版框 27 × 8cm。瑞香荛花纸，封一、封二缺页。

搜集于云南省丽江市。讲述署酋及署寨四方寨门守卫者的来历。四方寨门守卫者会阻止署酋到人们祭祀署的祭场里，还会放疾病到人间，于是给守门者许多财物，送走守卫者。

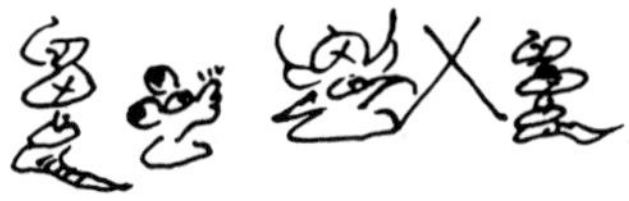

大鹏神鸟斗署

ɕiə^{33}tɕhy^{21}sɿ^{21} ʂə^{33}æ^{21}

佚名撰

抄本

1 册，18 页

无边栏，版框 27 × 8. 5cm。瑞香荛花纸，封一着色，封三、封四缺页。

搜集于云南省丽江市。讲述人类侵犯署的利益，遭署报复，人类无立足之地，请东巴什罗制服署，什罗派大鹏神鸟捉到署，经什罗调解，人和署和好。

普蚩乌路的故事

phv^{33}tʂhɿ^{33}uə^{33}lɑ^{55}tʂər^{55}dzo^{21}

佚名撰

抄本

1 册，14 页

左右单栏，版框 27. 5 × 8. 5cm。瑞香荛花纸，第一页开头画有一武将并着红色，封一、封二缺页。

搜集于云南省丽江市。讲述普蚩乌路不尊重东巴什罗，署把普蚩乌路的魂摄去。普蚩乌路只好请东巴什罗作仪式，从署那儿招回普蚩乌路的魂，乌路病愈。

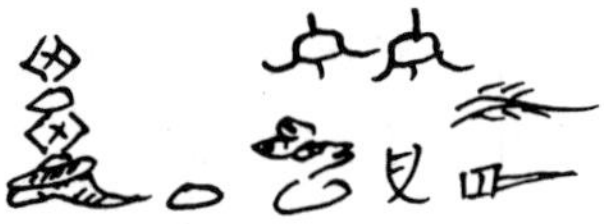

请署供养署（末本）

sɿ^{21}tsɿ^{33}sɿ^{21}bu^{21}mæ^{55}tʂu^{55}

佚名撰

抄本

1 册，16 页

无边栏，版框 27 × 8. 5cm。瑞香荛花纸，封一着色装饰。保存基本完好。

搜集于云南省丽江市。内述东巴迎请署并供养署，念咒语给署施药。

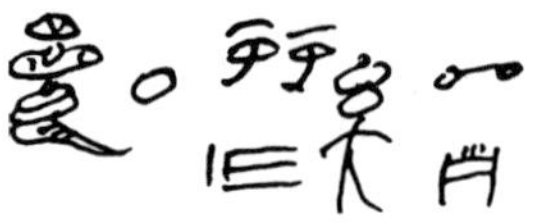

都沙敖吐的故事

do^{33}sɑ^{33}ŋɑ^{33}thv^{55}tʂər^{55}dzo^{21}

佚名撰

抄本

1 册，30 页

无边栏，版框 29 × 8. 5cm。瑞香荛花纸，封一、封二及第一、第二页缺。

搜集于云南省丽江市。讲述都沙敖吐去放牧，而其妻子与署酋纽沙许罗终日调情做爱。都沙敖吐砍死纽沙许罗，遭署追杀。后请东巴作仪向署还债。

送署寨守门者

khu^{33}gɑ^{33}pv^{55}

佚名撰

抄本

1 册，16 页

左右单栏，版框 25.5 × 8.5cm。瑞香荛花纸，封一、封二缺页。

搜集于云南省丽江市。讲述祭祀之家请东巴祭署，请各方的署酋，但署寨四方的守门者会阻止署酋前往。东巴就把许多财物送给守门者，送走守门者。

送恶署

佚名撰

抄本

1 册，26 页

左右双栏，版框 26.5 × 8.5cm。瑞香荛花纸，封一着色装饰，保存完好。

搜集于云南省丽江市。讲述东巴作法请神请署等精灵，东巴用麦面制作里多面偶与天香一起供养神、署、刹道。

送恶署的书

sʅ^{21}gv^{21} · sʅ^{21}do^{21}phi^{55}me^{33}gə^{33}the^{33}ɯ^{33}uɑ^{21}me^{55}

佚名撰

抄本

1 册，24 页

左右单栏，版框 29 × 9cm。瑞香荛花纸，封三、封四上书写此书的东巴作了一些神鬼的画像，保存基本完好。封一、封二缺页。

搜集于云南省丽江市。讲述恶署会无端降疾病灾难于人间，东巴作法送走恶署以禳除病痛灾难。

送署寨守门者

khu^{33}gæ^{33}pv^{55}

东祖撰

抄本

1 册，22 页

无边栏，版框 29 × 8.5cm。瑞香荛花纸，保存基本完好。

搜集于云南省丽江市玉龙县黄山乡文笔村。内述署酋和署寨四方的守门者的出处，守门者会阻碍署酋到祭祀场。东巴送许多财物给守门者，让守门者离去。

高勒趣为父招魂

kɑ^{33}le^{21}tshy^{55}o^{21}ʂər^{55}

佚名撰

抄本

1 册，28 页

无边栏，版框 27 × 8cm。瑞香荛花纸，封一彩色装饰。封一、第一、第二页残损多。

搜集于云南省丽江市。高勒趣之父被署捉去，受尽折磨，高勒趣赎回其父，但在途中死去，高勒趣就为其父招魂。

尤拉丁端、岛奏恒依、哈劳共补的故事

iə^{21}lɑ^{55}di^{33}duɑ^{33}、tɑ^{33}tʂə^{55}he^{21}i^{33}、hɑ^{33}lɑ^{33}gu^{55}bv^{33}tʂər^{55}

佚名撰

抄本

1 册，22 页

无边栏，版框 27.5 × 8.5cm。瑞香荛花纸，封一装饰图着红色。保存基本完好。

搜集于云南省丽江市。讲述尤拉丁端、岛奏恒依、哈劳共补三人犁田犁到署地，被署摄去灵魂；他们的妻子在署的水沟里洗头，也被署摄去灵魂，不能生儿育女。请东巴作法赎回其灵魂，病愈，又能生儿育女。

祭署仪式·开署门·恭送署

佚名撰

抄本

1 册，28 页

左右单栏，版框 28.5 × 8.5cm。瑞香荛花纸。保存基本完好。

搜集于云南省丽江市。讲述仪式上请来各种神灵及署，请四方之大神打开四方之福泽门赐福予人类，并恭送署返回自己的住地。

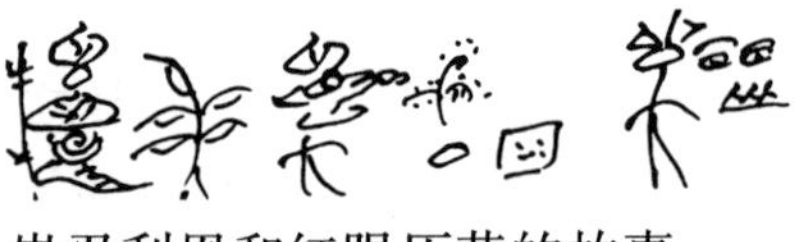

崇忍利恩和红眼仄若的故事

tsho^{21}ze^{33}lɯ^{55}ɯ^{33}、tse^{21}zo^{33}miə^{21}ɕy^{21}tʂər^{33}dzo^{21}

佚名撰

抄本

1 册，20 页

左右双栏，版框 29 × 8.5cm。瑞香荛花纸。保存基本完好。

搜集于云南省丽江市。讲述崇忍利恩去犁地，在林中杀死一只绿鼠，回到家而生病，请东巴作法还署债病愈；红眼仄若去控沟里的水，杀了一条青蛇，犁地犁到署地，他则生病，请东巴作法，病愈。

吾鲁蚩补、蚩堆的故事

ŋv^{33}lɑ^{55}lv^{33}tʂhɿ^{55}bv^{55}tʂər^{55}dzo^{21}

佚名撰

抄本

1 册，12 页

左右单栏，版框 29 × 8cm。瑞香荛花纸，封三、封四缺。

搜集于云南省丽江市。讲述吾鲁蚩补和蚩堆去打猎，见一白獐，追九山九谷未获，观树上一白鸟。回到家后即病，生疮。经卜师占卜，知其因，请东巴作祭署仪式，病愈。

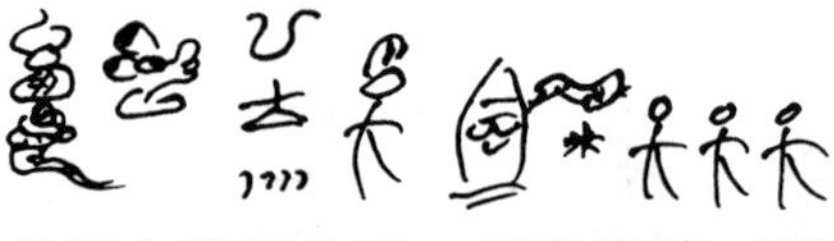

普蚩乌路的故事·吾鲁蚩堆三兄弟的故事

phv^{33}tshɿ^{33}uə^{33}lu^{55}tʂər^{55}ŋv^{33}lv^{33}tʂhər^{21}ty^{33}sɿ^{21}zɿ^{33}tʂər^{55}

佚名撰

抄本

1 册，24 页

左右双栏，版框 28 × 9cm。瑞香荛花纸，封一、封三残损。

搜集于云南省丽江市。讲述普蚩乌路不尊重东巴什罗，被署摄去灵魂，又请什罗作法招回灵魂病愈；吾鲁蚩堆三兄弟去打猎，见金黄色的猴子、白鹇鸟、青蛇，回到家则病，经占卜知其因，请东巴作法，病愈。

建署塔

sɿ^{21}thɑ^{55}thɿ^{55}uɑ^{21}me^{55}

佚名撰

抄本

1 册，24 页

左右双栏，版框 27 × 9cm。瑞香荛花纸，封一着色装饰。保存基本完好。

搜集于云南省丽江市。历代祖先都用塔镇压各自的仇敌，祭祀之家亦建署塔祭署，并给署施药。

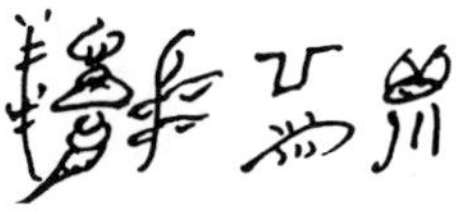

署的出处来历

sɿ^{21}thv^{33}kv^{33}pɯ^{55}kv^{55}

佚名撰

抄本

1 册，20 页

左右单栏，版框 26.8 × 8.5cm。瑞香荛花纸，保存基本完好。

搜集于云南省丽江市。讲述美利达吉神海里长出了一个金黄蛋，金黄蛋发生变化，生出了黄金巨蛙，大蛙产下五色蛋，五个蛋分别产生五方五色的署。

吾鲁蚩堆三兄弟的故事

ŋv^{33}lv^{33}tʂhər^{21}ty^{33}sɿ^{21}zɿ^{33}tʂər^{55}dzo^{21}

佚名撰

抄本

1 册，20 页

无边栏，版框 29 × 9cm。瑞香荛花纸，保存基本完好。

搜集于云南省丽江市。讲述吾鲁蚩堆三兄弟去打猎，见到白角鸟、红猴、岩羊、青蛇都未射到，回到家生了病，经卜师占卜，知其因，请东巴作法，病愈。

四方大神开署门的书

sɿ ^{21}khu^{33} khu^{33} sɑ^{33} phu^{33} the^{33} ɯ^{33} uɑ^{21}me^{55}

佚名撰

抄本

1 册，12 页

无边栏，版框 29 × 8.5cm。瑞香荛花纸，保存基本完好。

搜集于云南省丽江市。讲述四方大神打开四方署门，四方署酋赐子嗣福泽给人们，东巴又把署送回它们的住处。

人类与署争斗又和好

be^{33}tshɿ^{21}zɿ^{33}nɯ^{21}sɿ^{21}æ^{21}le^{33}dv^{21}

佚名撰

抄本

1 册，10 页

无边栏，版框 29 × 8.5cm。瑞香荛花纸，保存基本完好。

搜集于云南省丽江市。讲述历代祖先与署结仇斗争后经神或东巴祭司的调解又和好。

普蚩乌路的故事

phv^{33} tʂhɿ^{33} uə^{33} lu^{55} tʂər^{55} dzo^{21}

东迪撰

抄本

1 册，20 页

左右双栏，版框 26.5 ×8cm。瑞香荛花纸，保存基本完好。

搜集于云南省丽江市古城区匡义正办事处清溪村。讲述普蚩乌路不尊重东巴什罗，被署摄去灵魂而生病。普蚩乌路又请东巴什罗作法，向署赎回普蚩乌路的灵魂则病愈。

献神粮

ko^{55} o^{55}

佚名撰

抄本

1 册，20 页

无边栏，版框 27 ×9.5cm。瑞香荛花纸。封页、封底皆缺。

搜集于云南省丽江市。举行仪式要设神坛，神坛上要献上神粮，此书就讲述神粮的出处来历。历代祖先都献神粮而子孙兴旺，祭祀之家照古规亦献神粮以求子嗣福泽。

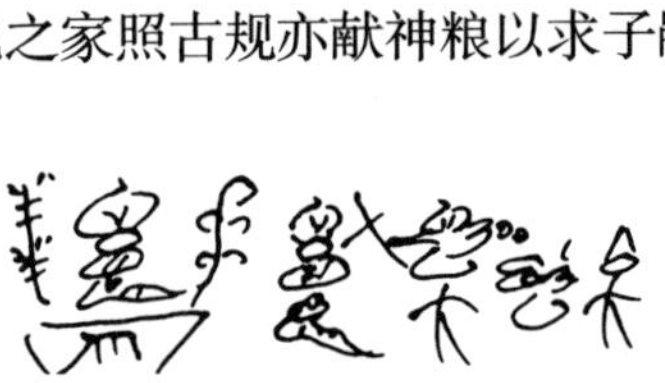

人类与署争斗又和好

be^{33} tshɿ^{21} zɿ^{33} nɯ^{21} sɿ^{21} æ^{21} le^{33} dv^{21}

佚名撰

抄本

1 册，14 页

无边栏，版框 26 ×8cm。瑞香荛花纸，封页缺。

搜集于云南省丽江市。讲述历代祖先都与署结仇斗争，经神或东巴调解又和好，并把署送回它们的住地。

迎净水

sɿ^{21} dɯ^{21} gv^{21} · dʑi^{33} sɑ^{55} tsɿ^{33} uɑ^{21} me^{55}

佚名撰

抄本

1 册，16 页

左右双栏，版框 26.5 ×9cm。瑞香荛花纸。封底缺页，其他完好。

搜集于云南省丽江市。讲述水的出处来历，将天下江河水装入净水壶里，东巴诵白水咒给神洗秽。

送恶署

sɿ^{21} do^{21} phi^{55}

东补撰

抄本

1 册，18 页

无边栏，版框 28 ×8.5cm。瑞香荛花纸，缺封底。

搜集于云南省丽江市玉龙县太安乡汝南化村。恶署会无端降疾病灾难给人类。东巴作仪式，把许多财物送给恶署以禳解。

建署塔

sɿ^{21}thɑ^{55}tshɿ^{55}

佚名撰

抄本

1 册，22 页

左右双栏，版框 26 ×8cm。瑞香荛花纸，保存完好。

搜集于云南省丽江市。讲述各种神及历代祖先都建署塔镇压各自的仇敌而子孙兴旺。

建署塔·梭刷火把的来历·药的来历

sɿ^{21}thɑ^{55}tshɿ^{55} · so^{33} ʂuɑ^{21}phər^{21}thv^{33} · tʂhər^{33}thv^{33}

佚名撰

抄本

1 册，30 页

左右单栏，版框 27 ×8. 5cm。瑞香荛花纸，封一着彩色装饰图，封底缺页。

搜集于云南省丽江市。讲述梭刷火把的来历并点燃梭刷火把给神和署除秽。讲兹的来历，给署施药。

献放生鸡许下来年再祭之愿

sɿ^{21}ku^{55}ɕy^{55}

佚名撰

抄本

1 册，22 页

左右单栏，版框 26. 5 ×8. 5cm。瑞香荛花纸，少数字符有色，封面、封底皆缺。

搜集于云南省丽江市。讲述鸡的出处来历，向署献上放生鸡并许下来年再祭之愿。

献放生鸡许下来年再祭之愿

sɿ^{21}ku^{55}ɕy^{55}

佚名撰

抄本

1 册，22 页

左右单栏，版框 26. 5 ×8. 5cm。瑞香荛花纸，少数字符着色，封面、封底皆缺。

搜集于云南省丽江市。讲述鸡的出处来历，向署献上放生鸡并许下来年再祭之愿。

开署门

sɿ^{21}khu^{33}phu^{33}mu^{33}me^{55}

佚名撰

抄本

1 册，12 页

左右双栏，版框 28 ×8. 5cm。瑞香荛花纸，封一装饰图着红色，整本书左上方被火烧而残损。

搜集于云南省丽江市。四方大神打开署门，署酋给人类赐福泽子嗣。

送署寨守寨门者

khu^{33}ɡæ^{33}pv^{55}

佚名撰

抄本

1 册，18 页

左右双栏，版框 26. 5 ×8. 5cm。瑞香荛花纸，封面、封底缺。

搜集于云南省丽江市。讲述署酋和署寨守门者的来历。守门者会阻挡署酋赐子嗣福泽予人类，东巴送许多财物让守门者让开。

人和署争斗又和好

le^{33} æ^{21} le^{33} dv^{21}

佚名撰

抄本

1 册，28 页

左右单栏，版框 27.5 ×9cm。瑞香荛花纸，封面祭书末、封底残缺。

搜集于云南省丽江市。历代祖先与署斗争又和好。

大鹏神斗署

ɕiə^{33} tɕhy^{21} sɿ^{21} æ^{21}

佚名撰

抄本

1 册，24 页

左右单栏，版框 27.5 ×8.5cm。瑞香荛花纸，封面、封底缺。

搜集于云南省丽江市。人类不断侵犯署的利益，遭到署报复。人类请东巴什罗制服署。什罗派大鹏神捉住署，经什罗调解，人和署和好。

崇忍利恩和署督纳布争斗

tsho^{21} ze^{33} lɯ^{55} ɯ^{33} sɿ^{33} dv^{21} nɑ^{21} pv^{55} æ^{21}

佚名撰

抄本

1 册，16 页

无边栏，版框 29 ×8.5cm。瑞香荛花纸。保存完好。

搜集于云南省丽江市。讲述崇忍利恩到高原放牧，他的牦牛踩了一条青蛇，署督纳布摄去崇忍利恩的魂。请东巴作法，病愈，后又生三子。

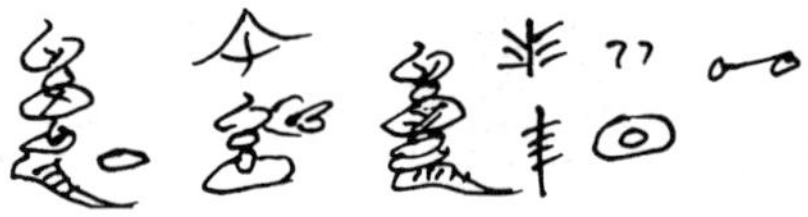

美利恒孜和桑汝尼麻的故事

mɯ^{33} lɯ^{55} he^{21} dzɿ^{33} sɿ^{33} zɿ^{33} ȵi^{33} mɑ^{21} tʂər^{55}

佚名撰

抄本

1 册，24 页

无边栏，版框 29 ×8.5cm。瑞香荛花纸。保存完好。

搜集于云南省丽江市。美利恒孜放牧到高原，桑汝尼麻使山塌沟塌，美利恒孜的牲畜不知去向。美利恒孜发话谁杀了桑汝尼麻就把姑娘嫁给谁。古生吐蚩杀了桑汝尼麻，要得美利恒孜之女。

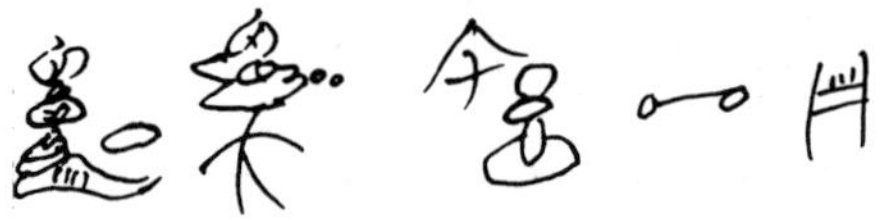

崇忍利恩和美利董主的故事

tsho^{21} ze^{33} lɯ^{55} ɯ^{33} mɯ^{33} lɯ^{55} du^{21} dzɿ^{33} tʂər^{55} dzo^{21}

佚名撰

抄本

1 册，28 页

无边栏，版框 26.5 ×8cm。瑞香荛花纸，封面及后文有残缺。

搜集于云南省丽江市。讲述崇忍利恩和美利董主都得罪了署，遭署报复，请东巴作法，又能生儿育女，富裕强盛。

在刹道寨中烧天香

sɑ^{21}dɑ^{55}uə^{33}ko^{21}tʂhu^{55}pɑ^{33}

佚名撰

抄本

1 册，28 页

左右双栏，版框 26 ×8. 5cm。瑞香荛花纸，封一彩色装饰。保存完好。

搜集于云南省丽江市。内述烧天香供养各种署以求署赐子嗣福泽，使人延年益寿。

除秽仪式（C）

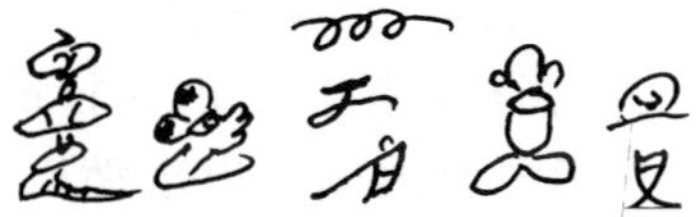

祭署仪式和除秽仪式的规程

tʂhə^{55}nɑ^{21} ʂu^{55}du^{33}mu^{21}uɑ^{21}me^{55}

佚名撰

抄本

1 册，20 页

左右双栏，版框 27 ×10cm。瑞香荛花纸，右上角残损。

搜集于云南省香格里拉白地行政村。分别记有祭署仪式戒和除秽大仪式的规程及需诵经书的顺序。后三页有祭署仪式的木牌画画谱。

为太阳月亮除秽·高勒趣除秽

bʅɕi^{33}me^{33}he^{33}me^{33}uɑ^{21}me^{55} tʂhə^{55} ʂu^{55} · kɑ^{33}le^{21}tshy^{55}tʂhy^{55} tʂhə^{55} ʂu^{55}

佚名撰

抄本

1 册，32 页

左右双栏，版框 20 ×9cm。瑞香荛花纸，保存基本完好。

搜集于云南省香格里拉东坝行政村。为太阳和月亮除了秽，太阳月亮又能普照大地。高勒趣到高原放牧牦牛，因喝了秽水，不能生育，经除秽后，又生四个儿子，分别成纳西族四大支系之祖先。

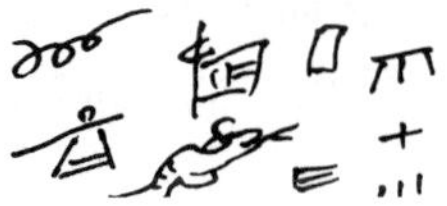

迎请左通高饶战神

tso^{33}tho^{55} gɑ^{33}ʐvr^{33}sɑ^{55}

佚名撰

抄本

1 册，30 页

左右双栏，版框 27. 5 ×7. 5cm。瑞香荛花纸，保存基本完好。

搜集于云南省香格里拉东坝行政村。讲述了左通高饶战神的出处来历，迎请左通高饶。

为太阳月亮除秽

ȵi^{33}me^{33} he^{33}me^{33}tʂhə^{55} ʂu^{55}

佚名撰

抄本

1 册，12 页

左右双栏，版框 26. 5 ×8. 5cm。瑞香荛花纸，保存基本完好。

搜集于云南省香格里拉白地行政村。为太阳和月亮除了秽，太阳月亮又能普照大地。

为东巴什罗除秽

to^{33}bɑ^{21} ʂər^{55}lər^{33}tʂhə^{55} ʂu^{55}uɑ^{21}me^{55}

佚名撰

抄本

1 册，24 页

左右双栏，版框 26 × 8. 5cm。瑞香荛花纸，保存基本完好。

搜集于云南省香格里拉白地行政村。东巴什罗娶了女鬼固斯麻而后杀了此女鬼，被秽污染，无法主持祭祀。为他除了秽，又能主持祭祀仪式。

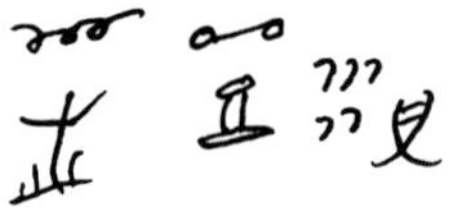

除秽的故事

tʂər^{55}dzo^{21} uɑ^{21}me^{55}

佚名撰

抄本

1 册，24 页

左右双栏，版框 26 × 8. 5cm。瑞香荛花纸，保存基本完好。

搜集于云南省香格里拉白地行政村。东巴什罗娶了女鬼固斯麻而后杀了此女鬼，被秽污染，无法主持祭祀。为他除了秽，又能主持祭祀仪式。

董术争战

du^{21}æ^{21}sɿ^{21}æ^{21}

佚名撰

抄本

1 册，24 页

无边栏，版框 26. 5 × 9cm。瑞香荛花纸，封一未写书名而画了一位尤麻战神，保存基本完好。

搜集于云南省香格里拉东坝行政村。讲述董部族和术部族两个部族之间的争战。是一部纳西族的战争史诗。

秽的来历

tʂhə^{55}dzɿ^{33}mi^{55}uɑ^{21}me^{55}

佚名撰

抄本

1 册，18 页

左右双栏，版框 27. 5 × 7. 5cm。瑞香荛花纸，封三、封四、边缘残缺。

搜集于云南省香格里拉东坝行政村。讲述出现秽的诸多原因以及出现秽以后怎么除秽禳解。

尼萨塔姆的故事

ȵi^{33}sɑ^{55} thɑ^{33}mu^{33}tʂər^{55} dzo^{21}

佚名撰

抄本

1 册，18 页

左右双栏，版框 28 × 8cm。瑞香荛花纸，封三、封四残缺。

搜集于云南省香格里拉东坝行政村。讲述尼萨塔姆沾了秽，做什么事都不成功，无法平安度日，请东巴除秽，又生儿育女，富裕强盛。

人类繁衍记

tsho^{21}bər^{33}thv^{33}dzo^{21}uɑ^{21}me^{55}

佚名撰

抄本

1 册，30 页

左右双栏，版框 27.5 ×8cm。瑞香荛花纸，保存基本完好。

搜集于云南省香格里拉东坝行政村。讲述万物之来历，因兄妹婚而产生秽，引发了洪水，人类灭绝，只剩一男子叫崇忍利恩，娶得天女衬恒褒白繁衍了人类。

迎请神箭

lɯ^{33}sɿ^{33}sɑ^{55}

佚名撰

抄本

1 册，22 页

左右双栏，版框 28 ×7cm。瑞香荛花纸，保存基本完好。

搜集于云南省香格里拉东坝行政村。讲述了神箭的出处来历。历代祖先都迎请神箭镇压臭鬼而生儿育女，祭祀之家学祖先古规迎请神箭压臭鬼以求生儿育女。

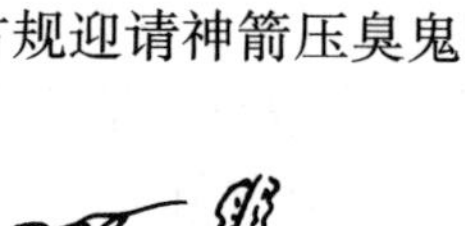

迎请神箭

lɯ^{33}sɿ^{33}sɑ^{55}

佚名撰

抄本

1 册，20 页

左右双栏，版框 24 ×9cm。瑞香荛花纸，保存基本完好。

搜集于云南省香格里拉白地行政村。讲述了神箭的出处来历。历代祖先都迎请神箭镇压臭鬼而生儿育女，祭祀之家学祖先古规迎请神箭压臭鬼，以求子孙兴旺。

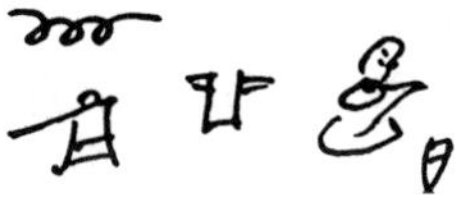

祛除秽鬼

tʂv^{55}dzo^{21} uɑ^{21}me^{55}

佚名撰

抄本

1 册，34 页

左右双栏，版框 28 ×8cm。瑞香荛花纸，保存基本完好。

搜集于云南省香格里拉东坝行政村。历代祖先原来都不会祛除秽鬼，后来都祛除秽鬼，把秽赶到仇地去，又能平安度日。

达者恒英的故事

tɑ^{33}tʂə^{55}hi^{21}i^{21}tʂər^{55}dzo^{21}

佚名撰

抄本

1 册，14 页

左右双栏，版框 28 ×7.5cm。瑞香荛花纸，保存基本完好。

搜集于云南省香格里拉东坝行政村。讲述达者恒英之妻莎劳萨趣被毒鬼毒纳岛梭玷污，生了三个秽子，产生了秽。后请东巴作法，便又子孙兴旺，富裕强盛。

优麻战神砍秽鬼树

iə^{33}mɑ^{21}tʂhə^{55}dzər^{21}tʂhər^{55}

佚名撰

抄本

1 册，26 页

左右双栏，版框 28×8cm。瑞香荛花纸。保存基本完好。

搜集于云南省香格里拉东坝行政村。讲述优麻战神降临砍秽鬼树，杀死秽鬼父母。东巴把面偶送给各方秽鬼，将它们送走。用净水壶里的净水洗秽。

优麻战神砍秽鬼树

iə^{33}mɑ^{21}tʂhə^{55}dzər^{21}tʂhər^{55}

佚名撰

抄本

1 册，34 页

无边栏，版框 27.5×8.5cm。瑞香荛花纸。保存基本完好。

搜集于云南省香格里拉东坝行政村。东巴用除秽火把除秽，请优麻战神降临，砍了秽鬼树，把千千万万的秽鬼镇压下去。用净水壶里的净水洗秽。

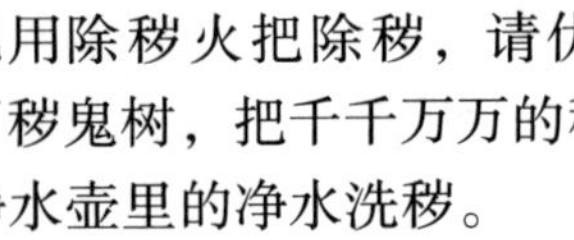

迎请优麻战神 · 优麻战神砍秽树

iə^{33}mɑ^{21}sɑ^{55}tʂhə^{5}dzər^{21}tshər^{55}

佚名撰

抄本

1 册，20 页

左右双栏，版框 27×8cm。瑞香荛花纸。保存基本完好。

搜集于云南省香格里拉东坝行政村。讲述东巴把优麻战神请下来，优麻战神砍了秽鬼树，杀死千千万万个秽鬼。

仪式结尾经 · 除秽仪式规程

py^{21}mæ^{55}tər^{55} · tʂhə^{5} ʂu^{55}du^{33}mu^{21}

佚名撰

抄本

1 册，34 页

左右双栏，版框 24×9.5cm。瑞香荛花纸。保存基本完好。

搜集于云南省香格里拉东坝行政村。仪式结束后，东巴把秽鬼都送走，关上秽鬼门。书末记录了除秽仪式规程及仪式诵读经书的顺序。

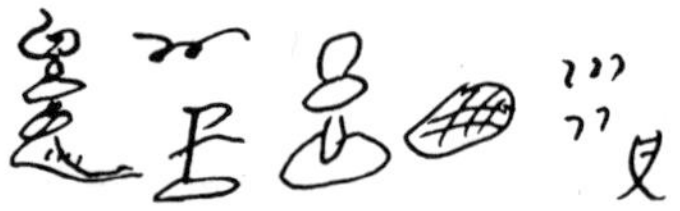

祭署仪式前除秽的规程

sɿ^{21}gv^{21}tʂhə^{55} ʂu^{55}du^{33}mu^{21}uɑ^{21}me^{55}

佚名撰

抄本

1 册，20 页

无边栏，版框 28.5×9cm。瑞香荛花纸，封一装饰画彩色。保存完好。

搜集于云南省维西县。举行祭署仪式前要进行除秽仪式，这是除秽仪式的规程和祭署仪式的规程，其后有祭署仪式上木牌画的画谱。

设神坛撒神粮请神·仪式规程·水咒

ʐʅ^{21}tɯ^{21}kɑ^{55}o^{55} ·du^{33}mu^{21} ·dʑi^{21}huɑ^{55}

佚名撰

抄本

1册，28页

左右单栏，版框29×9cm。瑞香荛花纸。保存基本完好。

搜集于云南省香格里拉东坝行政村。分三部分：设神坛撒神粮请神；除秽仪式的规程；水的出处来历、送水、咒用水洗秽。

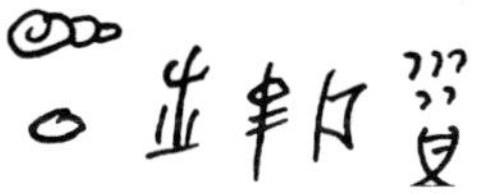

开坛经

py^{21}ly^{33}khu^{33}uɑ^{21}me^{55}

佚名撰

抄本

1册，20页

无边栏，版框29×9cm。瑞香荛花纸。封三、封四残缺。

搜集于云南省丽江市。叙述举行此仪式的目的。

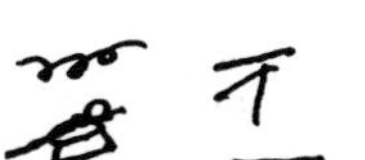

求威灵

dʐər^{21}tsæ^{55}

佚名撰

抄本

1册，20页

无边栏，版框27×9cm。瑞香荛花纸。保存基本完好。

搜集于云南省香格里拉东坝行政村。东巴作仪式驱鬼压鬼靠神之威灵，本书讲东巴求各种神灵及历代东巴的威灵赐予作仪东巴。

董术争战

du^{21}æ^{21}sʅ^{21}æ^{21}

佚名撰

抄本

1册，46页

左右单栏，版框27×8.5cm。瑞香荛花纸。封三、封四残缺。

搜集于云南省丽江市。内述古代两大部落董和术之间的战争，是纳西族的战争史诗。

神灯的出处来历

bæ^{33}mi^{33}thv^{33}pɯ^{55}

佚名撰

抄本

1册，18页

左右单栏，版框27.5×7.5cm。瑞香荛花纸。封三封四残缺。

搜集于云南省丽江市。东巴作仪请神，就在神坛上点神灯，讲述了神灯的出处来历。

神箭的来历

lɯ^{33}sʅ^{33}thv^{33}pɯ^{55}

佚名撰

抄本

1 册，28 页

左右单栏，版框 28 × 8cm。瑞香荛花纸。封三、封四残缺。

搜集于云南省丽江市。讲述神箭的来历，东巴用神箭镇压秽鬼。

神箭的来历

lɯ^{33}sɿ^{33}thv^{33}

佚名撰

抄本

1 册，24 页

左右单栏，版框 26 × 7. 5cm。瑞香荛花纸。封三、封四残缺。

搜集于云南省丽江市。讲述神箭的来历，东巴用神箭镇压秽鬼。

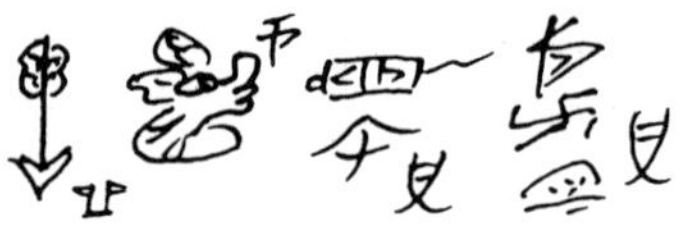

神箭的来历 · 请神

lɯ^{33}sɿ^{33}thv^{33} · phv^{33}lɑ^{21}khv^{21}

佚名撰

抄本

1 册，30 页

无边栏，版框 28. 5 × 8. 5cm。瑞香荛花纸。保存基本完好。

搜集于云南省丽江市。讲述神箭的来历，把神箭插在神坛上，请神从神箭上降临到神坛。

神箭的出处

lɯ^{33}sɿ^{33}thv^{33}kv^{33}

佚名撰

抄本

1 册，20 页

左右双栏，版框 27 × 9cm。瑞香荛花纸，封一有彩色。保存完好。

搜集于云南省丽江市。东巴什罗从天上降临下来，用神箭在一白崖上射出一条药水，变成四方四条河流，什罗把这水放在净水壶里念咒语为人类洗秽。

神箭的来历

lɯ^{33}sɿ^{33}thv^{33}uɑ^{21}me^{55}

佚名撰

抄本

1 册，14 页

无边栏，版框 29 × 8cm。瑞香荛花纸。保存基本完好。

搜集于云南省丽江市。讲述神箭的来历，历代祖先都请东巴用神箭杀死秽鬼使子孙兴旺。

求神之威灵

phv^{33}lɑ^{21}dʐər^{21}tsæ^{55}mu^{33}me^{55}

东余撰

抄本

1 册，24 页

无边栏，版框 27. 5 × 8. 5cm。瑞香荛花纸。封一、封二、第一页、第二页、第三页、第四页右上角残缺。

搜集于云南省丽江市玉龙县太安乡。东巴求各种神灵及先辈东巴的威灵加在自己身上，使东巴有神力镇压秽鬼。

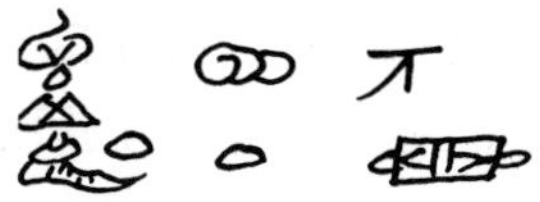

祭署仪式和除秽仪式·求神之威灵

sɿ^{21}gv^{21}tʂhə^{55}gv^{21} · dʐər^{21}tsæ^{55}

东余撰

抄本

1册，16页

无边栏，版框27.5×8cm。瑞香荛花纸，封一左右用彩色纸装饰。封一、封四残缺。

搜集于云南省丽江市。东巴求各种神灵及先辈东巴的威灵加在东巴身上，使东巴有神力镇压秽鬼。

请卢神起驾

du^{21}tɯ^{33}

佚名撰

抄本

1册，30页

无边栏，版框28×8cm。瑞香荛花纸。封一、封二残缺。

搜集于云南省丽江市。卢神是纳西族一切规矩的制定者，现在东巴要举行仪式，就迎请卢神，以表示东巴的一切都按卢神制定的仪规进行。

请卢神起驾

du^{21}tɯ^{33}

东知撰

抄本

1册，22页

左右双栏，版框27×9cm。瑞香荛花纸，封一左右两边贴色纸装饰。封三、封四缺页，其他完好。

搜集于云南省丽江市玉龙县黄山乡长水村。卢神是纳西族一切规矩的制定者，现在东巴要举行仪式，就迎请卢神，以表示东巴的一切都按卢神制定的仪规进行。

净水壶的出处

py^{33}bɑ^{21}thv^{33}

佚名撰

抄本

1册，14页

无边栏，版框28×8cm。瑞香荛花纸，封一装饰图彩色。保存基本完好。

搜集于云南省丽江市。东巴什罗从天上降临到人间，用神箭射杀五方的鬼，然后用箭射一黑山和白崖，箭眼里流出一条药水，成四条河，什罗装入净水壶，口念水咒为人类洗秽。

秽鬼的来历

tʂhə^{55}dzɿ^{33}mi^{55}

佚名撰

抄本

1册，26页

无边栏，版框28×9cm。瑞香荛花纸。保存基本完好。

搜集于云南省丽江市。讲述出现秽鬼的各种原因及除秽的方法。

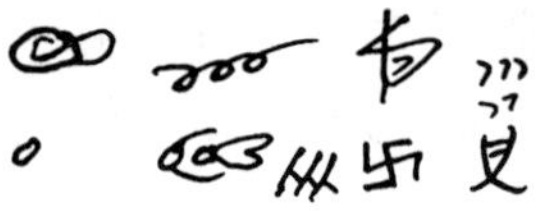

秽鬼的来历

tʂhə^{55} dzɿ^{33} mi^{55} the^{33} ɯ^{33} uɑ^{21} me^{55}

佚名撰

抄本

1 册，24 页

左右双栏，版框 27 × 8cm。瑞香荛花纸。保存基本完好。

搜集于云南省丽江市。讲述产生秽的各种原因及除秽的方法。后面记有许多咒语。

为东巴什罗除秽

ʂər^{55} lər^{33} tʂhə^{55} ʂu^{55}

东恒撰

抄本

1 册，36 页

左右双栏，版框 28 × 8cm。瑞香荛花纸。保存基本完好。

搜集于云南省香格里拉东坝行政村。东巴什罗来到人间驱鬼，娶了女鬼固斯麻，之后杀死此女鬼而产生秽，什罗无力主持法仪，就为东巴什罗除秽。

天女庚饶纳姆除秽·尼撒斯汝三兄弟除秽

tʂhə^{55} mɯ^{33} mi^{55} kɯ^{33} zɑ^{21} nɑ^{21} mu^{33} tʂhə^{55} ʂu^{55} · ȵi^{33} sɑ^{21} sɿ^{21} zɿ^{33} tʂhə^{55} ʂu^{55}

佚名撰

抄本

1 册，22 页

无边栏，版框 28 × 9cm。瑞香荛花纸，盖有六个茄子色印，封一框边有红蓝两色。保存完好。

搜集于云南省维西县。天女庚饶纳姆在纺线，纺线锤掉入海中，砸在署家的鱼上，庚饶纳姆家的骡病死而产生秽。庚饶纳姆就不能生育，请东巴除秽又能生儿育女。尼撒斯汝三兄弟之父母杀死署的独角兽而产生秽，除了秽又能生儿育女。后有除秽仪式的规程。

开坛除秽鬼

tʂhə^{55} gv^{21} ku^{21} sə^{55}

佚名撰

抄本

1 册，12 页

左右单栏，版框 26 × 7.5cm。瑞香荛花纸。保存基本完好。

搜集于云南省香格里拉东坝行政村。天下神灵和人类都染上了秽，东巴作仪式除秽，把秽鬼赶到仇地去。

人类繁衍记

tsho^{21} bər^{33} thv^{33} dzo^{21} uɑ^{21} me^{55}

佚名撰

抄本

1 册，24 页

左右双栏，版框 27 × 8cm。瑞香荛花纸。封三、封四残缺。

为纳西族的创世神话，讲述因兄妹婚乱伦而产生秽，引发了洪水，人类灭绝，只剩一个叫崇忍利恩的男子，他娶得天女衬恒褒白又繁衍了人类。

白蝙蝠取经记

py^{33}phɑ^{21}ko^{55}ʂu^{21}

佚名撰

抄本

1 册，28 页

左右双栏，版框 28 ×8.5cm。瑞香荛花纸，封二有一幅大鹏驮白蝙蝠到天上的画。保存基本完好。

讲述人类因病不知何鬼作祟，就派白蝙蝠到天上盘孜沙美那儿求占卜经的故事。

捣毁秽鬼寨·梭登梭培火把除秽

tʂhə^{55} uə^{33} phv^{21} · so^{33} te^{33} so^{33} phu^{21} uɑ^{21}me^{55}

佚名撰

抄本

1 册，30 页

无边栏，版框 29 ×9cm。瑞香荛花纸。保存完好。

搜集于云南省丽江市。讲述美利董主之女、妥构固汝之妻、美芷正布之妻与异类交媾，生了秽，并把秽儿杀死，产生了秽，经东巴除秽又能生儿育女。

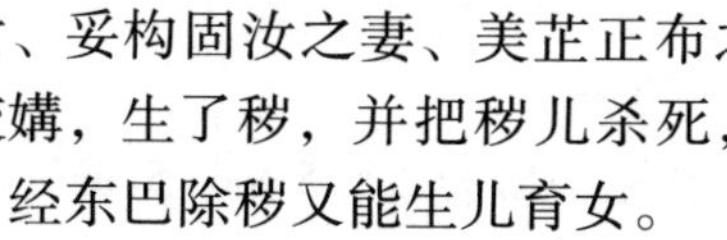

崇忍利恩和鲁美猛恩的故事

tsho^{21} ze^{33} lɯ^{55} ɯ^{33} · lv^{33} me^{33} mu^{33} ɯ^{21} tʂər^{55}dzo^{21}

佚名撰

抄本

1 册，24 页

左右双栏，版框 27.5 ×8cm。瑞香荛花纸，封一装饰框着红色，书名用格巴文复写。保存完好。

崇忍利恩被鬼类鲁美猛恩引诱整天与其鬼混。其妻在孜劳阿普的帮助下杀了鲁美猛恩，并请东巴除秽。

尤恩梭柱·头本

iə^{21}ŋv^{33}so^{33}tsɪ^{55}kv^{33}dɯ^{33}dze^{21}

佚名撰

抄本

无边栏，版框 29 ×9cm。瑞香荛花纸。保存完好。

搜集于云南省丽江。记曾有数代祖先之妻与异类交媾而产生秽，各种神灵及祖先战神被秽污染，请东巴祭司除了秽，人们才又能生儿育女。

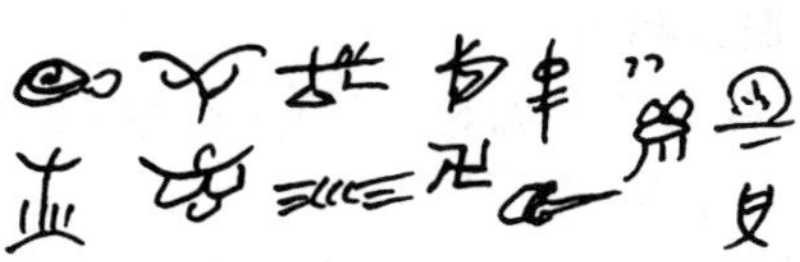

尤恩梭柱·中本

iə^{21}ŋv^{33}so^{33}tsɪ^{55}the^{33}ɯ^{33}ly^{55}tʂu^{55}uɑ^{21}me^{55}

佚名撰

抄本

1 册，28 页

无边栏，版框 29 ×9cm。瑞香荛花纸。保存完好。

搜集于云南省丽江坝。讲述人类始祖斯巴金补之妻恭茨金姆生了九个秽儿，产生看秽，污染了各种神灵，请东巴除了秽，他们又生了九男九女，延年益寿。

尤恩梭柱·末本

iə^{21} ŋv^{33} so^{33} tsɪ^{55} mæ^{55} tʂu^{55} sʅ^{33} dze^{21} uɑ^{21} me^{55}

佚名撰

抄本

1 册，36 页

无边栏，版框 29 ×9cm。瑞香荛花纸。封三、封四残缺。

搜集于云南省丽江市。记人类祖先美利董主之妻及女儿、岛奏欧吾之妻、尤拉丁端之妻等数代祖先之妻与异类交媾而产生秽，除秽后又能生儿育女。

董术争战

du^{21} æ^{21} sʅ^{33} æ^{21}

佚名撰

抄本

1 册，48 页

左右双栏，版框 27.5 ×8.5cm。瑞香荛花纸。保存基本完好。

讲述古代董部族和术部族之间的战争故事，为纳西族的一部战争史诗。

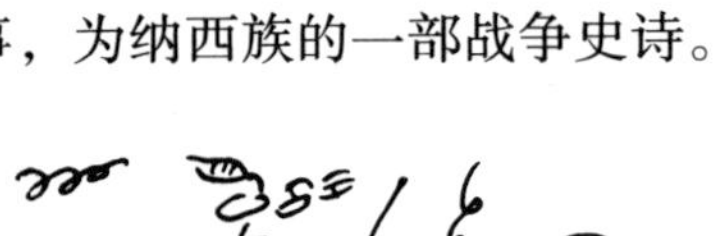

高勒趣撵秽

kɑ^{33} le^{21} tshy^{55} tʂhə^{55} dy^{55}

佚名撰

抄本

1 册，42 页

左右双栏，版框 27.5 ×8.5cm。瑞香荛花纸。缺封底。

搜集于云南省丽江市。主要讲述高勒趣除了秽，又生四子；美利董主除了秽，又生九男九女；天女纳卡依端除秽的故事。

都沙敖吐的故事

do^{33} sɑ^{33} ŋɑ^{33} thv^{55} tʂər^{55} dzo^{21}

佚名撰

抄本

1 册，28 页

左右双栏，版框 28 ×9cm。瑞香荛花纸。保存完好。

搜集于云南省丽江市。讲述都沙敖吐去放牧，其妻与署酋纽沙许罗交媾；都沙敖吐杀纽沙许罗，其妻生秽子，产生秽。都沙敖吐请东巴除秽。

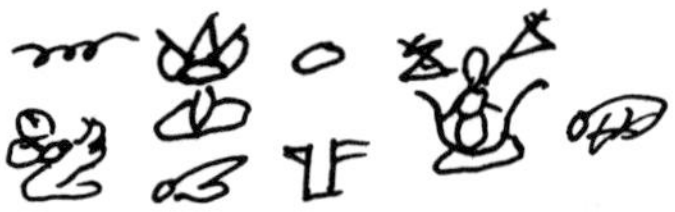

东巴什罗身世·抛丢面偶

ʂər^{55} lər^{33} gv^{33} thv^{33} · to^{33} mɑ^{33} phi^{55}

佚名撰

抄本

1 册，22 页

左右单栏，版框 28.5 ×7.5cm。瑞香荛花纸。缺封底。

搜集于云南省丽江市。讲述了东巴教祖师东巴什罗的身世，讲述面偶的出处来历，让面偶带着一切灾难到仇地去。

迎请佐体优麻战神

tso^{33}thv^{33}iə^{33}mɑ^{21}sɑ^{55}

佚名撰

抄本

1 册，28 页

左右单栏，版框 26.5 ×7.5cm。瑞香荛花纸，少数字符着色。保存基本完好。

搜集于云南省丽江市。讲述了佐体优麻战神的出处及美利董主迎请佐体优麻战神压秽鬼的故事。

迎请优麻战神

iə^{33}mɑ^{21}sɑ^{55}

佚名撰

抄本

1 册，34 页

无边栏，版框 29 ×9cm。瑞香荛花纸。保存基本完好。

搜集于云南省丽江市。讲述了三百六十尊优麻战神的出处来历，历代祖先都迎请优麻战神，镇压了秽鬼又可生儿育女。

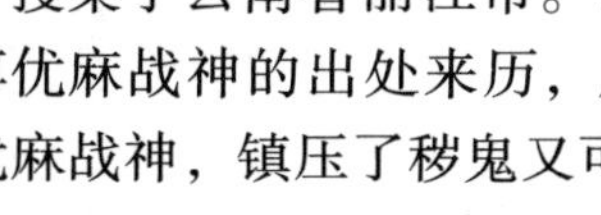

迎请佐体嘎日优麻战神

tso^{33}tho^{33}gɑ^{33}ʐər^{21}iə^{33}mɑ^{21}sɑ^{55}

久嘎恒撰

抄本

1 册，24 页

左右双栏，版框 26.5 ×8.5cm。瑞香荛花纸。缺封底。

搜集于云南省迪庆州香格里拉县三坝乡。讲述佐体嘎日优麻战神的出处，历代祖先都迎请佐体嘎日优麻战神压秽鬼而能平安度日，生儿育女。

迎请佐体优麻战神

tso^{33}thi^{33}iə^{33}mɑ^{21}sɑ^{55}

佚名撰

抄本

1 册，20 页

无边栏，版框 27 ×8.5cm。瑞香荛花纸，第一页画彩色的优麻战神像。缺封面。

搜集于云南省丽江市。讲述佐体优麻战神的来历及其坐骑的厉害。美利董主迎请佐体优麻战神压秽鬼。

天女那普麻、董女史抓构姆的故事

佚名撰

抄本

1 册，22 页

左右单栏，版框 28 ×8.5cm。瑞香荛花纸，封一及内页部分字符彩色。保存完好。

搜集于云南省丽江市。讲述天女美利董主之女史抓构姆与仇敌之子交媾产生秽，美利董主除秽；天女那普麻的纺锤掉入海，惹了署，署施秽到人间，人们就请东巴除秽，又平安度日，生儿育女。

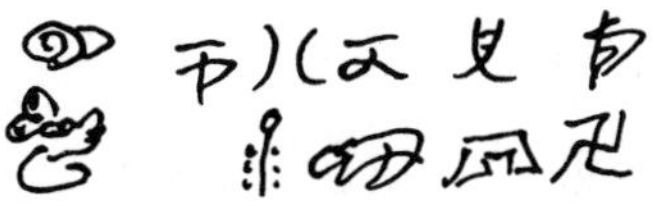

phər^{21}nɑ^{55}tshɿ^{33}phi^{21}me^{33}gə^{33}the^{33}ɯ^{33}

分清黑白的书

佚名撰

抄本

1 册，38 页

无边栏，版框 29 ×9cm。瑞香荛花纸。保存完好。

搜集于云南省丽江市。讲述祖先美利董主之妻女、尤拉丁端之妻、崇忍利恩之妻与异类交媾而生秽子，产生了秽，用梭刷除秽火把除秽，又能生儿育女。

为东巴什罗和精恩什罗除秽的故事

to^{33} bɑ^{21} ʂər^{55} lər^{33} · dzi^{33} ɯ^{33} sər^{55} lər^{33} tʂər^{55} dzo^{21} uɑ^{21} me^{55}

佚名撰

抄本

1 册，24 页

左右双栏，版框 27 × 8.5cm。瑞香荛花纸，封一用红色装饰。保存完好。

搜集于云南省丽江市。东巴什罗杀了女鬼固斯麻而产生秽，东巴为其除秽；精恩什罗杀了都潘罗扭鬼而产生秽，除秽东巴为其除秽；人与人之间产生争斗，父杀子等事而产生秽，东巴为人类除秽。

崇忍利恩的故事

tsho^{21} ze^{33} lɯ^{55} ɯ^{33} tʂər^{55} dzo^{21}

佚名撰

抄本

1 册，18 页

左右双栏，版框 28 × 9m。瑞香荛花纸。缺封面。

搜集于云南省丽江市。讲述崇忍利恩与鲁美猛恩斯混而生秽子，产生了秽。又请东巴为崇忍利恩除秽，又生儿育女。

梭刷火把的出处来历

so^{33} ʂuɑ^{21} dzæ^{33} nɑ^{21} thv^{33} kv^{33} tʂu^{55}

东祖撰

抄本

1 册，38 页

无边栏，版框 29 ×9cm。瑞香荛花纸。保存完好。

搜集于云南省文笔村。内述尤庚格固、劳命利构、岛国欧吾、尤拉丁端、劳补土构、劳命土构、崇忍利恩、申生惹盘、高勒趣等先祖用梭刷火把除秽。

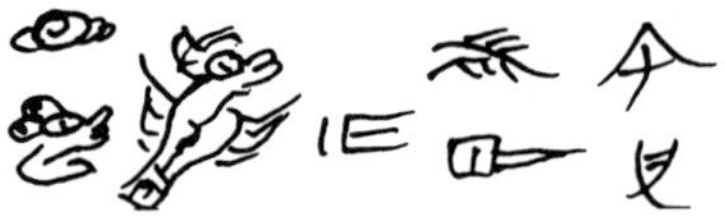

迎请优麻战神（末本）

iə^{33} mɑ^{21} sɑ^{55} mæ^{55} tʂu^{55} mu^{33} me^{55}

佚名撰

抄本

1 册，22 页

左右双栏，版框 27 ×9cm。瑞香荛花纸。保存完好。

搜集于云南省丽江市。从头至尾都是咒语。咒语义不明。

so^{33} ʂuɑ^{21} dzæ^{33} nɑ^{21} dɯ^{33} dze^{21} kv^{33} uɑ^{21} me^{55}

梭刷火把的出处来历

佚名撰

抄本

1 册，34 页

无边栏，版框 29 ×9cm。瑞香荛花纸。保存完好。

搜集于云南省丽江市。讲述美利董主时代因各种原因，仇敌美利术主放来秽鬼，美利董主的东巴依世补若用梭刷火把除秽。

崇忍利恩和鲁美猛恩的故事 · 砍秽鬼树

tsho^{21} ze^{33} lɯ^{55} ɯ^{33} lv^{33} me^{33} ɯu^{33} ɯ^{21} tʂhə^{55} · tʂhə^{55}dzər^{21}tʂhə^{55}

佚名撰

抄本

1 册，20 页

左右双栏，版框 27.5 × 8cm。瑞香荛花纸，封面彩色装饰。保存基本完好。

搜集于云南省丽江市。讲述崇忍利恩和鲁美猛恩鬼混，其妻在寻夫途中被长臂公猴所奸，因此产生了秽。请东巴除秽又生三个儿子。迎请优麻战神降临砍秽鬼树。

梭刷章拿除秽火把的出处

so^{33} ʂuɑ^{21}dzæ^{33}nɑ^{21}thv^{33}

佚名撰

抄本

1 册，28 页

无边栏，版框 29 ×9cm。瑞香荛花纸，保存完好。

搜集于云南省丽江市。讲述历代祖先用九种树枝扎梭刷章拿火把除秽的事。讲述水的出处来历，用水洗秽。

梭刷章拿火把的出处

so^{33} ʂuɑ^{21}dzæ^{33}nɑ^{21}thv^{33}kv^{33}uɑ^{21}me^{55}

佚名撰

抄本

1 册，32 页

无边栏，版框 29 ×9cm。瑞香荛花纸，保存完好。

搜集于云南省丽江市。讲述都沙敖吐、美利董主、尤拉丁端等祖先及其妻与异类交媾而产生了秽，请东巴除秽又生儿育女。

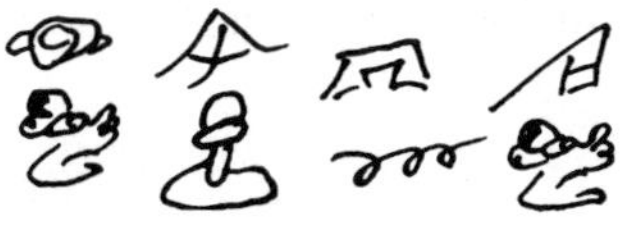

为美利董主除秽

mɯ^{55}lɯ^{55}du^{21}dzʅ^{33}gə^{33}tʂhə^{55}sɑ^{55}

佚名撰

抄本

1 册，24 页

左右双栏，版框 28 × 8.5cm。瑞香荛花纸，保存基本完好。

搜集于云南省丽江市。讲述美利董主和美利术主两部族发生战争，产生了秽，美利董主及各种神被秽染上，东巴为美利董主和各种神除秽。

用黑牛、黑山羊、黑犏牛三种除秽（头本）

ɯ^{33} nɑ^{21} tshʅ^{55} nɑ^{21} dzʅ^{21} nɑ^{21} so^{33} sʅ^{21} nɯ^{33}

tʂhə^{55} ʂu^{55}

佚名撰

抄本

1 册，28 页

无边栏，版框 28.5 ×9cm。瑞香荛花纸，保存完好。

搜集于云南省丽江市。记远古时代，秽鬼作祟，秽污染了天地日月及一切神灵，灾难频降，人类无法生存繁衍。请来东巴，用黑牛、黑山羊、黑犏牛除秽，人类得安宁。

用黑牛、黑山羊、黑犏牛三种除秽（头本）

bər^{21} nɑ^{21} ɯ^{33} nɑ^{21} tshʅ^{55} nɑ^{21} nɯ^{33} tʂhə^{55} ʂu^{55} kv^{33} tʂu^{55}

佚名撰

抄本

1 册，32 页

无边栏，版框 27.5 ×8cm。瑞香荛花纸，封一左右用蓝色纸装饰。保存基本完好。

搜集于云南省丽江市。远古时，秽鬼作祟，秽污染了一切，人类无法生存繁衍。请来东巴作除秽仪式，人类才得以安宁生存繁衍后代。

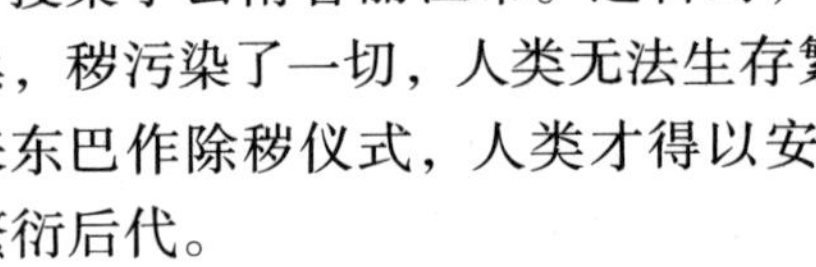

用黑牛、黑山羊、黑犏牛三种除秽（头本）

bər^{21} nɑ^{21} ɯ^{33} nɑ^{21} tshʅ^{55} nɑ^{21} sʅ^{21} so^{33} tʂhə^{55} ʂu^{55} kv^{33} tʂu^{55}

佚名撰

抄本

1 册，24 页

左右双栏，版框 28 ×8.5cm。瑞香荛花纸，封一装饰图着色。保存基本完好。

搜集于云南省丽江市。远古时，秽鬼作祟，秽污染了一切，人类无法生存繁衍。请来东巴用黑牛、黑山羊、黑犏牛三种除秽，又得安宁度日，繁衍后代。

用黑牛、黑山羊、黑犏牛三种除秽（中本）

ɯ^{33} nɑ^{21} tshʅ^{55} nɑ^{21} dzʅ^{21} nɑ^{21} sʅ^{21} so^{33} tʂhə^{55} ʂu^{55} ly^{55} tʂu^{55}

佚名撰

抄本

1 册，24 页

无边栏，版框 29 ×9cm。瑞香荛花纸，封一装饰图着色。保存完好。

搜集于云南省丽江市。讲述乌国欧吾、尤拉丁端时代产生了秽，请东巴除秽。东巴用黑牛、黑山羊、黑犏牛三种除秽。

用黑牛、黑山羊、黑犏牛三种除秽（末本）

ɯ^{33} nɑ^{21} tshʅ^{55} nɑ^{21} y^{21} nɑ^{21} tʂhə^{55} ʂu^{55} mæ^{55} tʂu^{55}

佚名撰

抄本

1 册，16 页

无边栏，版框 27.5 ×8.5cm。瑞香荛花纸，保存基本完好。

搜集于云南省丽江市。讲述美利董主和岛国欧吾两个时代分别产生了秽，请东巴作法，用黑牛、黑山羊、黑犏牛三种除秽，又能子孙兴旺。

用黑牛、黑山羊、黑犏牛三种除秽（末本）

ɯ^{33}nɑ^{21}tshɿ^{55}nɑ^{21}y^{21}nɑ^{21}tʂhə^{55} ʂu^{55}mæ^{55}tʂu^{55}

佚名撰

抄本

1 册，22 页

左右单栏，版框 28 ×8.5cm。瑞香荛花纸，保存基本完好。

搜集于云南省丽江市。在美利董主时代，其女沈爪格姆与异类交媾，生了一秽女，丢在海里而产生秽。美利董主请东巴用黑牛、黑山羊、黑犏牛三种除秽。

驱赶秽鬼（头本）

thv^{55}kv^{33}nɑ^{21}me^{55}

佚名撰

抄本

1 册，24 页

左右单栏，版框 28 ×9cm。瑞香荛花纸，保存完好。

搜集于云南省丽江市。把藏在众神神座、人类居住的房屋、生产的田地等处的秽鬼刎除出来，驱赶到各种鬼居住的地方，把秽清除。

驱赶秽鬼

thv^{55}thv^{55}kho^{33}kho^{33}

佚名撰

抄本

1 册，20 页

左右双栏，版框 27.5 ×9cm。瑞香荛花纸，保存完好。

搜集于云南省丽江市。讲述把各地的秽鬼都刎除出来，让“丹”把秽鬼押解到各种仇敌和鬼的住地里去。

驱赶秽鬼

thv^{55}kho^{33}mæ^{55}tʂu^{55}

佚名撰

抄本

1 册，16 页

左右双栏，版框 28 ×8.5cm。瑞香荛花纸，封一着色装饰，保存基本完好。

搜集于云南省丽江市。讲述把神和人住地的秽鬼清除驱赶到鬼和仇敌的地界里。让“丹”把秽鬼押送到鬼域和仇地里去。

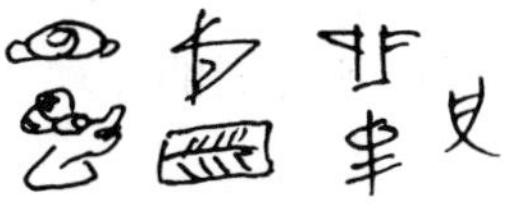

驱赶秽鬼（中本）

thv^{55}ly^{55}me^{13}

佚名撰

抄本

1 册，28 页

左右双栏，版框 28.5 ×9cm。瑞香荛花纸，保存基本完好。

搜集于云南省丽江市。讲述将神和人类住地里的秽鬼清除后驱赶到鬼域和仇敌的地界里去。

驱赶秽鬼（中本）

thv^{55}ly^{55}gv^{33}dʐu^{33}no^{55}

佚名撰

抄本

1 册，40 页

左右双栏，版框 27 × 9cm。瑞香荛花纸，保存完好。

搜集于云南省丽江市。把各地的秽鬼清除，驱赶到鬼域和仇敌的住地里去。

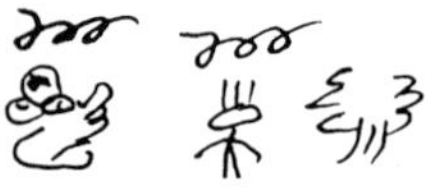

送秽鬼

tʂhə^{55}tshɿ^{21}pv^{55}

佚名撰

抄本

1 册，24 页

左右双栏，版框 28 × 8.5cm。瑞香荛花纸，保存基本完好。

搜集于云南省丽江市。记东巴用面偶、红肉、面团来偿还鬼债，然后砍断秽绳、解开秽结，把秽鬼推送到它们的住地。

结尾经

py^{21}mæ^{55}tər^{55}

佚名撰

抄本

1 册，26 页

无边栏，版框 27 × 8.5cm。瑞香荛花纸，保存基本完好。

搜集于云南省丽江市。把残余的秽鬼、支鬼全推送到野兽出没之地。镇压秽鬼后关闭秽鬼鬼门。

送秽鬼

tʂhə^{55}tshɿ^{21}pv^{55}

佚名撰

抄本

1 册，12 页

左右双栏，版框 28 × 8.5cm。瑞香荛花纸，保存基本完好。

搜集于云南省丽江市。讲述秽鬼的来历及不同时期产生的秽，秽鬼给人间带来灾难。东巴迎请优麻战神压秽鬼。向秽鬼还债后把秽鬼送走。

结尾经

py^{21}mæ^{55}tər^{55}

佚名撰

抄本

1 册，24 页

左右双栏，版框 28 × 8.5cm。瑞香荛花纸，封一着色装饰。3 – 12 页有一小角被火烧。

搜集于云南省丽江市。送走秽鬼，插上撵鬼的五叉竹，来让秽鬼返回。关闭秽鬼门。

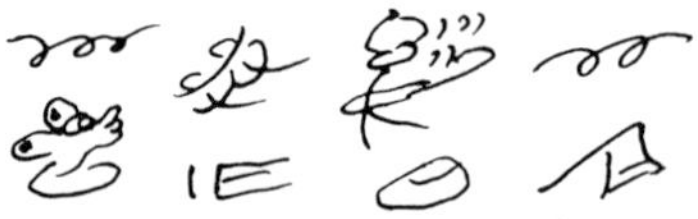

都沙敖吐除秽

do^{33}sɑ^{33}ŋɑ^{33}thv^{55}tʂhə^{55}ʂu^{55}

佚名撰

抄本

1册，14页

左右双栏，版框28.5×9.5cm。瑞香荛花纸。保存完好。

搜集于云南省丽江市。都沙敖吐去放牧，其妻与署酋纽莎许罗通奸。都沙敖吐杀纽莎许罗，其妻生秽子而产生秽。都沙敖吐请东巴除秽。

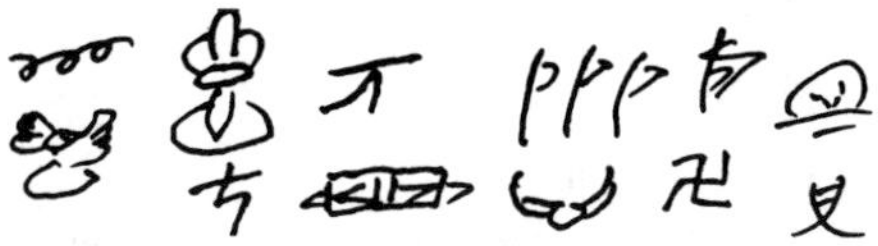

卢神起驾·求神之威灵·把丹从鬼中分开

du^{21}tɯ^{33}dʐər^{21}tsæ^{55} · dæ^{21}kho^{33}the^{33}ɯ^{33}uɑ^{21}me^{55}

史支东利撰

抄本

1册，46页

左右双栏，版框28×9cm。瑞香荛花纸。保存基本完好。

搜集于云南省维西县。举行祭祀仪式请卢神降临。东巴请求各种神灵及历代有名的东巴之威灵赐予威灵。丹是崇忍利恩与异类所生的三个儿子，把丹从鬼类中分出。其后记有二十四个节令。

求神之威灵

dʐər^{21}tsæ^{55}

佚名撰

抄本

1册，26页

左右双栏，版框26×9.5cm。瑞香荛花纸。保存完好。

搜集于云南省维西县。历数各时代大祭司之名，请求把他们的威灵赐予现在的东巴。书中有几页用格巴字写成。

人类繁衍记

tsho^{21}bər^{33}tsho^{33}dzo^{21}uɑ^{21}

佚名撰

抄本

1册，30页

左右双栏，版框28×8.5cm。瑞香荛花纸，封一着红色装饰，后面记有水蛇年地震而闹饥荒的事。保存完好。

搜集于云南省维西县。讲述天地万事万物的产生，经洪水后，人类灭绝，只剩崇忍利恩一人，他娶天女衬恒褒白回到人间繁衍人类。

秽鬼的来历

tʂhə^{55}dzɿ^{33}mi^{55}

佚名撰

抄本

1册，26页

无边栏，版框26×8cm。瑞香荛花纸，封一有茄色两个印章。保存基本完好。

搜集于云南省维西县。讲述历代人类因不道德行为而产生的秽，使人类难以生存和繁衍。经过除秽，人们又能平安度日，子孙兴旺。

秽鬼的来历

tʂhə^{55}dzɿ^{33}mi^{55}

佚名撰

抄本

1 册，26 页

左右双栏，版框 28 ×9cm。瑞香荛花纸，封底缺页。

搜集于云南省维西县。讲述了秽鬼的来历及为神灵和人类用除秽火把除秽。

秽鬼的来历

tʂhə^{55}dzɿ^{33}mi^{55}uɑ^{21}me^{55}

佚名撰

抄本

1 册，24 页

左右双栏，版框 28.5 ×8.5cm。瑞香荛花纸，封一着色装饰。保存完好。

搜集于云南省维西县。讲述世间秽及秽鬼的来历，秽鬼使人类无法生存繁衍，人类就请东巴举行除秽仪式以除秽，人类又得以发展。

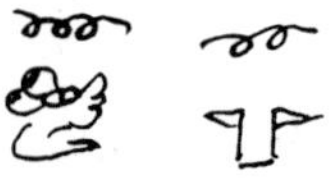

秽鬼的出处来历

tʂhə^{55}thv^{33}

佚名撰

抄本

1 册，12 页

无边栏，版框 28 ×9cm。瑞香荛花纸，保存基本完好。

搜集于云南省维西县。讲述秽鬼父母交媾产秽子，之后生出蛇头、蛙头的千千万秽鬼。人们的不道德行为产生秽鬼，人们在未被秽污染前就好除秽以求安生。

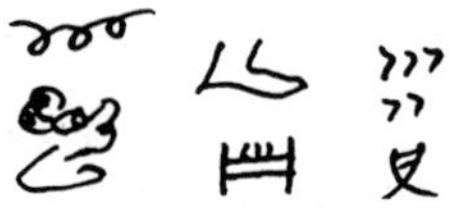

秽鬼的出处来历

khɯ^{55}dzo^{21}uɑ^{21}me^{55}

佚名撰

抄本

1 册，12 页

无边栏，版框 29 ×9.5cm。瑞香荛花纸，封一着彩色装饰。保存完好。

搜集于云南省维西县。讲述自然界中异类交媾产生秽鬼，杀仇敌会产生秽鬼。人们请东巴举行仪式以除秽。

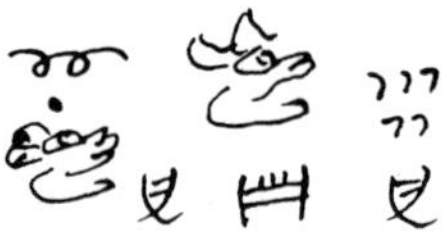

秽鬼的出处来历

khɯ^{55}dzo^{21}uɑ^{21}me^{55}

佚名撰

抄本

1 册，26 页

左右双栏，版框 27.5 ×9.5cm。瑞香荛花纸。保存完好。

搜集于云南省维西县。讲述秽鬼的来历，列举许多先辈的仇杀与异类交媾等事，叙述秽鬼的产生及秽鬼给人们带来的灾难，人们请东巴作法以除秽。

净水壶的来历·念白水咒洗秽

py^{21}bɑ^{33}dʑi^{33}phər^{21}huɑ^{55}uɑ^{21}me^{55}

丹知撰

抄本

1 册，16 页

左右双栏，版框 28.5 ×9.5cm。瑞香荛花纸。保存完好。

搜集于云南省维西县。讲述了水和净水壶的出处来历，采各处的水装入净水壶里，念白水咒，为神及神座洗秽，为家人洗秽。

净水壶的出处念黑水咒以洗秽

py^{21}bɑ^{33}dʑi^{33}nɑ^{21}huɑ^{55}uɑ^{21}me^{55}

东祖撰

抄本

1 册，16 页

左右双栏，版框 28.5 ×9.5cm。瑞香荛花纸。保存完好。

搜集于云南省维西县。讲述了水和净水壶的出处来历，采各处的水装入净水壶，念黑水咒为神和人类洗秽。

净水壶的出处 · 念黑白水咒 · 为崇忍利恩洗秽

py^{21} bɑ^{33} dʑi^{33} phər^{21} dʑi^{33} nɑ^{21} huɑ^{55} · tsho^{21}ze^{33}

lɯ^{55}ɯ^{33}tʂhə^{55} tʂhər^{33}

佚名撰

抄本

1 册，32 页

无边栏，版框 26 ×8.5cm。瑞香荛花纸，内有部分彩色。保存基本完好。

搜集于云南省维西县。讲述了水和净水壶的出处来历，采各处的水装入净水壶，念黑白水咒，为神和人洗秽。又，崇忍利恩与鬼类鲁美猛恩同居生子产生秽，就为崇忍利恩除秽。

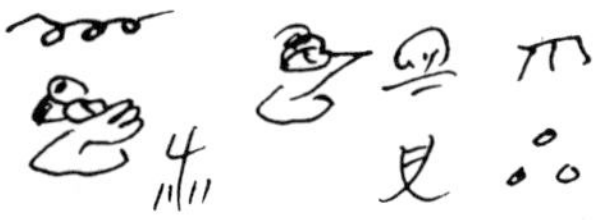

咒　语

huɑ^{55}ly^{33}uɑ^{21}me^{55}

佚名撰

抄本

1 册，14 页

左右双栏，版框 28.5 ×8.5cm。瑞香荛花纸，封一及内页彩色，封二有两个印章，第一页有一个印章。保存完好。

搜集于云南省维西县。讲述东巴什罗降临人间除鬼，把喝过药水的犏牛、牦牛、白绵羊、白山羊之奶装入净水壶，让白鹤、布谷鸟、鸡、孔雀、大鹏鸟念咒语，为人类洗秽。

净水壶的出处 · 白水黑水咒

py^{33} bɑ^{33} dʑi^{33} phər^{21} dʑi^{21} nɑ^{21} huɑ^{55} uɑ^{21}me^{55}

佚名撰

抄本

1 册，24 页

无边栏，版框 26 ×8cm。瑞香荛花纸。保存基本完好。

搜集于云南省维西县。讲述净水壶的出处来历及水的来历，采各方的水装入净水壶，念黑、白水咒，为神和人类除秽，为崇忍利恩除秽。

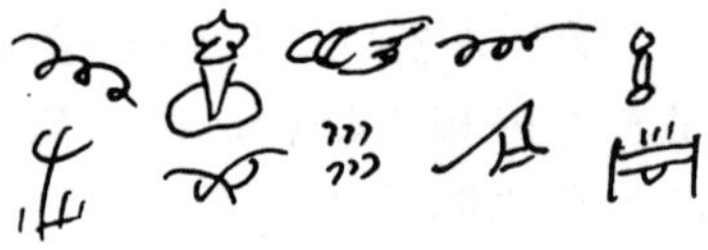

尤拉丁端除秽的故事

iə^{21}lɑ^{55}duɑ^{33}tʂhə^{55} ʂu^{55}tʂər^{55}dzo^{21}

佚名撰

抄本

1 册，12 页

左右双栏，版框 29 ×9. 5cm。瑞香荛花纸。缺封底。

搜集于云南省维西县。讲述尤拉丁端与前后两妻生妥构九兄弟及妥麻九兄弟，分家后，妥构九兄弟与恒奏普麻女子交媾生秽女及一黑肚子，尤拉丁端将其埋在黑土下，产生了秽，尤拉丁端请东巴除秽。

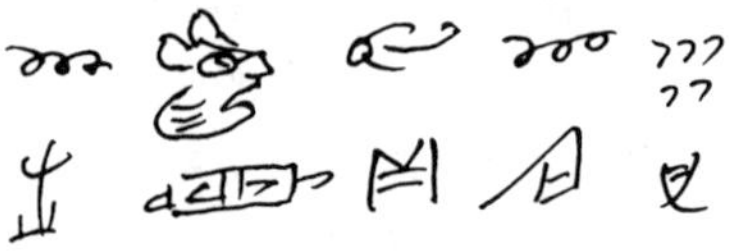

为岛奏欧吾除秽

tɑ^{33}tsæ^{33}ə^{33}uə^{55}tʂhə^{55} ʂu^{55}uɑ^{21}me^{55}

佚名撰

抄本

1 册，12 页

左右双栏，版框 29 ×9. 5cm。瑞香荛花纸，封一彩色装饰。保存完好。

搜集于云南省维西县。讲述岛奏欧吾不会供养神，不会除秽，做什么都不成功，无法平安度日。某日去犁田，犁尖撞黑石而产生秽鬼，岛奏欧吾请东巴除秽，又得以平安度日，无病无灾。

为岛奏欧吾及其妻差饶区姆除秽

tɑ^{33} tʂə^{33} ə^{33} uə^{55} tshɑ^{33} zɑ^{21} tɕhy^{21} mu^{33} tʂhə^{55} ʂu^{55}

佚名撰

抄本

1 册，10 页

左右双栏，版框 29 ×9. 5cm。瑞香荛花纸。保存完好。

搜集于云南省维西县。讲述岛奏欧吾的妻子因黑云黑风作祟被秽鬼缠上，岛奏欧吾请东巴除秽之后又无病无灾。

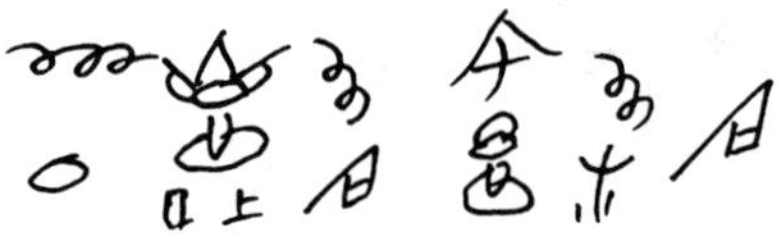

为东巴什罗除秽 · 美利董主除秽

sər^{55}lər^{55}tʂhə^{55} ʂu^{55} · mɯ^{33}lɯ^{55}dɑ^{21}dzʅ^{33} tʂhə^{55} ʂu^{55}

佚名撰

抄本

1 册，16 页

无边栏，版框 28 ×9cm。瑞香荛花纸。缺封底。

搜集于云南省维西县。东巴什罗杀了女鬼固斯麻而产生秽鬼，请除秽东巴除秽，又能安生。美利董主之女与异类交媾生秽子，弃于岔路口而产生秽，美利董主请东巴除秽。

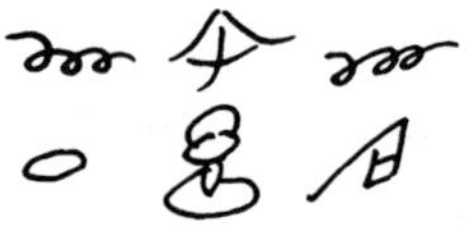

美利董主除秽

mɯ^{33}lɯ^{55}dɑ^{21}dzʅ^{33}tʂhə^{55} ʂu^{55}

佚名撰

抄本

1 册，28 页

无边栏，版框 24 ×7. 5cm。瑞香荛花纸。封面封底残缺。

搜集于云南省维西县。董、术两部族发生战争，董部族杀死术首领的儿子而产生秽，污染了董部族的天地，美利董主请东巴除秽。

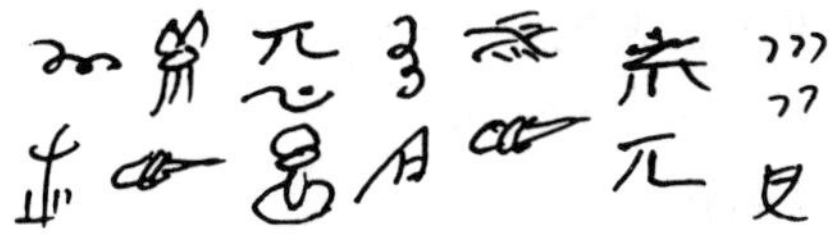

美利董主除秽·仪式规程

mɯ^{33}lɯ^{55}du^{21}dzɿ^{33}tʂhə^{55} ʂu^{55} · du^{33} mu^{21} uɑ^{21}me^{55}

佚名撰

抄本

1 册，16 页

左右双栏，版框 28.5 ×9.5cm。瑞香荛花纸。保存完好。

搜集于云南省维西县。董、术两部族发生战争，董部族杀死术首领的儿子而产生秽，污染了董部族的天地，美利董主请东巴除秽。后文为除秽及祭署仪式的规程。

美利董主除秽·岛奏欧吾除秽

mɯ^{33}lɯ^{55}du^{21}dzɿ^{33}tʂhə^{55} ʂu^{55} · tɑ^{33} tʂə^{33} ə^{33}uə^{55}tʂhə^{55} ʂu^{55}

佚名撰

抄本

1 册，38 页

无边栏，版框 22.5 ×9cm。瑞香荛花纸。缺封底。

搜集于云南省维西县。美利董主之女与仇敌术之子交媾而生秽子，产生秽，美利董主请东巴除秽。岛奏欧吾之妻与异类交媾生秽子产生秽，岛奏欧吾请东巴除秽。

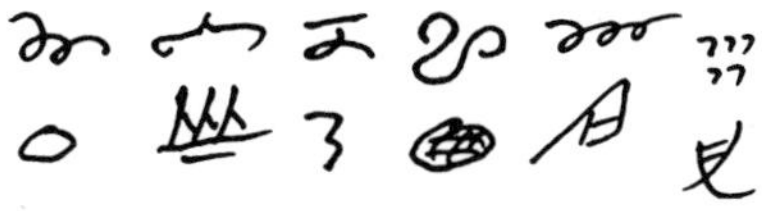

为天女那生普麻除秽

mɯ^{33} mi^{55} nɑ^{55} se^{33} phv^{33} mu^{21} tʂhə^{55} ʂu^{55} uɑ^{21}me^{55}

佚名撰

抄本

1 册，10 页

左右双栏，版框 29 ×9cm。瑞香荛花纸，封一彩色装饰。缺封底，其他保存完好。

搜集于云南省维西县。讲述天女那生普麻在美利达吉神海边纺线，纺锤不慎掉入海里，署作祟，让她与黑猪交媾生秽子而产生秽，污染天地万物。人们请东巴除秽，才得以平安度日，繁衍子孙。

高勒趣除秽

kɑ^{33}le^{55}tshy^{55} tʂhə^{55} ʂu^{55}uɑ^{21}me^{55}

佚名撰

抄本

1 册，12 页

左右双栏，版框 29 ×9.5cm。瑞香荛花纸，封一彩色装饰。保存完好。

搜集于云南省维西县。讲述高勒趣出去打猎，其妻金命金兹被妻盘罗纽奸污而产生秽，高勒趣夫妇无法生育。高勒趣请东巴除秽，之后又生四子。

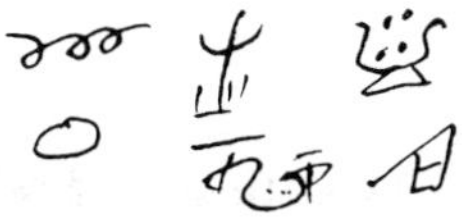

白蝙蝠求取占卜经

py^{33}phɑ^{21}kuɑ^{55} ʂu^{21}

佚名撰

抄本

1 册，22 页

左右单栏，版框 27.5 ×9cm。瑞香荛花纸。封一残缺。

搜集于云南省维西县。讲述人类的独子独女生病，不知何鬼作祟，人类就派白蝙蝠到天上女神盘孜沙美处求取占卜典籍。白蝙蝠取得占卜典籍，人间就有占卜。

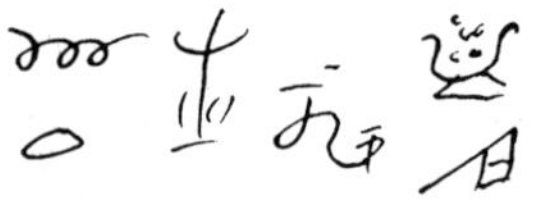

白蝙蝠求取占卜经

py^{33}phɑ^{21}kuɑ^{55} ʂu^{21}

佚名撰

抄本

1 册，18 页

无边栏，版框 26 ×8cm。瑞香荛花纸。首尾残缺。

搜集于云南省维西县。讲述人类独子独女生病，不知何鬼作祟。人们就派白蝙蝠到天上女神盘孜沙美处求取占卜经。白蝙蝠取得占卜经，人间就有了很多占卜方法。

用山羊除秽

tshɿ^{55}kho^{33}mi^{33} thv^{21}tʂhə^{55} ʂu^{55}

佚名撰

抄本

1 册，12 页

左右双栏，版框 28 ×10cm。瑞香荛花纸。保存完好。

搜集于云南省维西县。历代祖先因各种原因产生了秽，就用山羊除秽。

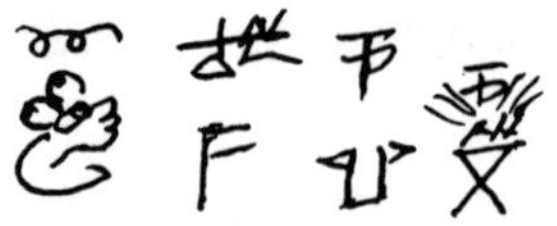

白梭刷火把的出处

so^{33} ʂuɑ^{21}phər^{21}thv^{33}

佚名撰

抄本

1 册，18 页

左右双栏，版框 27.5 ×9.5cm。瑞香荛花纸。保存完好。

搜集于云南省维西县。讲述美利董主、岛奏欧吾等祖先用白梭刷火把除秽，后人都遵古规用梭刷火把除秽。

迎请佐体优麻战神

tso^{33}thv^{33}iə^{33}mɑ^{21} sɑ^{55}uɑ^{21}

佚名撰

抄本

1 册，36 页

左右双栏，版框 28 ×10cm。瑞香荛花纸。保存完好。

搜集于云南省维西县。讲述佐体优麻战神具有无比的威力，历代祖先都请佐体优麻战神杀千千万万的秽鬼。祭祀之家亦请佐体优麻杀秽鬼。

迎请佐体优麻战神

tso^{33}thv^{33}iə^{33}mɑ^{21} sɑ^{55}uɑ^{21}me^{55}

佚名撰

抄本

1 册，20 页

左右双栏，版框 27.5 ×9.5cm。瑞香荛花纸。保存完好。

搜集于云南省维西县。讲述佐体优麻战神有无比的威力，历代祖先都请佐体优麻战神杀千千万万的秽鬼。后人亦请佐体优麻杀秽鬼。

迎请优麻战神

iə^{33}mɑ^{21} sɑ^{55}

佚名撰

抄本

1 册，16 页

无边栏，版框 28 ×9cm。瑞香荛花纸，封一彩色装饰。保存完好。

搜集于云南省维西县。讲述东巴用梭刷火把除秽，让秽驮于犏牛、山羊上丢到仇地去。然后迎请优麻战神，请优麻战神砍秽树，杀秽鬼。

用黑犏牛除秽

dzɿ^{21}nɑ^{21}nɯ^{33} tʂhə^{55} ʂu^{55}

佚名撰

抄本

1 册，60 页

无边栏，版框 24.5 ×7cm。瑞香荛花纸。封一封二缺。

搜集于云南省维西县。讲述用黑犏牛除秽的来历，历代祖先都用黑犏牛除秽而又生儿育女。

神箭的出处来历

lɯ^{33}sɿ^{33}thv^{33}pɯ^{55}uɑ^{21}me^{55}

佚名撰

抄本

1 册，12 页

无边栏，版框 27 ×9.5cm。瑞香荛花纸。保存完好。

搜集于云南省维西县。讲述神箭的出处来历，用神箭镇压秽鬼。

绝后鬼的来历

bɯ^{21}khɯ^{55}dzo^{21}

佚名撰

抄本

1 册，32 页

左右双栏，版框 28 ×9.5cm。瑞香荛花纸。保存完好。

搜集于云南省维西县。讲述历代祖先有几个孩子而几个绝后，请东巴还了绝后鬼的债，又繁衍了后代，子孙兴旺。

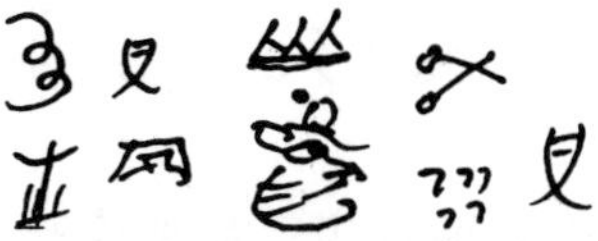

驮秽于未纳打纳马

mi^{21}nɑ^{55}dɑ^{33}nɑ^{33}tɕi^{55}uɑ^{21}me^{55}

佚名撰

抄本

1 册，38 页

左右双栏，版框 26 ×10cm。瑞香荛花纸。保存完好。

搜集于云南省维西县。东巴除秽后，

把秽驮在用柳条编扎的未纳丁纳马上，扔到仇地，象征把秽及灾难病痛都带到仇地去了。

禳除灾难

gv^{33}dzo^{33}gv^{33}o^{33}thv^{55}the^{33}ɯ^{33}uɑ^{21}me^{55}

佚名撰

抄本

1 册，32 页

左右双栏，版框 27.5 ×10cm。瑞香荛花纸。保存完好。

搜集于云南省维西县。讲述把各种灾难禳除，人们才能平安度日。

祭天仪式（D）

人类繁衍记

tsho^{21}bər^{33}thv^{33}

佚名撰

抄本

1 册，54 页

无边栏，版框 26.5 ×8cm。瑞香荛花纸。首尾残缺。

搜集于云南省丽江市。讲述崇忍利恩娶回天女衬恒褒白繁衍人类的故事，为纳西族的创世神话。

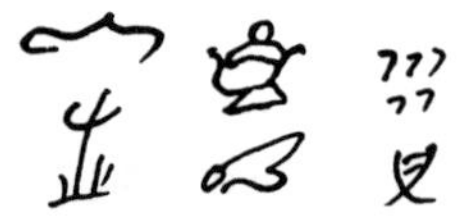

献　饭

hɑ^{33}sɿ^{21}uɑ^{21}me^{55}

佚名撰

抄本

1 册，30 页

右双栏，版框 27.5 ×9.5cm。瑞香荛花纸。封底残缺。

搜集于云南省丽江市。讲述分别向天、地、天舅献饭，向天、地、天舅求富裕强盛、延年益寿之福分。

招富裕强盛

dzæ^{33}dzər^{55}uɑ^{21}me^{55}

佚名撰

抄本

1 册，22 页

无边栏，版框 27.5 ×10cm。瑞香荛花纸，封一彩色装饰。封底缺页。

搜集于云南省丽江市。讲各代各地富裕强盛之家的名字，把他们富裕强盛的福分招来变成自己的福分。

人类繁衍记

tsho^{21}bər^{33}sɑ^{55}uɑ^{21}me^{55}

佚名撰

抄本

1 册，54 页

左右双栏，版框 28.5 ×9cm。瑞香荛花纸，封一着红色装饰。保存基本完好。

搜集于云南省丽江市。讲述崇忍利恩娶天女衬恒褒白返回人间繁衍人类的故事。为纳西族的创世神话。

献　饭

$ha^{33}s\eta^{21}$

佚名撰

抄本

1 册，16 页

无边栏，版框 27.5 × 8cm。瑞香荛花纸，首尾残缺。

搜集于云南省丽江市。记仪式上分别向天、天舅、地献饭，向他们求寿岁，求富裕强盛。

献　饭

$ha^{33}s\eta^{21}$

佚名撰

抄本

1 册，14 页

左右双栏，版框 27 × 9cm。瑞香荛花纸，封一残缺。

搜集于云南省丽江市。记仪式上分别向天、天舅、地献饭，向他们求寿岁，求富裕强盛。

抵柯鬼和端鬼

$kho^{33}tv^{55}dər^{33}tv^{55}py^{21}$

东昌撰

抄本

1 册，30 页

无边栏，版框 29 × 8.5cm。瑞香荛花纸，保存完好。

搜集于云南省丽江市。讲述柯鬼和端鬼的来历，把柯鬼和端鬼抵上去，不让它们降临到人间作祟。

人类繁衍记·献牲

$tsho^{21}bər^{33}sa^{55}$ · $mu^{33}dzi^{33}$

佚名撰

抄本

1 册，56 页

无边栏，版框 26 × 9cm。瑞香荛花纸。封一缺。

搜集于云南省丽江市。讲述崇忍利恩娶回天女衬恒褒白繁衍人类的故事，用三脚白的黑猪向天、地、天舅献饭以求子孙兴旺。

祭素神仪式（E）

大祭素神

$s\eta^{21}dɯ^{21}khv^{21}ua^{21}me^{55}$

佚名撰

抄本

1 册，30 页

无边栏，版框 28 × 9cm。瑞香荛花纸。保存基本完好。

搜集于云南省丽江市。向素神献牲，讲述素神箭、素神石、素神塔、素神桥等出处。讲述古时卢神分寿岁时人类未分得长寿，现今祭素神以求延年益寿。

迎请素神

sɿ^{55}khv^{21}

佚名撰

抄本

1 册，50 页

无边栏，版框 29 ×9cm。瑞香荛花纸。缺封面、封底。

搜集于云南省丽江市。讲述人类建造居那若罗神山以顶天镇地的故事；讲述素神神梯、神石等物之来历；讲卢神在分寿岁时因人贪睡未分到寿岁，现祭素神求寿岁，求子嗣。

祭素神仪式

sɿ^{55}khv^{21}

佚名撰

抄本

1 册，24 页

无边栏，版框 26. 5 × 8. 5cm。瑞香荛花纸，封面、封底残缺。

搜集于云南省丽江市。历代祖先都迎素神祭素神求得子嗣、家畜兴旺。

把素神招回家

sɿ^{55}hu^{55}

佚名撰

抄本

1 册，36 页

左右单栏，版框 28. 5 × 8. 5cm。瑞香荛花纸。封面残缺。

搜集于云南省丽江市。人们把生儿育女托付给素神，不让各种鬼来作祟。家里有人去世，素神会随他而去，举行祭素神仪式把素神从祖先居住地招回家，让素神庇佑家人。

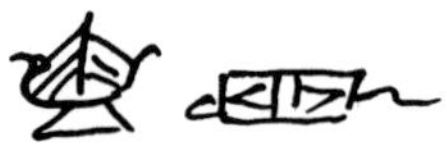

迎请素神

sɿ^{55}khv^{21}

佚名撰

抄本

1 册，30 页

左右双栏，版框 27 × 9. 5cm。瑞香荛花纸，封面、封底残缺。

搜集于云南省丽江市。叙述素神的箭、桥、塔、石、桩、梯的出处；讲述人类建居那若罗神山以顶天镇地；讲述卢神给万物分寿岁时人因贪睡未分到长寿，就请素神祭素神求寿岁，求子嗣。

迎素神

sɿ^{55}khv^{21}

佚名撰

抄本

1 册，26 页

左右双栏，版框 28 × 9cm。瑞香荛花纸，封面、封底残缺。

搜集于云南省丽江市。讲述素神的石、梯、桥、箭、篓等神物的出处；讲人类建造居那若罗神山以顶天镇地。

迎请素神

sɿ^{55}khv^{21}

佚名撰

抄本

1 册，68 页

左右双栏，版框 26.5 ×9cm。瑞香荛花纸，封页、封底残缺。

搜集于云南省丽江市。讲述素神的箭、桥、桩、石、梯等神物的来历；由五方东巴请来素神，点神灯供养素神；人类建造居那若罗神山以顶天镇地；给素神献药，向素神求福泽子嗣。

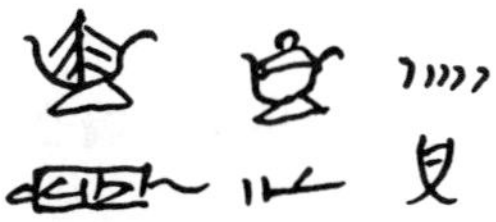

献饭·招素神回家·药的出处

ha^{33} ʂɿ^{21} · sɿ^{55}hu^{55} · tʂhər^{33}thv^{33}

佚名撰

抄本

1 册，34 页

左右双栏，版框 27.5 ×9.5cm。瑞香荛花纸，保存基本完好。

搜集于云南省丽江市。讲述向素神献饭，人死后素神会随死者去到祖先居住地，把素神从祖先居住地招回到家里；讲药的出处来历。

献牲·献饭·献药·圣油的来历

mu^{33} dzi^{33} · ha^{33} ʂɿ^{21} · tʂhər^{33} khɯ^{55} · pa^{55}ma^{21}thv^{33}

佚名撰

抄本

1 册，58 页

左右双栏，版框 28.5 ×8.5cm。瑞香荛花纸，缺封底，其他保存完好。

搜集于云南省丽江市。讲述向素神献牲、献饭，献前除秽；讲药的来历，给素神献药；圣油的出处。

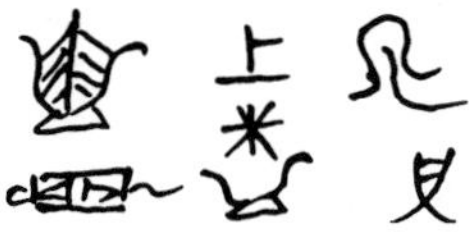

媒人唱祝婚歌

kua^{33}tv^{21}mi^{33}la^{33}bu^{21}khuə^{55} ʂə^{55}ua^{21}me^{55}

佚名撰

抄本

1 册，20 页

左右双栏，版框 27.5 ×8.5cm。瑞香荛花纸，保存基本完好。

搜集于云南省丽江市。讲述历代祖先婚配而繁衍人类，祝新婚夫妇子孙兴旺。

献 药

tʂhər^{33}khɯ^{55}

佚名撰

抄本

1 册，28 页

无边栏，版框 24 ×8cm。瑞香荛花纸，保存基本完好。

搜集于云南省丽江市。讲述素神的箭、桥、梯、桩、石等神物的来历，请来素神点上神灯供养各种神灵。讲述祭素神仪式的规程。讲药的出处来历，向各种神灵献药。

祭嘎神仪式（F）

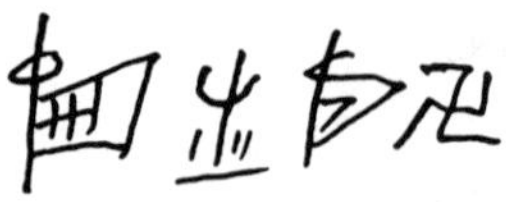

祭嘎神的书

gɑ^{33}py^{21} the^{33}ɯ^{33}

佚名撰

抄本

1册，44页

无边栏，版框26×9cm。瑞香荛花纸，保存完好。

搜集于云南省丽江市。内述迎请各种嘎神，并予以献饭献酒，用蒿枝去除酒饭里不干净之物，让嘎神可口，吃饱喝醉，庇佑人们常胜。生男能干、生女漂亮、延年益寿。

献　牲

mu^{33}dzi^{33}

佚名撰

抄本

1册，38页

左右单栏，版框28×8.5cm。瑞香荛花纸，封底残缺。

搜集于云南省丽江市。请来各种嘎神，用白绵羊、四脚白的黑猪献牲。

献　饭

hɑ^{33}ʂʅ^{21}

佚名撰

抄本

1册，24页

无边栏，版框28×9cm。瑞香荛花纸，保存基本完好。

搜集于云南省丽江市。该书从头到尾都是咒语，其义不明。

献　牲

mu^{33}dzi^{33}

佚名撰

抄本

1册，32页

左右单栏，版框26×9cm。瑞香荛花纸，封面、封底残缺。

搜集于云南省丽江市。请来天、地、天舅及各种神的嘎神，献牲予以供养，请嘎神庇佑人们常胜。

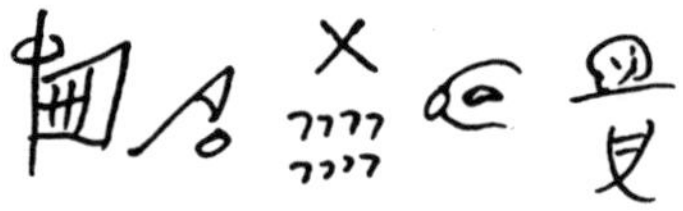

祭十八尊嘎神

tshe^{21}ho^{55}dzʅ^{33}gɑ^{33}be^{33}uɑ^{21}me^{55}

佚名撰

抄本

1册，28页

左右双栏，版框27.5×9cm。瑞香荛花纸，保存完好。

搜集于云南省丽江市。请来天、地、天舅及历代祖先的嘎神，献牲供养，请嘎神庇佑。

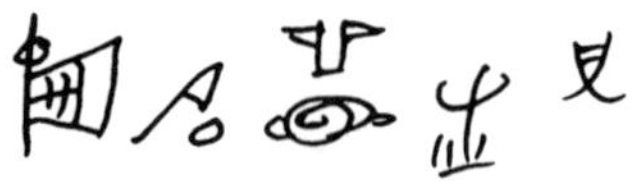

秽的出处来历·除秽

tʂhə^{55}thv^{33}tʂhə^{55}py^{21}me^{55}

佚名撰

抄本

1 册，12 页

左右双栏，版框 28 ×9cm。瑞香荛花纸，保存完好。

搜集于云南省丽江市。讲述秽的来历并除秽，把秽鬼送回它们的住地。

建经幡

tɕi^{21}tʂu^{55}tshɿ^{55}me^{55}

佚名撰

抄本

1 册，18 页

左右双栏，版框 21.5 ×9.5cm。瑞香荛花纸，保存完好。

搜集于云南省丽江市。从头至尾都为咒语，其义不明。

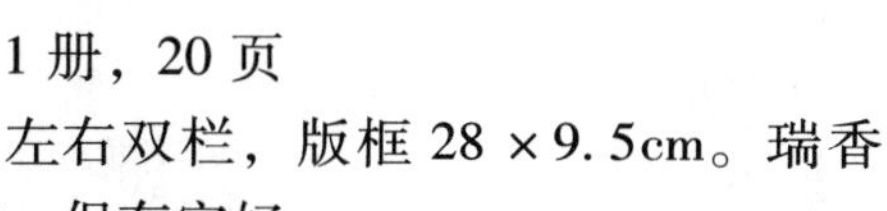

献饭的书

hɑ^{33} ʂɿ^{21}gə^{33}the^{33}ɯ^{33}uɑ^{21}

佚名撰

抄本

1 册，20 页

左右双栏，版框 28 ×9.5cm。瑞香荛花纸，保存完好。

搜集于云南省丽江市。请来各种神及祖先的嘎神并献饭供养。

献饭的书

hɑ^{33} ʂɿ^{21}gə^{33}the^{33}ɯ^{33}uɑ^{21}me^{55}

佚名撰

抄本

1 册，30 页

左右双栏，版框 28 ×9cm。瑞香荛花纸，保存基本完好。

搜集于云南省丽江市。讲述请来各种神及祖先的嘎神并献饭以供养。

祭祖仪式（G）

给祖先指路·点祖先名

y^{21}pv^{55} ʐɿ^{33}be^{33} · y^{21}mi^{21}dər^{33}

佚名撰

抄本

1 册，20 页

无边栏，版框 19.5 ×7cm。瑞香荛花纸，封底残缺。

搜集于云南省香格里拉东坝行政村。迎请祖先供养后送祖先回去，给祖先指路。点祖先名。

献牲献饭

mu^{33}dzi^{33}hɑ^{33}sɿ^{21}

佚名撰

抄本

1 册，34 页

左右双栏，版框 28.5 ×9cm。瑞香荛花纸，封面、封底缺。

搜集于云南省丽江市。把祖先从祖居地接到家，献上牺牲献上饭，供上酒，让祖先吃饱喝醉，以报他们对子孙的养育之恩，报祖先为后辈开辟了天地、建造了村寨之情。

祭已成为祖先的死者

y^{21}thɑ^{55}py^{21}

佚名撰

抄本

1 册，32 页

左右双栏，版框 27.5 ×9cm。瑞香荛花纸，保存完好。

搜集于云南省中甸白地。迎请祖先回家享祭，让祖先吃饱喝醉。

祭已成为祖先的死者

y^{21}thɑ^{55}py^{21}hɑ^{33}ʂʅ^{21}

佚名撰

抄本

1 册，28 页

左右单栏，版框 27 ×9cm。瑞香荛花纸，保存完好。

搜集于云南省丽江市。经超度仪式后，死者已成为祖先，迎请已成为祖先的死者回家接受子孙供养，让祖先吃饱喝醉。

禾氏祭祖

ho^{13}gə^{33}y^{21}py^{21}

佚名撰

抄本

1 册，40 页

左右双栏，版框 26.5 ×9.5cm。瑞香荛花纸，保存完好。

搜集于云南省香格里拉白地行政村。记禾家从祖先居住地把祖先接回家，受子孙供养，请祖先赐福，庇佑后人安康、子孙兴旺。

阮可尤氏祭祖

zər^{33}kho^{33}iə^{13}gə^{33}y^{21}py^{21}

佚名撰

抄本

1 册，48 页

左右双栏，版框 27 ×10cm。瑞香荛花纸，保存完好。

搜集于云南省香格里拉白地行政村。讲述尤家把祖先从祖居地接回家受子孙供养，请祖先赐福庇佑后人，让祖先吃饱喝醉，然后把祖先送回祖居地。

尤氏祭祖

iə^{13}gə^{33}y^{21}py^{21}

佚名撰

抄本

1 册，28 页

左右双栏，版框 27 ×10cm。瑞香荛花纸，保存完好。

搜集于云南省香格里拉白地行政村。记尤家把祖先从祖居地接回家，受子孙供养。请祖先赐福庇佑后人。

祭送先祖

ku^{33}lɑ^{21}uɑ^{21}me^{55}

佚名撰

抄本

1 册，28 页

左右双栏，版框 27 ×10cm。瑞香荛花纸，保存完好。

搜集于云南省香格里拉白地行政村。迎请众神及祖先受后人供养，赐福庇佑后辈子孙，让子孙们富裕强盛。

崇忍潘迪找药 · 祭猛鬼仪式规程 · 送面偶

tsho^{21}ze^{33}phər^{33}dɯ^{21}tʂhər^{33}ʂu^{21} · mu^{33}ɯ^{21}py^{21}du^{33}mu^{21} · to^{33}mɑ^{33}phi^{55}

佚名撰

抄本

1 册，26 页

左右双栏，版框 23.5 ×9cm。瑞香荛花纸，保存完好。

搜集于云南省香格里拉东坝行政村。论述崇忍潘迪寻找起死回生药的故事；祭猛鬼仪式的仪式规程；送面偶，都是咒语，其义不明。

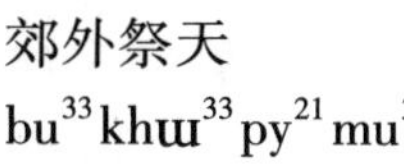

郊外祭天

bu^{33}khɯ^{33}py^{21}mu^{33}me^{55}

佚名撰

抄本

1 册，26 页

左右双栏，版框 28 ×8.5cm。瑞香荛花纸，保存基本完好。

搜集于云南省丽江市。歌颂天、地、天舅的恩德，向天、地、天舅献牲献饭，请求赐福庇佑；后而叙述抵灾过程，把各种灾难抵上去，不让灾难降临到人间。

祭诸神仪式（H）

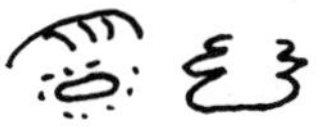

祭诸神

nɑ^{55}bv^{21}

佚名撰

抄本

1 册，36 页

左右双栏，版框 26 ×9.5cm。棉纸，保存基本完好。

祭诸神献牲献饭，献之前把不净的去除，让诸神吃得可口，让诸神赐下六畜兴旺之福。

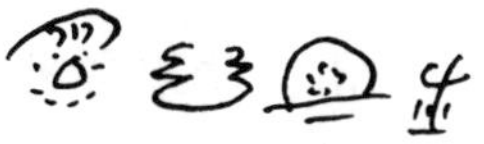

祭诸神和五谷神

nɑ^{55}bv^{21}o^{21}py^{21}

佚名撰

抄本

1 册，38 页

左右双栏，版框 28 ×9cm。瑞香荛花纸，封面、封底残缺。

搜集于云南省丽江市。讲述崇忍利恩娶天女衬恒褒白返回人间繁衍人类的故事。崇忍利恩请诸神和五谷神。招富强变为自己所有。

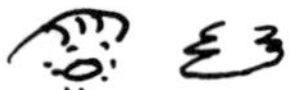

祭诸神

no^{55}bv^{21}

佚名撰

抄本

1 册，30 页

左右双栏，版框 28 ×9cm。瑞香荛花纸，保存基本完好。

搜集于云南丽江市。请来十八尊诸神，供养诸神，请诸神赐予六畜兴旺之福。并将各种福泽招来为自己所有；讲五谷神之来历，并祭五谷神。

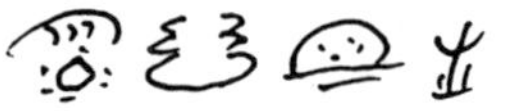

祭诸神和五谷神

nɑ^{55}bv^{21}o^{21}py^{21}

佚名撰

抄本

1 册，28 页

左右双栏，版框 27 ×8cm。瑞香荛花纸，封面、封底残缺。

搜集于云南省丽江市。请来各种神所拥有的诸神，向诸神献酒献饭，请诸神赐予六畜兴旺之福泽。祭诸神的同时祭五谷神，求五谷丰登。

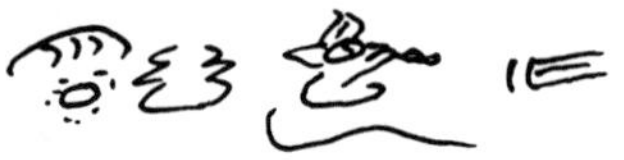

人类繁衍记

tsho^{21}bər^{33}sɑ^{55}

佚名撰

抄本

1 册，32 页

左右双栏，版框 26 ×8.5cm。瑞香荛花纸，封面、封底残缺。

搜集于云南省丽江市。讲述崇忍利恩娶天女衬恒褒白返回人间繁衍人类的故事。为纳西族的创世神话。

祭壬神趣神仪式（I）

祭壬神和趣神

ze^{21}bv^{21}tshy^{55}bv^{21}uɑ^{21}me^{55}

佚名撰

抄本

1 册，34 页

无边栏，版框 26.5 ×9.5cm。瑞香荛花纸，保存基本完好。

搜集于云南省香格里拉白地行政村。讲述壬神和趣神的出处来历，崇忍利恩祭了壬神和趣神而生了三子；讲述药的来历向壬神和趣神、署等精灵献药；祭壬神和趣神的规程。

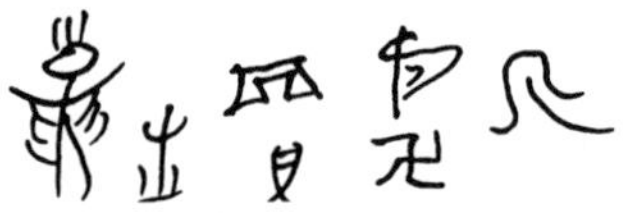

祭壬神和趣神的书

ze^{21}py^{21}me^{33}gə^{33}the^{33}ɯ^{33}uɑ^{21}

佚名撰

抄本

1 册，42 页

左右双栏，版框 27 ×9cm。瑞香荛花纸，保存完好。

搜集于云南省丽江市。讲述人们都遵古规行事，经占卜要祭壬神和趣神。先讲壬神和趣神的出处，崇忍利恩祭壬神而得三子。

献 饭

hɑ^{33}sɿ^{21}uɑ^{21}me^{55}

佚名撰

抄本

1 册，28 页

左右双栏，版框 28 ×9cm。瑞香荛花纸，保存完好。

搜集于云南省丽江市。讲述请来壬神和趣神，向其献牲献饭，以求子嗣福泽；讲药的来历，向各种神灵献药。

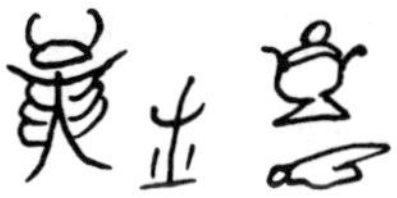

献 饭

hɑ^{33}sɿ^{21}

佚名撰

抄本

1 册，24 页

左右单栏，版框 27 ×9cm。瑞香荛花纸，封面、封底残缺。

搜集于云南省丽江市。请来壬神和趣神，向其献牲献饭，求其赐予子嗣福泽、富裕强盛、延年益寿。

祭山神仪式（J）

祭世日

ʂɿ^{55}ʐɿ^{21} ʂu^{55}

佚名撰

抄本

1 册，28 页

无边栏，版框 28 ×8. 5cm。瑞香荛花纸，封面、封底残缺。

搜集于云南省丽江市。述一些名山深谷之名，念咒语祭世日山神。

祭莫浩嘎拉

mɯ^{21}hɑ^{55}kɑ^{33}lɑ^{33} ʂɑ^{55}

佚名撰

抄本

1 册，78 页

左右双栏，版框 27. 5 ×8cm。瑞香荛花纸，保存完好。

搜集于云南省丽江市。点一些名山深谷之名，念咒语以祭之。

祭村寨神仪式（K）

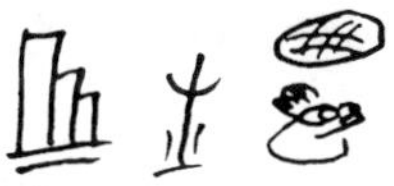

献 牲

mu^{33}dzi^{33}

东敖撰

抄本

1 册，26 页

无边栏，版框 26. 5 ×8cm。瑞香荛花纸，封面、封底残缺。

搜集于云南省丽江市。述说历代祖先在迁徙途中建村立寨的地名、村寨名及现在的村寨名，迎请这些村寨神，向村寨神献牲，请村寨神予以庇护。

献 牲

dzʅ^{33}uə^{33}py^{21}uɑ^{21}me^{55}

东敖撰

抄本

1册，38页

左右双栏，版框27×9cm。瑞香荛花纸，封一着装饰。封面、封底残缺。

搜集于云南省丽江市。迎请祖先迁徙途中所建村寨的村寨神及现在村寨的村寨神，向其献牲，请其赐福庇佑。

祭星仪式（L）

木牌画画谱

khuɑ^{55}pɯ^{33}

佚名撰

抄本

1册，8页

无边栏，版框28×9.5cm。瑞香荛花纸，保存基本完好。

画了五宝、卢神、沈神、优麻战神、大鹏战神等的画谱。

祭星献牲

kɯ^{21}py^{21}

佚名撰

抄本

1册，26页

左右单栏，版框28×8.5cm。瑞香荛花纸，封面、封底缺。

搜集于云南省丽江市。点二十八宿之名献牲，向二十八宿求子嗣福泽；用二十八宿当值占卜时会有凶兆，把各种凶兆抵上去，不让灾难降临到人间。

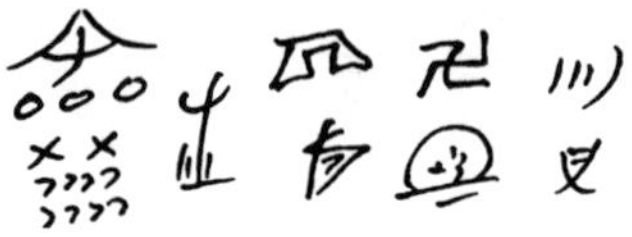

祭二十八宿书

kɯ^{21}mu^{33}ȵi^{33}tsər^{21}ho^{55}kɯ^{21}py^{21}ɡə^{33}the^{33}ɯ^{33}uɑ^{21}me^{55}

佚名撰

抄本

1册，32页

左右双栏，版框28×9cm。瑞香荛花纸，保存完好。

搜集于云南省丽江市。点二十八宿之名献牲，向二十八宿求子嗣福泽；用二十八宿当值占卜时会有凶兆，把各种凶兆抵上去，不让灾难降临到人间。

祭吾神仪式（M）

烧天香

tʂhu^{55}pɑ^{33}dʑi^{55}

佚名撰

抄本

1册，26页

左右双栏，版框27.5×8.5cm。瑞香荛花纸，首尾皆缺。

搜集于云南丽江市。给各种神灵烧天香，请神灵庇佑人类。

祭吾神献牲

u^{21}py^{21}me^{33}mu^{33}

佚名撰

抄本

1 册，18 页

左右单栏，版框 28.5 ×8.5cm。瑞香荛花纸，保存基本完好。

搜集于云南丽江市。讲述吾神和朵神的出处来历及他们的威力，向吾神和朵神献牲，求其赐予福泽，予以庇佑，讲鸡的出处来历，献放生鸡许来年再祭之愿。

献 牲

$u^{21}py^{21}$

佚名撰

抄本

1 册，18 页

左右单栏，版框 27.5 ×8.5cm。瑞香荛花纸，封面缺页。

搜集于云南丽江市。迎请各种神烧天香予以供养；讲述吾神和朵神的出处来历，向吾神和朵神献牲以求庇佑。

献 牲

$u^{21}py^{21}$

佚名撰

抄本

1 册，32 页

左右单栏，版框 27.5 ×8cm。瑞香荛花纸，封面、封底皆缺。

搜集于云南丽江市。讲述吾神和朵神的出处来历，向其献牲，献牲前把不干净之物剔除，让吾神、朵神吃得可口。向吾神、朵神献放生鸡许来年再祭之愿，求其赐福庇佑。

宗教（N）

祭灶神·祭哈珍·祭景扎·祭土神·祭奠哈嘎拉

$ha^{55}tse^{33}ʂu^{55}$ · $dʑi^{33}tse^{21}ʂu^{55}thv^{33}ʂu^{55}$ · $mɯ^{33}ha^{55}ka^{33}la^{33}ʂu^{55}$

佚名撰

抄本

1 册，10 页

左右双栏，版框 28 ×9cm。瑞香荛花纸，保存完好。

搜集于云南丽江市。祭这五种精灵的咒语，其语义不明。

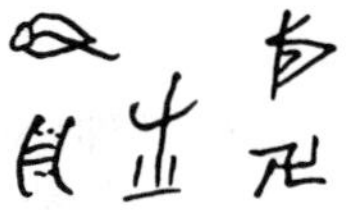

祭景神和崩神仪式·献牲

$dʑi^{33}bɯ^{33}py^{21}the^{33}ɯ^{33}$

佚名撰

抄本

1 册，8 页

左右双栏，版框 28 ×9.5cm。瑞香荛花纸，保存基本完好。

搜集于云南丽江市。祭景神和崩神，禳除各种病痛和灾难，请景神和崩神赐福庇佑人类。

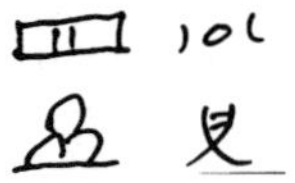

祭止鲁

$lɯ^{33}lv^{33}py^{21}me^{55}$

佚名撰

抄本

1册，32页

左右双栏，版框24×8cm。瑞香荛花纸，保存完好。

搜集于云南丽江市。讲述利鬼的出处来历，向其献牲还债，招病人之魂；祭利鬼仪式的规程。

祭臭鲁鬼仪式·祭利鬼仪式·祭豹鬼仪式三个章节

tʂhɜ^{55}lv^{33}py^{21} · lɯ^{33}lv^{33}py^{21} · dʐʅ^{33}py^{21} sʅ^{55}tʂər^{33}

佚名撰

抄本

1册，32页

左右双栏，版框29×9cm。瑞香荛花纸，保存完好。

搜集于云南丽江市。记有三种小仪式的祭词及仪式规程。臭鲁鬼是使小孩受惊、半夜啼哭生病的鬼；利鲁为另一种精灵，与汉文化中的“猎神”相似。

开丧超度仪式（O）

超度长寿药——董

zʅ^{33}ŋæ^{21}du^{21}ŋr^{55}

佚名撰

抄本

1册，34页

左右双栏，版框24×10cm。瑞香荛花纸，保存完好。

搜集于云南省香格里拉东坝行政村。讲述美利董主去世后，其灵魂会被各种鬼摄取，其后辈用白鹿找回董的灵魂，把美利董主送到神界。

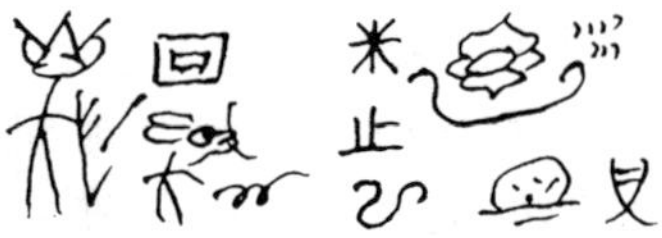

建马门·驱赶冷凑鬼·摧毁督支黑坡·招魂

tɑ^{33} khu^{33} tshʅ^{55} · le^{21} tʂhə^{55} dʐʅ^{21} · tv^{33} tʂʅ^{21}phv^{21} · uɑ^{21} ʂər^{55}

佚名撰

抄本

1册，26页

左右双栏，版框27.5×10cm。瑞香荛花纸，保存完好。

搜集于云南省维西县。为死者献了冥马，让冥马驮上死者走到神地里。冷凑鬼会阻挡死者灵魂到达祖先居地，就向冷凑鬼还债，赶走冷凑鬼。死者亡灵到祖居地要翻督支黑坡，各种鬼会在督支黑坡上阻拦，就去请神降临，摧毁督支黑坡。为死者招魂，让亡魂到达祖先居住地。

执法杖·说穷道福

mɯ^{55} thv^{33} o^{33} zʅ^{33} kv^{33} tʂu^{55} · ʂʅ^{33} tɑ^{55} hɯ^{21}tɑ^{55}

佚名撰

抄本

1册，20页

左右双栏，版框27.5×9.5cm。瑞香荛花纸，保存完好。

搜集于云南省维西县。记死者去祖先居住地时要过什么地方，会遇到什么，需翻什么大山，过几条江河。讲述人间是贫穷的地方，祖居地是富裕之地，劝死者不必留恋人间，到祖居地生活。

开神路·柯路的来历

he^{21}ʐʅ^{33}phi^{21} ·kho^{33}lv^{55}thv^{33}

佚名撰

抄本

1 册，44 页

左右单栏，版框 27 ×8.5cm。瑞香荛花纸，保存完好。

搜集于云南省丽江市。先讲述柯路的出处，六种柯路变化，产生神界、东巴、鬼域。东巴把死者从鬼域里拯救出来，沿着神路送到神界里。

赞颂贤能者

dæ^{21}mi^{21}thv^{33}

佚名撰

抄本

1 册，32 页

左右双栏，版框 27.5 ×9cm。瑞香荛花纸，保存完好。

搜集于云南省丽江市。讲述死者生前能开天辟地、建林设寨，有成柜金银，穿漂亮衣服，以赞颂其能干。

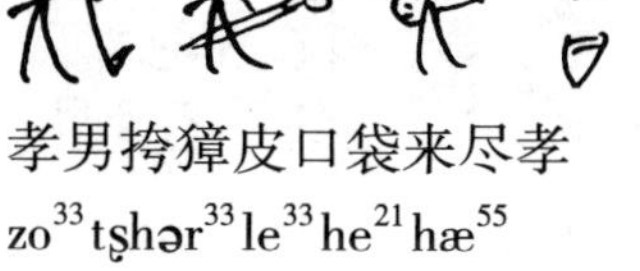

孝男挎獐皮口袋来尽孝

zo^{33}tʂhər^{33}le^{33}he^{21}hæ^{55}

佚名撰

抄本

1 册，18 页

左右双栏，版框 29 ×10.5cm。瑞香荛花纸，封一彩色装饰，内页中盖有两个蓝色印章。保存完好。

搜集于云南省维西县。孝子按古规头顶獐皮口袋向死者献饭、献牲，穿衣尽孝，报其养育之恩。

金坤柯路的出处·开神路（中本）

tɕi^{33}khu^{33}kho^{33}lv^{55}thv^{33} ·he^{21}ʐʅ^{33}phi^{21}ly^{55}tʂu^{55}

佚名撰

抄本

1 册，28 页

左右双栏，版框 18 ×10cm。瑞香荛花纸。保存完好。

搜集于云南省维西县。讲述六个金坤柯路的来历，五行的来历，神界、鬼域、人间的来历。通过东巴念咒语，送面偶给各个鬼域的鬼，不让死者灵魂羁留在鬼域，沿神路将其送到神界里。

粮食的来历·烧绸当药施给死者

æ^{33}dzʅ^{33}mi^{55} ·the^{33}dʐi^{55}tʂhər^{33}lkhɯ^{55}

佚名撰

抄本

1 册，20 页

左右单栏，版框 27 ×8.5cm。瑞香荛花纸，封面着装饰图。保存完好。

搜集于云南省丽江市。讲述粮食的来

历，向死者献饭，让死者带上干粮上路。讲述崇仁利恩和衬恒褒白从天上返回人间时，未带来长生药，现人已死了，就烧绸当药施给死者。

趣汝四兄弟为父招魂

tshy^{55}zɿ^{33}lu^{55} · zɿ^{33}uɑ^{21} ʂər^{55}

佚名撰

抄本

1 册，16 页

左右单栏，版框 27 × 9cm。瑞香荛花纸。保存完好。

搜集于云南省丽江市。讲述高勒趣出去打猎而失踪，父亲失踪子不寻，日子不安宁。高勒趣的四个儿子分别去找被尤找到，父为土石压死。就用山羊、鸡为父招魂，不让父魂羁留在鬼域。

开展古门 · 开神路

dzæ^{33}ŋv^{33}khu^{33}gə^{33}uɑ^{21}me^{55}he^{21}ʐɿ^{33}phi^{21}

佚名撰

抄本

1 册，16 页

无边栏，版框 29 × 9cm。瑞香荛花纸。保存完好。

搜集于云南省丽江市。死者的灵魂会被鬼关在叫展古的铁城里，无法送到祖居地。东巴把守展古城门的鬼杀死，救出死者灵魂，让死者灵魂回到祖居地。

开神路（中本）在尼坞等六个鬼域招魂

he^{21}ʐɿ^{33}phi^{21}ly^{55}tʂu^{55} · ȵi^{33}uə^{33}tʂhuɑ^{55}dy^{21}o^{21}sər^{55}

佚名撰

抄本

1 册，28 页

左右双栏，版框 27.5 × 10cm。瑞香荛花纸。保存完好。

搜集于云南省维西县。死者亡灵羁留在六个鬼域里，东巴通过送面偶、念咒语，把六个鬼域的鬼镇压下去，把死者灵魂招回并送到神界里去。

人类繁衍记

tsho^{21}bər^{33}thv^{33}dzo^{21}uɑ^{21}me^{55}

佚名撰

抄本

1 册，46 页

左右双栏，版框 27.5 × 10cm。瑞香荛花纸。保存完好。

搜集于云南省维西县。讲述天地万物的起源，人类因兄妹婚而产生秽，秽污染天地日月引发洪水，剩崇忍利恩一男子，他娶得天女返回人间繁衍人类，为纳西族的创世神话。

唱挽歌送死者

mu^{55}dzər^{33}mu^{55}pv^{55}

佚名撰

抄本

1 册，40 页

左右双栏，版框 28 ×9cm。瑞香荛花纸。保存完好。

搜集于云南省维西县。讲述自古以来就有人死亡的现象，以大山会崩塌、大江会干涸等不可逆转的现象劝慰死者，让其安心上路。

跟着祖先到祖居地·建冥房

ŋv^{33}tʂu^{55} · ŋv^{33}dʐi^{21}thv^{21}

佚名撰

抄本

1 册，18 页

无边栏，版框 28 × 9cm。棉纸。缺封底。

搜集于云南省丽江市。一代接一代跟着祖先到祖居地，由舅舅建安置木身的冥房。

赞历代男祖先的能干

tʂuɑ^{21}dæ^{21}i^{33}uɑ^{21}me^{55}

佚名撰

抄本

1 册，36 页

左右双栏，版框 23 ×9.5cm。瑞香荛花纸。保存完好。

搜集于云南省香格里拉东坝行政村。讲述历代男祖先战胜各自的仇敌而获得能干之名。

献牲杀牲

tshʅ^{33}i^{21}kho^{55}mu^{33}iə^{55}

佚名撰

抄本

1 册，44 页

左右双栏，版框 27 ×9.5cm。瑞香荛花纸。保存完好。

搜集于云南省维西县。书中除献牲杀牲外，还有赞死者能干、富裕、送死者亡灵、关闭死亡之门等内容。

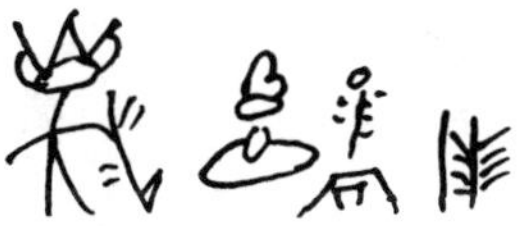

超度长寿的茨爪金姆

zʅ^{33}sər^{21}tshʅ^{55}tʂuɑ^{33}dʐi^{33}mu^{33} ŋv^{55}

佚名撰

抄本

1 册，32 页

左右双栏，版框 24 ×10cm。瑞香荛花纸。保存完好。

搜集于云南省香格里拉东坝行政村。茨爪金姆嫁给美利董主，养育了九男九女，男子建了九个寨，女子辟了九片地。她得长寿去世，但亡灵会被鬼拦住。东巴把魂招回，送其到神界里去。请茨爪金姆赐后辈以长寿。

赞颂女能干者

bɯ^{21}dæ^{21}i^{21}uɑ^{21}me^{55}

东嘎撰

抄本

1 册，40 页

左右双栏，版框 26.5 ×10cm。瑞香荛花纸，封面、封底有图。保存完好。

搜集于云南省香格里拉东坝行政村。讲述历代女祖先的能干，她们都获得能干之名。愿把女祖先的能干传给后人。

人类繁衍记

tsho^{21} bər^{33} thv^{33} dzo^{21}

佚名撰

抄本

1 册，46 页

左右双栏，版框 27 ×8.5cm。瑞香荛花纸。保存完好。

搜集于云南省丽江市。讲述人类因兄妹婚而产生秽，秽污染了天地日月，引发了洪水，人类灭绝，只剩一男子崇忍利恩，他娶天女衬恒褒白返回人间繁衍人类，为纳西族的创世神话。

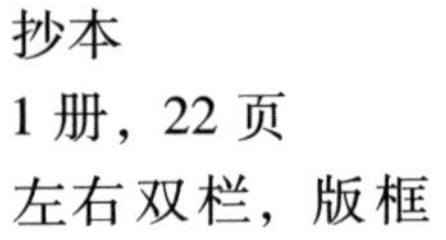

送死者

y^{21} pv^{55}

东蚩撰

抄本

1 册，22 页

左右双栏，版框 25 ×9.5cm。棉纸。封底残缺。

搜集于云南省丽江市。讲述人类建造居那若罗神山以顶天镇地。古时卢神分寿岁给万物，人类贪睡而只得三岁，与鸡换而得万岁。石、水得长寿，人们在祭祀时向石、水求寿。后有送死者到祖先居住地、留福泽给后人等内容。

执法杖（末本）

mɯ^{55} thv^{33} o^{33} zɿ^{33} mæ^{55} tʂu^{55}

佚名撰

抄本

1 册，24 页

左右双栏，版框 28 ×9.5cm。瑞香荛花纸，封一彩色，左右两边贴蓝色纸装饰。保存完好。

搜集于云南省丽江市。东巴执法杖，指路让死者到祖居地。

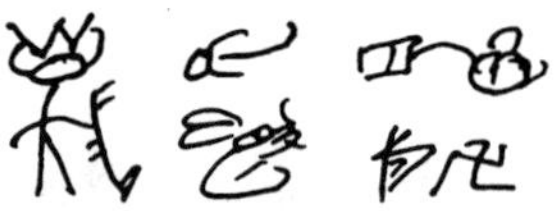

年轻死者之挽歌

ə^{33} le^{55} dʐu^{21} the^{33} ɯ^{33}

佚名撰

抄本

1 册，24 页

无边栏，版框 27.5 ×9cm。瑞香荛花纸。保存完好。

搜集于云南省丽江市。讲述三个女子为不老而买寿岁，但世上未见卖寿岁的而归。世上万物都是在自己未觉老时而死去，以劝慰死者。

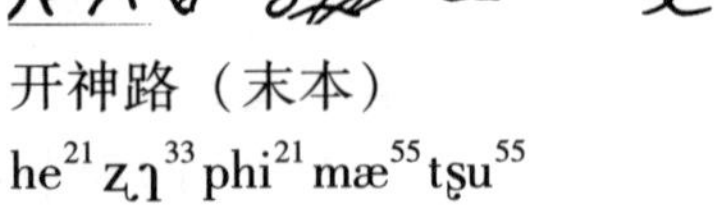

开神路（末本）

he^{21} zɿ^{33} phi^{21} mæ^{55} tʂu^{55}

佚名撰

抄本

1 册，34 页

左右双栏，版框 28 ×9cm。瑞香荛花纸。缺封底。

搜集于云南省丽江市。劝死者不要到鬼域去，要到幸福的神界里去与祖先团聚，把死者亡灵送到神界。

放陪伴鸡

tsi^{55}mi^{33}khɯ^{55}mu^{33}me^{55}

佚名撰

抄本

1 册，20 页

左右双栏，版框 26.5 ×9cm。瑞香荛花纸。保存完好。

搜集于云南省丽江市。古代纳西族在夫妻间先死一人就用一只鸡作伴侣，男先死用母鸡，女先死用公鸡，本书即讲述这个过程。

熟　献

mu^{33}miə^{33}fv^{33}

佚名撰

抄本

1 册，24 页

无边栏，版框 28 ×8.5cm。瑞香荛花纸。缺封底。

搜集于云南省丽江市。向死者熟献以报其对子女的养育之恩。

钉“古顺”

kv^{33}ʂu^{55}lɑ^{55}

佚名撰

抄本

1 册，30 页

左右双栏，版框 28.5 ×8.5cm。瑞香荛花纸。保存基本完好。

搜集于云南省丽江市。讲述绸的出处来历，用绸制代表木、火、土、铁、水五行的“古顺”线穗，用线穗沾灵药洒于死者，让死者各器官都复活。内有女能者出名的原因。

点　药

tʂhər^{33}khɯ^{55}the^{33}ɯ^{33}uɑ^{21}

佚名撰

抄本

1 册，30 页

左右双栏，版框 28 ×8.5cm。瑞香荛花纸。缺封底，其他完好。

搜集于云南省丽江市。讲述药的来历，给各种神灵和祖先及死者点药。讲述东巴法杖的来历，东巴持法杖送死者。

祭祖先

y^{21}thɑ^{55}py^{21}

佚名撰

抄本

1 册，26 页

左右单栏，版框 27.5 ×8.5cm。瑞香荛花纸。保存完好。

搜集于云南省丽江市。用醇酒、浓茶、饭肉祭祖先，请祖先庇佑赐福后辈子孙。

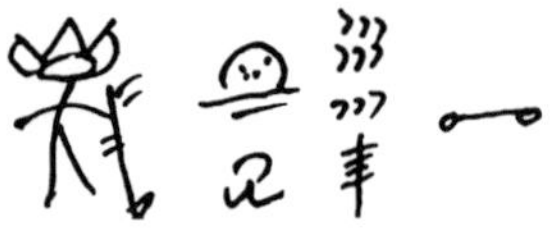

俄依高勒的九个儿子的故事

o^{21}i^{33}gv^{55}zɿ^{33}tʂər^{55} dzo^{21}

佚名撰

抄本

1 册，32 页

左右双栏，版框 27.5 ×8.5cm。瑞香荛花纸。封面、封底残损。

搜集于云南省丽江市。讲述纳西族古代丧葬实行火葬的来历。

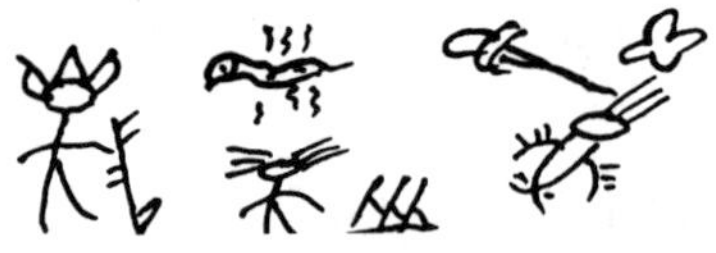

忘掉惊慌 · 杀猛鬼和恩鬼

dʐər^{21}dzi^{33}mi^{55} · mu^{33}ɯ^{21} sy^{55}

佚名撰

抄本

1 册，60 页

左右双栏，版框 26.5 ×8.5cm。瑞香荛花纸。保存完好。

搜集于云南省丽江市。讲述让死者带着各种东西，骑上坐骑，赶着驮马，由猪引路，壮着胆，排除鬼设置的障碍，前往三十三个神界里去。猛鬼和恩鬼会来抢吃贡品，就杀猛鬼和恩鬼。

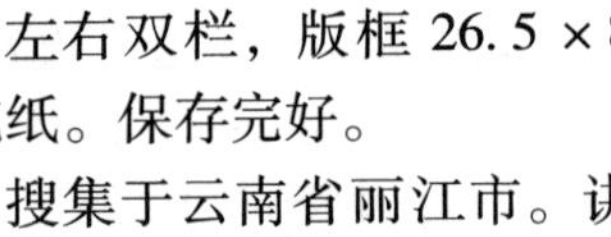

用九种树枝的火把除秽 · 报恩

gv^{33}o^{33}gv^{33}tso^{33}kɯ^{55}

佚名撰

抄本

1 册，20 页

左右双栏，版框 27 ×8.5cm。瑞香荛花纸。保存基本完好。

搜集于云南省丽江市。用九种不同树枝的火把给死者除秽。死者给后人留下田地村寨，养育儿女，子孙献酒献饭报恩。

赞颂死者

tshɿ^{33}i^{21}uɑ^{21}me^{55}

佚名撰

抄本

1 册，16 页

无边栏，版框 27 ×8cm。瑞香荛花纸。保存基本完好。

搜集于云南省香格里拉东坝行政村。赞颂死者生前的业绩。

竖“督”树

tv^{21}tshɿ^{55}uɑ^{21}me^{55}

佚名撰

抄本

1 册，24 页

左右双栏，版框 30.5 ×9.5cm。瑞香荛花纸。保存完好。

搜集于云南省维西县。讲述竖“督”树的出处来历。历代祖先在人去世后都立“督”树，压鬼域里的鬼，把祖先送到三十三个吉祥的神界里去。

用羊作陪伴者

y^{21}nɯ^{33}tsi^{55}mi^{33}khɯ^{55}

佚名撰

抄本

1 册，24 页

左右单栏，版框 28 ×8.5cm。瑞香荛花纸。保存完好。

搜集于云南省丽江市。死者离开人间要去祖先居住地，用一只绵羊陪葬火化，让绵羊在路上给死者做伴。

建冥马门规程·超度放牧者仪式规程

tɑ^{33}khu^{33}tshɿ^{55}dui^{33}mu^{21} · lər^{21}dʑi^{33}y^{21}

佚名撰

抄本

1 册，8 页

左右双栏，版框 27.5 ×10cm。瑞香荛花纸。缺封底。

搜集于云南省维西县。建冥马门的规程及示意图。为放牧者进行超度仪式的规程。

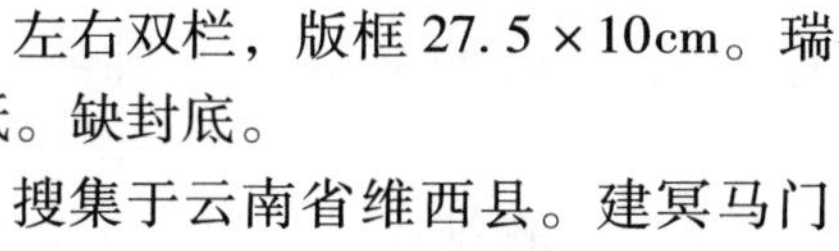

俄佑俄都命的故事·迎请东巴

o^{33}dzɿ^{33}mi^{55} · dɑ^{33}hɯ^{21}dy^{55}uɑ^{21}me^{55}

佚名撰

抄本

1 册，36 页

左右双栏，版框 27.5 ×10cm。瑞香荛花纸。保存完好。

搜集于云南省维西县。讲述祭祀之家派人来请东巴去做仪式，东巴就带着吉祥从吉祥路到祭祀之家。

俄依都奴命的故事（末本）

o^{33}dzɿ^{33}mi^{55}mæ^{55}tʂu^{55}

佚名撰

抄本

1 册，50 页

左右双栏，版框 27 ×8.5cm。瑞香荛花纸。保存完好。

搜集于云南省丽江市。东巴来主持仪式，是走吉祥的路而来，是似云像风地疾速而来。

烧天香

tʂhu^{55}pɑ^{33}dʑi^{55}uɑ^{21}me^{55}

佚名撰

抄本

1 册，36 页

左右双栏，版框 27.5 ×9.5cm。瑞香荛花纸，封一彩色装饰。保存完好。

搜集于云南省维西县。烧天香供养各种神灵，把死者送到神地里去。

供养大鹏神

ɕiə^{33}tɕhy^{21}tʂhu^{55}pɑ^{33}be^{33}

佚名撰

抄本

1 册，14 页

无边栏，版框 24 ×9. 5cm。瑞香荛花纸。缺封面。

搜集于云南省香格里拉东坝行政村。大鹏神鸟能战胜各种鬼，历代祖先供养大鹏神，以求平安度日，延年益寿，子孙兴旺。

报祖恩

tʂhər^{21} phv^{55} dzi^{33}

佚名撰

抄本

1 册，24 页

左右双栏，版框 27. 5 ×9. 5cm。瑞香荛花纸。保存完好。

搜集于云南省丽江市。子孙们向死者献牲献饭以报死者为后辈开辟了天地、建立了村寨之恩。

执法杖（头本）

mɯ^{55} thv^{33} o^{33} zʅ^{33} kv^{55} tʂu^{55}

佚名撰

抄本

1 册，22 页

左右双栏，版框 28 ×9. 5cm。瑞香荛花纸。保存完好。

搜集于云南省丽江市。死者到祖居地要翻山越岭，要走很多路。告诉死者在人间有许多苦难，不必留恋，赶紧到吃穿不愁的吉祥神界里去。

高勒趣为父招魂

kɑ^{33} le^{21} tshy^{55} o^{21} ʂər^{55}

佚名撰

抄本

1 册，32 页

左右双栏，版框 28 ×10cm。瑞香荛花纸。保存基本完好。

搜集于云南省丽江市。讲述高勒趣之父因猎杀署的动物，被署抓去，受尽折磨，高勒趣赎回父亲在半途失踪而亡，高勒趣就为其父亲招魂。

生死离别

gu^{33} dzo^{21}

佚名撰

抄本

1 册，28 页

无边栏，版框 28 ×8cm。瑞香荛花纸。保存完好。

搜集于云南省维西县。死者与生前接触的一切都已分别，就带人所献的东西起身而去吧，在路上会有各种鬼挡道，你送给他一样东西他就让你走，你就能顺利到达祖居地。

在纳刹坞古坡上说吉利话

nɑ^{33} sɑ^{21} uə^{33} kv^{33} bu^{21} nɯ^{33} khuə^{55} ʂə^{55}

佚名撰

抄本

1 册，16 页

无边栏，版框 29 × 8. 5cm。瑞香荛花纸。保存完好。

搜集于云南省丽江市。讲述了系于法杖上的白羊毛穗子的来历。东巴手执系白羊毛穗子和挂着黄金铃铛的法杖，把死者送往神界。

寻找舅舅

gv^{33} ʂu^{21}

佚名撰

抄本

1 册，20 页

无边栏，版框 28 ×9cm。瑞香荛花纸。缺封页。

搜集于云南省丽江市。讲寻找舅舅之过程，找到舅舅后请舅舅为死者搭建安放死者木身的冥房。

开神路破九座黑坡

he^{21} ʐʅ^{33} phi^{21} bu^{21} nɑ^{55} gv^{33} bu^{21} phi^{21} uɑ^{21} me^{55}

佚名撰

抄本

1 册，18 页

左右双栏，版框 27. 5 × 10cm。瑞香荛花纸。保存完好。

搜集于云南省维西县。在死者前往祖居地的路上，要过九座黑坡，东巴用肉、面偶、血等逐一破九道黑坡，让死者翻越九座黑坡到祖居地去。

绸子的来历

the^{33} dʑi˩

佚名撰

抄本

1 册，18 页

左右双栏，版框 28 × 9. 5cm。瑞香荛花纸。保存完好。

搜集于云南省丽江市。讲述绸子的来历，东巴用绸蘸药给死者施药。讲述了死者木身的制作过程。

拆女能者的黑陶冥房

bɯ^{21} dæ^{21} li^{33} thɑ^{21} khæ^{55} uɑ^{21}

佚名撰

抄本

1 册，10 页

左右双栏，版框 28 × 9. 5cm。瑞香荛花纸。缺封底。

搜集于云南省维西县。讲述女能者在生前穿金戴银，披羊皮，穿绸衣，请死者把似金银一样的福泽赐给活者的大小儿媳。

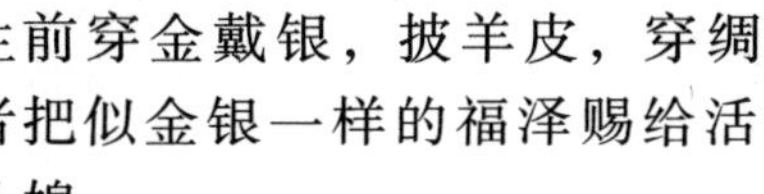

超度能者卷末打虎獠牙

kv^{33} tʂɑ^{55} dæ^{21} · mæ^{55} tʂu^{55} lɑ^{33} go˩ ɕi^{55}

佚名撰

抄本

1 册，32 页

左右双栏，版框 28 ×9cm。瑞香荛花纸。保存基本完好。

搜集于云南省香格里拉东坝行政村。卷首讲超度能者，卷末是打掉虎的獠牙，不让其阻挡死者归祖路。

关天地间死亡之门

mɯ^{33}lɯ^{55}sɿ^{33}khu^{33}tər^{55}me^{55}

佚名撰

抄本

1 册，46 页

左右双栏，版框 24 ×9.5cm。瑞香荛花纸。保存完好。

搜集于云南省香格里拉东坝行政村。讲述历代祖先死于何处，但不会关死亡之门，从美利董主始，关了天地间死亡之门，后辈子孙能平安度日。

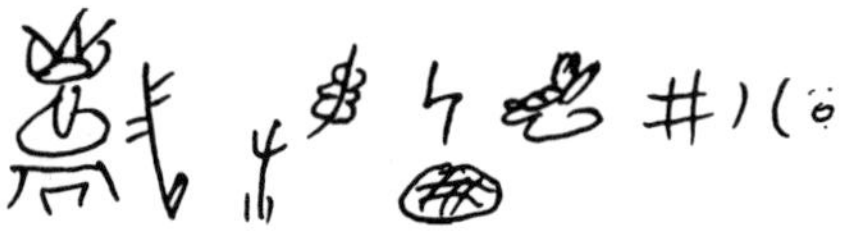

献牲报祖恩·生死离别

tʂhər^{55}phv^{21}dzi^{33} · gu^{33}to^{55}

佚名撰

抄本

1 册，34 页

左右单栏，版框 27 ×8.5cm。瑞香荛花纸。右下角有几页缺角。

搜集于云南省丽江市。讲子孙向祖先献牲，让死者赶着所献之牲到祖居地去，把福泽子嗣赐给大小儿媳。死者与自己所开辟的天地离别，送死者到祖居地。

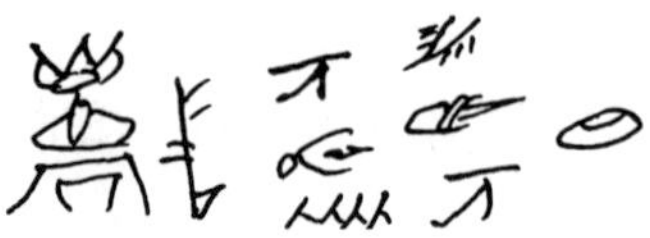

忘掉惊慌之显示威力

dʐər^{21}dzɿ^{33}mi^{55} mæ^{55}tʂu^{55} dʐər^{21}thv^{55}

佚名撰

抄本

1 册，24 页

左右双栏，版框 27.5 ×9.5cm。瑞香荛花纸。保存完好。

搜集于云南省维西县。东巴用各种法器敲断鬼骨以显示威力，最后关闭天地间的死亡之门。

孝子披獐子皮口袋献饭·孝媳站灵旁

zo^{33}tʂhər^{33}le^{33}hæ^{55} · tʂhər^{33}me^{33}çy^{55}

佚名撰

抄本

1 册，16 页

左右双栏，版框 28 ×9.5cm。瑞香荛花纸，封面着彩色装饰图。保存完好。

搜集于云南省丽江市。讲孝子带着獐子皮口袋献饭，孝媳站灵旁守灵以报恩，请死者把福泽留给孝儿孝媳。

用麻布包木身·抛绝后鬼的财物

phe^{21}khɯ^{33}tsɿ^{33}bɯ^{21}o^{33}phi^{55}

佚名撰

抄本

1 册，16 页

无边栏，版框 27 ×8.5cm。瑞香荛花纸，封一彩色装饰，内页有一蓝色印。保存基本完好。

搜集于云南省维西县。高勒趣的妻子去世以后，其四个儿子不知丧葬之方法，在卢神沈神指点下，就用火葬其母。封一书名与内容不符合。

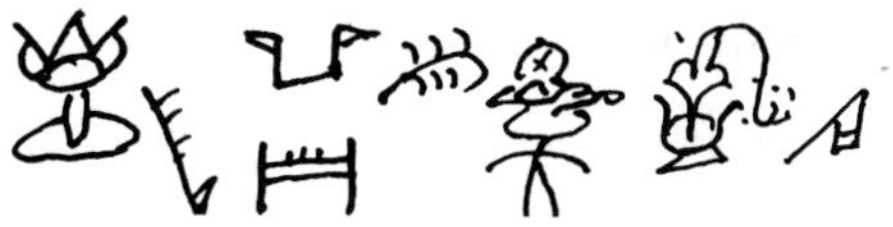

甥舅的出处·崇忍潘迪找药

thv^{33} dzo^{21} pɯ^{55} dzo^{21} · tsho^{21} ze^{33} phər^{33} dɯ^{21} tʂhər^{33} ʂu^{21}

佚名撰

抄本

1 册，28 页

左右单栏，版框 27.5 ×8.5cm。瑞香荛花纸，封一彩色装饰，左右用红绿纸装饰。保存基本完好。

搜集于云南省丽江市。世上最初没有甥舅，讲甥舅关系的来历。崇忍潘迪去远处做客，不料父母去世，他就去寻找起死回生之药。讲述了人类认识药的神话故事。

忘掉惊慌末本

dzhər^{33} dzɿ^{33} mi^{55} mæ^{55} tʂu^{55}

佚名撰

抄本

1 册，32 页

无边栏，版框 26 ×9cm。棉纸，封底残缺。

搜集于云南省丽江市。讲述死者带上祭品到祖居地去，把福泽留给后人，再关闭天地间死亡之门。

钉“古顺”·杀牺牲

kv^{33} ʂu^{55} lɑ^{55} · kho^{55} mu^{33} kho^{55}

东知撰

抄本

1 册，22 页

左右双栏，版框 27.5 ×9.5cm。瑞香荛花纸，保存基本完好。

搜集于云南省丽江市玉龙县黄山镇长水村。讲述五行的出处来历。用表示五行的“古顺”蘸药点于死者。向死者献牲献饭以报死者对孝儿孝媳的养育之恩。把死者送到祖居地。请死者把福泽留给活着的人。

媳妇守灵·孝子挎獐皮口袋·拆冥房·寻舅舅·分开白骨黑骨

tʂhər^{33} me^{33} ɕy^{55} · le^{33} he^{21} hæ^{55} · ŋv^{33} dʑi^{21} tshe^{55} · ŋv^{33} kɯ^{55} ŋv^{33} ʂu^{21} phər^{21} nɑ^{55} tshɿ^{33} tɕhi^{33}

佚名撰

抄本

1 册，44 页

左右单栏，版框 27 ×8.5cm。瑞香荛花纸，封一着彩色装饰图。保存完好。

搜集于云南省丽江市。孝媳站灵旁守灵；孝子挎着獐皮口袋献饭；拆放置木身的冥房；寻找舅舅；分开黑骨白骨。

唱挽歌

ə^{33}le^{55}dʐu^{21}

佚名撰

抄本

1 册，22 页

左右单栏，版框 28 × 8. 5cm。瑞香荛花纸。缺封底。

搜集于云南省丽江市。讲述挽歌的出处。讲先辈一个个死去，死人是不可避免的，人在不知不觉中老了，死后不必过于悲哀。

挽　歌

mu^{55}dzɿ^{33}mi^{55}the^{33}ɯ^{33}me^{33}

佚名撰

抄本

1 册，20 页

左右双栏，版框 28 × 9. 5cm。瑞香荛花纸。保存完好。

搜集于云南省丽江市。讲述山会崩，树会倒，人死亦不可避免。向死者献牲，献寿衣，请死者到祖居地后亦能庇佑活人。

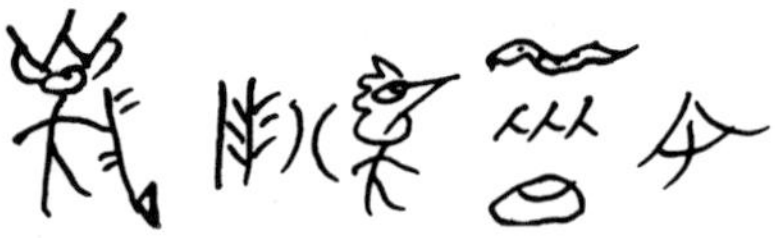

取出陪葬鸡

tsi^{55}mi^{33}thv^{55}mu^{33}

佚名撰

抄本

1 册，16 页

左右单栏，版框 26. 5 × 8. 5cm。瑞香荛花纸。保存基本完好。

搜集于云南省丽江市。夫妻双方先去世一个时，用一只鸡陪葬，现另一个人又去世，就取出陪葬鸡，让夫妻团聚。

献肉汤

tshər^{33}du^{33}

佚名撰

抄本

1 册，32 页

无边栏，版框 28 × 8. 5cm。瑞香荛花纸。保存基本完好。

搜集于云南省丽江市。讲述崇忍利恩三个儿子成为藏、纳、白三个民族，就有各种不同葬法，纳西用麻秆火化母亲身子，化不了，就去寻找葬法，在卢神指点下，就用木材火化，纳西的火葬由此而来。

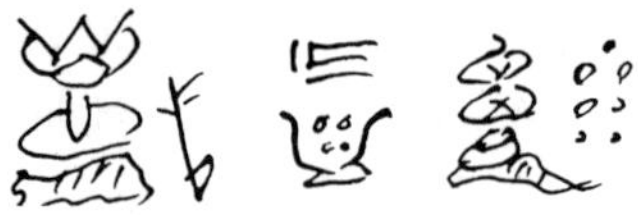

驱赶厄运 · 给署点药

sɿ^{21}tshər^{33}khɯ^{55}

佚名撰

抄本

1 册，20 页

左右单栏，版框 28 × 8. 5cm。瑞香荛花纸，封一着彩色装饰。保存基本完好。

搜集于云南省丽江市。讲述为死者驱除六十花甲、十二生肖、五行等相克而带来的厄运。讲药的出处，为署点药。

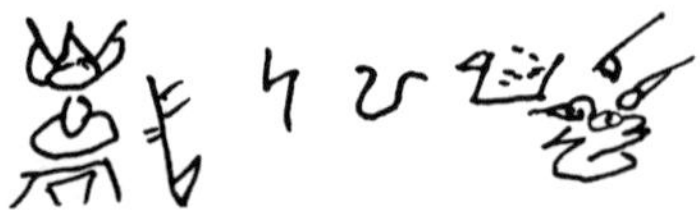

孝儿孝女报祖恩

tshər^{33}phv^{33}dzi^{55}

佚名撰

抄本

1 册，12 页

左右双栏，版框 27 ×8cm。瑞香荛花纸，封一着彩色装饰。保存基本完好。

搜集于云南省丽江市。讲述孝男孝女献冥马、献牲以报祖先们开天辟地、建村设寨留给后辈，请祖先赐福泽子嗣给活着的人。

忘掉的惊慌（末本）

dʐər^{21} dzi^{33} mi^{55} kv^{33} tʂu^{55}

东土撰

抄本

1 册，36 页

左右单栏，版框 27 ×9cm。瑞香荛花纸，封一着彩色装饰。保存完好。

搜集于云南省丽江市。讲述死者在归祖路上会有各种鬼作祟，使死者受惊吓，但不必惊慌，冲破各种障碍，前往三十三个吉祥之地。

醋西达树的来历 · 开章古门

tshɿ^{55} si^{33} dɑ^{21} dzər^{21} thv^{33} · dzæ^{33} gv^{33} khu^{33} phu^{33}

东土撰

抄本

1 册，20 页

左右双栏，版框 28 ×10cm。瑞香荛花纸，缺封底。

搜集于云南省维西县。讲述从鳌鱼嘴里长出醋西达树，据说死者的灵魂会挂在长满刀箭的树上。请大鹏、青龙、狮子战神砍此树，把死者灵魂解救出来。讲述死者的灵魂会被关在叫“章古”的城里，杀死守城门的鬼让死者灵魂不羁留在鬼域而顺利到达神界里。

杀猛鬼和恩鬼

mu^{33} ɯ^{21} sy^{55} uɑ^{21} me^{55}

佚名撰

抄本

1 册，20 页

左右双栏，版框 27 ×9.5cm。瑞香荛花纸。保存完好。

搜集于云南省丽江市。讲述猛鬼恩鬼的出处，猛鬼和恩鬼会抢吃子女祭献给死者的供品和牺牲，会阻挡死者回到祖居地，东巴就杀猛鬼和恩鬼。

超度和让死者归祖的事

ŋv^{33} dzo^{21} tʂu^{55} dzo^{21}

佚名撰

抄本

1 册，12 页

左右双栏，版框 30 ×9cm。瑞香荛花纸，封一彩色，内页中盖有六个印章。保存完好。

搜集于云南省维西县。讲述各个时期献不同的牺牲让死者经超度成为祖先，让祖先赐福泽给活人。

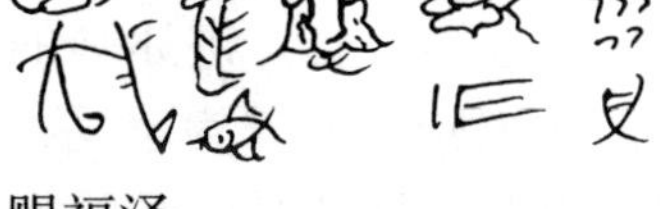

赐福泽

no^{33}o^{21}sɑ^{55}uɑ^{21}me^{55}

佚名撰

抄本

1 册，18 页

左右双栏，版框 28 × 10cm。瑞香荛花纸。保存完好。

搜集于云南省维西县。讲死者带上孝子孝女祭献的东西去祖先居住地，请求把福泽赐给孝子孝女。

献冥马

gu^{21}tsæ^{55}

佚名撰

抄本

1 册，14 页

左右双栏，版框 27. 5 × 10cm。瑞香荛花纸。保存完好。

搜集于云南省维西县。讲述崇忍利恩和衬恒褒白来繁衍人类时，为带来起死回生药，白发老人死了，要献冥马以报恩。

献冥马（中本）

gu^{21}tsæ^{55}

佚名撰

抄本

1 册，26 页

左右双栏，版框 27. 5 × 10cm。瑞香荛花纸。保存完好。

搜集于云南省维西县。讲述马的出处来历及人们怎样把野马驯养为家马，并与马订立协议，人要好好喂马，马给人当脚力，但不能吃它的肉，穿它的皮。

献冥马（末本）

gu^{21}tsæ^{55}

佚名撰

抄本

1 册，20 页

左右双栏，版框 27. 5 × 10cm。瑞香荛花纸。保存完好。

搜集于云南省维西县。讲述让死者骑上冥马前给冥马除秽洗秽，让马驮上死者到祖居地。请死者把福泽赐予孝儿孝女。东巴为活者招魂。

开神路（头本）

he^{21}ʐʅ^{33}phi^{21}gə^{33}kv^{33}tʂu^{55}uɑ^{21}me^{55}

东昌撰

抄本

1 册，32 页

无边栏，版框 29 × 9cm。瑞香荛花纸，封一彩色装饰。保存完好。

搜集于云南省丽江市玉龙县黄山镇文笔村。讲述六个柯路、五行、神界、鬼域、人间的来历。因人的过失会产生冷凑鬼，死者的灵魂会羁留在鬼域里，东巴会念咒语把死者灵魂从鬼域里解救出来并送到神地里去。

开神路（末本）

he^{21}ʐʅ^{33}phi^{21}mæ^{55}tʂu^{55}mɑ^{33}me^{55}

佚名撰

抄本

1 册，20 页

左右双栏，版框 27 ×9cm。瑞香荛花纸，封一彩色装饰。保存完好。

搜集于云南省丽江市。东巴把面偶施给各个鬼域里的鬼，念咒语把各种鬼压下去，关闭鬼门，让死者灵魂得以解脱，用净水壶里的水为死者洗秽。

驱赶冷凑鬼

le^{21}tʂhə^{55}dʐi^{21}

佚名撰

抄本

1 册，20 页

无边栏，版框 29 ×8. 5cm。瑞香荛花纸。缺封底。

搜集于云南省丽江市。讲述在死者回到祖居地的路上，冷凑鬼会阻挡在路上和桥上，东巴向冷凑鬼还债，驱赶冷凑鬼，让死者顺利回到祖居地。

开神路·驱赶冷凑鬼

he^{21}ʐʅ^{33}phi^{21}tʂhə^{55}dʐi^{21}uɑ^{21}

佚名撰

抄本

1 册，24 页

左右双栏，版框 27 ×9cm。瑞香荛花纸，封一着彩色装饰。保存完好。

搜集于云南省丽江市。讲述死者要回到祖居地，其灵魂会被冷凑鬼阻挡于要过的路上和桥上，东巴向冷凑鬼还债，施面偶、念咒语，驱赶冷凑鬼，让死者顺利回到祖居地。

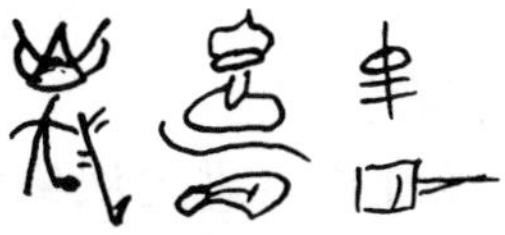

开神路（中本）

he^{21}ʐʅ^{33}phi^{21}ly^{55}tʂu^{55}

佚名撰

抄本

1 册，20 页

左右单栏，版框 28 ×8. 5cm。瑞香荛花纸。缺封面。

搜集于云南省丽江市。讲东巴念咒语把各个鬼域摧毁，让死者灵魂从鬼域解脱出来送到吉祥的三十三个神界里。

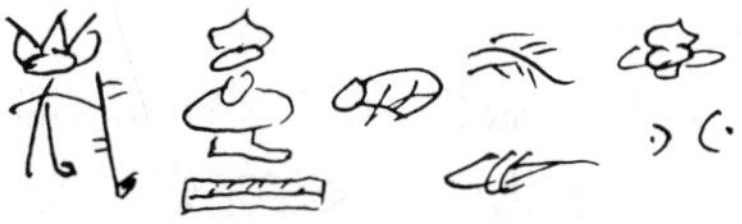

开神路（末本）

he^{21}ʐʅ^{33}phi^{21}mæ^{55}tʂu^{55}

佚名撰

抄本

1 册，28 页

左右单栏，版框 26. 5 ×9cm。瑞香荛花纸。保存完好。

搜集于云南省丽江市。讲述人生于五行，死后还原为五行，生病是五行施放而来，东巴为死者用绵羊、鸡向鬼还债，治了死者的各种疼痛，让他安康地到神地去。请死者把福泽赐予活人。

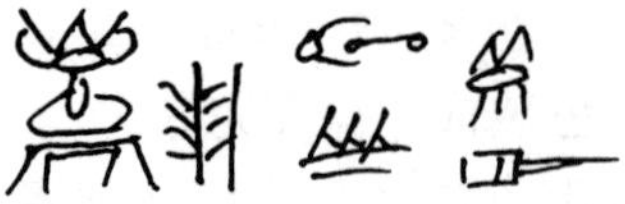

俄佑俄都命杀猛鬼的故事（头本）

o^{33}dzɿ^{33}mi^{55}kv^{33}tʂu^{55}

佚名撰

抄本

1 册，28 页

无边栏，版框 28 ×9cm。瑞香荛花纸，封一着彩色装饰。保存完好。

搜集于云南省丽江市。讲述俄佑俄都命姑娘的八个兄弟去高原上寻找丢失了的黑母牛，先后被猛鬼杀害，俄佑俄都命杀猛鬼为兄弟报仇的故事。

俄依都奴命的故事（末本）

o^{33}dzɿ^{33}mi^{55}

佚名撰

抄本

1 册，36 页

左右双栏，版框 26. 5 ×9cm。瑞香荛花纸，封一着装饰图。保存完好。

搜集于云南省丽江市。祭祀之家去请东巴来主持仪式，东巴就似虎像豹，似云像风地疾速赶来，是从神路、日月星宿之路而来，以显东巴之威。

俄依都奴命的故事（末本）

o^{33}dzɿ^{33}mi^{55}mæ^{55}tʂu^{55}me^{33}

佚名撰

抄本

1 册，40 页

左右单栏，版框 26. 5 ×9. 5cm。瑞香荛花纸，封一着彩色装饰。保存完好。

搜集于云南省香格里拉东坝行政村。祭祀之家去请东巴来主持仪式，东巴就似虎像豹，似云像风地疾速赶来，是从神路、日月星宿之路而来，以显东巴之威。

超度亡灵后请素神的书

tshɿ^{21}ŋv^{55}sɿ^{55}khv^{21}the^{33}ɯ^{33}uɑ^{21}me^{55}

佚名撰

抄本

1 册，62 页

无边栏，版框 24 ×9cm。瑞香荛花纸。保存完好。

搜集于云南省香格里拉白地行政村。送死者亡灵到祖居地，素神也会随之而去，就把素神请回家里予以供养，请素神庇佑家人。

献冥马

gu^{21}tsæ^{55}

佚名撰

抄本

1 册，102 页

左右单栏，版框 26. 5 ×7. 5cm。瑞香荛花纸。保存基本完好。

搜集于云南省丽江市。讲述马的来历和人类驯养野马为家畜，马和人类订协议，人要饲养马，马给人类当脚力，人类不能吃马肉穿马皮。死者回祖居地要翻山越岭过江河，孝子就献冥马。

献冥马

gu^{21}tsæ^{55}uɑ^{21}me^{55}

东升撰

抄本

1 册，88 页

左右双栏，版框 27.5 ×9.5cm。瑞香荛花纸。保存完好。

搜集于云南省丽江市。讲述马的来历和人类驯养野马为家畜的过程。人类和马订了协议，人要饲养马，马给人当脚力；人不能吃马肉，穿马皮。死者去祖居地要翻山越岭过江，孝子就献冥马。

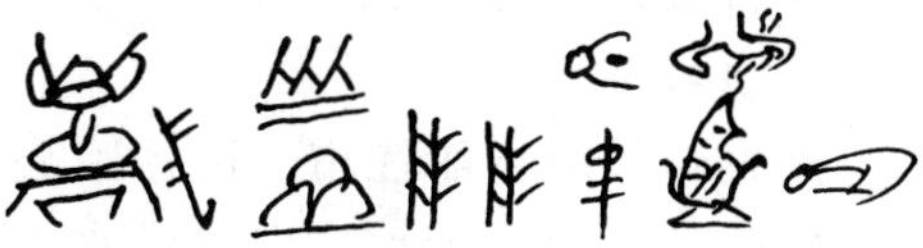

超度夫和妻·抛卡吕面偶

mi^{33}lv^{21}ŋv^{55}khɑ^{33}ly^{55}phi^{55}

东升撰

抄本

1 册，24 页

左右双栏，版框 27 ×9cm。瑞香荛花纸。保存完好。

搜集于云南省丽江市。讲夫和妻一起进行超度仪式，历代祖先皆为此，夫妻一起超度时，东巴做黄金色猴、松石绿蝙蝠、白海螺色狗獾面偶，把东巴的过失让这三者带走，以求东巴平安。

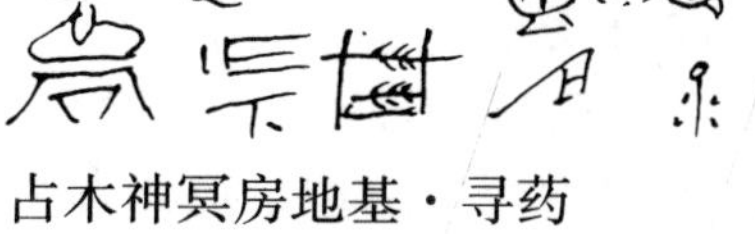

占木神冥房地基·寻药

ə^{33}sɑ^{21}ɕiə^{55} · tʂhər^{33}ʂu^{21}

佚名撰

抄本

1 册，18 页

左右双栏，版框 26.5 ×8.5cm。瑞香荛花纸。缺封底。

搜集于云南省丽江市。要建安放代替死者之木神的冥房而占地基之好坏。由舅舅钉一桩子而建冥房，东巴把药施于神、施于木桩，寻找削制木神的树木，制好木神，给死者点药。

杀牲献牲

mu^{21}miə^{33}fv^{33}

佚名撰

抄本

1 册，24 页

左右双栏，版框 28 ×9.5cm。瑞香荛花纸，封一着装饰。保存完好。

搜集于云南省丽江市。内述祭祀中杀牲献牲，分开生者与死者，关闭死亡门。

升格为祖先一代接一代排辈

ŋv^{33}do^{33}ŋv^{33}tʂu^{55}tʂhər^{55}tsʅ^{33}

佚名撰

抄本

1 册，16 页

左右双栏，版框 26.5 ×9cm。瑞香荛花纸，封一着装饰。缺封底。

搜集于云南省丽江市。讲述献牲献饭献酒，经超度成为祖先，到祖居地则要分辈。

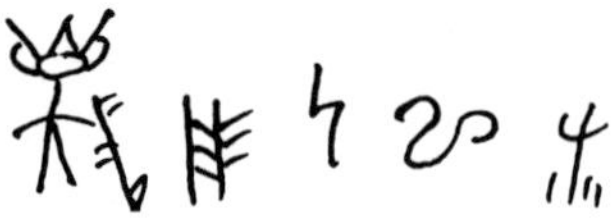

孝孙们报祖恩

tʂhər^{55} phv^{33} dzi^{33}

佚名撰

抄本

1 册，16 页

无边栏，版框 27 ×8.5cm。瑞香荛花纸。缺封底。

搜集于云南省丽江市。讲述孝子孝孙献牲献饭报祖恩，请死者带上所有祭品到祖居地去，请求把福泽留给子孙。

擀制白羊毛服装

sɿ^{33} phər^{21} dʑi^{33} ku^{55} mɑ^{33} me^{55}

佚名撰

抄本

1 册，18 页

左右双栏，版框 27 ×8.5cm。瑞香荛花纸。保存完好。

搜集于云南省丽江市。要擀制白羊毛服装，先把不吉祥的凶兆驱走，把白羊毛服装送给死者，请把福泽留下，把灾难带走。讲述剪来羊毛，擀制毡帽、毡衣、毡裤，羊毛腰带的过程。

醋西达树的出处

tshɿ^{55} si^{33} dɑ^{21} dzər^{21} thv^{33} kv^{33} uɑ^{21}

佚名撰

抄本

1 册，18 页

左右双栏，版框 27 ×9cm。瑞香荛花纸，封一着装饰。保存完好。

搜集于云南省丽江市。讲述在鬼域里的鳌鱼嘴里长出醋西达树的来历及守卫此树的鬼，鬼把人的灵魂挂在此树上。东巴请各种神念咒语，砍此树把各种神解救出来送到神地去。

人类繁衍记

tsho^{21} bər^{33} thv^{33} dzo^{21}

佚名撰

抄本

1 册，22 页

左右双栏，版框 27 ×8.5cm。瑞香荛花纸。缺封底。

搜集于云南省丽江市。讲述因兄妹婚而产生秽，污染了天地，引发洪水，人类灭绝，只剩崇仁利恩一男子，他娶得天女衬恒褒白返回人间繁衍人类。是纳西族的创世神话。

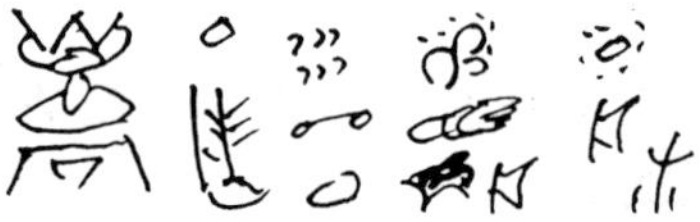

用九种树枝除秽·在朱劳打门口解厄

gv^{33} o^{33} gv^{33} tso^{33} kɯ^{55} · dzɿ^{33} lɑ^{21} khu^{33} me^{33} dv^{21} khu^{55} py^{21}

佚名撰

抄本

1 册，26 页

左右单栏，版框 26.5 ×8.5cm。瑞香荛花纸。缺封底。

搜集于云南省丽江市。东巴用九种不同的树枝火把给死者除秽，把死者的灵魂召回，将其送往祖居地。在祭祀之家的大门口为死者解厄。

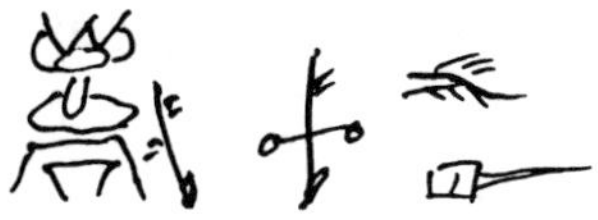

执法杖（末本）

mɯ^{55}thv^{33}o^{33}zʅ^{33}mæ^{55}tʂu^{55}

佚名撰

抄本

1册，30页

左右单栏，版框29×8.5cm。瑞香荛花纸。保存完好。

搜集于云南省丽江市。给死者指引归祖路，并告诉死者人间有诸多矛盾和困难，尽快去吃穿不愁的吉祥的神地里去。

退送厄运·给署点药

sɑ^{33}tʂʅ^{21}·sʅ^{21}tʂhər^{33}khɯ^{55}

佚名撰

抄本

1册，16页

无边栏，版框29×9cm。瑞香荛花纸。缺封底。

搜集于云南省丽江市。为死者退送各种凶兆厄运。讲药的出处，给署点药。

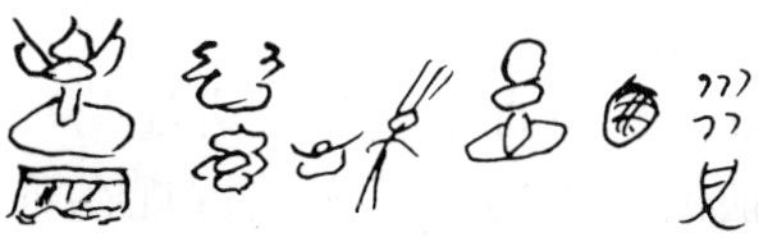

为死者退口舌是非仪式之仪式规程

ʂi^{33}tɕi^{55}·py^{21}du^{33}mu^{21}

佚名撰

抄本

1册，24页

左右双栏，版框27.5×9.5cm。瑞香荛花纸。保存完好。

搜集于云南省维西县。记录了为死者退口舌是非仪式的规程，经书诵读顺序及木牌画画谱。

醋西达树的出处

tshʅ^{55}si^{33}dɑ^{21}dzər^{21}thv^{33}uɑ^{21}me^{55}

佚名撰

抄本

1册，14页

左右双栏，版框28×10cm。瑞香荛花纸。缺封底。

搜集于云南省维西县。讲述从鬼域中的鳌鱼嘴里长出醋西达树的来历及守卫此树的鬼，鬼把人的灵魂挂在此树上。东巴请神把鬼杀死，砍此树，救出死者灵魂，送到神地去。

竖立犁铧和放倒犁铧

tshʅ^{33}tsʅ^{21}tshʅ^{33}ɕi^{55}uɑ^{21}

佚名撰

抄本

1册，14页

左右双栏，版框28×10cm。瑞香荛花纸。缺封底。

搜集于云南省维西县。讲述从鬼域中的鳌鱼嘴里长出醋西达树的来历及守卫此树的鬼，鬼把人的灵魂挂在此树上。东巴请神把鬼杀死，砍此树，救出死者灵魂，送到神地去。

杀牲献牲

tshɿ^{55}du^{33}uɑ^{21} me^{55}

佚名撰

抄本

1册，20页

左右双栏，版框27.5×10cm。瑞香荛花纸。保存完好。

搜集于云南省维西县。讲述祭献的来历，杀牲后向死者献牲。

杀牲献牲

mu^{33}du^{33}uɑ^{21} me^{55}

佚名撰

抄本

1册，30页

左右双栏，版框27.5×10cm。瑞香荛花纸。保存完好。

搜集于云南省维西县。讲述一切都有来历，祭献时杀牲是沈神所始，东巴杀牲献祭责任不在东巴而在于鬼。

杀猛鬼恩鬼

mu^{33}ɯ^{21} sy^{55}

佚名撰

抄本

1册，22页

左右单栏，版框28.5×9.5cm。瑞香荛花纸，盖有一个红印章。缺封面。

搜集于云南省维西县。猛鬼和恩鬼会来抢吃供品，祭献前杀猛鬼和恩鬼，书中讲了两个故事，崇忍利恩和俄依都奴命时代，猛鬼恩鬼的出处和杀猛鬼的故事。

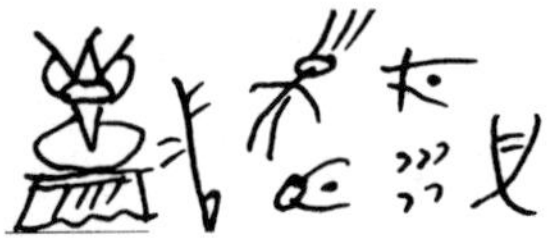

放饭人面偶替身·驱赶死亡厄运

ʂɿ^{33}khɑ^{33}tʂə^{55}uɑ^{21} me^{55}

佚名撰

抄本

1册，28页

左右双栏，版框27×10cm。瑞香荛花纸。保存完好。

搜集于云南省维西县。讲述放饭人面偶替身禳病灾。用面偶关死亡之门，把死亡之灾赶出家门外。

鸡鸣时献饭

æ^{21}tɕy^{21}le^{55}sɿ^{55}uɑ^{21}me^{55}

佚名撰

抄本

1册，20页

左右双栏，版框27.5×10cm。瑞香荛花纸。缺封底。

搜集于云南省维西县。讲述鸡鸣时分向死者献饭的来历，后人遵古规在鸡鸣时向死者献饭、献肉、献酒。

超度和让死者归祖

ŋv^{55}dzo^{21}tʂu^{55}dzo^{21}

佚名撰

抄本

1 册，20 页

左右双栏，版框 27.5 ×9.5cm。瑞香荛花纸。保存完好。

搜集于云南省维西县。人死后若不超度，死者便会神魂不宁，经献祭品超度后死者便成为祖先。

献神灯给女死者念咒语

py^{21}ȵi^{33}ly^{21}du^{33}uɑ^{21}me^{55}

佚名撰

抄本

1 册，46 页

左右双栏，版框 27 ×10cm。瑞香荛花纸。保存完好。

搜集于云南省维西县。要把女死者送到神地，就点上神灯，送给许多珍贵的东西。讲述了灯的来历及灯油的出处，点上神灯后念咒语。咒语其义不明。

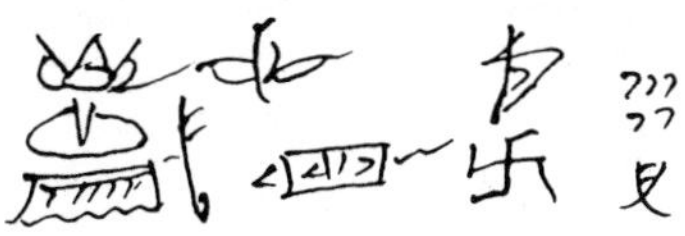

请仇魂之书

zɿ^{21}khv^{21}the^{33}ɯ^{33}uɑ^{21}me^{55}

佚名撰

抄本

1 册，20 页

左右双栏，版框 29.5 ×9.5cm。瑞香荛花纸，封一彩色装饰。保存完好。

搜集于云南省维西县。讲述各种是非、争斗、灾祸之来历，就把仇人之魂请来，东巴再请神降临来镇压仇敌。

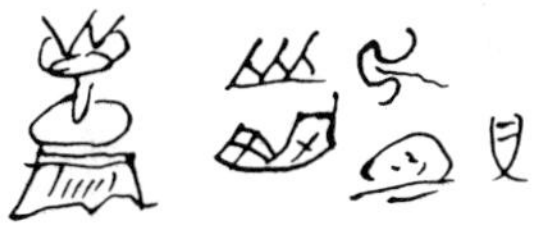

解脱过错罪责

mi^{33}khə^{21}phv^{55}uɑ^{21}me^{55}

东吉撰

抄本

1 册，24 页

左右双栏，版框 27.5 ×10cm。瑞香荛花纸。保存完好。

搜集于云南省维西县。东巴做仪式时杀了牲，诵经书会有差错，但这责任不在我，而把这罪责差错推给鬼。书末写了开丧超度仪式中，这经文都是口诵，书写此书者就首次写为经书。

执法杖（末本）讲富裕

mɯ^{55}thv^{33}o^{33}zɿ^{33}mæ^{55} tʂu^{55}dʑiə^{21}dzo^{21}

佚名撰

抄本

1 册，24 页

左右双栏，版框 27.5 ×10cm。瑞香荛花纸。保存完好。

搜集于云南省维西县。讲述因崇忍利恩和衬恒褒白从天地返回人间时未带长生不老药，因而人死了。叫死者起身到吉祥之地去，那儿是种一季一辈子吃不完，早上生的马傍晚便可骑等富饶的地方。

人类繁衍记

tsho^{21}bər^{33}thv^{33}

东卢撰

抄本

1 册，56 页

左右双栏，版框 26.5 ×8.5cm。瑞香荛花纸。保存完好。

搜集于云南省香格里拉东坝行政村。讲述天地万物的起源，记人类因兄妹婚产生秽，引发了洪水。人类灭绝只剩一男叫崇仁利恩，他娶得天女衬恒褒白返回人间繁衍人类，为纳西族的创世神话。

竖督树点神灯

tv^{21}tshɿ^{55}bæ^{33}mi^{33}tʂɿ^{55}

佚名撰

抄本

1 册，24 页

左右单栏，版框 26.5 ×8.5cm。瑞香荛花纸。保存基本完好。

搜集于云南省香格里拉东坝行政村。讲“督”树的来历及挂在树上的旗、灯笼的来历，此树可压鬼，神灯照亮神地，照亮死者的归祖路。

竖督树点神灯

tv^{21}tshɿ^{55}bæ^{33}mi^{33}tʂɿ^{55}

佚名撰

抄本

1 册，24 页

左右单栏，版框 26.5 ×8.5cm。瑞香荛花纸。保存基本完好。

搜集于云南省香格里拉东坝行政村。讲“督”树的来历及挂在树上的旗、灯笼的来历，此树可压鬼，神灯照亮神地，照亮死者的归祖路。

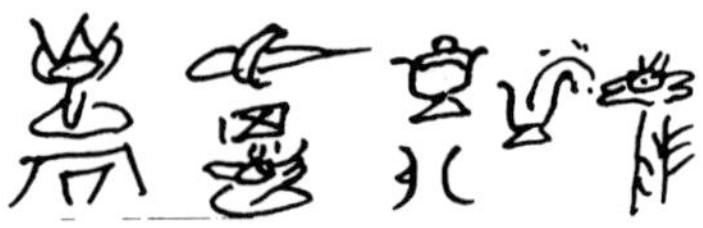

生死离别·献离别酒饭

ɡu^{33}to^{55}y^{21}hɑ^{33}iə^{55}

佚名撰

抄本

1 册，26 页

无边栏，版框 27.5 ×8cm。瑞香荛花纸。保存基本完好。

搜集于云南省香格里拉东坝行政村。死者分别了天地村庄和亲人，离别时献酒饭。

用鸡陪葬

tsi^{55}mi^{33}khɯ^{55}

佚名撰

抄本

1 册，26 页

无边栏，版框 26 ×9cm。瑞香荛花纸。保存完好。

搜集于云南省香格里拉东坝行政村。讲述夫妻一方去世，就献羊，用鸡陪葬，让鸡和羊作死者的伴侣回到祖居地。

用鸡陪葬

tsi^{55}mi^{33}khɯ^{55}

佚名撰

抄本

1 册，24 页

左右双栏，版框 27.5 ×8.5cm。瑞香荛花纸。保存完好。

搜集于云南省香格里拉东坝行政村。讲述夫妻一方去世，就献羊，用鸡陪葬，让鸡和羊作死者的伴侣回到祖居地。

取出陪葬者

tsi^{55}mi^{33}thv^{55}uɑ^{21}me^{55}

佚名撰

抄本

1 册，22 页

无边栏，版框 27 ×9cm。瑞香荛花纸。保存完好。

搜集于云南省香格里拉东坝行政村。讲述夫妻一方去世时，用鸡陪葬以做伴，现夫妻都死了，鸡毛的温暖不如人身的温暖，就取出陪葬的鸡或羊。

削制亡灵的木身

ŋv^{33}zɿ^{21}ŋv^{33}hər^{55}

佚名撰

抄本

1 册，58 页

左右单栏，版框 24 ×9cm。瑞香荛花纸。保存完好。

搜集于云南省香格里拉东坝行政村。讲述舅舅为死者亡灵削制木身，因火葬后身子化成白骨，超度时用松枝制作木身以替死者之体。

削制亡灵的木身

ŋv^{33}zɿ^{21}ŋv^{33}be^{33}

佚名撰

抄本

1 册，58 页

左右单栏，版框 27 ×9.5cm。瑞香荛花纸。保存完好。

搜集于云南省香格里拉东坝行政村。讲述人去世后火化，身子化成白骨，超度时用松枝制作木身以替死者之体。

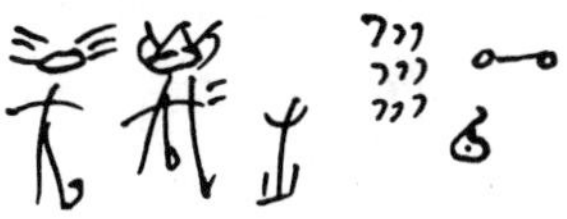

用九种树枝除秽

gv^{33}o^{33}gv^{33}dzo^{21}kɯ^{55}

佚名撰

抄本

1 册，26 页

无边栏，版框 25 ×8.5cm。瑞香荛花纸。保存完好。

搜集于云南省香格里拉东坝行政村。讲用九种不同的树枝为死者木身除秽。

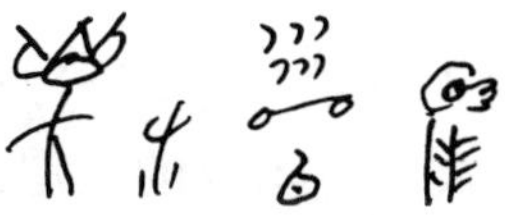

用九种树枝除秽

gv^{33}o^{33}gv^{33}dzo^{33}kɯ^{55}

佚名撰

抄本

1 册，30 页

左右单栏，版框 26 ×9cm。瑞香荛花纸。保存完好。

搜集于云南省香格里拉东坝行政村。用九种树枝的火把为死者木身除秽，并招回死者亡灵，送其到祖居地。

解　厄

kho^{33}phv^{55}dʐʅ^{33}phv^{55}

佚名撰

抄本

1 册，48 页

左右双栏，版框 28 ×8cm。瑞香荛花纸。保存完好。

搜集于云南省香格里拉东坝行政村。讲述厄运的来历，为死者解厄运，招魂送其回祖居地。

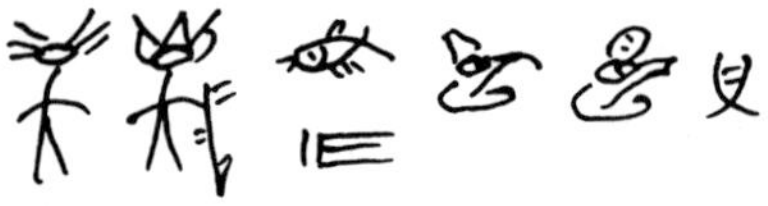

占地脉

lɯ^{33}sɑ^{21}ɕiə^{55}uɑ^{21}me^{55}

佚名撰

抄本

1 册，12 页

左右双栏，版框 25.5 ×9cm。瑞香荛花纸。保存完好。

搜集于云南省香格里拉东坝行政村。超度死者时要建安放死者木身的冥房，由舅舅占得好地脉钉一木桩，就在此地建冥房安放死者木身。

占地脉

lɯ^{33}sɑ^{21}ɕiə^{55}uɑ^{21}me^{55}

佚名撰

抄本

1 册，12 页

左右双栏，版框 27 ×9.5cm。瑞香荛花纸。保存完好。

搜集于云南省香格里拉东坝行政村。超度死者时要建安放死者木身的冥房，由舅舅占得好地脉钉一木桩，就在此地建冥房安放死者木身。

折冥房・超度死者成祖先

ŋv^{33}dʑi^{21}tshe^{55} · ŋv^{33}do^{33}

佚名撰

抄本

1 册，20 页

无边栏，版框 27.5 ×8cm。瑞香荛花纸。保存完好。

搜集于云南省香格里拉东坝行政村。讲述由舅舅折安置死者木身的冥房。把木身送到放木身的岩洞里，表示死者已成祖先。

解厄・报祖恩

khu^{55}py^{21} · tʂhər^{55}phv^{33}ʐuɑ^{21}

佚名撰

抄本

1 册，24 页

左右双栏，版框 28 ×8.5cm。瑞香荛花纸。保存完好。

搜集于云南省香格里拉东坝行政村。讲述死者在世时做过许多错事，就会有口舌是非，东巴为死者解厄，不让口舌是非被带到祖居地。孝子向死者献牲献饭献酒，让死者带到祖居地，向祖先报恩。

解　厄

kho^{33}phv^{55}dʐʅ^{33}phv^{55}

佚名撰

抄本

1 册，42 页

左右单栏，版框 27.5 ×8cm。瑞香荛花纸。保存基本完好。

搜集于云南省香格里拉东坝行政村。讲述厄运的来历，为死者解厄运，招魂，送其回祖居地。

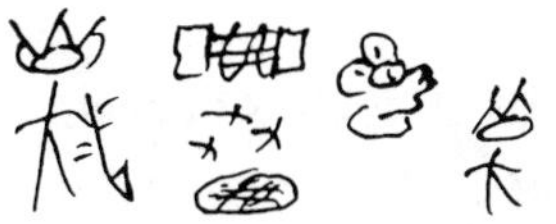

寻求丧葬的规矩 · 寻舅舅

phe^{21}be^{33}mu^{21}ʂu^{21} · gv^{33}tse^{55}

佚名撰

抄本

1 册，48 页

左右双栏，版框 26.5 ×9.5cm。瑞香荛花纸。保存完好。

搜集于云南省香格里拉东坝行政村。讲述娃儿寻到舅舅，砍来胜利桩，得富裕强盛；讲述古代人不知丧葬规矩，求教卢神得火葬规矩；讲崇忍潘迪因父母去世寻起死回生药。

寻求丧葬的规矩 · 寻舅舅

phe^{21}be^{33}mu^{21}ʂu^{21} · gv^{33}tse^{55}

佚名撰

抄本

1 册，44 页

无边栏，版框 27 ×8cm。瑞香荛花纸。保存完好。

搜集于云南省香格里拉东坝行政村。讲述娃儿寻到舅舅，砍来胜利桩，得富裕强盛；讲述古代人不知丧葬规矩，求教卢神得火葬规矩；讲崇忍潘迪因父母去世寻起死回生药。

烧旗祭献

the^{33}dʐi^{55}

佚名撰

抄本

1 册，10 页

无边栏，版框 27 ×7.5cm。瑞香荛花纸。保存基本完好。

搜集于云南省香格里拉东坝行政村。讲述从崇忍利恩始便献牲献饭给绸衣并烧旗祭死者，后人遵古规烧旗祭献。

请来舅父破崩人的九个寨子

gv^{33}kɯ^{55}uɑ^{21}me^{55}

佚名撰

抄本

1 册，44 页

无边栏，版框 27 ×8.5cm。瑞香荛花纸。保存完好。

搜集于云南省香格里拉东坝行政村。请舅父攻破崩人的九个寨子，让死者灵魂从鬼域里解脱出来，使举丧之家有福泽子嗣。

擀制白羊毛服装

sɿ^{33}phər^{21}dʐi^{33}ku^{55}me^{13}

佚名撰

抄本

1 册，32 页

左右单栏，版框 26.5 ×9cm。瑞香荛花纸。保存完好。

搜集于云南省香格里拉东坝行政村。讲述孝子擀制死者服装是为报恩，要解各种厄运凶兆，让死者顺利到达神界里并庇佑赐福给后辈子孙。

禳除厄运

sɑ^{33}tʂɿ^{21}

佚名撰

抄本

1 册，40 页

无边栏，版框 29 ×9cm。瑞香荛花纸。保存基本完好。

搜集于云南省香格里拉东坝行政村。署会带许多灾难给死者，东巴点药给署，禳除灾难。十二生肖、六十花甲、五行等不相生而会有许多厄运，东巴予以禳除。

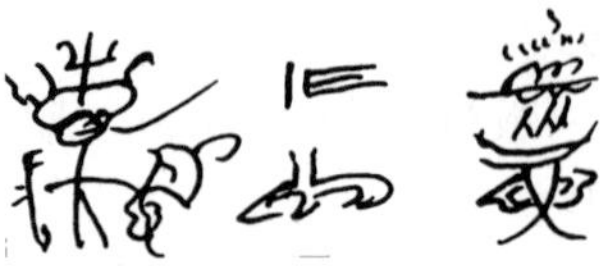

禳除厄运

sɑ^{33}tʂɿ^{21}

佚名撰

抄本

1 册，52 页

左右单栏，版框 26 ×9.5cm。瑞香荛花纸。保存完好。

搜集于云南省香格里拉东坝行政村。署会带许多灾难给死者，东巴点药给署，禳除灾难，十二生肖、六十花甲、五行等不相生而会有许多厄运，东巴予以禳解。

在那刹坞古坡说吉利话

nɑ^{33}sɑ^{21}uə^{33}kv^{33}bu^{21}khuə^{55}ʂə^{55}

佚名撰

抄本

1 册，40 页

左右单栏，版框 26.5 ×8.5cm。瑞香荛花纸。保存完好。

搜集于云南省香格里拉东坝行政村。讲述东巴未到那刹坞古坡时不喝酒，到了才喝酒，就讲述东巴各种法器、法衣等的出处来历及其具有的威灵。东巴受祭祀之家所请就从吉祥的神路赶来，在吉星高照的日子赶来。

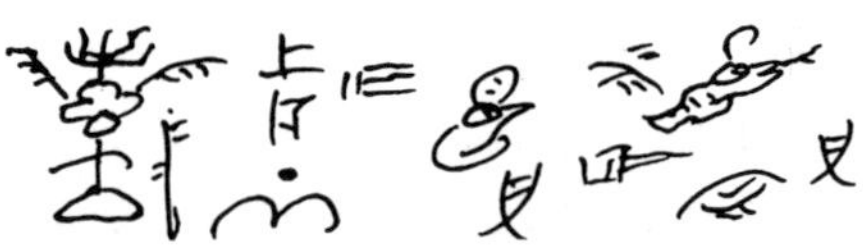

在那刹坞古坡说吉利话

nɑ^{33}sɑ^{21}uə^{33}kv^{33}bu^{21}khuə^{55} ʂə^{55}

佚名撰

抄本

1 册，34 页

无边栏，版框 27 ×8. 5cm。瑞香荛花纸，保存完好。

搜集于云南省香格里拉东坝行政村。讲述东巴来到那刹坞古坡时不喝酒，到了才喝酒，就讲述东巴各种法器、法衣等的出处来历及具有的威灵。东巴受祭祀之家所请就从吉祥的神路赶来，在吉星高照的日子里赶来。

拆冥房 · 打虎的獠牙 · 超度成祖先

ŋv^{33}dʑi^{21}tshe^{55} · lɑ^{33}go^{21}ɕi^{55} · ŋv^{33}do^{33} ŋv^{33}tʂu^{55}

佚名撰

抄本

1 册，24 页

左右单栏，版框 26. 5 ×9cm。瑞香荛花纸，保存完好。

搜集于云南省香格里拉东坝行政村。由舅舅拆掉放死者木身的冥房，把木身放到放木身的岩洞里；打掉虎的獠牙，让死者顺利到达祖居地；把死者超度成祖先以论资排辈。

擀制白羊毛服装

sɿ^{33}phər^{21}dʑi^{33}ku^{55}me^{13}

佚名撰

抄本

1 册，32 页

无边栏，版框 26. 5 ×8. 5cm。瑞香荛花纸，保存基本完好。

搜集于云南省香格里拉东坝行政村。讲擀制白羊毛服装给死者是报恩；东巴为死者禳解十二生肖、五行等占卜时占卜出来的凶兆及各种厄运。

为死者除秽

ʐɿ^{21}tʂhə^{55} ʂu^{55}

佚名撰

抄本

1 册，30 页

无边栏，版框 27 ×8. 5cm。瑞香荛花纸，保存完好。

搜集于云南省香格里拉东坝行政村。讲为死者除秽，让死者安全到达祖居地。

祭祖先

y^{21}thɑ^{55}py^{21}uɑ^{21}me^{55}

佚名撰

抄本

1 册，32 页

无边栏，版框 27 ×8cm。瑞香荛花纸，保存完好。

搜集于云南省香格里拉东坝行政村。把死者超度成祖先，在祖居地要分清辈分，给活人赐福泽。关闭死亡之门。

解厄 · 报祖恩

khu^{55}py^{21} · tshɿ^{21}dʐu^{33}ʐuɑ^{21}

佚名撰

抄本

1 册，30 页

无边栏，版框 27.5 × 8.5cm。瑞香荛花纸，保存完好。

搜集于云南省香格里拉东坝行政村。死者生前会有一些口舌是非，东巴为其禳除。孝子杀牲献饭送衣以报祖恩。

人类繁衍记

tsho^{21}bər^{33}thv^{33}dzo^{21}

佚名撰

抄本

1 册，48 页

无边栏，版框 28 × 8.5cm。瑞香荛花纸，保存完好。

搜集于云南省香格里拉东坝行政村。讲述天地万物的起源。人类因兄妹婚产生秽，引发了洪水，人类灭绝，仅剩一男崇忍利恩，他娶得天女衬恒褒白返回人间繁衍人类，为纳西族的创世神话。

执法杖（头本）

mɯ^{55}thv^{33}o^{33}zɿ^{33}kv^{33}tʂu^{55}

佚名撰

抄本

1 册，40 页

无边栏，版框 27 × 8.5cm。瑞香荛花纸，保存完好。

搜集于云南省香格里拉东坝行政村。东巴告诉死者去祖居地要翻山越岭过大江，并给死者指路，告诉死者人间有许多矛盾难以克服，让死者尽快到花儿不谢、吃穿不愁的吉祥的神地里去。

执法杖（中本）

mɯ^{55}thv^{33}o^{33}zɿ^{33}ly^{55}tʂu^{55}uɑ^{21}me^{55}

佚名撰

抄本

1 册，48 页

无边栏，版框 28 × 8.5cm。瑞香荛花纸，保存基本完好。

搜集于云南省香格里拉东坝行政村。东巴告诉死者带上所需之物上路，路上会有飞禽走兽和各种鬼来阻拦，叫死者不必害怕它们，到祖居地去与祖先团聚。

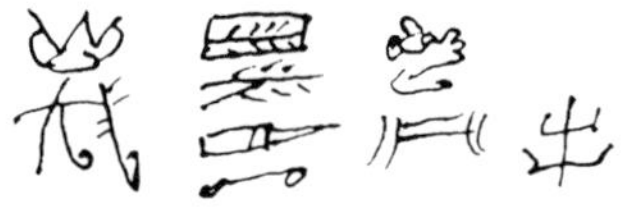

执法杖说分离事

mɯ^{55}thv^{33}zɿ^{33}gu^{33}dzo^{21}be^{33}

杨家的阿普纽撰

抄本

1 册，22 页

无边栏，版框 28 × 8.5cm。瑞香荛花纸，保存完好。

搜集于云南省香格里拉东坝行政村。述说鸡鸣天亮，让死者起身上路。讲生死分离，要将死地摧毁来做活者的天地。

给死者除秽

zɿ^{21}tʂhə^{55}ʂu^{55}py^{21}

佚名撰

抄本

1 册，26 页

左右单栏，版框 26.5 ×9.5cm。瑞香荛花纸，保存完好。

搜集于云南省香格里拉东坝行政村。讲述死者活着时有许多过失而产生秽，东巴就为其除秽。

烧绸旗祭死者

the^{33}dʐi^{55}uɑ^{21} me^{55}

佚名撰

抄本

1 册，8 页

左右单栏，版框 26 ×8.5cm。瑞香荛花纸，保存完好。

搜集于云南省香格里拉东坝行政村。历代祖先都杀牲献饭并烧绸旗祭献以报祖恩，后人亦照古规行事。

儿媳守灵

tʂhər^{33}me^{33}ɕy^{55}uɑ^{21}me^{55}

东武撰

抄本

1 册，16 页

左右双栏，版框 26 ×9cm。瑞香荛花纸，封一着彩色装饰。保存完好。

搜集于云南省香格里拉东坝行政村。大小儿媳站在灵旁守灵，献上九种牲畜、十种五谷以报恩，请死者把福赐给大小儿媳。

儿媳守灵

tʂhər^{33}me^{33}ɕy^{55}uɑ^{21}me^{55}

东炽撰

抄本

1 册，16 页

无边栏，版框 28 ×9cm。瑞香荛花纸，封一着彩色装饰。保存完好。

搜集于云南省丽江市古城区束河镇。大小儿媳站在灵旁守灵，献上九种牲畜、十种五谷以报恩，请死者把福赐给大小儿媳。

孝女献糖果

ne^{33}ne^{21}sɿ^{55}

佚名撰

抄本

1 册，24 页

左右单栏，版框 26.5 ×9cm。瑞香荛花纸，封一着彩色装饰，保存完好。

搜集于云南省香格里拉东坝行政村。讲述孝女带糖果点心回家奔丧祭献以报父母的养育之恩，请死者把福泽子嗣留给后人。

安慰死者之歌

mu^{55}dzɿ^{33}mi^{55}me^{13}

佚名撰

抄本

1 册，54 页

左右单栏，版框 28×8.5cm。瑞香荛花纸。缺封底。

搜集于云南省香格里拉东坝行政村。陈述历代先辈都死去，万物亦有生死，劝慰死者不必悲伤，孝子孝女向你祭献牛羊、五谷、绸衣，带上各种祭品到祖居地去。

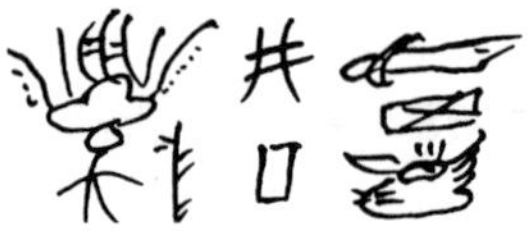

生死离别·砍开猪头

gu^{33}to^{55} · bɑ^{21}kv^{33}tshe^{55}

佚名撰

抄本

1 册，28 页

左右单栏，版框 27×9cm。瑞香荛花纸，封一着彩色装饰。保存完好。

搜集于云南省香格里拉东坝行政村。叙说死者离别天地、村寨、夫妻、儿女、亲戚而去，献上牺牲、酒饭以饯行，把猪头砍成两半以示分离。

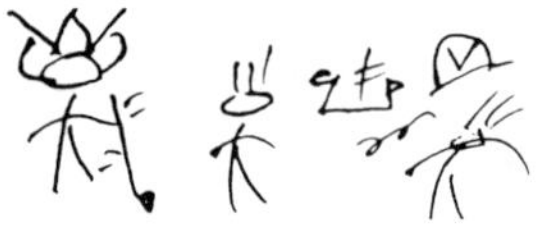

送鬼压鬼

tshɿ^{21}pv^{55}tshɿ^{21}thv^{55}

佚名撰

抄本

1 册，18 页

无边栏，版框 27×8.5cm。瑞香荛花纸，保存基本完好。

搜集于云南省香格里拉东坝行政村。由各种神敲断鬼首，压各种鬼。东巴关闭天地间的死亡之门。

杀牺牲

kho^{55}mu^{33}kho^{55}me^{33}kv^{33}tʂu^{55}mæ^{55}tʂu^{55}

佚名撰

抄本

1 册，44 页

无边栏，版框 27.5×8cm。瑞香荛花纸。保存完好。

搜集于云南省香格里拉东坝行政村。祭祀之家杀牺牲献牲以报恩，东巴分开死者和生者。

杀猛鬼恩鬼

mu^{33}ɯ^{21}sy^{55}me^{55}

东武撰

抄本

1 册，30 页

左右单栏，版框 26.5×9.5cm。瑞香荛花纸，封一着彩色装饰。保存完好。

搜集于云南省香格里拉东坝行政村。讲述猛鬼和恩鬼的出处，猛鬼和恩鬼会来抢孝子孝女所献的供品和牺牲。杀了猛鬼和恩鬼，让死者带上所有牺牲和财物平安地到祖居地去。

开神路（头本）

he^{21}ʐɿ^{33}phi^{21}kv^{33}tʂu^{55}

佚名撰

抄本

1 册，22 页

无边栏，版框 25 ×8.5cm。瑞香荛花纸，封一着彩色装饰。缺封底。

搜集于云南省香格里拉东坝行政村。死者去神地的路上，各种鬼会来阻拦，东巴用牛、马、面团、面偶还各种鬼的债，念咒语把各种鬼压下去，让死者到神地去。

开神路（末本）

he^{21}ʐʅ^{33}phi^{21}mæ^{55}tʂu^{55}

佚名撰

抄本

1 册，22 页

无边栏，版框 27.5 ×8cm。瑞香荛花纸。保存完好。

搜集于云南省香格里拉东坝行政村。把死者送到三十三个神界里去。

开神路（末本）

he^{21}ʐʅ^{33}phi^{21}mæ^{55}tʂu^{55}

东武撰

抄本

1 册，22 页

无边栏，版框 26.5 ×8.5cm。瑞香荛花纸。保存完好。

搜集于云南省香格里拉东坝行政村。向死者求福泽子嗣，死者及祖先把福泽子嗣赐予活者。

驱赶冷凑鬼

le^{21}tʂhə^{55}dʐʅ^{21}uɑ^{21} me^{55}

佚名撰

抄本

1 册，22 页

左右双栏，版框 27.5 ×8.5cm。瑞香荛花纸。保存完好。

搜集于云南省香格里拉东坝行政村。死者在归祖路上会遭祖先迁徙路上非正常死亡之灵所变的冷凑鬼阻拦。东巴把山羊、绵羊、猪送给冷凑鬼向它还债，念咒语把各种鬼镇压下去，让死者到达神地。

死者过九道黑坡用鸡还鬼债

bu^{21}nɑ^{55}gv^{33}bu^{21} æ^{21}nɯ^{33}dʐu^{33}ʐuɑ^{21}

佚名撰

抄本

1 册，18 页

无边栏，版框 26 ×8.5cm。瑞香荛花纸。保存完好。

搜集于云南省香格里拉东坝行政村。死者到祖居地去要翻越九道黑坡，这九道黑坡有守卫的鬼，死者把鸡送给鬼，东巴用面偶、肉给鬼，把鬼镇压下去，让死者平安翻过这九道黑坡。

打开“章古”城门

tse^{33}ŋv^{33}khu^{33}phu^{33}uɑ^{21}me^{55}

佚名撰

抄本

1 册，16 页

左右单栏，版框 27.5 ×9.5cm。瑞香荛花纸。保存完好。

搜集于云南省香格里拉东坝行政村。死者的灵魂会被鬼摄取关在叫“章古”的城里。东巴杀死守城门的鬼，让死者的灵魂得以解脱，并把死者灵魂送到神地。

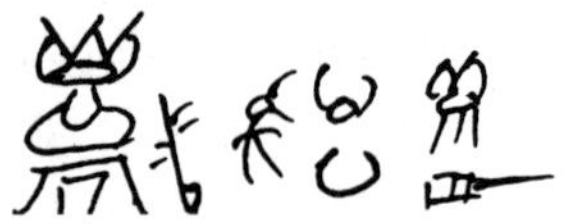

退口舌是非仪式（头本）

kho^{33}phv^{55}kv^{33}tʂu^{55}

佚名撰

抄本

1 册，24 页

左右单栏，版框 26.5 ×7.5cm。瑞香荛花纸，封着一彩色装饰。保存完好。

搜集于云南省丽江市。记祭司从神路、日月星辰之路而来，东巴祭司作法以退送天上、人间出现的各种灾难和口舌是非。

退口舌是非仪式（末本）

kho^{33}phv^{55}mæ^{55}tʂu^{55}

佚名撰

抄本

1 册，16 页

左右单栏，版框 26 ×8cm。瑞香荛花纸，封着一彩色装饰。保存完好。

搜集于云南省丽江市。为死者禳解十二生肖、五行、二十八宿等相克而带来的凶兆。讲述酒的来历，向死者及祖先祈赐福泽。

生死离别

gu^{33}to^{21}uɑ^{21}me^{55}

佚名撰

抄本

1 册，12 页

左右双栏，版框 27.5 ×10cm。瑞香荛花纸。保存完好。

搜集于云南省维西县。讲养儿为防老，种粮以防饥，孝子孝女杀牲献饭给死者以报恩，分离事是难以避免的。

俄依都奴的故事

o^{33}dʐʅ^{33}mi^{55}

佚名撰

抄本

1 册，24 页

左右双栏，版框 27.5 ×9cm。瑞香荛花纸。保存基本完好。

搜集于云南省维西县。记俄依都奴的九兄弟去找放牧中丢失的一头黑牛，却遭猛鬼和恩鬼杀害。俄依都奴找到猛鬼恩鬼并将其杀死，为兄弟报了仇。

削制死者木身

ŋv^{33}be^{33}the^{33}ɯ^{33}uɑ^{21}me^{55}

佚名撰

抄本

1 册，16 页

左右双栏，版框 27 ×7.5cm。瑞香荛

花纸。缺封底。

搜集于云南省丽江市。人死后进行了火化，超度时由舅舅削制木身代替死者，给木身除秽，施药。

用绵羊陪葬

tsi^{55}mi^{33}khɯ^{55}

佚名撰

抄本

1 册，22 页

左右双栏，版框 27.5 ×9cm。瑞香荛花纸。保存基本完好。

搜集于云南省丽江市。夫妻一方去世，就用鸡或绵羊陪葬。本书讲用绵羊陪葬，让绵羊去作死者的伴侣。

安慰死者之歌

mu^{55}dzʅ^{33}mi^{55}

佚名撰

抄本

1 册，16 页

无边栏，版框 28.5 ×9cm。瑞香荛花纸。保存完好。

搜集于云南省丽江市。述说历代先辈都先后死去，世上许多动物也会老死，以安慰死者不必太悲伤。

超度夫和妻·抛卡吕面偶

mi^{33}lv^{21}ŋv^{55}khɑ^{33}ly^{55}to^{33}mɑ^{33}phi^{55}

佚名撰

抄本

1 册，22 页

无边栏，版框 28.5 ×9cm。瑞香荛花纸。保存完好。

搜集于云南省丽江市。讲述东巴要把夫妻一起送到祖先居住地，让夫妻与祖先团聚，但东巴的过失责任会大，就要做金猴、绿蝙蝠、白狗獾面偶，让这三样卡吕面偶带东巴的过失罪责而去。

超度夫和妻

mi^{33}lv^{21}ŋv^{55}me^{33}uɑ^{21}

佚名撰

抄本

1 册，30 页

左右双栏，版框 28 ×10cm。瑞香荛花纸，封一着彩色装饰。保存完好。

搜集于云南省丽江市。讲述天地不会同时产生，夫妻不同生同死，但已发生了，就一起超度，让夫妻到祖居地后同劳作，同放牧，同吃同睡。

超度夫和妻把罪过驮在马上

mi^{21}gu^{21}tɕər^{21}tɕi^{55}

佚名撰

抄本

1 册，24 页

左右双栏，版框 28 ×9.5cm。瑞香荛花纸，封面、封底左右两边着蓝色橘红色。保存完好。

搜集于云南省丽江市。讲夫妻在世时会有口舌，会有罪过，在夫妻一起超度时，不能把这些口舌是非与罪带走，就把这些驮在马上带到鬼域和仇地里去。

超度夫和妻献牲

mi^{33}lv^{21}ŋv^{55}tshɿ^{33}i^{21}

佚名撰

抄本

1 册，24 页

左右双栏，版框 28 ×9cm。瑞香荛花纸，封面、封底左右两边着蓝色橘红色。保存完好。

搜集于云南省丽江市。讲述许多不该发生的发生了，夫妻一起超度，夫妻要同穿衣同盖被。把东巴的过失让黄猴、绿蝙蝠、白狗獾面偶带走。后有超度夫和妻的仪式规程。

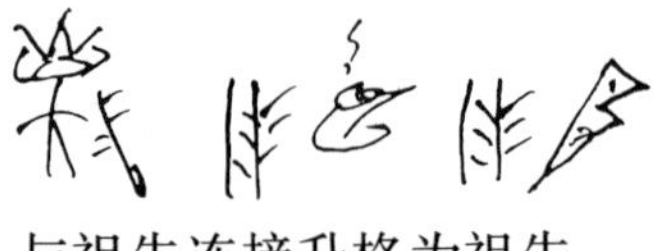

与祖先连接升格为祖先

ŋv^{33}tsɿ^{55}ŋv^{3}do^{33}

佚名撰

抄本

1 册，18 页

左右双栏，版框 28 ×9. 5cm。瑞香荛花纸，封面、封底左右两边着蓝色橘红色。保存完好。

搜集于云南省丽江市。把死者木身放在放木身的岩洞里，与前辈相连，死者成为祖先，原来小辈的升为中辈。在这个过程中会有各种鬼阻拦，杀了各种鬼，完成升格的过程，把死者超度为祖先。

在地洞里招魂（头本）

lɯ^{33}kho^{33}o^{21} ʂər^{55}kv^{33}tʂu^{55}uɑ^{21}me^{55}

佚名撰

抄本

1 册，16 页

左右双栏，版框 28 ×10cm。瑞香荛花纸。保存完好。

搜集于云南省维西县。唤醒死者让死者启程，但在火葬场火化时，死者灵魂会被羁绊在九层黑土下，就由东巴把死者灵魂从土洞里招回。后有东巴在土洞里招魂的仪式规程。

献驮马

tɕi^{33}gu^{21}tsæ^{55}uɑ^{21}me^{55}

佚名撰

抄本

1 册，22 页

左右单栏，版框 28 ×9cm。瑞香荛花纸。保存完好。

搜集于云南省维西县。讲述死者要带去金衣银衣、松石衣和墨玉衣，带去粮食和糖，就献上驮马，让死者把这些驮在马上，赶着牺牲到祖居地去。

献牲·俄依九兄弟为父招魂

tshɿ^{33}du^{33} · o^{21}i^{33}gv^{55}zɿ^{33}tʂər^{55}

佚名撰

抄本

1 册，34 页

左右双栏，版框 28 ×9. 5cm。瑞香荛花纸。封底缺半页，其他保存完好。

搜集于云南省丽江市。先讲祭献的来历，孝子用绵羊献牲；讲述寻找丧葬规程的故事，俄依九兄弟用火葬葬其母。

关死亡之门（末本）

sɿ^{33}khu^{33}tər^{55}mæ^{55}tʂu^{55}

佚名撰

抄本

1 册，18 页

无边栏，版框 27. 5 ×9. 5cm。瑞香荛花纸。保存完好。

搜集于云南省维西县。讲述东巴法杖的出处来历及其威力，用法杖杀死各种鬼，关上死亡之门。

已嫁女儿奔丧祭献报父母恩

ne^{33}ne^{21}sɿ^{55}

佚名撰

抄本

1 册，26 页

无边栏，版框 30 ×9cm。瑞香荛花纸。缺封底。

搜集于云南省丽江市。讲绸的来历，用绸蘸药给死者治病；已出嫁的女儿带着糖点、猪肉来奔丧祭献报养育之恩；酒的来历，把酒献给祖先。

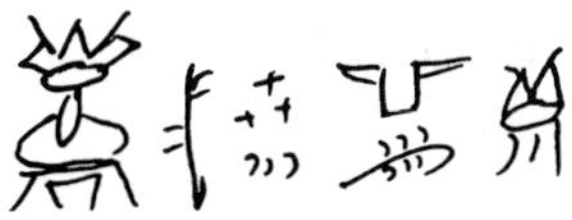

三十三根法杖的出处

mɯ^{55}thv^{33}sɿ^{33}tsər^{21}sɿ^{21}ly^{33}thv^{33}pɯ^{55}kv^{33}

佚名撰

抄本

1 册，28 页

左右单栏，版框 26. 5 ×8. 5cm。瑞香荛花纸。保存基本完好。

搜集于云南省丽江市。讲述三十三根法杖的出处及法杖的威力，用三十三根法杖能驱鬼禳灾；占地脉建冥房。

安慰死者之歌（末本）

mu^{55}dzɿ^{33}mæ^{55}tʂu^{55}

佚名撰

抄本

1 册，14 页

左右单栏，版框 28. 5 ×8. 5cm。瑞香荛花纸，封一着彩色装饰。保存完好。

搜集于云南省丽江市。安慰死者并送死者，给死者指路。

点　药

tʂhər^{33}khɯ^{55}

佚名撰

抄本

1 册，14 页

左右双栏，版框 28 ×9cm。瑞香荛花纸。缺封面。

搜集于云南省丽江市。讲述药的来历，

给神和署点药，给死者点药。

推脱责任过失

mi³³ khə²¹ phv⁵⁵

佚名撰

抄本

1 册，16 页

左右双栏，版框 27 ×8.5cm。瑞香荛花纸。保存完好。

搜集于云南省丽江市。东巴在祭祀杀牲、在诵经时会有差错，说责任过失不在东巴，把这责任过失推脱给鬼。

年轻死者之挽歌

ə³³ le⁵⁵ dʐu²¹

佚名撰

抄本

1 册，20 页

无边栏，版框 28 ×8.5cm。瑞香荛花纸。右上角有一小半残缺。

搜集于云南省丽江市。列举历代先辈都先后去世，飞禽走兽都会死亡，生死是必然而劝死者不要悲伤。

削制死者木身

ŋv³³ zɿ²¹ ŋv³³ hæ⁵⁵

佚名撰

抄本

1 册，22 页

左右双栏，版框 27 ×9cm。棉纸。保存完好。

搜集于云南省丽江市。举行超度死者仪式，为死者削制木身以代替死者身体。

鸡鸣时叫死者启程

æ²¹ tɕy²¹ dzo²¹ be³³ uɑ²¹ me⁵⁵

东纳撰

抄本

1 册，32 页

无边栏，版框 29 ×8.5cm。瑞香荛花纸。保存完好。

搜集于云南省丽江市。鸡鸣时，鸡鸣声传到了神界，各种飞禽走兽都起身而去，叫死者亦可启程了。生死已离别，叫死者起身。

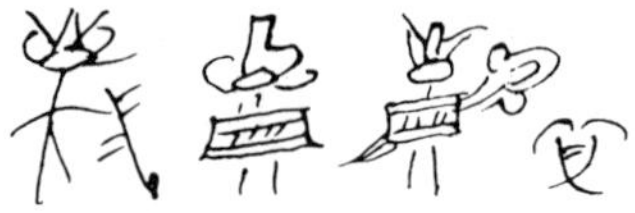

媳妇守灵尽孝报恩

tʂhər³³ me³³ ɕy⁵⁵

东庚撰

抄本

1 册，36 页

左右单栏，版框 29.5 ×9.5cm。瑞香荛花纸，封一及内页中有彩色盖有两种印章。保存基本完好。

搜集于云南省维西县。孝媳穿上新衣，戴上各种金银首饰站在死者灵旁守灵尽孝报恩，还讲述各种金银首饰的来历。

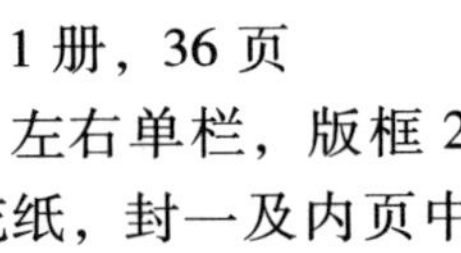

送给死者以衣物和食品

lo^{55}ku^{21}uɑ^{21}me^{55}

佚名撰

抄本

1 册，20 页

左右双栏，版框 29 ×9. 5cm。瑞香荛花纸，内有一蓝色印章。保存完好。

搜集于云南省维西县。孝子孝女送给死者无数的衣物和食品，请死者驮在冥马上带去。

取出陪葬鸡

tsi^{55}mi^{33}thv^{55}mu^{33}

佚名撰

抄本

1 册，14 页

去边栏，版框 28 ×8. 5cm。瑞香荛花纸。保存完好。

搜集于云南省丽江市。夫妻一方去世时，用鸡陪葬做伴侣，现另一位已死，鸡不必再陪伴，把原来陪葬的鸡取出。夫妻又可共同生活在一起。

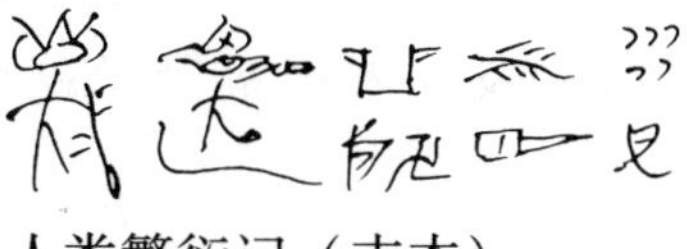

人类繁衍记（末本）

tsho^{21}bər^{33}thv^{33}mæ^{55}tʂu^{55}uɑ^{21}me^{55}

佚名撰

抄本

1 册，28 页

左右双栏，版框 27 ×8. 5cm。瑞香荛花纸。保存完好。

搜集于云南省丽江市。人类男祖先崇忍利恩经受衬恒褒白之父的考验，娶得天女衬恒褒白返回人间来繁衍人类。为纳西族的创世神话。

在那刹坞古坡说吉利话

nɑ^{33}sɑ^{21}uə^{33}kv^{33}bu^{21}khuə^{55}ʂə^{55}

东昌撰

抄本

1 册，14 页

左右双栏，版框 27.5 ×9cm。瑞香荛花纸，封一着彩色装饰，内有彩色。缺封底。

搜集于云南省丽江市。在那刹坞古坡上东巴讲东巴是从神路而来，是从日月星辰路而来，是神赐其以威力而来作法。

开神路（头本）

he^{21}ʐʅ^{33}phi^{21}kv^{33}tʂu^{55}

东恒撰

抄本

1 册，32 页

左右双栏，版框 26 ×10cm。瑞香荛花纸。保存完好。

搜集于云南省香格里拉白地行政村。死者在去神地的路上会被各种鬼阻拦，东巴就念咒语，向鬼还债，把鬼镇压下去，让死者顺利到达神地。

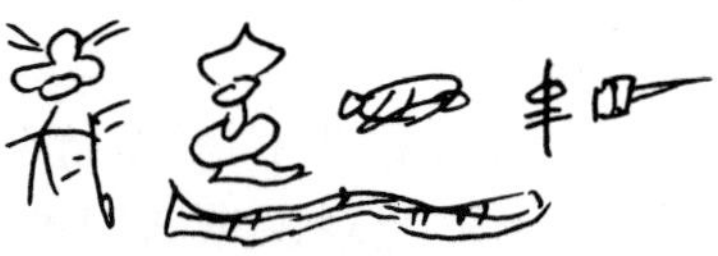

开神路（中本）

he^{21}ʐʅ^{33}phi^{21}ly^{55}tʂu^{55}

纽恒撰

抄本

1 册，16 页

左右双栏，版框 26×10cm。瑞香荛花纸。缺封底，其他保存完好。

搜集于云南省香格里拉白地行政村。讲述神地是不干活有饭吃、不放牧有奶喝、一衣穿一生的好地方，到神界后神会庇佑死者。

开神路（末本）

he²¹ʐʅ³³phi²¹

东恒撰

抄本

1 册，12 页

左右双栏，版框 26×10cm。瑞香荛花纸。保存完好。

搜集于云南省香格里拉白地行政村。请求死者到神界后赐福庇佑后辈子孙。

开神路翻越九座黑坡

he²¹ʐʅ³³phi²¹bu²¹nɑ⁵⁵gv³³bu²¹lo⁵⁵

佚名撰

抄本

1 册，16 页

左右单栏，版框 27×9.5cm。瑞香荛花纸。保存完好。

搜集于云南省香格里拉东坝行政村。死者去神界的路上要翻越由鬼守卫的九座黑坡，东巴送牺牲、面偶等物品给鬼，让死者顺利翻越九座黑坡。

开神路（头本）

he²¹ʐʅ³³phi²¹kv³³tʂu⁵⁵uɑ²¹me⁵⁵

佚名撰

抄本

1 册，24 页

无边栏，版框 28.5×9cm。瑞香荛花纸，封一有彩色装饰。保存基本完好。

搜集于云南省香格里拉白地行政村。讲述东巴把死者送到三十三个神界里去。

开神路（中本）

he²¹ʐʅ³³phi²¹ly⁵⁵tʂu⁵⁵

佚名撰

抄本

1 册，40 页

左右双栏，版框 26.5×8.5cm。瑞香荛花纸，封一有彩色装饰。保存完好。

搜集于云南省香格里拉东坝行政村。历代祖先都由东巴设神坛作仪把死者送到神界。请求祖先及死者把福泽子嗣留给后人。

开神路压冷凑鬼（头本）

he²¹ʐʅ³³phi²¹le²¹tʂhə⁵⁵tshʅ²¹zər²¹kv³³tʂu⁵⁵

佚名撰

抄本

1 册，30 页

左右双栏，版框 26×9cm。瑞香荛花纸，封一有彩色装饰。保存完好。

搜集于云南省香格里拉东坝行政村。死者去神界时，会有冷凑鬼阻拦在必经之路上，东巴把冷凑鬼及各种鬼镇压下去，让死者顺利到达神界。

开神路压冷凑鬼

he^{21}ʐʅ^{33}phi^{21}le^{21}tʂhə^{55}dʐʅ^{21}

佚名撰

抄本

1 册，28 页

左右双栏，版框 27 × 8.5cm。瑞香荛花纸。封一缺页。

搜集于云南省香格里拉白地行政村。讲述各种鬼域及各种鬼的出处来历，死者去神界的路上会被冷凑鬼等各种鬼阻拦，东巴把牺牲、面偶送给鬼，念咒语，把各种鬼镇压下去，让死者平安到达神地。

开章古门

tse^{33}gv^{33}khu^{33}phu^{33}

佚名撰

抄本

1 册，16 页

无边栏，版框 26 × 8.5cm。瑞香荛花纸。保存完好。

搜集于云南省香格里拉东坝行政村。讲述死者的灵魂会被鬼捉去关在章古里，四面都有鬼守卫，东巴打开章古门，让死者灵魂得以逃脱并送其到神界。

杀猛鬼和恩鬼

mu^{33}ɯ^{21}sy^{55}me^{13}

佚名撰

抄本

1 册，24 页

左右双栏，版框 26 × 9cm。瑞香荛花纸。保存完好。

搜集于云南省香格里拉东坝行政村。猛鬼和恩鬼会来抢吃供品，东巴沿死者归祖路杀猛鬼和恩鬼。

生献熟祭

sʅ^{21}miə^{33}fv^{33}mu^{21}miə^{33}fv^{33}

东武撰

抄本

1 册，48 页

左右单栏，版框 26.5 × 9cm。瑞香荛花纸。保存完好。

搜集于云南省香格里拉东坝行政村。孝子生献熟祭以报父母养育之恩，以报父母留给田地村寨等无数财产之恩。

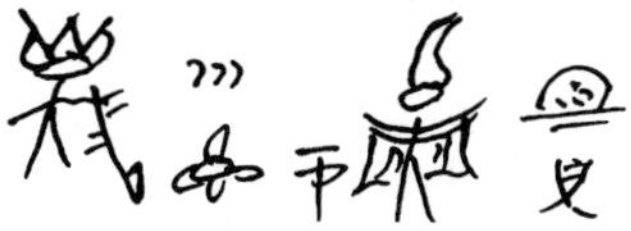

杀牲献祭

kho^{55}mu^{33}mu^{55}

佚名撰

抄本

1 册，14 页

左右双栏，版框 26 × 8.5cm。瑞香荛花纸。保存基本完好。

搜集于云南省香格里拉东坝行政村。讲述杀九种牺牲，煮十种粮，献千件衣给死者，隆重盛大地超度死者是为报恩，叙述了这种规矩的出处来历。

执法杖（头本）

mɯ^{55}thv^{33}o^{33}zʅ^{33}kv^{33}tʂu^{55}

东武撰

抄本

1 册，48 页

左右单栏，版框 27×9cm。瑞香荛花纸，封一着彩色装饰。保存完好。

搜集于云南省香格里拉东坝行政村。东巴告诉死者到祖居地去要翻山越岭过大江，叫死者不惧艰险地到三十三个神地里去。

执法杖（中本）

mɯ^{55}thv^{33}o^{33}zʅ^{33}ly^{55}tʂu^{55}

佚名撰

抄本

1 册，60 页

左右单栏，版框 26.5×9.5cm。瑞香荛花纸。保存完好。

搜集于云南省香格里拉东坝行政村。东巴告诉死者在人间有许多不可克服的矛盾，让死者骑上冥马，赶着驮马、耕牛，带着酒饭、肥肉瘦肉等到三十三个神界里去。

执法杖（末本）鸡鸣时唤醒死者

mɯ^{55}thv^{33}o^{33}zʅ^{33}mæ^{55}tʂu^{55}tɕy^{21}dzo^{21}be^{33}

东武撰

抄本

1 册，28 页

左右单栏，版框 26.5×8.5cm。瑞香荛花纸，封一着彩色装饰。保存完好。

搜集于云南省香格里拉东坝行政村。讲述鸡已鸣天将亮，飞禽走兽都起身离去，就唤醒死者启程上路。

安慰死者之歌

mu^{55}dzʅ^{33}mi^{55}me^{13}

佚名撰

抄本

1 册，42 页

左右单栏，版框 27×9cm。瑞香荛花纸，封一着彩色装饰。保存完好。

搜集于云南省香格里拉东坝行政村。讲述历代祖先都相继去世，各种飞禽走兽都会死亡，山会崩、河会干等自然现象，说明死亡不可避免以安慰死者。

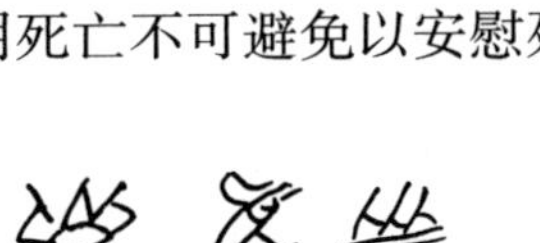

安慰死者之歌

mu^{55}dzʅ^{33}mi^{55}uɑ^{21}me^{55}

佚名撰

抄本

1 册，40 页

左右双栏，版框 27 ×10cm。瑞香荛花纸。保存完好。

搜集于云南省香格里拉白地行政村。讲述历代祖先都相继去世、飞禽走兽会死亡的事实，说明死亡不可避免，以安慰死者。

显示东巴的威力

py^{21}dʐər^{21}thv^{55}uɑ^{21}me^{55}

佚名撰

抄本

1 册，22 页

左右单栏，版框 26 ×9cm。瑞香荛花纸，封一着彩色装饰。保存基本完好。

搜集于云南省香格里拉东坝行政村。讲述东巴具有的威力及法杖的出处来历。

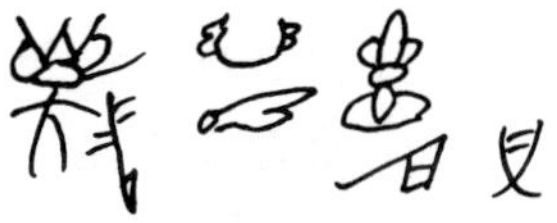

寻找丧葬的规矩

phv^{33}sɿ^{33}du^{21}ʂu^{21}

佚名撰

抄本

1 册，30 页

左右单栏，版框 26. 5 ×9cm。瑞香荛花纸，封一着彩色装饰。保存完好。

搜集于云南省香格里拉东坝行政村。最初人类不知道人死后的规矩，不会处理尸体，卢神告诉人类丧葬的规矩，纳西先民就实行了火葬。

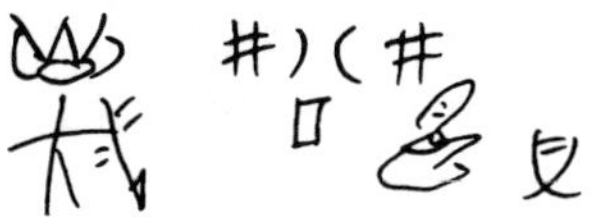

生死离别

gu^{33}to^{21}

东纽撰

抄本

1 册，12 页

左右双栏，版框 27 ×9. 5cm。瑞香荛花纸。保存完好。

搜集于云南省香格里拉白地行政村。讲死者已去世，离别了生时的天地、村庄和亲戚儿女，请赶上所献的牺牲离去。

禳除厄运 · 法杖的出处

sɑ^{33}tsɿ^{21} · mæ^{55}tʂu^{55}mu^{55}thv^{33}thv^{33}kv^{33}

佚名撰

抄本

1 册，44 页

左右双栏，版框 27 ×9cm。瑞香荛花纸。保存完好。

搜集于云南省香格里拉白地行政村。讲述干支、十二属相、五行、煞星等会带来厄运，这些厄运不宜带到祖居地而为死者禳除厄运。讲东巴法杖的来历。

退送口舌 · 献牲报祖恩

khu^{55}py^{21}mu^{33}tɕi^{33}tʂhər^{55}phv^{33}ʐuɑ^{21}

佚名撰

抄本

1 册，26 页

左右双栏，版框 27 ×8. 5cm。瑞香荛花纸。缺封底。

搜集于云南省香格里拉白地行政村。讲述死者在活着的时候所有活动会产生口舌是非，东巴为其退口舌是非。孝子们向祖先献牲以报祖恩，求祖先赐福泽子嗣予活着的人们。

用九种树枝为死者除秽

gv^{33}o^{33}gv^{33}dzo^{21}kɯ^{55}

佚名撰

抄本

1 册，22 页

左右双栏，版框 27 ×9cm。瑞香荛花纸。保存完好。

搜集于云南省香格里拉白地行政村。东巴为死者用九种树枝除秽，并把死者送到祖先居住地。

竖“督”树

tv^{21}tshʅ^{55}

佚名撰

抄本

1 册，24 页

左右双栏，版框 27 ×10cm。瑞香荛花纸。保存完好。

搜集于云南省香格里拉白地行政村。讲述竖“督”树的出处来历及督树上所挂之旗的出处，讲灯油的来历。

孝子挎獐皮口袋

zo^{33}tʂhər^{33}le^{33}he^{21}hæ^{55}

佚名撰

抄本

1 册，18 页

左右双栏，版框 28 ×8cm。瑞香荛花纸。缺封面。

搜集于云南省香格里拉白地行政村。讲述竖“督”树的出处来历及督树上所挂之旗的出处，讲灯油的来历。

献驮马

tɕi^{55}gu^{21}fv^{33}uɑ^{21}me^{55}

佚名撰

抄本

1 册，32 页

左右双栏，版框 27 ×9cm。瑞香荛花纸。封底缺半页。

搜集于云南省香格里拉白地行政村。讲述孝子献了许多牺牲和财物，给死者献上驮这些物资的马，让死者骑上坐骑，带上驮马，赶着牺牲到神地里去。

献冥马

gu^{21}ku^{21} ʂə^{55}

佚名撰

抄本

1 册，24 页

左右双栏，版框 24.5 ×9.5cm。瑞香荛花纸。保存完好。

搜集于云南省香格里拉东坝行政村。讲述孝子献坐骑和驮马，让死者骑上坐骑，赶着驮马去神界里。

给死者献驮马

tçi^{55}gu^{21}tsæ^{55}

佚名撰

抄本

1 册，20 页

左右单栏，版框 24 ×9cm。瑞香荛花纸。保存完好。

搜集于云南省香格里拉东坝行政村。讲述孝子献坐骑和驮马，让死者骑上坐骑，赶着驮马去神界。

献冥马

gu^{21}tsæ^{55}

东若撰

抄本

1 册，62 页

无边栏，版框 27 ×7.5cm。瑞香荛花纸。保存完好。

搜集于云南省香格里拉东坝行政村。讲述马的出处来历，记人类驯养野马为人类所用的过程。孝子献冥马让死者当坐骑，使其在归祖路上不受疲劳，以报养育之恩，并请死者留福泽于后人。

人类繁衍记

tsho^{21}bər^{33}thv^{33}dzo^{21}

佚名撰

抄本

1 册，46 页

左右双栏，版框 27 ×9cm。瑞香荛花纸。保存完好。

搜集于云南省香格里拉白地行政村。讲述万物的起源，因人类兄妹婚产生秽，引发洪水灭绝人类，只剩崇忍利恩一男子，他娶得天女衬恒褒白返回人间繁衍人类，为纳西族的创世史诗。

在那刹坞古坡上说吉利话

nɑ^{33}sɑ^{21}uə^{33}kv^{33}bu^{21}khuə^{55} ʂə^{55}

佚名撰

抄本

1 册，36 页

左右双栏，版框 27.5 ×9cm。瑞香荛花纸。保存基本完好。

搜集于云南省香格里拉白地行政村。讲述东巴是从神路、从日月星宿之路飞快来到祭祀之家，东巴具有各种驱鬼威力，让仪式有效果。

擀制白羊毛服装

sɿ^{33}phər^{21}dʑi^{33}ku^{55}

佚名撰

抄本

1 册，22 页

左右双栏，版框 27 ×8.5cm。瑞香荛花纸。保存完好。

搜集于云南省香格里拉白地行政村。讲述为死者擀制白羊毛的衣、裤、帽、腰带，以报祖先及死者之恩。

为死者招魂

y^{21}o^{21} ʂər^{55}

佚名撰

抄本

1 册，28 页

左右双栏，版框 27.5 ×9cm。瑞香荛花纸。封底缺半页，其他完好。

搜集于云南省香格里拉白地行政村。讲述为死者招魂始于高勒趣为父招魂，不让死者灵魂遭受飞禽走兽的羁留，就向四方为死者招魂。

开章古的门

tʂæ^{33}gv^{33}khu^{33}phu^{33}

佚名撰

抄本

1 册，24 页

左右双栏，版框 27 ×9cm。瑞香荛花纸。保存基本完好。

搜集于云南省香格里拉白地行政村。鬼域里有关人之灵魂的域叫章古，章古的四方都有鬼守卫，东巴送祭品给守门的鬼，把死者的灵魂解救出来。

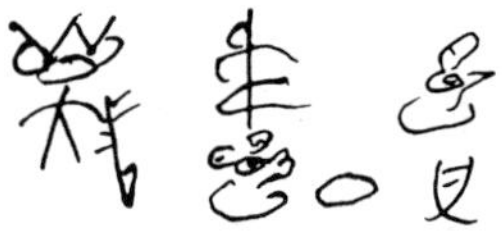

请来舅父破崩人的九个寨子

gv^{33}kɯ^{33}bə^{33}uə^{33}phv^{21}

佚名撰

抄本

1 册，28 页

左右双栏，版框 27.5 ×10cm。瑞香荛花纸。保存完好。

搜集于云南省香格里拉白地行政村。讲祭祀之家学祖先，人死之后，请来祭司举行祭仪，并请来舅父摧毁崩人的九个寨子，将死者的灵魂从鬼域里解救出来，使举表之家福泽子嗣。

超度死者成祖先，让其他祖先升格

gv^{33}tʂu^{55}ŋv^{33}do^{33}

佚名撰

抄本

1 册，46 页

左右双栏，版框 27 ×8.5cm。瑞香荛花纸。保存完好。

搜集于云南省香格里拉白地行政村。讲述把死者超度后成为祖先，其上辈的祖先亦逐一升格，小辈成为中辈，中辈升格为大辈。

遗留福泽

no^{33}o^{21}sɑ^{55}

纳恒撰

抄本

1 册，24 页

无边栏，版框 25 ×9.5cm。瑞香荛花纸。保存基本完好。

搜集于云南省香格里拉白地行政村。请求死者把福泽留给后辈子孙。

送死者给死者捐路

ʐʅ^{21} pv^{55} tshʅ^{33} tɕhi^{33} uɑ^{21} me^{55}

佚名撰

抄本

1 册，32 页

左右双栏，版框 27.5 ×10cm。瑞香荛花纸。保存完好。

搜集于云南省维西县。由首领、祭司、孝男孝女、亲戚送死者上路，由东巴祭司给死者指到祖先居住地的路。

削制死者木身

ŋv^{33} ʐʅ^{21} ŋv^{33} hər^{55}

佚名撰

抄本

1 册，46 页

左右双栏，版框 27 ×8.5cm。瑞香荛花纸。保存完好。

搜集于云南省香格里拉白地行政村。死者死后已火化，超度时没有了死者身躯，舅舅用松枝削制死者木身以替死者举行超度仪式。

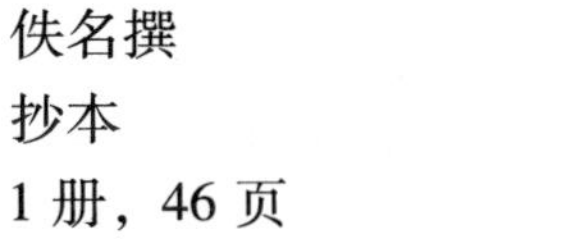

安慰死者之歌

mu^{55} dzə r^{33} the^{33} ɯ^{33}

佚名撰

抄本

1 册，30 页

左右双栏，版框 28 ×8.5cm。瑞香荛花纸。保存完好。

搜集于云南省丽江市。以历代祖先都先后去世、飞禽走兽会死亡的事例及三个女人感到自己已老，就到各地去买寿岁，虽然有金银财宝但买不到寿岁，以劝死者。

超度仪式规程

ɕi^{33} ŋv^{55} me^{33} du^{33} mu^{21} uɑ^{21} me^{55}

佚名撰

抄本

1 册，16 页

无边栏，版框 29 ×8.5cm。瑞香荛花纸，木牌画画谱上着彩色。保存完好。

搜集于云南省丽江市。记录了超度仪式的规程，所用经书、仪式场地的设置，要用木牌画的画谱。

尤氏族超度仪式规程

iə^{13} gə^{33} ɕi^{33} gv^{55} du^{33} mu^{21}

佚名撰

抄本

1 册，30 页

无边栏，版框 23 ×9cm。瑞香荛花纸。封页、封底残缺。

搜集于云南省香格里拉白地行政村。记录了尤氏族超度仪式的仪式规程。

尤氏族超度仪式送死者

iə^{13}gə^{33}ɕi^{33}ŋv^{5}ŋv^{5}dæ^{21}mæ^{55}tʂu^{55}

庚补恒撰

抄本

1 册，44 页

左右双栏，版框 27.5 ×9.5cm。瑞香荛花纸。保存完好。

搜集于云南省香格里拉白地行政村。讲述死者要到神地里去，会遭到各种困难、各种野兽和鬼的阻拦，死者要用不同的办法无所畏惧地向前走到神界里去。

为死者招魂

zɿ^{21}o^{21} ʂər^{55}

佚名撰

抄本

1 册，34 页

无边栏，版框 20 ×9.5cm。瑞香荛花纸。保存基本完好。

搜集于云南省香格里拉白地行政村。为死者招魂始于高勒趣，死者的灵魂会羁留在各种飞禽走兽的爪子下，东巴为死者向四方招魂，让其能平安到达神地里。

点督树上的油灯

tv^{21}dzər^{21}bæ^{33}mi^{33}tʂɿ^{55}

佚名撰

抄本

1 册，24 页

无边栏，版框 24.5 ×9.5cm。瑞香荛花纸。保存完好。

搜集于云南省香格里拉白地行政村。讲述了督树、旗、灯的来历及竖督树的由来及作用。

杀牲献牲

mu^{33}ku^{21}

佚名撰

抄本

1 册，26 页

左右双栏，版框 27 ×9cm。瑞香荛花纸。保存完好。

搜集于云南省香格里拉白地行政村。讲孝子杀牲献牲给死者是为报恩，让死者带上所有的牺牲到神地里去。

ɕi^{33}khæ^{33}ɕi^{33}ŋv^{55} · mu^{33}kho^{55}mu^{33}ku^{21}

开丧超度仪式 · 杀牲献牲

佚名撰

抄本

1 册，20 页

无边栏，版框 23 ×9.5cm。瑞香荛花纸。缺封一。

搜集于云南省香格里拉白地行政村。讲述祭祀之家杀牲献祭，请死者带上所有的牺牲到神地里去。请祖先及死者把福泽留给后人。

杀牺牲

kho^{55}mu^{33}kho^{55}

佚名撰

抄本

1 册，12 页

左右双栏，版框 27 ×9cm。瑞香荛花纸。保存完好。

搜集于云南省香格里拉白地行政村。讲述了绵羊和鸡的来历，并杀绵羊和鸡献牲，为死者治病，让死者平安到达神地。

向先祖报恩

tʂhər[55] phv[33] ʐuɑ[21]

佚名撰

抄本

1 册，12 页

左右双栏，版框 27 ×10cm。瑞香荛花纸，封一着彩色装饰。保存完好。

搜集于云南省香格里拉白地行政村。先祖为后辈开辟了天地，建造了村寨，后辈用绵羊、牛作牺牲献给祖先。养儿为防老，撒种庄稼为防饥，杀千头牺牲、煮十种粮食、做百件衣服献给祖先以报养育之恩。

杀猛鬼和恩鬼

mu[33] ɯ[21] sy[55]

佚名撰

抄本

1 册，32 页

左右双栏，版框 27 ×8cm。瑞香荛花纸。保存完好。

搜集于云南省香格里拉白地行政村。猛鬼和恩鬼是一种馋鬼，人们祭祀时会来抢吃牺牲和供品。讲述了崇忍利恩去找猛鬼和恩鬼并将其杀死，并把死者到祖居地沿途之猛鬼和恩鬼杀掉。

尤氏族的超度仪式·杀猛鬼和恩鬼

iə[13] gə[33] çi[33] ŋv[55] · mu[33] ɯ[21] sy[55]

威吉撰

抄本

1 册，24 页

左右双栏，版框 26 ×9cm。瑞香荛花纸。保存完好。

搜集于云南省香格里拉白地行政村。猛鬼和恩鬼是一种馋鬼，人们祭祀时会来抢吃牺牲和供品。讲述了崇忍利恩去找猛鬼和恩鬼并将其杀死，并把死者到祖居地沿途之猛鬼和恩鬼杀掉。

超度仪式之规程

çi[33] ŋv[55] du[33] mu[21] uɑ[21] me[55]

佚名撰

抄本

1 册，22 页

无边栏，版框 24 ×9cm。瑞香荛花纸。缺封底。

搜集于云南省香格里拉白地行政村。讲述了举行超度仪式的仪式规程及所诵读之经书的顺序。

超度成祖先

ŋv^{33}do^{33}uɑ^{21}me^{55}

佚名撰

抄本

1 册，18 页

左右双栏，版框 25 × 9.5cm。瑞香荛花纸。保存基本完好。

搜集于云南省香格里拉白地行政村。把死者超度成祖先，先辈之祖先逐一升格，即小辈升为中辈，中辈升为大辈。

kho^{33}phv^{55}dʐʅ^{33}phv^{55}

禳除口舌是非

佚名撰

抄本

1 册，50 页

左右双栏，版框 27 × 9.5cm。瑞香荛花纸。保存完好。

搜集于云南省香格里拉白地行政村。东巴为死者禳除生前的口舌是非，驱赶阻拦死者的各种鬼及野兽，让死者平安到达神界。

将死者送到祖先居住地

zʅ^{21}kɑ^{33}

佚名撰

抄本

1 册，16 页

无边栏，版框 19.5 × 10cm。瑞香荛花纸。缺封底。

搜集于云南省香格里拉白地行政村。记把死者送到祖先居住地，在路上让猪领路，带上绵羊和狗到祖居地。

出嫁女儿奔丧献点心报恩

ne^{33}ne^{21}ʂʅ^{55}

佚名撰

抄本

1 册，28 页

左右双栏，版框 27 × 9cm。瑞香荛花纸。保存完好。

搜集于云南省香格里拉白地行政村。讲述已出嫁的女儿奔丧向死者祭献点心报恩。

出嫁女儿奔丧献点心报恩

ne^{33}ne^{21}ʂʅ^{55}uɑ^{21}me^{55}

佚名撰

抄本

1 册，24 页

左右双栏，版框 26.5 × 9.5cm。瑞香荛花纸。保存完好。

搜集于云南省香格里拉白地行政村。讲述已出嫁的女儿奔丧向死者祭献点心报恩。

粮食的来历

æ^{33}dzʅ^{33}mi^{55}uɑ^{21}me^{55}

佚名撰

抄本

1 册，16 页

左右单栏，版框 27 ×7.5cm。瑞香荛花纸。保存基本完好。

搜集于云南省丽江市。讲述粮食的收种，向死者献饭。死者离开了自己的天地和村庄，离开家庭和儿女，把死者送到神地里。

出嫁女儿奔丧献点心报恩

ne^{33}ne^{21} ʂɿ^{55}

佚名撰

抄本

1 册，24 页

无边栏，版框 27.5 ×8cm。瑞香荛花纸。保存完好。

搜集于云南省香格里拉东坝行政村。讲述已出嫁的女儿奔丧向死者祭献点心报恩。

孝儿挎獐皮口袋

le^{33}he^{21}hæ^{55}

佚名撰

抄本

1 册，34 页

左右双栏，版框 27 ×8.5cm。瑞香荛花纸。保存完好。

搜集于云南省香格里拉白地行政村。讲述孝儿挎獐皮口袋，孝媳穿新衣站在灵前守灵的来历。举丧之家遵古规行此礼以尽孝，求死者把福泽留给儿孙。

三个家族的送族路

sɿ^{21}tɕhy^{33}ɕi^{33}ŋv^{55}y^{21}bər^{33}ʐɿ^{33}uɑ^{21}me^{55}

佚名撰

抄本

1 册，24 页

左右双栏，版框 28.5 ×9.5cm。瑞香荛花纸。保存完好。

搜集于云南省维西县。记了许多四方以给死者指路。

俄依都奴命的故事

o^{33}dzɿ^{33}mi^{55}

佚名撰

抄本

1 册，38 页

左右双栏，版框 28 ×8cm。瑞香荛花纸，封面有彩色装饰。缺封底。

搜集于云南省香格里拉东坝行政村。讲俄依都奴命为九兄弟报仇而杀猛鬼的故事；用鸡做死者替身之缘由；高勒趣为父招魂的故事。

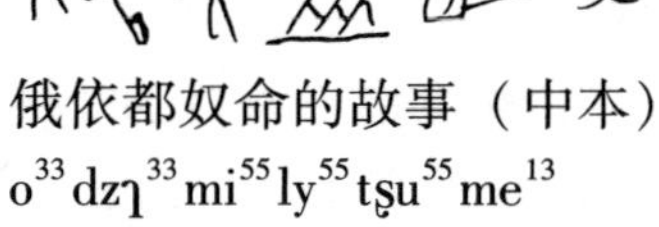

俄依都奴命的故事（中本）

o^{33}dzɿ^{33}mi^{55}ly^{55}tʂu^{55}me^{13}

佚名撰

抄本

1 册，36 页

左右双栏，版框 27 ×9.5cm。瑞香荛

花纸。保存完好。

搜集于云南省香格里拉东坝行政村。记祭祀之家去请东巴来主持仪式，东巴似虎似豹像云似风疾速赶到，所走的路不是鬼路，而是神路，是日月星辰之路，以显东巴具有威灵来主持仪式。

俄依都奴命的故事（头本）

o^{33}dzɿ^{33}mi^{55}kv^{33} tʂu^{55}

佚名撰

抄本

1册，42页

无边栏，版框27.5×8cm。瑞香荛花纸。保存基本完好。

搜集于云南省香格里拉东坝行政村。讲俄依都奴命为九兄弟报仇而杀猛鬼的故事；用鸡做死者替身之缘由；高勒趣为父招魂的故事。

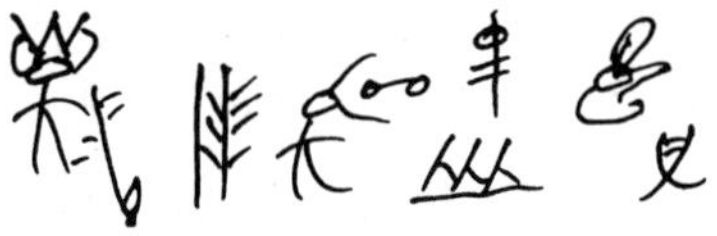

俄依都奴命的故事（中本）

o^{33}dzɿ^{33}mi^{55}ly^{55}tʂu^{55}

佚名撰

抄本

1册，30页

无边栏，版框27×8cm。瑞香荛花纸。保存基本完好。

搜集于云南省香格里拉东坝行政村。记祭祀之家去请东巴来主持仪式，东巴似虎似豹像云似风疾速赶到，所走的路不是鬼路，而是神路，是日月星辰之路，以显东巴具有威灵来主持仪式。

俄依都奴命的故事（末本）

o^{33}dzɿ^{33}mi^{55}mæ^{55} tʂu^{55}

佚名撰

抄本

1册，32页

无边栏，版框28×8cm。瑞香荛花纸。保存完好。

搜集于云南省香格里拉东坝行政村。讲述人在世间有许多灾难及口舌是非，去世后不应带着灾难和口舌是非到祖先居住地，东巴祭司为死者禳除灾难和是非，让死者轻松愉快地去与祖辈们团聚。

gu^{21} tsæ^{55}

献冥马

佚名撰

抄本

1册，44页

左右双栏，版框27.5×8cm。瑞香荛花纸。保存基本完好。

搜集于云南省丽江市。讲述马的来历，记人类训野马之过程，人和马订协议，人要饲养马，不能吃马肉，不能穿马皮，马给人当脚力。人死后，为不让死者在归祖路上疲劳而献冥马。

献冥马

gu^{21} tsæ^{55}

佚名撰

抄本

1 册，8 页

无边栏，版框 27 ×9cm。瑞香荛花纸。缺封面、封底。

搜集于云南省香格里拉白地行政村。讲述马的来历，在献冥马前为马除秽洗秽，为报养育之恩而献冥马。

献冥马

gu^{21} tsæ^{55}

佚名撰

抄本

1 册，34 页

左右双栏，版框 23 ×9cm。瑞香荛花纸。保存基本完好。

搜集于云南省香格里拉白地行政村。讲述马的来历，人类驯养野马当脚力，狩猎时骑马射野物，人死后马驮死者到祖先居住地。

建冥马门（中本）

tɑ^{33}khu^{33}tshɿ^{55}ly^{55}tʂu^{55}uɑ^{21} me^{55}

佚名撰

抄本

1 册，24 页

左右双栏，版框 27. 5 ×10cm。瑞香荛花纸。保存完好。

搜集于云南省维西县。建冥马门，让冥马从此门经过，不让各种鬼阻拦，孝儿孝媳献冥马以报养育之恩，让死者骑上马，赶着驮马而去，把福泽留给后人。

建冥马门（末本）留福泽

tɑ^{33}khu^{33}tshɿ^{55}mæ^{55}tʂu^{55}no^{33}o^{21} sɑ^{55}

佚名撰

抄本

1 册，16 页

左右双栏，版框 28 ×9. 5cm。瑞香荛花纸。保存完好。

搜集于云南省维西县。开头讲述死者的能干，高勒趣伤害了蛇，去狩猎时被土埋而亡，其子四兄弟去找其父，为父招魂，献冥马为送死者，并求留福泽给后人。

祭季鬼 · 给卢神和沈神除秽

sɿ^{33}tɕi^{55}py^{21}du^{21}se^{55}tʂhə^{55} ʂu^{55}

佚名撰

抄本

1 册，34 页

左右双栏，版框 27 ×10cm。瑞香荛花纸。保存完好。

搜集于云南省维西县。东巴为死者禳除给死者带来口舌是非的季鬼、奇鬼、崩鬼和孔鬼，举仪前要为卢神沈神除秽。记有卢神和沈神的出处及秽的来历。

祭季鬼 · 赶鬼

sɿ^{33}tɕi^{55}py^{21}thv^{55}dzo^{21}uɑ^{21} me^{55}

佚名撰

抄本

1 册，16 页

左右双栏，版框 27.5 ×9.5cm。瑞香荛花纸。保存完好。

搜集于云南省维西县。在崇忍利恩前的祖先不会为死者禳除口舌是非、进行祭季鬼仪式，就难有福泽子嗣；崇忍利恩通过占卜，知道要为死者驱赶季鬼、奇鬼、孔鬼和崩鬼，就有三个儿子。

祭季鬼·施鬼食

sɿ^{33}tɕi^{55}py^{21} · lo^{21}hɑ^{33} lo^{21}

佚名撰

抄本

1 册，20 页

左右双栏，版框 27.5 ×10cm。瑞香荛花纸。保存完好。

搜集于云南省维西县。为死者禳除口舌是非而祭季鬼、奇鬼、崩鬼和孔鬼，给他们施食，让他们吃得香，喝得有味，然后押送到仇地里去。

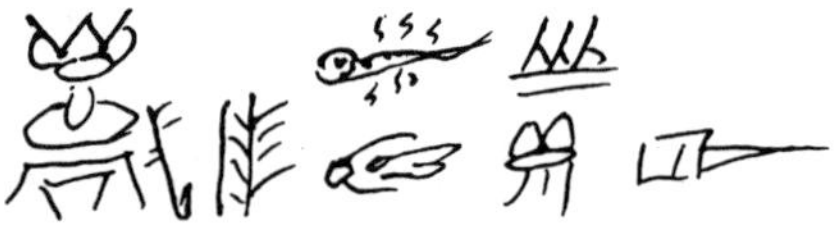

忘掉惊慌（头本）

dʐər^{21}dzɿ^{33}mi^{55} · kv^{33}tʂu^{55}

佚名撰

抄本

1 册，34 页

左右双栏，版框 28 ×9.5cm。瑞香荛花纸。保存完好。

搜集于云南省丽江市。向死者交代在去祖先居住地的路上会遇到许多困难，应如何解决，别惊慌，要壮着胆一直往前走。

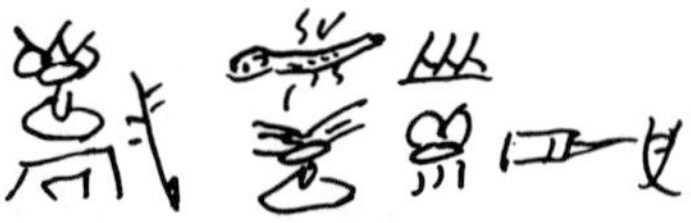

忘掉惊慌（头本）

dʐər^{21}dzɿ^{33}mi^{55} · kv^{33}tʂu^{55}

佚名撰

抄本

1 册，32 页

左右双栏，版框 27.5 ×9cm。瑞香荛花纸。保存完好。

搜集于云南省丽江市。东巴告知死者，在去祖先居住地的路上会遇到无数的困难，要如何克服，别惊慌，一直往前走。

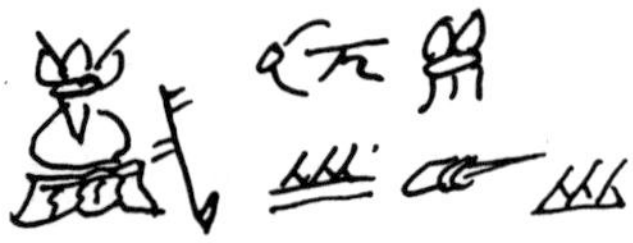

忘掉惊慌（头本）

dʐər^{21}dzɿ^{33}mi^{55}kv^{33}tʂu^{55}

佚名撰

抄本

1 册，48 页

左右双栏，版框 27.5 ×9.5cm。瑞香荛花纸。保存完好。

搜集于云南省维西县。东巴告知死者，在去祖先居住地的路上会遇到无数的困难，要如何克服，别惊慌，要勇敢往前走。

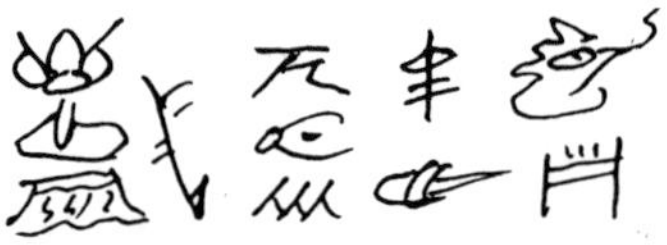

忘掉惊慌（中本）鸡鸣时唤醒死者

dʐər^{21}dzɿ^{33}mi^{55}tɕy^{21}dzo^{21}

佚名撰

抄本

1 册，26 页

左右双栏，版框 27.5 ×10cm。瑞香荛花纸。保存完好。

搜集于云南省维西县。鸡鸣了，天亮了，唤醒死者，启程前往祖居地。

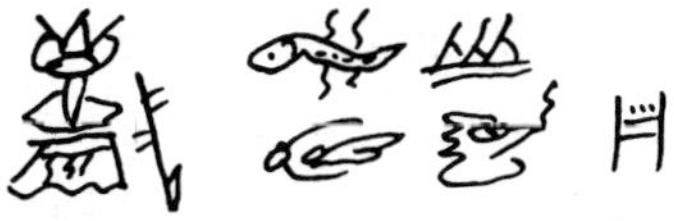

忘掉惊慌·鸡鸣时唤醒死者

dʐər^{21}dzɿ^{33}mi^{55}tɕy^{21}dzo^{21}

佚名撰

抄本

1 册，28 页

左右单栏，版框 27.5 ×9cm。瑞香荛花纸。缺封一、封底。

搜集于云南省丽江市。鸡鸣了，天亮了，飞禽走兽都启身了，唤醒死者启程前往祖居地。

忘掉惊慌·鸡鸣时唤醒死者

dʐər^{21}dzɿ^{33}mi^{55} ·tɕy^{21}dzo^{21}

佚名撰

抄本

1 册，24 页

无边栏，版框 28 ×9cm。瑞香荛花纸，内页部分彩色装饰。封一残缺。

搜集于云南省丽江市。鸡鸣了，天亮了，飞禽走兽都启身了，唤醒死者启程前往祖居地。

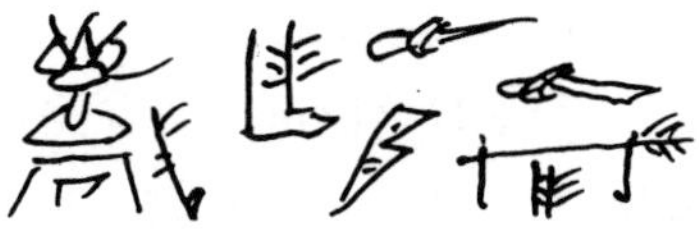

超度死者成为祖先（按辈数）·拆冥房

ŋv^{33}do^{33}ŋv^{33}tʂu^{55} ·ŋv^{33}dɕi^{21}khæ^{55}

佚名撰

抄本

1 册，20 页

左右单栏，版框 27 ×8.5cm。瑞香荛花纸。保存完好。

搜集于云南省丽江市。把死者超度成祖先，死者成小辈祖先，原来小辈祖先升格为中辈，中辈升格为大辈。由舅舅拆掉安放死者木身的冥房。

向死者献酒献饭

ʐɿ^{33}sɿ^{55}hɑ^{33}sɿ^{55}

佚名撰

抄本

1 册，24 页

左右双栏，版框 28 ×9cm。瑞香荛花纸，封一、封底着兰、黄彩色装饰。保存完好。

搜集于云南省丽江市。向死者献酒献饭始自高勒趣，他有四个儿子，四个儿子各自祭献，后辈都遵古规献牲、献酒、献饭、献衣物以报养育之恩。

九种绸的来历

the^{33}o^{33}gv^{33}sy^{21}thv^{33}

佚名撰

抄本

1 册，14 页

左右双栏，版框 27.5 ×9cm。瑞香荛花纸，封一彩色装饰。保存基本完好。

搜集于云南省丽江市。讲述三个子女

夏天养蚕，秋天纺绸织绸布，有一天在坡上织绸，被风吹落水中，九种不同色的绸产生。人死后用绸衣做寿衣，用绸蘸药施与死者。

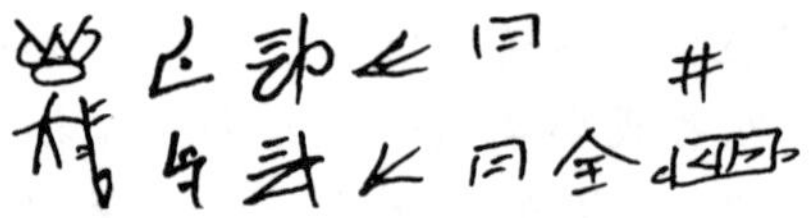

献冥马

gu^{21} tsæ^{55}

佚名撰

抄本

1 册，68 页

无边栏，版框 26.5 ×9.5cm。瑞香荛花纸。保存完好。

搜集于云南省丽江市。讲述马的出处来历，记载人类驯养野马之过程。人和马订下条约，人要饲养马，但不能吃马肉、穿马皮，马给人当脚力，死者要去祖居地，就献冥马当坐骑和驮马。

杀牲献牲

tsh$ʅ^{33}$ du^{33}

东炳撰

抄本

1 册，22 页

左右单栏，版框 27 ×8.5cm。瑞香荛花纸，封一着彩色装饰。保存完好。

搜集于云南省丽江市。孝子杀牲向死者献牲。

献　牲

mu^{33} du^{33} uɑ^{21} me^{55}

佚名撰

抄本

1 册，24 页

无边栏，版框 28 ×8.5cm。瑞香荛花纸。保存完好。

搜集于云南省丽江市。讲述献牲的出处来历，后辈遵古规献牲以报祖先和死者为他们留下天地、村寨、田地及养育之恩。

tsho^{21} zo^{33} phər^{33} dɯ^{21} tʂhər^{33} ʂu^{21}

开丧超度仪式 · 崇忍潘迪找药

东炳撰

抄本

1 册，14 页

左右单栏，版框 26.5 ×8.5cm。瑞香荛花纸，封一着彩色装饰。前部分缺。

搜集于云南省丽江市。讲述崇忍潘迪出远门去做客，不料父母去世，他就去寻找起死回生药。为一部纳西族先民认识药的神话故事。

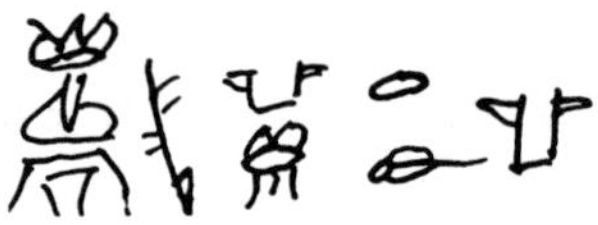

法杖的出处 · 服装的出处来历

mɯ^{55} thv^{33} thv^{33} · gv^{33} dʐi^{33} thv^{33}

佚名撰

抄本

1 册，26 页

无边栏，版框 27 ×8cm。瑞香荛花纸。保存基本完好。

搜集于云南省丽江市。讲述东巴法杖的出处及神赐予法杖的神威；东巴法衣的出处，东巴身穿法衣，就犹如神灵降临一样具有了威灵。

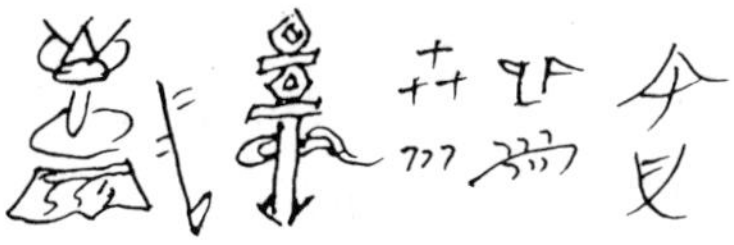

三十三根法杖的出处来历

mɯ^{55}thv^{33}sɿ^{33} · tshər^{21}sɿ^{55}ly^{33}thv^{33}pɯ^{55}

佚名撰

抄本

1 册，24 页

左右单栏，版框 26,. 5 ×8. 5cm。瑞香荛花纸。保存完好。

搜集于云南省丽江市。讲述三十三根法杖、法帽、法衣、法靴的出处来历及其所具有的神威。

说贫道福

sɿ^{33}dzɿ^{33}hɯ^{21}dzɿ^{33}

佚名撰

抄本

1 册，34 页

左右双栏，版框 27 ×9cm。瑞香荛花纸。封一残缺。

搜集于云南省丽江市。讲述人间是贫穷之地，神界是富地，劝死者舍弃贫穷之地，到富有的神界去。

人类繁衍记（末本）

tsho^{21} bər^{33} thv^{33} mæ^{55} tʂu^{55} me^{33} gə^{33} the^{33}ɯ^{33}

佚名撰

抄本

1 册，24 页

无边栏，版框 29 ×8. 5cm。瑞香荛花纸。保存基本完好。

搜集于云南省丽江市。讲崇忍利恩经天女衬恒褒白之父的考验，娶得天女衬恒褒白返回人间繁衍人类的故事，为纳西族的创世神话。

人类繁衍记（末本）

tsho^{21}bər^{33}thv^{33}dzo^{21}mæ^{55}tʂu^{55}

佚名撰

抄本

1 册，24 页

左右双栏，版框 27 ×8. 5cm。瑞香荛花纸，封一着彩色装饰。保存完好。

搜集于云南省丽江市。讲崇忍利恩经天女衬恒褒白之父的考验，娶得天女衬恒褒白返回人间繁衍人类的故事，为纳西族的创世神话。

开神路 · 醋西达树的出处

he^{21}ʐɿ^{33}phi^{21}tshɿ^{55}si^{33}dɑ^{21}dʐər^{21}thv^{33}

佚名撰

抄本

1 册，16 页

无边栏，版框 28. 5 ×9cm。瑞香荛花纸。保存完好。

搜集于云南省丽江市。鬼域的鳌鱼嘴里长一棵树，树枝都是刀箭，此树叫醋西达树，鬼会把人的灵魂捉来挂在此树上，四周有守卫。东巴把此树砍倒，让死者灵魂得到解脱。

翻越九座黑坡

bu^{21}nɑ^{55}gv^{33}bɑ^{21}lo^{55}

佚名撰

抄本

1 册，16 页

无边栏，版框 28 ×8.5cm。瑞香荛花纸。保存基本完好。

搜集于云南省丽江市。死者到神地里去，途中要翻越九道黑坡，每道坡上都有鬼守卫，东巴送来东西给守卫坡的鬼，让死者顺利翻越这九座黑坡。

翻越九座黑坡

bu^{21}nɑ^{55}gv^{33}bɑ^{21}lo^{55}

佚名撰

抄本

1 册，12 页

左右双栏，版框 27 ×8cm。瑞香荛花纸。缺封面、封底。

搜集于云南省丽江市。死者到神地里去，途中要翻越九道黑坡，每道坡上都有鬼守卫，东巴送来东西给守卫坡的鬼，让死者顺利翻越这九座黑坡。

开神路驱赶冷凑鬼

le^{21}ʐʅ^{33}phi^{21}le^{21}tʂhə^{55}dʐʅ^{21}

佚名撰

抄本

1 册，16 页

左右双栏，版框 28 ×9cm。瑞香荛花纸，封一着彩色装饰。保存完好。

搜集于云南省丽江市。讲述冷凑鬼的出处来历。冷凑鬼阻挡在死者去神界的路及桥上，东巴向冷凑鬼还债并送他们回各自的鬼域里，让死者顺利到达神界里去。

开神路·驱赶冷凑鬼

he^{21}ʐʅ^{33}phi^{21} · le^{21}tʂhə^{55}dʐʅ^{21}

佚名撰

抄本

1 册，24 页

左右双栏，版框 28 ×8cm。瑞香荛花纸，封一着彩色装饰。保存完好。

搜集于云南省丽江市。讲述冷凑鬼的出处来历。冷凑鬼阻挡在死者去神界的路及桥上，东巴向冷凑鬼还债并送他们回各自的鬼域里，让死者顺利到达神界里去。

开神路·驱赶冷凑鬼

he^{21}ʐʅ^{33}phi^{21} · le^{21}tʂhə^{55}dʐʅ^{21}

佚名撰

抄本

1 册，22 页

左右单栏，版框 27.5 ×8.5cm。瑞香荛花纸。封一缺半页。

搜集于云南省丽江市。讲述冷凑鬼的出处来历。冷凑鬼阻挡在死者去神界的路及桥上，东巴向冷凑鬼还债并送他们回各自的鬼域里，让死者顺利到达神界里去。

超度夫妻·驱赶冷凑鬼

mi^{33}lv^{21}ŋv^{55} · le^{21}tʂhə^{55}dʐʅ^{21}

佚名撰

抄本

1 册，16 页

左右双栏，版框 27 ×9cm。瑞香荛花纸，封面、封底着彩色装饰。保存完好。

搜集于云南省丽江市。夫妻双方都去世，要一起送到祖先居住地和神界，但冷凑鬼会拦路抢劫。东巴向鬼域里的鬼还债，不让鬼阻路，让夫妻双方双双回到祖居地。

开神路（末本）

he^{21}ʐʅ^{33}phi^{21}mæ^{55}tʂu^{55}

佚名撰

抄本

1 册，24 页

左右双栏，版框 28 ×8cm。瑞香荛花纸。保存完好。

搜集于云南省香格里拉东坝行政村。东巴把死者送到不劳作而有吃的、不放牧而有奶喝、一衣能穿一辈子、种一季庄稼能吃一辈子的三十三个神界里，把福泽子嗣留给后辈子孙。

开神路·驱赶冷凑鬼

he^{21}ʐʅ^{33}phi^{21} · le^{21}tʂhə^{55}dʐʅ^{21} ua^{21}me^{55}

佚名撰

抄本

1 册，24 页

左右双栏，版框 28 ×10cm。瑞香荛花纸。保存完好。

搜集于云南省维西县。讲述冷凑鬼的出处来历。冷凑鬼阻挡在死者去神界的路及桥上，东巴向冷凑鬼还债并送他们回各自的鬼域里，让死者顺利到达神界里去。

开神路·开章古之门

he^{21}ʐʅ^{33}phi^{21} · tsæ^{33}gv^{33}khu^{33} phu^{33}

佚名撰

抄本

1 册，18 页

左右双栏，版框 27 ×8. 5cm。瑞香荛花纸，封面着彩色装饰。保存完好。

搜集于云南省丽江市。鬼会把死者的灵魂关在叫“章古”的城里，四周有鬼守卫，东巴口念咒语，把守门的鬼镇压下去，解救死者的灵魂，让死者回到祖居地。

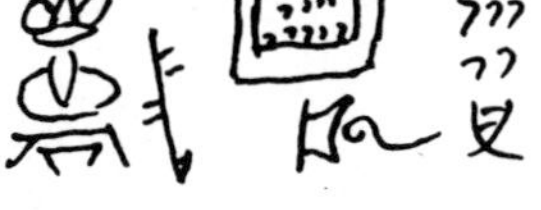

开神路·打开章古之门

he^{21}ʐʅ^{33}phi^{21} · tsæ^{33}gv^{33}khu^{33} phu^{33}

佚名撰

抄本

1 册，18 页

左右双栏，版框 28 ×10cm。瑞香荛花纸。缺封底。

搜集于云南省维西县。鬼会把死者的

灵魂关在叫“章古”的城里，四周有鬼守卫，东巴口念咒语，把守门的鬼镇压下去，解救死者的灵魂，让死者回到祖居地。

开神路（末本）

he^{21}ʐʅ^{33}phi^{21}mæ^{55}tʂu^{55}

佚名撰

抄本

1 册，22 页

左右双栏，版框 27.5 × 10cm。瑞香荛花纸。保存完好。

搜集于云南省维西县。东巴从油灯、莲花、神箭、香、白羊、白穗子等物上把死者送到神界。讲述了这些物件的出处来历，请死者到神界后能庇佑后辈子孙。

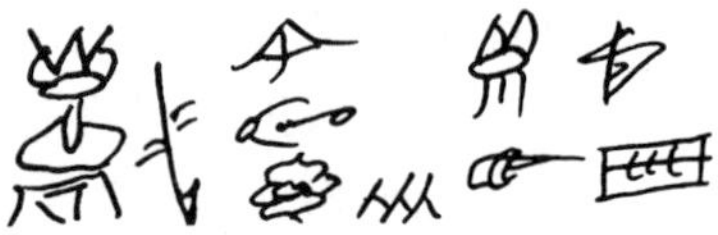

俄依都奴的故事（头本）

o^{33}dzʅ^{33}mi^{55}kv^{33}tʂu^{55}the^{33}ɯ^{33}

佚名撰

抄本

1 册，30 页

无边栏，版框 27.5 × 8.5cm。瑞香荛花纸。保存基本完好。

搜集于云南省维西县。讲述俄依都奴的九个兄弟去寻走失的一头黑牛，却遭猛鬼的杀害，俄依都奴就找到猛鬼将其杀死，为兄弟报仇。

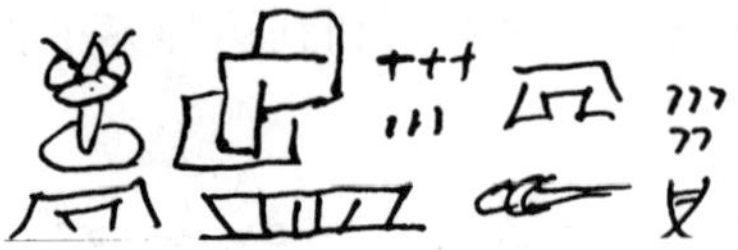

开神路·把死者送到三十三个吉祥的宝地里

he^{21} ʐʅ^{33} phi^{21} i^{33} duɑ^{33} sʅ^{33} thər^{21} sʅ^{55} dy^{21} gə^{21}tʂu^{55}

佚名撰

抄本

1 册，40 页

左右双栏，版框 27.5 × 10cm。瑞香荛花纸。保存完好。

搜集于云南省维西县。把死者送到三十三个吉祥的神地里，那时神会给他施药，在那里活着就不会死，到了那里要给神点神灯、烧天香，要给后人赐福泽。

开神路·禳除羁绊（末本）

he^{21}ʐʅ^{33}phi^{21}ly^{55}tʂu^{55}sɑ^{21}phi^{55}

佚名撰

抄本

1 册，24 页

左右双栏，版框 28 × 10cm。瑞香荛花纸。保存完好。

搜集于云南省维西县。把死者送到三十三个神地里，死者就会受到神的庇佑，就免除了各种鬼的羁绊防止它们作祟。为此东巴口念咒语，让死者在神地里平安地活着。

开神路（末本）

he^{21}ʐʅ^{33}phi^{21}mæ^{55}tʂu^{55}me^{33}gə^{33}the^{33}ɯ^{33}

佚名撰

抄本

1 册，24 页

无边栏，版框 29×9cm。瑞香荛花纸。保存完好。

搜集于云南省丽江市。东巴口念咒语镇压冷凑鬼，把死者送到三十三个神界，把福泽子嗣留给后辈子孙。

开神路（头本）

he^{21}ʐʅ^{33}phi^{21}kv^{33}tʂu^{55}

东昌撰

抄本

1 册，36 页

无边栏，版框 26×9cm。棉纸。保存完好。

搜集于云南省丽江市玉龙县黄山镇文笔村。各种鬼会阻挡在死者通往神界的路和桥上，东巴会念咒语镇压各种鬼，送死者到达神界。

迎接死者·钉“古顺”

ʐʅ^{21}tʂu^{55}·kv^{33}ʂu^{55}lɑ^{55}uɑ^{21}me^{55}

佚名撰

抄本

1 册，32 页

无边栏，版框 27.5×10cm。瑞香荛花纸。保存完好。

搜集于云南省维西县。死者与活者分离了，后死者去神地，先死者会来迎接后死者；人生于五行，死后又合成五行，东巴用称“古顺”的五色绸蘸药点于死者，请死者把福泽赐予后人。

祭死者的来历·钉“古顺”·杀牲

tshʅ^{33}i^{21}·kv^{33}ʂu^{55}lɑ^{55}·mu^{33}kho^{55}

佚名撰

抄本

1 册，60 页

无边栏，版框 27×7.5cm。瑞香荛花纸。保存完好。

搜集于云南省丽江市。讲述祭死者的出处来历；讲绸的出处，用称“古顺”的绸蘸药给死者施药；孝子孝媳杀牲献祭以报祖先和死者之恩。

送死者·杀猛鬼和恩鬼

ʐʅ^{21}tʂu^{55}·mu^{33}ɯ^{21}sy^{55}

佚名撰

抄本

1 册，40 页

左右双栏，版框 27.5×10cm。瑞香荛花纸。保存完好。

搜集于云南省维西县。送死者到祖居地，猛鬼和恩鬼会来抢劫死者所带的财物，讲述了猛鬼和恩鬼的出处及古代杀猛鬼和恩鬼的故事。

杀猛鬼和恩鬼

ʐʅ^{21}tʂu^{55} · mu^{33}ɯ^{21}sy^{55}

佚名撰

抄本

1 册，30 页

无边栏，版框 28 × 8.5cm。瑞香荛花纸。保存完好。

搜集于云南省丽江市。讲述猛鬼和恩鬼的出处来历，猛鬼和恩鬼会来抢劫死者所带的财物和供品，历代祖先在仪式上杀猛鬼和恩鬼，让死者平安到达祖居地。

杀猛鬼和恩鬼

ʐʅ^{21}tʂu^{55} · mu^{33}ɯ^{21}sy^{55}

佚名撰

抄本

1 册，20 页

左右双栏，版框 27.5 × 9cm。瑞香荛花纸。保存完好。

搜集于云南省丽江市。讲述猛鬼和恩鬼的出处来历，猛鬼和恩鬼会来抢劫死者所带的财物和供品，历代祖先在仪式上杀猛鬼和恩鬼，让死者平安到达祖居地。

从土洞里招魂

tʂʅ^{33}kho^{33}o^{21} ʂər^{55}

佚名撰

抄本

1 册，24 页

左右双栏，版框 28 × 8.5cm。瑞香荛花纸。缺封面。

搜集于云南省丽江市。内述高勒趣因伤害了署的蛇蛙，署作祟而高勒趣失踪，其四子分别寻父，高勒趣被土掩而亡，其四子为父招魂。

为死者招魂

ʐʅ^{21}o^{21} ʂər^{55}

佚名撰

抄本

1 册，26 页

左右双栏，版框 27 × 8cm。瑞香荛花纸。封面、封底残缺。

搜集于云南省丽江市。内述高勒趣因伤害了署的蛇蛙，署作祟而高勒趣失踪，其四子分别寻父，高勒趣被土掩而亡，其四子为父招魂。

在若罗神山四面为死者招魂

zo^{33}lo^{33}lu^{55}phɑ^{33}o^{21} ʂər^{55}

佚名撰

抄本

1 册，30 页

左右双栏，版框 27.5 × 10cm。瑞香荛花纸。保存完好。

搜集于云南省维西县。讲述了万物的起源及居那若罗神山的出处，死者的灵魂即使不羁留在鬼域东巴亦为死者招魂，并把死者送往神地。

挖出活着之魂 · 捉住鬼压仇鬼

kɑ^{33}thv^{55} · zʅ^{21}y^{21}zʅ^{21}lv^{55}

佚名撰

抄本

1 册，30 页

左右双栏，版框 27.5 ×10cm。瑞香荛花纸。保存完好。

搜集于云南省维西县。由东巴及各种神灵、亲戚、兄弟姐妹出力救出活着之魂，不让人之灵魂羁留在季鬼和奇鬼的鬼域里，捉仇鬼压仇鬼，让仇人之地无鸡鸣狗叫。

祭季鬼·给鬼施甜血和烧羊、骨之焦物

sɿ^{33} tɕi^{55} py^{21} · sæ^{33} tɕhɿ^{21} lo^{21} · dʑi^{55} bv^{33}lo^{21}

佚名撰，民国十二年

抄本

1 册，18 页

左右双栏，版框 27.5 ×10cm。瑞香荛花纸。保存完好。

搜集于云南省维西县。东巴祭司用鸡血给鬼施食，烧鸡毛、骨以祭各种鬼。

祭季鬼的书

sɿ^{33}tɕi^{55}py^{21}the^{33}ɯ^{33}uɑ^{21}me^{55}

佚名撰

抄本

1 册，30 页

左右双栏，版框 27.5 ×9cm。瑞香荛花纸，封一着彩色装饰。保存完好。

搜集于云南省维西县。讲述季鬼和奇鬼的出处，死者生时没有口舌是非，但死后各方的人和各种鬼会放来季鬼和奇鬼，讲述鸡的来历，用鸡向季鬼、奇鬼还债。

祭季鬼·禳除口舌是非

sɿ^{33}tɕi^{55}py^{21} · bu^{33}phv^{55}uɑ^{21}me^{55}

佚名撰

抄本

1 册，14 页

左右双栏，版框 29 ×9cm。瑞香荛花纸。缺封底。

搜集于云南省维西县。死者可带无数财物到祖先居住地里去，但不能带着口舌是非，东巴作仪为死者禳解口舌是非。

祭季鬼的书

sɿ^{33}tɕi^{55}py^{21}the^{33}ɯ^{33}

佚名撰

抄本

1 册，44 页

左右双栏，版框 28.5 ×9cm。瑞香荛花纸。保存完好。

搜集于云南省丽江市。讲述季鬼和奇鬼的出处，死者生时没有口舌是非，但死后各方的人和各种鬼会放来季鬼和奇鬼，讲述鸡的来历，用鸡向季鬼奇鬼还债。

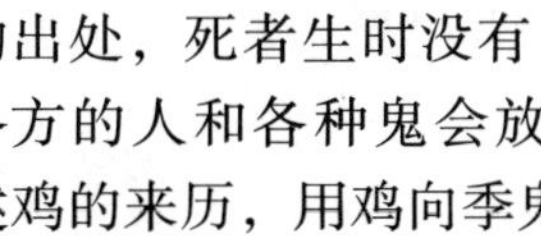

东巴法杖杖头的来历

dɑ^{33}hɯ^{21}mɯ^{55}thv^{33}tho^{21}khɯ^{55}me^{33}uɑ^{21}

佚名撰

抄本

1 册，16 页

左右双栏，版框 28 × 10cm。瑞香荛花纸。保存完好。

搜集于云南省维西县。讲述东巴法杖杖头所雕刻为三十三节、白海螺、青龙、牦牛、大鹏、四方东巴、净水壶、五色绸旗，每种神等之缘由。

点神灯祭神

bæ^{33}mi^{33}tʂɿ^{55}tshɿ^{33}i^{21}mu^{33}me^{55}

佚名撰

抄本

1 册，12 页

左右双栏，版框 27.5 × 7.5cm。瑞香荛花纸，封一着彩色装饰。

搜集于云南省丽江市。讲述所点的神灯之灯油、灯盏都是珍奇之物制成，点了神灯，天地神界都会照亮。

点神灯

bæ^{33}mi^{33}tʂɿ^{55}mu^{33}me^{55}

佚名撰

抄本

1 册，22 页

左右单栏，版框 26.5 × 8.5cm。瑞香荛花纸。保存完好。

搜集于云南省丽江市。东巴点上神灯口念咒语，咒语语义不明。

点神灯

bæ^{33}mi^{33}tʂɿ^{55}

佚名撰

抄本

1 册，8 页

左右双栏，版框 27.5 × 9.5cm。瑞香荛花纸。保存完好。

搜集于云南省维西县。东巴点上神灯口念咒语，咒语语义不明。

在督树上挂旗·写死者名字

the^{33}ly^{55} · y^{21}mi^{21}pər^{55}

佚名撰

抄本

1 册，18 页

左右双栏，版框 27.5 × 10cm。瑞香荛花纸。保存完好。

搜集于云南省维西县。讲述在督树上挂彩旗、挂龙幡以压鬼；为死者到祖居地报到写通行证。

俄依九兄弟的故事

o^{21}i^{33}gv^{55}zɿ^{21}tʂər^{55}

佚名撰

抄本

1 册，36 页

左右双栏，版框 27 × 9.5cm。瑞香荛花纸。保存完好。

搜集于云南省丽江市。讲述俄依九兄

弟寻丧葬超度规矩的故事。

o^{21} i^{33} gv^{55} zɿ^{21} phe^{21} khɯ^{33} tsɿ^{33}

俄依九兄弟用麻布包亡灵木身

佚名撰

抄本

1 册，18 页

左右双栏，版框 27.5 ×10cm。瑞香荛花纸。保存完好。

搜集于云南省维西县。讲述俄依九兄弟寻丧葬超度规矩的故事。

俄依都奴的故事（头本）

o^{21} dzɿ^{33} mi^{55} kv^{33} tʂu^{55}

佚名撰

抄本

1 册，24 页

左右双栏，版框 28 ×8.5cm。瑞香荛花纸。保存完好。

搜集于云南省丽江市。讲述俄依都奴姑娘的九个兄弟去寻找一头丢失了的黑牛，被猛鬼杀死，俄依都奴找到猛鬼将其杀死为兄弟报仇。

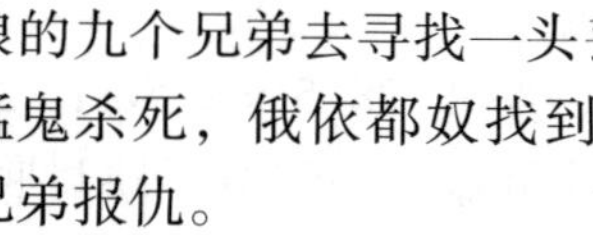

俄依都奴的故事（头本）

o^{21} dzɿ^{33} mi^{55} kv^{33} tʂu^{55}

佚名撰

抄本

1 册，34 页

左右双栏，版框 27 ×9cm。瑞香荛花纸。缺封一。

搜集于云南省丽江市。讲述俄依都奴姑娘的九个兄弟去寻找一头丢失了的黑牛，被猛鬼杀死，俄依都奴找到猛鬼将其杀死为兄弟报仇。

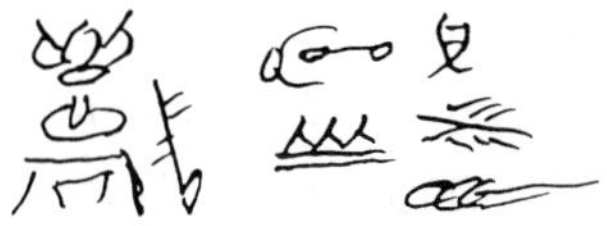

o^{21} dzɿ^{33} mi^{55} mæ^{33} tʂu^{55}

俄依都奴的故事（头本）

佚名撰

抄本

1 册，36 页

左右单栏，版框 27 ×9cm。瑞香荛花纸。保存完好。

搜集于云南省丽江市。祭祀之家去请东巴作祭仪，东巴立即似虎像豹、像云似风疾速而来，是从日月星宿之路而来，是从神路而来，以显示东巴具有威灵来作法。

粮食的出处 · 献饭

æ^{33} dzɿ^{33} mi^{55} hɑ^{33} ʂɿ^{21} uɑ^{21} me^{55}

佚名撰

抄本

1 册，28 页

左右双栏，版框 27.5 ×9.5cm。瑞香荛花纸，封一、封二各两页，第二页封一封二彩色装饰。保存完好。

搜集于云南省维西县。讲述种粮收粮及各种工具的来历，向死者献酒献饭，让死者带上所有祭品，又献给祖先们。

孝媳站灵旁守灵

tʂhər^{33} me^{33} ɕy^{55}

佚名撰

抄本

1 册，20 页

左右双栏，版框 27.5 ×8.5cm。瑞香荛花纸，封一彩色装饰。保存基本完好。

搜集于云南省丽江市。孝女穿着漂亮衣服及首饰站在灵旁以尽孝。

粮食的来历

æ^{33} dzʅ^{33} mi^{55}

佚名撰

抄本

1 册，14 页

无边栏，版框 28 ×9cm。瑞香荛花纸，封一彩色装饰。缺封底。

搜集于云南省丽江市。讲述种粮收粮及各种工具的来历，向死者献酒献饭，让死者带上所有祭品，又献给祖先们。

粮食的来历

æ^{33} dzʅ^{33} mi^{55}

佚名撰

抄本

1 册，14 页

无边栏，版框 27 ×8cm。瑞香荛花纸。缺封面。

搜集于云南省丽江市。讲述种粮收粮及各种工具的来历，向死者献酒献饭，让死者带上所有祭品，又献给祖先们。

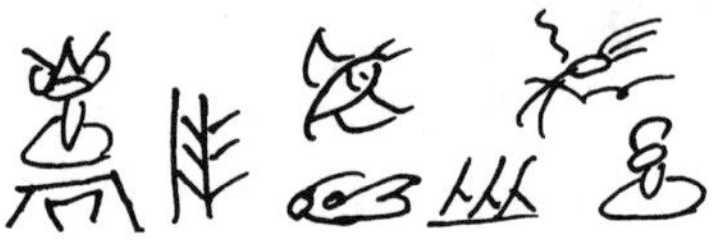

安慰死者之歌

mu^{55} dzʅ^{33} mi^{55} tshʅ^{33} du^{33}

佚名撰

抄本

1 册，38 页

左右双栏，版框 26.5 ×8.5cm。瑞香荛花纸。保存完好。

搜集于云南省丽江市。以先辈一代又一代相继去世、有生命的动植物亦会死亡的事实，劝慰死者不必为死去而悲哀。

安慰死者之歌

mu^{55} dzʅ^{33} mi^{55}

东庚撰

抄本

1 册，18 页

左右单栏，版框 28.5 ×9.5cm。瑞香荛花纸，内页隔页盖有一红章。缺封底。

搜集于云南省丽江市。以先辈一代又一代相继去世、有生命的动植物亦会死亡的事实，劝慰死者不必为死去而悲哀。

安慰死者之歌

mu^{55} dzʅ^{33} mi^{55} uɑ^{21} me^{55}

佚名撰

抄本

1 册，38 页

左右双栏，版框 27 ×9cm。瑞香荛花纸，封一彩色装饰。保存完好。

搜集于云南省丽江市。以先辈一代又一代相继去世、有生命的动植物亦会死亡的事实，劝慰死者不必为死去而悲哀。

献冥马安慰死者之歌

gu^{21}fv^{33}mu^{55}dzɿ^{33}mi^{55}

佚名撰

抄本

1 册，22 页

左右双栏，版框 27 ×8.5cm。瑞香荛花纸。保存基本完好。

搜集于云南省丽江市。以先辈一代又一代相继去世、有生命的动植物亦会死亡的事实，劝慰死者不必为死去而悲哀。

安慰死者之歌

mu^{55}dzɿ^{33}mi^{55}

佚名撰

抄本

1 册，34 页

左右双栏，版框 27 ×8.5cm。瑞香荛花纸。缺封面。

搜集于云南省丽江市。以先辈一代又一代相继去世、有生命的动植物亦会死亡的事实，劝慰死者不必为死去而悲哀。

出嫁女奔丧献点心

ne^{33}ne^{21}sɿ^{55}

佚名撰

抄本

1 册，20 页

左右单栏，版框 27 ×8cm。瑞香荛花纸。保存完好。

搜集于云南省丽江市。讲述出嫁女奔丧献点心以报养育之恩，祈求死者把福泽留给后人。

孝子挎獐皮口袋

le^{33}he^{21}hæ^{55}uɑ^{21}me^{55}

佚名撰

抄本

1 册，20 页

左右双栏，版框 27.5 ×10cm。瑞香荛花纸。保存完好。

搜集于云南省维西县。讲述高勒趣之前的先辈孝子不会挎獐皮口袋，只生一个儿子，孝子挎獐皮口袋以尽孝，始于高勒趣。后辈都遵此古规，表示孝子尽孝报恩，东巴把所有的责任都推卸给鬼。

孝媳站灵旁、孝子挎獐皮口袋

tʂhər^{33}me^{33}ɕy^{55}le^{33}he^{21}hæ^{55}

佚名撰

抄本

1册，22页

左右单栏，版框28.5×8.5cm。瑞香荛花纸。保存完好。

搜集于云南省丽江市。讲述孝媳站灵旁，孝子挎獐皮口袋以尽孝报恩，祈求死者把福泽留给后人。

超度男能干者·驱赶冷凑鬼·仪式规程

tʂhər[33] me[33] çy[55] le[33] he[21] hæ[55]

佚名撰

抄本

1册，22页

左右双栏，版框27×9cm。瑞香荛花纸。保存基本完好。

搜集于云南省香格里拉白地行政村。在死者去神界的路上会有冷凑鬼阻拦，东巴用面偶、黑山羊等向冷凑鬼及其他鬼还债，口念咒语，镇压冷凑鬼，让死者平安到达神界。后面有超度男能干者仪式的规程。

迎请优麻战神

tʂhər[33] me[33] çy[55] le[33] he[21] hæ[55]

佚名撰

抄本

1册，16页

左右双栏，版框27.5×10cm。瑞香荛花纸。保存完好。

搜集于云南省维西县。讲述优麻战神的出处来历，迎请优麻战神摧毁仇敌的九个寨子，杀得仇地鸡犬不留。

超度男能干者·点神灯念窝姆达庚咒语

tʂhər[33] me[33] çy[55] le[33] he[21] hæ[55]

佚名撰

抄本

1册，32页

左右双栏，版框28×10cm。瑞香荛花纸。保存完好。

搜集于云南省维西县。东巴点神灯，让神灯照亮三十三个神界，讲灯盏是金银松石墨玉的灯盏，油是珍奇动植物的油。东巴点上神灯，口念窝姆达庚咒语，咒语语义不明。

超度男能干者·烧天香

tʂhər[33] me[33] çy[55] le[33] he[21] hæ[55]

久高恒撰

抄本

1册，36页

左右双栏，版框24.5×9cm。瑞香荛花纸，内页个别文字彩色。保存完好。

搜集于云南省香格里拉白地行政村。迎请各种神灵烧天香予以供养。

超度男能干者·铠甲的出处

tʂhər[33] me[33] çy[55] le[33] he[21] hæ[55]

佚名撰

抄本

1 册，22 页

左右双栏，版框 27 ×9cm。瑞香荛花纸。保存完好。

搜集于云南省香格里拉白地行政村。讲述铠甲、护胸、盾牌等武器的出处来历。

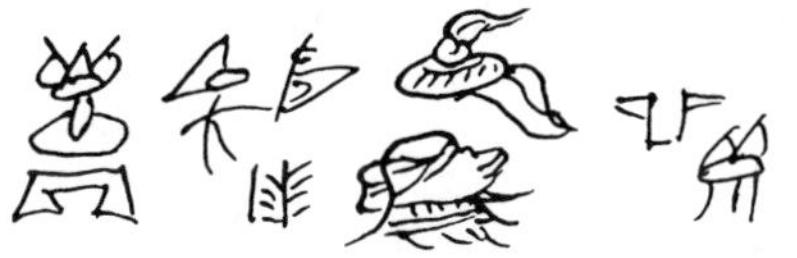

铠甲的出处来历

tʂhər^{33} me^{33} ɕy^{55} le^{33} he^{21} hæ^{55}

佚名撰

抄本

1 册，20 页

左右双栏，版框 27 ×9cm。瑞香荛花纸，封面、封底着彩色装饰。

搜集于云南省丽江市。讲述铠甲、护胸、盾牌等武器的出处来历。

武器的出处来历

tʂhər^{33} me^{33} ɕy^{55} le^{33} he^{21} hæ^{55}

佚名撰

抄本

1 册，24 页

左右双栏，版框 26 ×9cm。瑞香荛花纸，封面、封底着彩色装饰。保存完好。

搜集于云南省丽江市。讲述铠甲、护胸、盾牌等武器的出处来历。

超度男能干者·能人的本领·点药

tʂhər^{33} me^{33} ɕy^{55} le^{33} he^{21} hæ^{55}

东昌撰

抄本

1 册，32 页

无边栏，版框 29 ×9cm。瑞香荛花纸。保存完好。

搜集于云南省丽江市玉龙县黄山镇文笔村。讲述古代名人出名之原因及能人所应具有的本领，杀死仇敌，用仇人之血给能者点药。

能人的本领·祈赐福泽

tʂhər^{33} me^{33} ɕy^{55} le^{33} he^{21} hæ^{55}

佚名撰

抄本

1 册，18 页

无边栏，版框 27. 5 ×8. 5cm。瑞香荛花纸，封面着彩色装饰。封底残缺。

搜集于云南省丽江市。讲述能人本领的出处及能人应像先辈中的某些能人一样能干。祈求把福泽留给后人。

超度男能干者·铠甲的出处

tʂuɑ^{21} dæ^{21} ŋv^{55} · khuɑ^{55} gæ^{21} thv^{33} kv^{33}

佚名撰

抄本

1 册，34 页

无边栏，版框 28 ×8. 5cm。瑞香荛花纸，封一彩色装饰。保存基本完好。

搜集于云南省维西县。讲述铠甲、护胸、盾牌等武器的出处来历。

超度男能干者·铠甲的出处来历

tʂhər[33] me[33] çy[55] le[33] he[21] hæ[55]

佚名撰

抄本

1 册，34 页

左右双栏，版框 28 ×10cm。瑞香荛花纸。保存完好。

搜集于云南省维西县。讲述铠甲、护胸、盾牌等武器的出处来历。

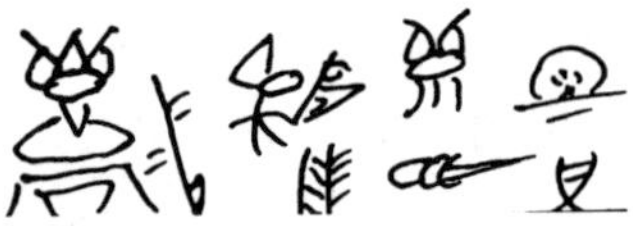

超度男能干者（头本）

tʂhər[33] me[33] çy[55] le[33] he[21] hæ[55]

佚名撰

抄本

1 册，32 页

左右双栏，版框 25.5 ×8.5cm。瑞香荛花纸，封一着彩色装饰。保存完好。

搜集于云南省丽江市。讲述成为能干者所应具有的本领。

超度男能干者（中本）

tʂhər[33] me[33] çy[55] le[33] he[21] hæ[55]

佚名撰

抄本

1 册，24 页

无边栏，版框 28 ×9cm。瑞香荛花纸。保存完好。

搜集于云南省丽江市。讲述历代能干者出名之原因，把能干者送到神地去，把福泽子嗣留给后人。

超度男能干者（头本）

tʂhər[33] me[33] çy[55] le[33] he[21] hæ[55]

佚名撰

抄本

1 册，38 页

左右双栏，版框 27.5 ×10cm。瑞香荛花纸。保存完好。

搜集于云南省维西县。讲述古代名人出名的原因及能人所应具有的本领，杀死仇敌，用仇人之血给能者点药。

超度男能干者·驱赶冷凑鬼

tʂhər[33] me[33] çy[55] le[33] he[21] hæ[55]

佚名撰

抄本

1 册，20 页

左右单栏，版框 27.5 ×9cm。瑞香荛花纸，封一着彩色装饰。保存完好。

搜集于云南省丽江市。在死者去神界的路上，会有冷凑鬼阻拦，东巴用面偶、黑山羊向冷凑鬼及其他鬼还债，口念咒语，镇压冷凑鬼，让死者平安到达神界。

超度男能干者·驱赶冷凑鬼

tʂhər[33] me[33] çy[55] le[33] he[21] hæ[55]

佚名撰

抄本

1 册，18 页

左右双栏，版框 27 ×9cm。瑞香荛花纸。保存完好。

搜集于云南省丽江市。在死者去神界的路上会有冷凄鬼阻拦，东巴用面偶、黑山羊向冷凄鬼及其他鬼还债，口念咒语，镇压冷凄鬼，让死者平安到达神界。

男能干者·摧毁九个督支黑坡

tʂhər^{33}me^{33}ɕy^{55}le^{33}he^{21}hæ^{55}

佚名撰

抄本

1 册，20 页

左右单栏，版框 25.5 ×8cm。瑞香荛花纸。缺封面。

搜集于云南省丽江市。要把男能干者送到神地，要过九道黑坡，每道黑坡上都有鬼把守，不让男能干者通过。东巴请优麻战神摧毁这九道有鬼把守的黑坡，让男能干者顺利到达神界。

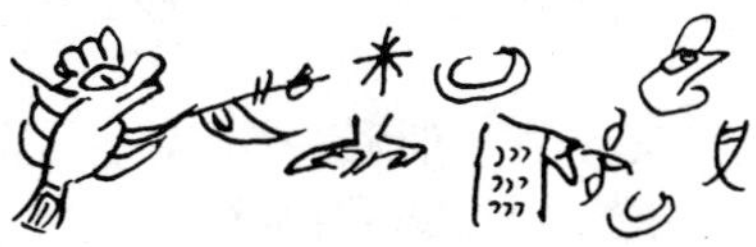

超度男能干者·攻破九个仇寨

tʂhər^{33}me^{33}ɕy^{55}le^{33}he^{21}hæ^{55}

佚名撰

抄本

1 册，12 页

左右双栏，版框 27 ×9cm。瑞香荛花纸。保存基本完好。

搜集于云南省香格里拉白地行政村。讲述优麻战神的出处来历，迎请优麻战神来攻破阻拦男能干者到神界的九个仇寨，杀尽仇敌的牛羊。

超度男能干者·摧毁九个督支黑坡

tʂhər^{33}me^{33}ɕy^{55}le^{33}he^{21}hæ^{55}

佚名撰

抄本

1 册，24 页

无边栏，版框 28 ×8.5cm。瑞香荛花纸。缺封面、封底。

搜集于云南省丽江市。要把男能干者送到神地，要过九道黑坡，每道黑坡上都有鬼把守，不让男能干者通过。东巴请优麻战神摧毁这九道有鬼把守的黑坡，让男能干者顺利到达神界。

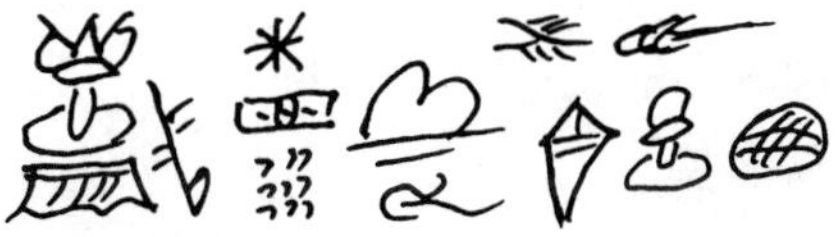

超度男能干者·摧毁九个督支黑坡·木牌画画谱

tʂhər^{33}me^{33}ɕy^{55}le^{33}he^{21}hæ^{55}

佚名撰

抄本

1 册，18 页

左右双栏，版框 28 ×10cm。瑞香荛花纸。保存完好。

搜集于云南省维西县。要把男能干者送到神地，要过九道黑坡，每道黑坡上都有鬼把守，不让男能干者通过。东巴请优麻战神摧毁这九道有鬼把守的黑坡，让男能干者顺利到达神界。

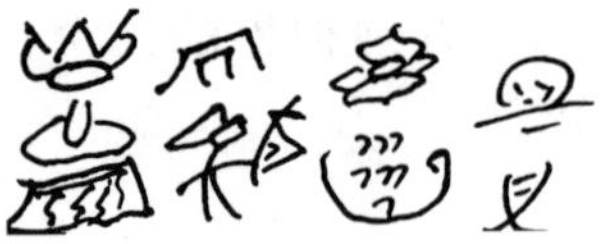

超度男能干者・招魂

tʂhər^{33}me^{33}çy^{55}le^{33}he^{21}hæ^{55}

佚名撰

抄本

1册，18页

左右双栏，版框29×9.5cm。瑞香荛花纸，有两个封面。缺封底。

搜集于云南省维西县。能干的男子在活着的时候曾征战四方，死后其魂会被羁留在四方，到不了神界。东巴为其招魂，并送他到三十三个神界里去。

超度男能干者・招魂

tʂhər^{33}me^{33}çy^{55}le^{33}he^{21}hæ^{55}

佚名撰

抄本

1册，18页

左右双栏，版框27×8.5cm。瑞香荛花纸。保存基本完好。

搜集于云南省香格里拉白地行政村。讲述死者是出名的能人，当他去世后到神界去时各方鬼会拦截去路，东巴为其招魂并将他送到三十三个神地里去。

超度男能干者・招魂

tʂhər^{33}me^{33}çy^{55}le^{33}he^{21}hæ^{55}

佚名撰

抄本

1册，14页

左右单栏，版框27×8cm。瑞香荛花纸。保存基本完好。

搜集于云南省丽江市。能干的男子在活着的时候曾征战四方，死后其魂会被羁留在四方，到不了神界。东巴为其招魂，并送他到三十三个神界里去。

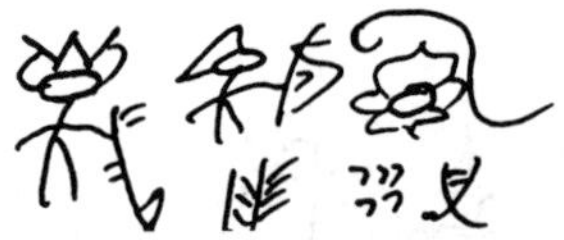

超度男能干者・招魂

tʂhər^{33}me^{33}çy^{55}le^{33}he^{21}hæ^{55}

佚名撰

抄本

1册，16页

左右双栏，版框27×9cm。瑞香荛花纸。保存完好。

搜集于云南省丽江市。能干的男子在活着的时候曾征战四方，死后其魂会被羁留在四方，到不了神界，东巴为其招魂，并送他到三十三个神界里去。

超度男能干者・驱赶冷凑鬼

tʂhər^{33}me^{33}çy^{55}le^{33}he^{21}hæ^{55}

佚名撰

抄本

1册，24页

左右双栏，版框27.5×10cm。瑞香荛花纸。缺封底。

搜集于云南省维西县。在死者去神界的路上会有冷凑鬼阻拦，东巴用面偶、黑山羊向冷凑鬼及其他鬼还债，口念咒语，镇压冷凑鬼，让死者平安到达神界。

超度男能干者·称颂能人

tʂhər^{33}me^{33}çy^{55}le^{33}he^{21}hæ^{55}

佚名撰

抄本

1册，40页

无边栏，版框26×9.5cm。瑞香荛花纸，封面、封底着彩色装饰。保存完好。

搜集于云南省丽江市。称颂能人无所不会，无所不知，勤劳勇敢，富裕强盛。

钉“古顺”时称颂男能干者或女能干者

tʂhər^{33}me^{33}çy^{55}le^{33}he^{21}hæ^{55}

佚名撰

抄本

1册，24页

左右双栏，版框27.5×10cm。瑞香荛花纸，封面、封底着彩色装饰。保存完好。

搜集于云南省维西县。讲述历代男能干者的本领及事迹，讲述死者的英勇，祈求能干的死者庇佑后人；讲述历代女能者的勤劳，愿其能干的本领传给后人。

赞颂能干的男子

tʂhər^{33}me^{33}çy^{55}le^{33}he^{21}hæ^{55}

佚名撰

抄本

1册，16页

左右单栏，版框27.5×8.5cm。瑞香荛花纸。保存基本完好。

搜集于云南省丽江市。讲述历代男能干者的本领及事迹，讲述死者的英勇，祈求能干的死者庇佑后人。

超度男能干者·赞颂能干的男子

tʂhər^{33}me^{33}çy^{55}le^{33}he^{21}hæ^{55}

佚名撰

抄本

1册，40页

无边栏，版框29×9cm。瑞香荛花纸，封一彩色装饰。保存完好。

搜集于云南省丽江市。讲述历代男能干者的本领及事迹，讲述死者的英勇，祈求能干者死后庇佑后人。

超度男能干者·赞颂死者的能干

tʂhər^{33}me^{33}çy^{55}le^{33}he^{21}hæ^{55}

佚名撰

抄本

1册，42页

左右双栏，版框28.5×8 cm。瑞香荛花纸。缺封面。

搜集于云南省丽江市。讲述历代男能干者的本领及事迹，讲述死者的英勇，祈求能干者死后庇佑后人。

赞颂死者的能干

tʂhər^{33}me^{33}çy^{55}le^{33}he^{21}hæ^{55}

佚名撰

抄本

1 册，64 页

无边栏，版框 27. 5 ×8 . 5cm。瑞香荛花纸。保存基本完好。

搜集于云南省丽江市。赞颂男能干者之本领；赞颂女能干者之勤劳；讲五行的出处及丝绸的来历，给死者点药。

超度男能干者·虎的出处来历

tʂhər^{33}me^{33}çy^{55}le^{33}he^{21}hæ^{55}

佚名撰

抄本

1 册，18 页

左右双栏，版框 25. 5 ×10 cm。瑞香荛花纸。保存完好。

搜集于云南省香格里拉东坝行政村。讲述虎的头、心、肺、肝、骨、血、眼、声、爪、纹等全身的出处来历。

超度男能干者·虎的来历·分虎皮

tʂhər^{33}me^{33}çy^{55}le^{33}he^{21}hæ^{55}

佚名撰

抄本

1 册，20 页

左右双栏，版框 27. 5 ×10 cm。瑞香荛花纸。保存完好。

搜集于云南省维西县。讲述虎的头、心、肺、肝、骨、血、眼、声、爪、纹等全身的出处来历；分得虎皮，男的勇敢能干，女的美丽。

超度男能干者·虎的来历·分虎皮

tʂhər^{33}me^{33}çy^{55}le^{33}he^{21}hæ^{55}

佚名撰

抄本

1 册，32 页

左右双栏，版框 27. 5 ×10 cm。瑞香荛花纸，内页彩色装饰。保存完好。

搜集于云南省维西县。讲述虎的头、心、肺、肝、骨、血、眼、声、爪、纹等全身的出处来历；分得虎皮，男的勇敢能干，女的美丽。

超度男能干者·虎的来历

tʂhər^{33}me^{33}çy^{55}le^{33}he^{21}hæ^{55}

佚名撰

抄本

1 册，20 页

无边栏，版框 28. 5 ×9 cm。瑞香荛花纸，封一彩色装饰。保存完好。

搜集于云南省丽江市。讲述虎的头、心、肺、肝、骨、血、眼、声、爪、纹等全身的出处来历；分得虎皮，男的勇敢能干，女的美丽。

超度男能干者·马的来历

tʂhər^{33}me^{33}çy^{55}le^{33}he^{21}hæ^{55}

佚名撰

抄本

1 册，24 页

无边栏，版框 24 × 8 cm。瑞香荛花纸。保存完好。

搜集于云南省香格里拉东坝行政村。讲述马的来历；献冥马前为马洗秽，献冥马以报恩；能干者之事迹；迎请优麻战神，讲述优麻战神的出处。

超度男能干者之歌 · 献冥马

tʂkɑ^{21} dæ^{21} ŋv^{55} · gu^{21} ku^{21} ʂə^{55}

佚名撰

抄本

1 册，14 页

无边栏，版框 27.5 × 9.5cm。瑞香荛花纸。保存完好。

搜集于云南省香格里拉三坝乡。讲述了马的来历，向男能干者献冥马，让死者骑上马到祖先居住地和神界里去。

超度男能干者之歌 · 超度富裕之死者

tʂkɑ^{21} dæ^{21} ŋv^{55}

佚名撰

抄本

1 册，18 页

左右双栏，版框 28 × 9.5cm。瑞香荛花纸，封面、封底有橘红色、蓝色装饰。保存完好。

搜集于云南省丽江市。若不为死者说富裕之事，死者就会贫穷；若已富有而不说富有就会失去，赞扬死者如何富裕，还讲述了先辈中富裕之人的事迹。愿后辈富裕强盛。

超度男能干者之歌 · 安慰死者之歌

tʂkɑ^{21} dæ^{21} ŋv^{55} · mu^{55} dzər^{33} uɑ^{21} me^{55}

佚名撰

抄本

1 册，20 页

左右双栏，版框 27.5 × 9cm。瑞香荛花纸。保存完好。

搜集于云南省维西县。讲述有人无所不有，从水中看到自己逐渐变老，就去买寿岁，但到所有市场去买也未见到卖寿岁的；看到路旁的海水已干，石会裂，树会老，明白死总是免不了的，以许多事例劝慰死者。

超度南男能干者之歌 · 给能者点药 · 能者之福分

tʂuɑ^{21} dæ^{21} ŋv^{55} · dæ^{21} tʂhər^{33} khɯ^{55} · dæ^{21} bu^{21}

佚名撰

抄本

1 册，14 页

左右双栏，版框 28 × 10cm。瑞香荛花纸。保存完好。

搜集于云南省维西县。不给能者施药，能者会不高兴，就会游荡。因此把各种药点于能者及其所有的武器上。能者能赐予各种武器和财物等福分，愿死者像所有先辈能者一样能干。

超度男能干者之歌·给能者点药

tʂuɑ^{21}dæ^{21}ŋv^{55} · dæ^{21}tʂhər^{33}khɯ^{55}

佚名撰

抄本

1 册，20 页

左右双栏，版框 27 ×9cm。瑞香荛花纸。缺封面、封底。

搜集于云南省香格里拉白地行政村。东巴为男能干者及其武器点药，给男能者赐本领，使其能战胜仇敌。

超度男能干者之歌·给男能干者赐本领

tʂuɑ^{21}dæ^{21}ŋv^{55} · tshɿ^{33}i^{21}

佚名撰

抄本

1 册，16 页

无边栏，版框 24.5 ×9.5cm。瑞香荛花纸。保存基本完好。

搜集于云南省香格里拉三坝乡。讲述能者生前的事迹，死后向神求赐本领，神赐予各种本领。

超度男能干者·送死者

tʂuɑ^{21}dæ^{21}ŋv^{55} · ʐɿ^{21}pv^{55}me^{55}

阿贡哲撰

抄本

1 册，40 页

左右双栏，版框 26.5 ×8cm。瑞香荛花纸。保存完好。

搜集于云南省香格里拉三坝乡。东巴沿归祖路一站一站地把死者送到祖先居住地。

超度女能干者·女能干者的出处

bɯ^{21}dæ^{21}ŋv^{55} · bɯ^{21}thv^{33}kv^{33}

佚名撰

抄本

1 册，18 页

左右双栏，版框 27 ×8.5cm。瑞香荛花纸。保存完好。

搜集于云南省丽江市。讲述女能干者所具有的本领，虎的出处来历和分虎皮。

超度女能干者·女子衣服饰物之来历

bɯ^{21}dæ^{21}ŋv^{55} · dzər^{33}sɿ^{21}thv^{33}

佚名撰

抄本

1 册，20 页

左右双栏，版框 27 ×8.5cm。瑞香荛花纸，封面、封底着彩色装饰。保存完好。

搜集于云南省丽江市。讲述女能干者之名声的来历及衣服饰物的出处来历，讲述白海螺号角、刀等武器来历。

超度女能干者

bɯ^{21}dæ^{21}ŋv^{55}

佚名撰

抄本

1册，34页

左右双栏，版框28×9cm。瑞香荛花纸。缺封面、封底。

搜集于云南省丽江市。讲述女能干者名声的来历及其所具有的本领、马的出处来历并献冥马；虎的出处来历及分虎皮；讲述历代女祖先能干的事迹；给女能干者及器物点药；送死者到神地，祈求把福泽留给后人。

超度女能干者（头本）

bɯ^{21}dæ^{21}ŋv^{55} · kv^{33}tʂu^{21}uɑ^{21}me^{55}

佚名撰

抄本

1册，22页

左右单栏，版框26×8.5cm。瑞香荛花纸。保存完好。

搜集于云南省丽江市。讲述女能干者生前能干勤快之事迹、马的出处来历并献冥马；虎的出处来历及分虎皮。

超度女能干者（头本）

bɯ^{21}dæ^{21}ŋv^{55} · kv^{33}tʂu^{21}uɑ^{21}me^{55}

佚名撰

抄本

1册，24页

左右双栏，版框25.5×8.5cm。瑞香荛花纸，封一彩色装饰。保存完好。

搜集于云南省丽江市。讲述女能干者生前能干勤快之事迹、马的出处来历并献冥马；虎的出处来历并分虎皮。

超度女能干者（头本）

bɯ^{21}dæ^{21}ŋv^{55} · kv^{33}tʂu^{21}mu^{33}

佚名撰

抄本

1册，24页

左右双栏，版框27.5×9cm。瑞香荛花纸，封一、封四左右以红蓝装饰。保存完好。

搜集于云南省丽江市。讲述女能干者生前能干勤快之事迹；讲述马的出处来历并献冥马；虎的出处来历并分虎皮。

超度女能干者（中本末本）

bɯ^{21} dæ^{21} ŋv^{55} · ly^{55} tʂu^{55} mæ^{55} tʂu^{55} uɑ^{21}me^{55}

佚名撰

抄本

1册，24页

左右双栏，版框25.5×8cm。瑞香荛花纸，封一彩色装饰。保存完好。

搜集于云南省丽江市。讲述女能干者事迹及其具有的才能和勤劳的本领；给后人赐福；给女能者点药。

超度女能干者·摧毁九道督支黑坡

bɯ^{21} dæ^{21} ŋv^{55} · tv^{33} tʂʅ^{21} ŋv^{33} bu^{21} phv^{21}

佚名撰

抄本

1 册，20 页

左右双栏，版框 27.5 × 10cm。瑞香荛花纸。保存完好。

搜集于云南省丽江市。讲述女能干者生前能干事迹，死后要带财物去祖先居住地，但守卫九道督支黑坡的鬼不让死者通过，东巴请优麻战神摧毁九道督支黑坡。东巴为女能干者除秽。

超度女能干者 · 摧毁九道督支黑坡

bɯ^{21} dæ^{21} ŋv^{55} · tv^{33} tʂʅ^{21} ŋv^{33} bu^{21} tshe^{55}

佚名撰

抄本

1 册，18 页

无边栏，版框 29 × 8.5cm。瑞香荛花纸。保存完好。

搜集于云南省丽江市。讲述女能干者生前能干事迹，死后要带财物去祖先居住地，但守卫九道督支黑坡的鬼不让死者通过，东巴请优麻战神摧毁九道督支黑坡。东巴为女能干者除秽。

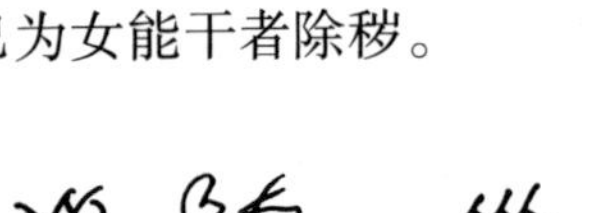

超度女能干者 · 摧毁九道督支黑坡

bɯ^{21} dæ^{21} ŋv^{55} · tv^{33} tʂʅ^{21} ŋv^{33} bu^{21} phv^{21}

佚名撰

抄本

1 册，20 页

左右双栏，版框 26.5 × 8.5cm。瑞香荛花纸。保存完好。

搜集于云南省丽江市。讲述女能干者生前能干事迹，死后要带财物去祖先居住地，但守卫九道督支黑坡的鬼不让死者通过，东巴请优麻战神摧毁九道督支黑坡。东巴为女能干者除秽。

超度女能干者 · 摧毁九座督支黑坡

bɯ^{21} dæ^{21} ŋv^{55} · tv^{33} tʂʅ^{21} ŋv^{33} bu^{21} tshe^{55}

佚名撰

抄本

1 册，16 页

左右双栏，版框 27.5 × 9cm。瑞香荛花纸。保存完好。

搜集于云南省丽江市。讲述女能干者生前能干事迹，死后要带财物去祖先居住地，但守卫九道督支黑坡的鬼不让死者通过，东巴请优麻战神摧毁九道督支黑坡。东巴为女能干者除秽。

超度女能干者 · 驱赶冷凑鬼

bɯ^{21} dæ^{21} ŋv^{55} · le^{21} tʂhə^{55} dʐʅ^{21} uɑ^{21} me^{55}

佚名撰

抄本

1 册，20 页

左右双栏，版框 27.5 × 10cm。瑞香荛花纸。保存完好。

搜集于云南省维西县。讲述女能人生前事迹，死后要去神界而在路上被冷凑鬼阻拦，东巴向冷凑鬼还债，向冷凑鬼父母送鸡，让死者不受阻拦地到达神界。

超度女能干者·驱除冷凑鬼

bɯ^{21}dæ^{21}ŋv^{55} ·le^{21}tʂhə^{55}dʐʅ^{21}

佚名撰

抄本

1 册，16 页

无边栏，版框 29 ×8.5cm。瑞香荛花纸。保存完好。

搜集于云南省丽江市。讲述女能人生前事迹，死后要去神界而在路上被冷凑鬼阻拦，东巴向冷凑鬼还债，向冷凑鬼父母送鸡，让死者不受阻拦地到神界里去。

超度女能干者·驱赶冷凑鬼·招魂

bɯ^{21}dæ^{21}ŋv^{55} ·le^{21}tʂhə^{55}dʐʅ^{21} ·o^{21}sər^{55}

佚名撰

抄本

1 册，30 页

左右双栏，版框 27 ×8.5cm。瑞香荛花纸。保存完好。

搜集于云南省维西县。讲述女能人生前事迹，死后要去神界而在路上被冷凑鬼阻拦，东巴向冷凑鬼还债，向冷凑鬼父母送鸡，让死者不受阻拦地到达神界。女能人死去后其魂会被四方鬼王摄，东巴为其招魂并送其到三十三个神界里去。

超度女能干者·庚补锅的出处·砍长寿树木片

bɯ^{21} dæ^{21} ŋv^{55} · kɯ^{21} bv^{33} thv^{33} · dzər^{21} pɑ^{55}pɑ^{55}

佚名撰

抄本

1 册，12 页

左右双栏，版框 28 ×10cm。瑞香荛花纸。保存完好。

搜集于云南省维西县。讲述庚补锅的出处来历，把庚补锅放在四方，四方的人都长寿、四世同堂；砍依瑞吉祥树的木片，木片所到之处，那里的神、精灵、人都获得长寿；神箭的出处来历，历代祖先都持此神箭，都长寿、四世同堂。

超度女能干者·招魂

bɯ^{21}dæ^{21}ŋv^{55}o^{21}sər^{55}uɑ^{21}me^{55}

佚名撰

抄本

1 册，10 页

左右单栏，版框 28.5 ×9.5cm。瑞香荛花纸，内有蓝色印章。缺封底。

搜集于云南省维西县。女能干者死后其魂会被四方鬼王摄去，东巴为其招魂。

超度女能干者·赐本领给女能人·求福泽

bɯ^{21} dæ^{21} ŋv^{55} · bɯ^{21} dæ^{21} bu^{21} · no^{33} o^{21} sɑ^{55}

佚名撰

抄本

1 册，10 页

左右双栏，版框 26 ×8cm。瑞香荛花纸。缺封面。

搜集于云南省丽江市。各种神赐予女能人各种本领；东巴把女能干者送到神地，祈求把福泽留给后人。

超度美利董主长寿者·长寿者的出处

du^{21}zɿ^{33} ʂər^{21} · ŋv^{55}zɿ^{33} ʂər^{21}thv^{33}pɯ^{55}

佚名撰

抄本

1 册，30 页

左右双栏，版框 24.5 × 9.5cm。瑞香荛花纸。保存完好。

搜集于云南省香格里拉东坝行政村。讲述历代祖先中长寿者的事迹，他们死后都被送到三十三个神界里，他们把福泽留给了后辈子孙。

超度长寿的美利董主

zɿ^{33} ʂər^{21}du^{21}ŋv^{55}

佚名撰

抄本

1 册，36 页

无边栏，版框 24.5 × 10cm。瑞香荛花纸。封底缺半页，其他完好。

搜集于云南省香格里拉东坝行政村。讲述了美利董主的一生及长寿之事；叙述恒依巴达神树的生长过程；大鹏神鸟的出处及其神威。

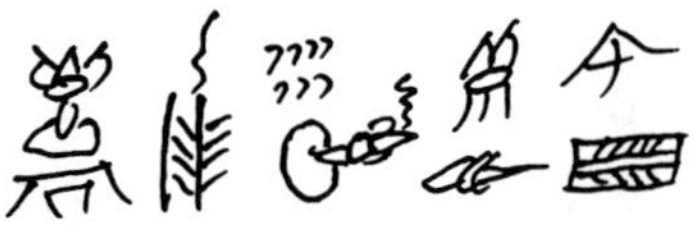

超度长寿的美利董主（头本）

zɿ^{33} ʂər^{21}du^{21}ŋv^{55}kv^{33}tʂu^{55}the^{33}ɯ^{33}mu^{33}

佚名撰

抄本

1 册，20 页

左右单栏，版框 27.5 × 8cm。瑞香荛花纸，封三有一彩色图。保存完好。

搜集于云南省丽江市。讲述了美利董主的一生及长寿之事；叙述恒依巴达神树的生长过程；大鹏神鸟的出处及其神威。

超度长寿的美利董主

zɿ^{33} ʂər^{21}du^{21}ŋv^{55}ly^{55}tʂu^{55}the^{33}ɯ^{33}mu^{33}

佚名撰

抄本

1 册，24 页

左右单栏，版框 28 × 8cm。瑞香荛花纸。保存基本完好。

搜集于云南省丽江市。供养白海螺色的大鹏鸟，大鹏鸟会赐予富裕强盛、延年益寿、四世同堂，美利董主供养大鹏鸟而获长寿。

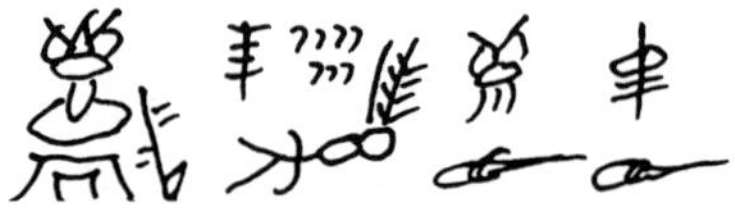

超度长寿的美利董主（头本、末本）

zɿ^{33} ʂər^{21}du^{21}ŋv^{55}kv^{33}tʂu^{55}ly^{55}tʂu^{55}

佚名撰

抄本

1 册，24 页

左右单栏，版框 26.5 × 9cm。瑞香荛花纸，封面、封底两边有红蓝色装饰。保存完好。

搜集于云南省丽江市。讲述神山、神海、神树、神石的出处；大鹏神鸟三个名字的来历；美利董主供养神山、神树、神海、神石和大鹏鸟而获长寿。

超度长寿的美利董主·马鹿找美利董主的魂

zɿ^{33} ʂər^{21}du^{21}ŋv^{55} ·du^{21}phi^{55}tʂhuɑ^{55}nɯ^{33} ʂu^{21}

佚名撰

抄本

1 册，30 页

左右双栏，版框 27.5 ×10cm。瑞香荛花纸。保存完好。

搜集于云南省维西县。美利董主受小辈欺负，出走遇到盘人，与其掷骰子赌输赢，美利董主输了其魂，董死后，后辈子孙请马鹿找回美利董主之魂。

超度长寿的美利董主·招魂

zɿ^{33} ʂər^{21}du^{21}ŋv^{55} ·o^{21} ʂər^{55}

佚名撰

抄本

1 册，16 页

左右单栏，版框 26.5 ×8cm。瑞香荛花纸，封一彩色装饰。保存完好。

搜集于云南省丽江市。长寿者死后，其魂会被各种鬼羁留，东巴把其招回并送往神界。

超度长寿的美利董主·砍巴达神树木片·送董送鹿

zɿ^{33} ʂər^{21}du^{21}ŋv^{55} ·hɑ^{33}dɑ^{21}dzər^{21}pɑ^{55}thv^{55} ·du^{21}pv^{55}tʂhuɑ^{55}pv^{55}

佚名撰

抄本

1 册，24 页

左右双栏，版框 24.5 ×9.5cm。瑞香荛花纸。保存完好。

搜集于云南省香格里拉东坝行政村。砍得美利巴达神树木片就获长寿，把美利董主和马鹿一直送到神界。

超度长寿的美利董主·招魂

zɿ^{33} ʂər^{21}du^{21}ŋv^{55} ·o^{21} ʂər^{55}

佚名撰

抄本

1 册，22 页

左右双栏，版框 27 ×9cm。瑞香荛花纸。缺封底。

搜集于云南省香格里拉白地行政村。美利董主及其妻茨爪金姆的魂被毒鬼和仄鬼摄去，其子女请东巴为他们招魂并洗秽，并把他们送到三十三个神界里。

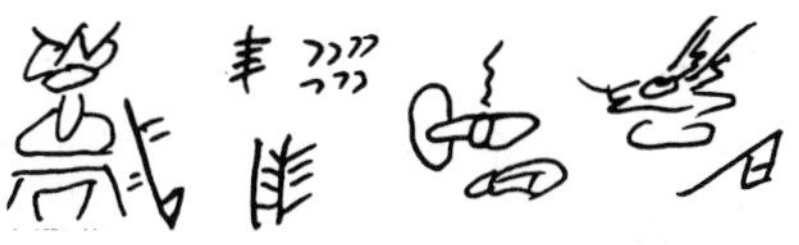

超度长寿的美利董主·由马鹿寻找董的魂

zɿ^{33} ʂər^{21}du^{21}ŋv^{55} ·du^{21}phi^{55}tʂhuɑ^{55}nɯ^{33} ʂu^{21}

佚名撰

抄本

1 册，26 页

左右单栏，版框 26.5 × 8.5cm。瑞香荛花纸，封一彩色装饰。保存完好。

搜集于云南省丽江市。美利董主老后受后辈的欺负而出走，遇到白头素鬼与其赌博，输了灵魂，其子女请东巴作仪式，东巴派马鹿找回董的灵魂。

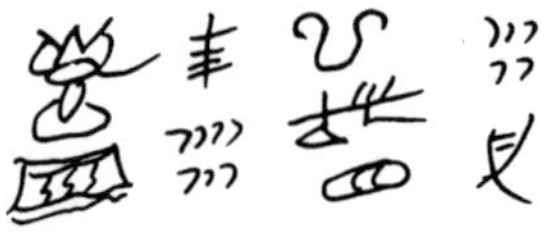

超度长寿的美利董主·火化

zɿ^{33} ʂər^{21}du^{21}ŋv^{55} · pv^{33}so^{33}dʐi^{55}

佚名撰

抄本

1 册，16 页

左右双栏，版框 28 × 10cm。瑞香荛花纸。保存完好。

搜集于云南省维西县。讲述美利董主用九种木材火化并将其送往三十三个神地里去。

超度长寿的美利董主·开庚灵药的来历·福泽碗

zɿ^{33} ʂər^{21} du^{21} ŋv^{55} · khæ^{33} khɯ^{21} gv^{33} · no^{33}o^{21}khuɑ^{55}

佚名撰

抄本

1 册，32 页

左右单栏，版框 26.5 × 8cm。瑞香荛花纸。保存完好。

搜集于云南省香格里拉东坝行政村。讲述天上有一种兽叫“开美”，其胆称“开庚”，为一种长生不老药。只要尝得此胆灵药者都长寿；从崇忍利恩求得福泽碗起，只要供奉福泽碗便获得长寿且子孙兴旺。

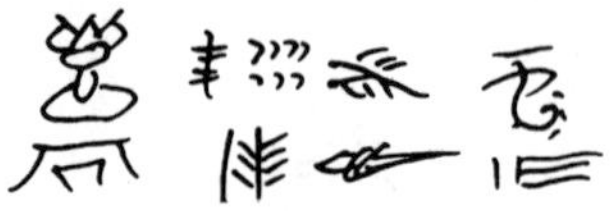

超度长寿的美利董主·求遗留福泽

zɿ^{33} ʂər^{21}du^{21}ŋv^{55}mæ^{55}tʂu^{55}no^{33}o^{21}sɑ^{55}

佚名撰

抄本

1 册，22 页

无边栏，版框 28 × 8.5cm。瑞香荛花纸。保存完好。

搜集于云南省丽江市。用庚补锅求福泽；砍恒依巴达神树木片求福泽；用神箭求福泽。

超度长寿的美利董主·开庚灵药的来历·福泽碗

zɿ^{33} ʂər^{21} du^{21} ŋv^{55} · khæ^{33} khɯ^{21} gv^{33} · no^{33}o^{21}khuɑ^{55}

佚名撰

抄本

1 册，42 页

左右双栏，版框 27 × 9cm。瑞香荛花纸。封底缺页。

搜集于云南省香格里拉东坝行政村。讲述天上有一种兽叫“开美”，其胆称“开庚”，为一种长生不老药。只要尝得此胆灵药者都长寿；从崇忍利恩求得福泽碗起，只要供奉福泽碗便获得长寿且子孙兴旺。

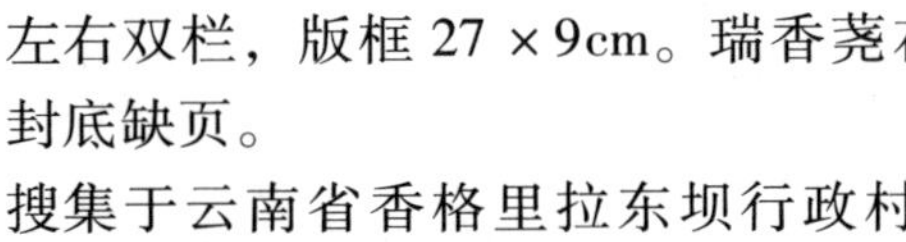

超度长寿者·驱赶冷凑鬼·庚补锅的来历·砍神树木片·箭的来历

zɿ^{33} ʂər^{21} du^{21} ŋv^{55} · le^{21} tʂhər^{55} dʐɿ^{21} · kɯ^{21} bv^{33} thv^{33} · bɑ^{33} dɑ^{21} dzər^{21} pɑ^{55} thv^{55} · lɯ^{33} sɿ^{33} thv^{33} pɯ^{55}

佚名撰

抄本

1 册，20 页

左右单栏，版框 27 ×9cm。瑞香荛花纸，封一彩色装饰。保存完好。

搜集于云南省丽江市。死者要到神界去，会被冷凑鬼阻拦，东巴向其还债并驱赶之；用庚补锅求福泽；砍恒依巴达神树木片求福泽；用神箭求福泽。

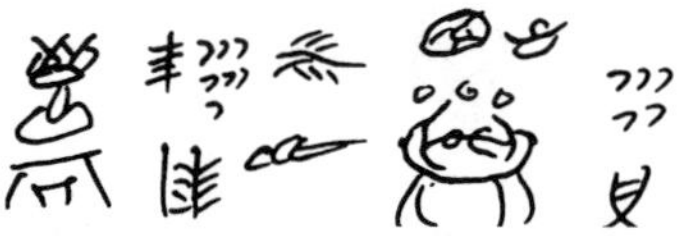

超度长寿者 · 庚补锅的出处

zɿ^{33} ʂər^{21} du^{21} ŋv^{55} · kɯ^{21} bv^{33} thv^{33} uɑ^{21} me^{55}

佚名撰

抄本

1 册，22 页

左右双栏，版框 28 ×9. 5cm。瑞香荛花纸。保存完好。

搜集于云南省维西县。用庚补锅求福泽；砍恒依巴达神树木片求福泽；用神箭求福泽。

超度长寿者 · 依多构史神树的出处

zɿ^{33} ʂər^{21} du^{21} ŋv^{55} · i^{33} duɑ^{33} kə^{55} ʂɿ^{33} dzər^{21} thv^{33}

佚名撰

抄本

1 册，36 页

左右单栏，版框 27. 5 ×9cm。瑞香荛花纸。保存完好。

搜集于云南省维西县。讲述依多神树的生长、培育和神灵的守卫之过程；讲述大鹏神鸟的出处来历，神赐予许多本领，美利董主供养大鹏神鸟而长寿。

白锅的出处来历

zɿ^{33} ʂər^{21} du^{21} ŋv^{55} · bv^{33} phər^{21} thv^{33} kv^{33} pɯ^{55} thv^{33}

佚名撰

抄本

1 册，16 页

左右双栏，版框 26 ×9cm。瑞香荛花纸。保存完好。

搜集于云南省丽江市。用白锅求福泽；砍神树木片求福泽；用神箭求福泽。

超度长寿者 · 用牦牛关死亡之门

zɿ^{33} ʂər^{21} du^{21} ŋv^{55} · bər^{21} nɯ^{33} ʂɿ^{33} khu^{33} tər^{55}

威高撰

抄本

1 册，24 页

无边栏，版框 26 ×9. 5cm。瑞香荛花纸。保存完好。

搜集于云南省香格里拉白地行政村。讲述用牦牛关死亡之门的来历，孝子用牦牛报恩，东巴送死者时沿归祖路一站一站地用牦牛关死亡之门。

超度长寿者（末本）

zɿ^{33} ʂər^{21}du^{21}ŋv^{55}mæ^{55}tʂu^{55}

佚名撰

抄本

1 册，24 页

左右双栏，版框 26 ×9cm。瑞香荛花纸，封面、封底有彩色装饰。保存完好。

搜集于云南省丽江市。美利董主老后受后辈欺负而出走，遇到白头素鬼与其赌博，输了灵魂。其子女请东巴作仪，东巴派马鹿找回董的灵魂。

超度长寿者·点神灯（末本）

zɿ^{33} ʂər^{21}du^{21}ŋv^{55} ·bæ^{33}mi^{33}mæ^{55}tʂu^{55}

佚名撰

抄本

1 册，12 页

无边栏，版框 28 ×10cm。瑞香荛花纸。缺封底，其他完好。

搜集于云南省维西县。讲述神灯的出处。用金银、松石、墨玉作灯盏，用各种植物油和动物酥油作灯油，点神灯供养各种神。

超度长寿者·点神灯

zɿ^{33} ʂər^{21}du^{21}ŋv^{55} ·bæ^{33}mi^{33}tʂɿ^{55}

佚名撰

抄本

1 册，16 页

左右双栏，版框 24 ×9.5cm。瑞香荛花纸。保存完好。

搜集于云南省香格里拉东坝行政村。讲述神灯的出处。用金银、松石、墨玉作灯盏，用各种植物油和动物酥油作灯油，点神灯供养各种神。

超度长寿者·赞颂死者

zɿ^{33} ʂər^{21}du^{21}ŋv^{55} ·tshɿ^{33}i^{21}uɑ^{21}me^{55}

佚名撰

抄本

1 册，18 页

左右单栏，版框 26.5 ×9cm。瑞香荛花纸，封一有彩色装饰。保存完好。

搜集于云南省香格里拉东坝行政村。赞颂死者生前能干的本领及其他事迹。

超度长寿者·依多构史神树的出处

zɿ^{33} ʂər^{21} du^{21} ŋv^{55} · i^{33} duɑ^{33} kə^{55} ʂɿ^{33} dzər^{21}thv^{33}

佚名撰

抄本

1 册，34 页

左右双栏，版框 28 ×9.5cm。瑞香荛花纸。保存完好。

搜集于云南省丽江市。讲述依多神树的生长、培育之过程；大鹏神鸟的出处来历，美利董主供养大鹏神鸟而长寿。

超度长寿者·砍神树木片·大鹏鸟出处·神箭的出处

zɿ^{33} ʂər^{21} du^{21} ŋv^{55} · kə^{55} sɿ^{33} dzər^{21} pɑ^{55} tse^{55} · ɕi^{33} tɕhy^{21} thv^{33} sɿ^{55} lɯ^{33} sɿ^{33} thv^{33}

佚名撰

抄本

1 册，36 页

无边栏，版框 27 × 9. 5cm。瑞香荛花纸。保存基本完好。

搜集于云南省香格里拉东坝行政村。讲述依多神树的生长、培育之过程；大鹏神鸟的出处来历，美利董主供养大鹏神鸟而长寿。

超度长寿者·大鹏鸟栖息在神树上

zɿ^{33} ʂər^{21} du^{21} ŋv^{55} · ɕiə^{33} tɕhy^{21} ɯ^{55} hɑ^{55}

佚名撰

抄本

1 册，26 页

左右双栏，版框 27 × 9cm。瑞香荛花纸。保存基本完好。

搜集于云南省香格里拉东坝行政村。讲述大鹏神鸟的出处来历，从美利董主始，供养大鹏神鸟而长寿、四世同堂；讲开庚圣药的来历，凡尝圣灵药者都长寿。

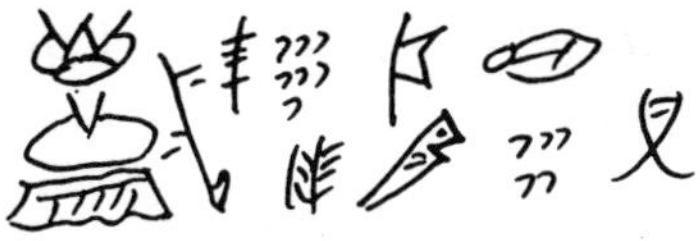

超度长寿者·长寿者的来历

zɿ^{33} ʂər^{21} du^{21} ŋv^{55} · khu^{33} do^{21} phi^{21} uɑ^{21} me^{55}

佚名撰

抄本

1 册，24 页

左右双栏，版框 28 × 10cm。瑞香荛花纸。保存完好。

搜集于云南省维西县。讲述各种神及历代长寿者的掌故。

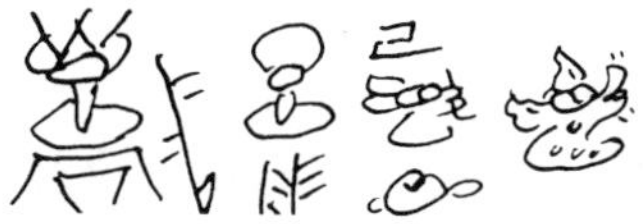

超度长寿的美利董主·驱赶冷凑鬼

zɿ^{33} ʂər^{21} du^{21} ŋv^{55} · le^{21} tʂhə^{55} dʐɿ^{21}

佚名撰

抄本

1 册，16 页

无边栏，版框 29 × 9cm。瑞香荛花纸，封一彩色装饰。保存完好。

搜集于云南省丽江市。美利董主要到神界去，会被冷凑鬼阻拦，东巴向其还债并驱赶之。

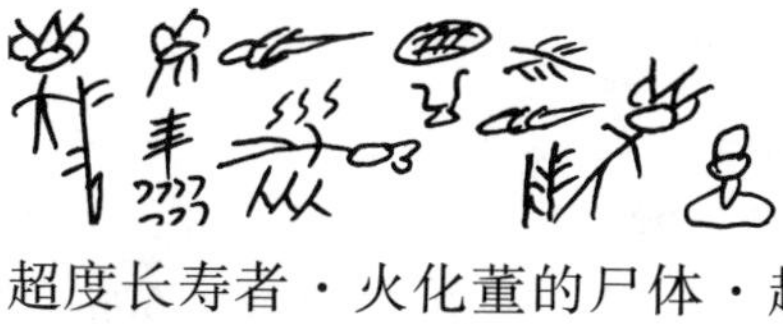

超度长寿者·火化董的尸体·超度东巴什罗仪式规程

kv^{33} tʂu^{55} du^{21} mu^{21} tɕər^{55} · mæ^{55} tʂu^{55} sər^{55} lər^{33} ŋv^{55} du^{33} mu^{21}

佚名撰

抄本

1 册，36 页

左右双栏，版框 25. 5 × 10cm。瑞香荛花纸。保存完好。

搜集于云南省香格里拉东坝行政村。讲述用九种木材火化美利董主的尸体及其身体各器官变化后生成什么；后半部为超度东巴什罗仪式的规程。

超度长寿者·驱赶冷凑鬼·招魂

zɿ^{33}sər^{21}ŋv^{55} · le^{21}tʂhə^{55}dʐɿ^{21} · o^{21}sər^{55}

佚名撰

抄本

1 册，34 页

左右单栏，版框 27 × 8cm。瑞香荛花纸。封一着彩色装饰。保存完好。

搜集于云南省香格里拉维西县。讲述美利董主死后要到神地里去，沿途会被冷凑鬼及各种鬼阻拦，东巴向冷凑鬼还债并将其驱赶，将美利董主送往神地；美利董主的魂被鬼摄去，东巴让马鹿将其魂招回。

超度长寿者·驱赶冷凑鬼

zɿ^{33}sər^{21}ŋv^{55} · le^{21}tʂhə^{55}dʐɿ^{21}

佚名撰

抄本

1 册，24 页

左右双栏，版框 27.5 × 8.5cm。瑞香荛花纸。保存完好。

搜集于云南省香格里拉白地行政村。讲述美利董主死后要到神地里去，沿途会被冷凑鬼及各种鬼阻拦，东巴向冷凑鬼还债并将其驱赶，将美利董主送往神地。

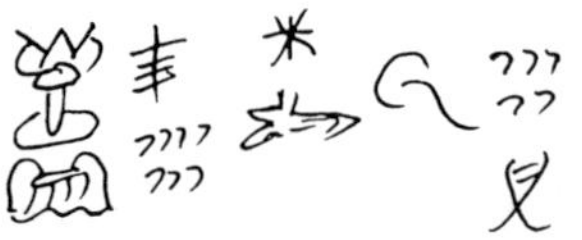

超度长寿者·摧毁九道督支黑坡

zɿ^{33}sər^{21}ŋv^{55} · tv^{33}tʂɿ^{21}phv^{21}uɑ^{21}me^{55}

佚名撰

抄本

1 册，22 页

左右双栏，版框 28 × 10cm。瑞香荛花纸。保存完好。

搜集于云南省香格里拉维西县。讲述长寿的美利董主死后到神地去，要翻九道叫“督支”的黑坡，东巴请来优麻战神，逐一摧毁九道督支黑坡，把美利董主送往三十三个神界里。

超度长寿者·摧毁九道督支黑坡·迎请优麻战神

zɿ^{33}sər^{21}ŋv^{55} · tv^{33}tʂɿ^{21}phv^{21}iə^{33}mɑ^{21}sɑ^{55}

佚名撰

抄本

1 册，22 页

左右双栏，版框 28 × 10cm。瑞香荛花纸。保存完好。

搜集于云南省香格里拉维西县。讲述长寿的美利董主要到神界去，要翻九道叫“督支”的黑坡，东巴请来优麻战神，逐一摧毁九道督支黑坡，把美利董主送往三十三个神界。

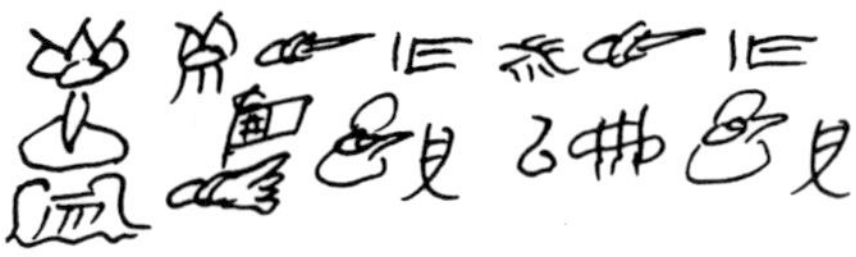

超度长寿者·迎请战神·迎请庚空战神

zɿ^{33} sər^{21} ŋv^{55} · gɑ^{33} lɑ^{21} sɑ^{55} · kɯ^{21} khu^{55} sɑ^{33}

佚名撰

抄本

1 册，18 页

左右双栏，版框 28.5 ×9cm。瑞香荛花纸。保存基本完好。

搜集于云南省香格里拉白地行政村。讲述三百六十种战神的出处来历；讲述庚空优麻战神的出处，东巴迎请各种战神并用牦牛祭献供养。

超度长寿者·驱赶冷凑鬼

zɿ^{33}sər^{21}ŋv^{55} · le^{21}tʂhə^{55}dʐɿ^{21}

佚名撰

抄本

1 册，32 页

无边栏，版框 26 ×9cm。瑞香荛花纸。保存基本完好。

搜集于云南省香格里拉白地行政村。讲述美利董主死后要到神地里去，沿途会被冷凑鬼及各种鬼阻拦，东巴向冷凑鬼还债并将其驱赶，将美利董主送往神地。

超度长寿者·献牦牛、马和绵羊

zɿ^{33}sər^{21}ŋv^{55} · bər^{21}gɯ^{33}gv^{33}mu^{33}

佚名撰

抄本

1 册，36 页

无边栏，版框 26 ×9cm。瑞香荛花纸。保存完好。

搜集于云南省香格里拉白地行政村。讲述了牦牛、马、绵羊的出处并献给死者，以报留下天地、村寨、财物及养育之恩。

超度长寿者·迎请庚空优麻战神·送牦牛

zɿ^{33}sər^{21}ŋv^{55} · kɯ^{21}khu^{55}sɑ^{55} · bər^{21}pv^{55}

佚名撰

抄本

1 册，34 页

无边栏，版框 26 ×9cm。瑞香荛花纸。保存完好。

搜集于云南省香格里拉白地行政村。讲述迎请生九个头的庚空以借刀杀牦牛牺牲，向死者祭献；随死者把牦牛送到祖先居住地。

超度长寿者·火化董的尸体· 超度东巴什罗仪式的规程

du^{33}mu^{21}tɕər^{55} · mæ^{55}tʂu^{55}sər^{55}lər^{33}ŋv^{55} du^{33}mɑ^{21}

佚名撰

抄本

1 册，24 页

无边栏，版框 25 ×9cm。瑞香荛花纸。保存完好。

搜集于云南省香格里拉东坝行政村。讲述用九种树的柴火化美利董主的尸体；超度东巴什罗的仪式规程。

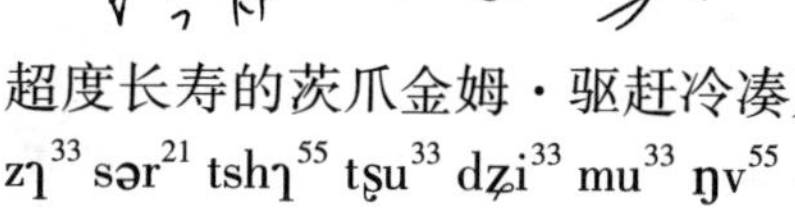

超度长寿的茨爪金姆·驱赶冷凑鬼

zɿ^{33}sər^{21}tshɿ^{55}tʂu^{33}dʑi^{33}mu^{33}ŋv^{55} · le^{21}tʂhə^{55}dʐi^{21}

佚名撰

抄本

1 册，18 页

左右双栏，版框 24 × 10cm。瑞香荛花纸。保存基本完好。

搜集于云南省香格里拉东坝行政村。讲述长寿的茨爪金姆要到神地里去，沿途会被冷凑鬼及各种鬼阻拦，东巴向冷凑鬼还债并将其驱赶，将茨爪金姆送到神地。

超度长寿的茨爪金姆 · 砍依端神树木片 · 祈福泽

zɿ^{33} sər^{21} tshɿ^{55} tʂuɑ^{33} dʑi^{33} mu^{33} ŋv^{55} · i^{33} duɑ^{33} dzər^{21} pɑ^{55} thv^{55} · no^{33} o^{21} sɑ^{55}

东金

抄本

1 册，26 页

左右单栏，版框 27 × 8.5cm。瑞香荛花纸。封面、封底彩色装饰。保存完好。

搜集于云南省丽江市玉龙县黄山镇文笔村。讲述用白锅祈福泽；砍依端构史神树木片，获得木片便四世同堂，延年益寿；祈请把各种福祉赐给活者。

超度长寿的美利董主和茨爪金姆

mɯ^{33} lɯ^{55} du^{21} dzɿ^{33} tshɿ^{55} tʂhu^{33} dʑi^{33} mu^{33} zɿ^{33} ʂər^{21} ŋv^{55}

佚名撰

抄本

1 册，18 页

左右双栏，版框 28 × 10cm。瑞香荛花纸。保存完好。

搜集于云南省香格里拉维西县。讲述美利董主等历代夫妇供养依端构史神树及树上的大鹏神鸟而长寿；美利董主及其妻茨爪金姆的灵魂被署及各种鬼摄去，其子女请东巴招回父母的魂，他俩死后被送到三十三个神界里。

超度长寿的茨爪金姆

tshɿ^{55} tʂuɑ^{33} dʑi^{33} mu^{33} zɿ^{33} ʂər^{21} ŋv^{55}

佚名撰

抄本

1 册，34 页

左右双栏，版框 27.5 × 10cm。瑞香荛花纸。保存完好。

搜集于云南省香格里拉维西县。讲述长寿的茨爪金姆的魂被署及各种鬼摄去，其子女请东巴招回父母的魂并送他们到三十三个神界里去；羊毛穗子的来历，东巴把羊毛穗子系于孝子孝媳身上，他们便延年益寿，四世同堂。

超度长寿的茨爪金姆

tshɿ^{55} tʂuɑ^{33} dʑi^{33} mu^{33} ŋv^{55}

佚名撰

抄本

1 册，24 页

左右双栏，版框 27 × 9cm。瑞香荛花纸。缺封底，其他完好。

搜集于云南省香格里拉白地行政村。讲述长寿的茨爪金姆的魂被署及各种鬼摄去，其子女请东巴招回茨爪金姆的魂并送她到三十三个神界里去。

超度长寿的茨爪金姆·依端构史神树的出处

tshʅ^{55} tʂuɑ^{33} dʑi^{33} mu^{33} ŋv^{55} · i^{33} duɑ^{33} dzər^{21} thv^{55} pɯ^{55} · tshʅ^{55} tʂu^{33} dʑi^{33} mu^{33} ŋv^{55} ȵi^{33} dzə^{21}

佚名撰

抄本

1 册，24 页

左右单栏，版框 29 ×8.5cm。瑞香荛花纸。封一着彩色装饰。保存基本完好。

搜集于云南省丽江市。讲述依端构史神树的出处，栖于神树上的大鹏鸟会赐予人长寿，茨爪金姆供养神树和大鹏鸟获得长寿；茨爪金姆的魂被署及各种鬼摄去，东巴为其招回并送到三十三个神界里去。

超度长寿的茨爪金姆

tshʅ^{55}tʂuɑ^{33}dʑi^{33}mu^{33}ŋv^{55}

佚名撰

抄本

1 册，24 页

左右双栏，版框 27 ×8.5cm。瑞香荛花纸。封一着彩色装饰。保存完好。

搜集于云南省丽江市。讲述依端构史神树的出处，栖于神树上的大鹏鸟会赐予人长寿，茨爪金姆供养神树和大鹏鸟获得长寿。

超度长寿的茨爪金姆

zʅ^{33}sər^{21}tshʅ^{55}tʂuɑ^{33}dʑi^{33}mu^{33}ŋv^{55}

佚名撰

抄本

1 册，30 页

左右双栏，版框 27 ×8.5cm。瑞香荛花纸。保存完好。

搜集于云南省丽江市。讲述白锅、依端构史神树、神箭、白羊毛穗子的出处来历，东巴用这些吉祥物祈福祉和寿岁。

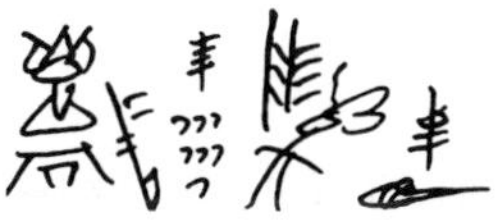

超度长寿的茨爪金姆（中本）

zʅ^{33} sər^{21} tshʅ^{55} tʂuɑ^{33} dʑi^{33} mu^{33} ŋv^{55} ly^{55}tʂu^{55}

佚名撰

抄本

1 册，24 页

无边栏，版框 28 ×8cm。瑞香荛花纸。保存完好。

搜集于云南省丽江市。讲述茨爪金姆供养依端构史神树及大鹏神鸟而获长寿；茨爪金姆的魂被署及各种鬼摄去，东巴招其魂并送她到三十三个神界里去。

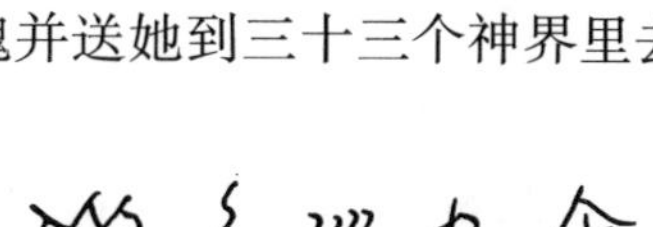

超度长寿的茨爪金姆（中本）

zʅ^{33} sər^{21} tshʅ^{55} tʂuɑ^{33} dʑi^{33} mu^{33} ŋv^{55} ly^{55}tʂu^{55}

佚名撰

抄本

1册，22页

左右双栏，版框27×8.5cm。瑞香荛花纸。保存完好。

搜集于云南省丽江市。讲述长寿的茨爪金姆的魂被署及各种鬼摄去，东巴招其魂并送她到三十三个神界里去。

超度长寿的茨爪金姆（末本）

zɿ^{33} sər^{21} tshɿ^{55} tʂuɑ^{33} dʐi^{33} mu^{33} ŋv^{55} mæ^{55}tʂu^{55}

佚名撰

抄本

1册，20页

左右双栏，版框27×9cm。瑞香荛花纸。保存完好。

搜集于云南省丽江市。讲述东巴用白锅、白绵羊穗子砍依端构史神树木片，手持神箭以祈福祉与长寿。

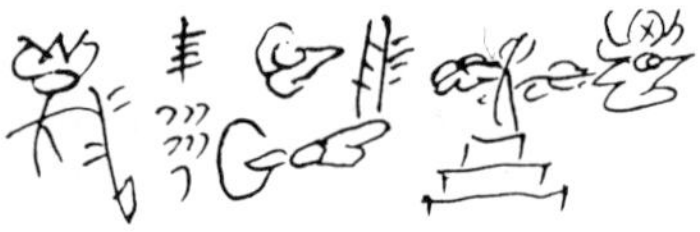

超度长寿的茨爪金姆

tshɿ^{55}tʂuɑ^{33}dʐi^{33}mu^{33}zɿ^{33}sər^{21}ŋv^{55}

佚名撰

抄本

1册，24页

左右双栏，版框24.5×9.5cm。瑞香荛花纸。保存完好。

搜集于云南省香格里拉东坝行政村。讲述依端构史神树及大鹏神鸟的出处来历，茨爪金姆得树之木片及供养大鹏鸟而长寿。

超度长寿的茨爪金姆·送拉姆女神

zɿ^{33}sər^{21}ŋv^{55} · lɑ^{33}mu^{33}pv^{55}me^{55}

佚名撰

抄本

1册，22页

左右双栏，版框25×9.5cm。瑞香荛花纸。保存完好。

搜集于云南省香格里拉东坝行政村。讲述各位拉姆女神的出处，拉姆女神把死者领到神界里去。

超度长寿的茨爪金姆·送拉姆女神

tshɿ^{55}tʂuɑ^{33}dʐi^{33}mu^{33}zɿ^{33}sər^{21}ŋv^{55} · lɑ^{33}mu^{33}pv^{55}

佚名撰

抄本

1册，30页

左右双栏，版框27×8.5cm。瑞香荛花纸。保存完好。

搜集于云南省香格里拉白地行政村。讲述各位拉姆女神的出处，拉姆女神把死者领到神界里去。

超度长寿的茨爪金姆·送蒙世拉姆女神

tshɿ^{55}tʂuɑ^{33}dʐi^{33}mu^{33}ŋv^{55} · mu^{55} ʂɿ^{21}lɑ^{33}mu^{33}pv^{55}

佚名撰

抄本

1 册，12 页

左右双栏，版框 23.5 ×9.5cm。瑞香荛花纸。保存完好。

搜集于云南省香格里拉东坝行政村。讲述各位战神及拉姆女神的出处来历，战神和拉姆女神把死者领到神界里。

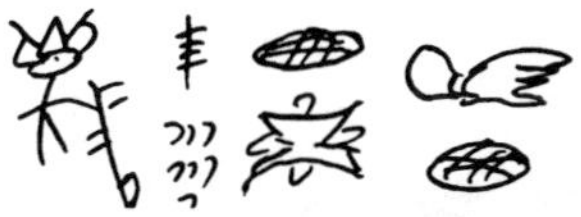

超度长寿的茨爪·驱赶冷凑鬼

tshɿ^{55}tʂuɑ^{33}dʑi^{33}mu^{33}ŋv^{55} · mu^{21} ʂɿ^{55}lɑ^{33} mu^{33}pv^{55}

佚名撰

抄本

1 册，24 页

左右单栏，版框 27.5 ×9cm。瑞香荛花纸。保存完好。

搜集于云南省香格里拉白地行政村。讲述茨爪金姆死后要到神地里去，沿途会被冷凑鬼及各种鬼阻拦，东巴向冷凑鬼还债并将其驱赶，将茨爪金姆送到神地。

超度长寿的茨爪金姆·驱赶冷凑鬼

tshɿ^{55} tʂuɑ^{33} dʑi^{33} mu^{33} ŋv^{55} · le^{21} tʂhə^{55}dʐɿ^{21}

佚名撰

抄本

1 册，22 页

左右双栏，版框 28 ×10cm。瑞香荛花纸。保存完好。

搜集于云南省香格里拉维西县。讲述茨爪金姆死后要到神地里去，沿途会被冷凑鬼及各种鬼阻拦，东巴向冷凑鬼还债并将其驱赶，将茨爪金姆送到神地。

超度长寿的茨爪金姆·为茨爪金姆招魂

tshɿ^{55} tʂu^{33} dʑi^{33} mu^{33} zɿ^{33} sər^{21} ŋv^{55} · le^{21} tʂhə^{55}dʐɿ^{21}

佚名撰

抄本

1 册，22 页

左右双栏，版框 28 ×10cm。瑞香荛花纸。保存完好。

搜集于云南省香格里拉维西县。讲述长寿的茨爪金姆的魂被鬼摄去，其子女请东巴招回茨爪金姆的魂并送她到三十三个神地去。

超度长寿的茨爪金姆·为茨爪金姆招魂

tshɿ^{55} tʂuɑ^{33} dʑi^{33} mu^{33} zɿ^{33} sər^{21} ŋv^{55} · o^{21} ʂər^{55}

佚名撰

抄本

1 册，22 页

左右双栏，版框 27.5 ×10cm。瑞香荛花纸。保存完好。

搜集于云南省香格里拉维西县。讲述长寿的茨爪金姆的魂被鬼摄去，其子女请东巴招回茨爪金姆的魂并送她到三十三个神地去。

东巴什罗的身世

mo^{33}do^{33}ŋv^{55}gu^{33}mu^{33}

佚名撰

抄本

1 册，44 页

左右双栏，版框 25.5 ×10cm。瑞香荛花纸。保存完好。

搜集于云南省香格里拉东坝行政村。讲述东巴教祖师什罗的一生，他的一切本领及法器由何神赐予，他死后弟子将他送到神地去。

祭超度东巴什罗仪式（P）

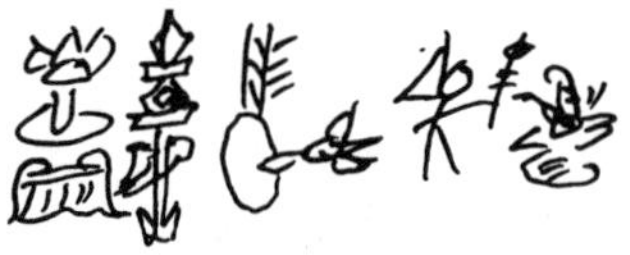

赞颂东巴什罗

dæ^{21}i^{21}

佚名撰

抄本

1 册，40 页

左右双栏，版框 25.5 ×10cm。瑞香荛花纸。保存完好。

搜集于云南省香格里拉东坝行政村。讲述东巴什罗一生足迹，赞颂他具备各种神赐予的本领，和历代有美名的祖先一样，是一位有美名的能人。

迎请东巴什罗

sər^{55}lər^{33}sɑ^{55} uɑ^{21}me^{55}

束嘎恒

抄本

1 册，38 页

左右双栏，版框 24.5 ×9.5cm。瑞香荛花纸。基本完好。

搜集于云南省香格里拉维西县。讲述在人类居住的大地上，女鬼麻佐固斯玛带领各种鬼横行，人类派白蝙蝠到天上请东巴什罗来镇压各种鬼。

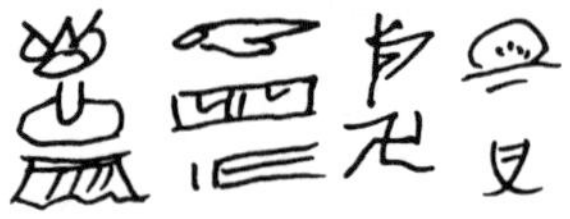

迎请东巴什罗

sər^{55}lər^{33}sɑ^{55} uɑ^{21}me^{55}

佚名撰

抄本

1 册，14 页

左右双栏，版框 28.5 ×9cm。瑞香荛花纸。保存完好。

搜集于云南省香格里拉维西县。讲述在人类居住的大地上，女鬼麻佐固斯玛带领各种鬼横行，人类派白蝙蝠到天上请东巴什罗来镇压各种鬼。

什罗改名

sər^{55}lər^{33}mi^{21}kæ^{33}

佚名撰

抄本

1 册，14 页

左右双栏，版框 26 ×9.5cm。瑞香荛花纸。保存完好。

搜集于云南省香格里拉东坝行政村。讲述东巴什罗以出生于何方位来改名字，东巴什罗除秽并将其送到神界。

弟子寻求本领

gə^{21}bɑ^{21}bu^{21}ʂu^{21}uɑ^{21} me^{55}

佚名撰

抄本

1 册，32 页

左右双栏，版框 25 ×10cm。瑞香荛花纸。保存完好。

搜集于云南省香格里拉东坝行政村。讲述东巴什罗的三百六十个弟子向东巴什罗寻求本领，什罗把其父母及各种神授予的各种本领传授给弟子。

东巴弟子救什罗灵魂

gə^{21}bɑ^{21}thv^{33}thv^{33}

佚名撰

抄本

1 册，24 页

左右双栏，版框 25. 5 ×9. 5cm。瑞香荛花纸。保存完好。

搜集于云南省香格里拉东坝行政村。东巴什罗在人间驱鬼，因天上升十个太阳而太热，就到海里洗澡却死于海中，东巴弟子们想尽一切办法从海里救出什罗的灵魂。

东巴弟子点神灯

gə^{21}bɑ^{21}bæ^{33}mi^{33}tʂʅ^{55}

佚名撰

抄本

1 册，16 页

左右双栏，版框 25. 5 ×10cm。瑞香荛花纸。保存完好。

搜集于云南省香格里拉东坝行政村。讲述祖先们都点神灯供养神而长寿且子孙兴旺，东巴弟子遵古规点神灯供养各种神灵。

从大象身上领上来

tsho^{21}dzi^{33}gv^{33}dɯ^{21}kv^{33}nɯ^{33}gə^{21}le^{33}sʅ^{33}

佚名撰

抄本

1 册，28 页

左右双栏，版框 26 ×10cm。瑞香荛花纸。封一封底着彩色装饰。保存完好。

搜集于云南省香格里拉东坝行政村。讲述东巴什罗的三百六十个弟子从黑毒海里把什罗灵魂救出之后，为他除秽洗秽，从大象身上把东巴什罗送到三十三个神界里。

把东巴们送到神地

sər^{55}lər^{33}gə^{21}pv^{55}uɑ^{21} me^{55}

佚名撰

抄本

1 册，28 页

左右双栏，版框 25. 5 ×10cm。瑞香荛花纸。保存完好。

搜集于云南省香格里拉东坝行政村。讲述把主持各种仪式及历史上各祖先家的东巴送到神地；讲述在超度死者仪式中东巴法帽上各饰物及东巴器物的出处来历。

放倒督树

tv^{21}ɕi^{55}uɑ^{21} me^{55}

佚名撰

抄本

1 册，16 页

左右双栏，版框 29.5 ×10cm。瑞香荛花纸。保存完好。

搜集于云南省香格里拉维西县。讲述三百六十个弟子为不让东巴什罗的魂被羁留在鬼域里而竖了督树，现要把什罗的灵魂送到神地，就放倒督树。

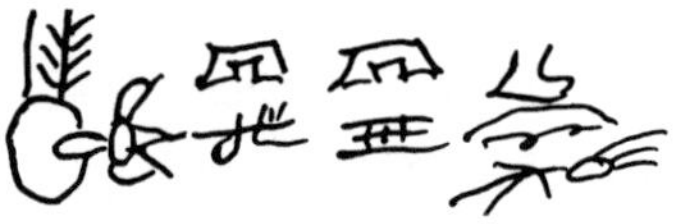

压各种鬼

gə^{33}so^{33}gə^{33}dər^{21}zər^{21}

佚名撰

抄本

1 册，34 页

左右双栏，版框 23 ×10cm。瑞香荛花纸。保存完好。

搜集于云南省香格里拉东坝行政村。讲述东巴什罗死后要到三十三个神地里去，各种鬼会拦截在路上，弟子们念咒语，把各种鬼镇压下去，让什罗平安到达神地。

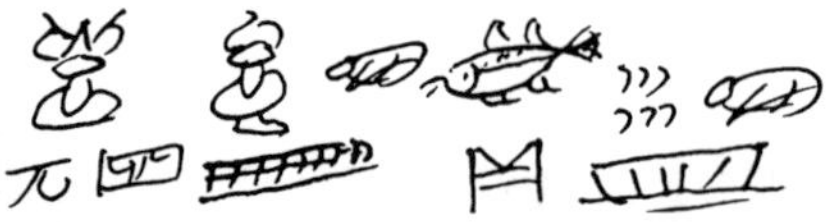

开神路·捣毁六个鬼域

he^{21}ʐʅ^{33}phi^{21} · ȵi^{33}uə^{33}tʂhuɑ^{55}dy^{21}phi^{21}

佚名撰

抄本

1 册，28 页

无边栏，版框 28 ×9.5cm。瑞香荛花纸。保存完好。

搜集于云南省香格里拉维西县。讲述东巴什罗去世后，其魂会被尼坞等六个鬼域里的鬼羁留，东巴弟子向鬼还债，口念咒语，捣毁六个鬼域，让什罗的魂得以解脱。

开神路（头本）

he^{21}ʐʅ^{33}phi^{21}kv^{33}tʂu^{55}

佚名撰

抄本

1 册，24 页

无边栏，版框 28.5 ×9.5cm。瑞香荛花纸。保存完好。

搜集于云南省香格里拉东坝行政村。讲述东巴点着金银火把从神路上把什罗领到神地。

什罗的身世·开神路

sər^{55}lər^{33}ŋv^{33}thv^{33} · he^{21}ʐʅ^{33}phi^{21}

佚名撰

抄本

1 册，36 页

无边栏，版框 28 ×9.5cm。瑞香荛花纸。缺封底。

搜集于云南省香格里拉维西县。讲述

东巴什罗的身世；东巴把各个鬼域捣毁，解救出什罗的灵魂并将其送到神界。

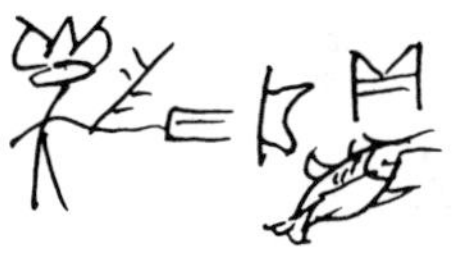

打开尼坞鬼域里的章古城门

ȵi^{33}uə^{33}tsæ^{33}gv^{33}khu^{33}phu^{33}

佚名撰

抄本

1 册，18 页

左右双栏，版框 25.5 ×10cm。瑞香荛花纸。保存完好。

搜集于云南省香格里拉东坝行政村。讲述东巴什罗的灵魂会被鬼捉来关在叫“章古”的城里，四面之门都有鬼把守，东巴打开章古之门，让什罗之魂得以逃脱。

砍醋西达树，让灵魂逃脱

tshʅ^{55} si^{33} dɑ^{21} dzər^{21} tshe^{55} · o^{21} he^{33} gə^{21}lɯ^{55}

佚名撰

抄本

1 册，20 页

左右双栏，版框 26 ×9.5m。瑞香荛花纸。保存完好。

搜集于云南省香格里拉东坝行政村。讲述东巴什罗的灵魂会被挂在从鳌鱼嘴里长出的醋西达树上，东巴弟子砍此树，让死者灵魂得以逃脱；书中讲了醋西达树的出处来历及守卫此树之鬼的情况。

打开署之门

sʅ^{21}khu^{33}phu^{33}uɑ^{21}me^{55}

佚名撰

抄本

1 册，26 页

无边栏，版框 25.5 ×10cm。瑞香荛花纸。保存完好。

搜集于云南省香格里拉东坝行政村。讲述署会捉了东巴什罗的魂交给鬼域里的鬼将其关在章古城里，东巴什罗的弟子向署还债，向鬼还债，打开章古之门，让什罗的灵魂逃脱，然后送往神界。

打开章古之门让灵魂逃脱

tsæ^{33}gv^{33}khu^{33}phu^{33}o^{21}he^{33}gə^{21}lɯ^{55}

佚名撰

抄本

1 册，28 页

左右双栏，版框 25 ×10cm。瑞香荛花纸。保存完好。

搜集于云南省香格里拉东坝行政村。讲述打开关什罗灵魂的章古之门，让灵魂得以逃脱；砍倒醋西达树，不让死者灵魂挂在其刀剑上得以解救；把什罗灵魂送到神地。

开神路（末本）

he^{21}ʐʅ^{33}phi^{21}mæ^{55}tʂu^{55}

佚名撰

抄本

1册，40页

无边栏，版框 26.5×9cm。瑞香荛花纸。缺封底。

搜集于云南省香格里拉东坝行政村。讲述东巴们把各种鬼压下去，点着金银火把把什罗送到神地；什罗把福泽赐给下方的活人。

开神路·把什罗送到吉祥的神界·赐福泽

he^{21} ʐʅ^{33} phi^{21} gə^{33} i^{33} duɑ^{33} gə^{21} tʂər^{55} · no^{33} o^{21} sɑ^{55}

佚名撰

抄本

1册，32页

左右双栏，版框 25×9.5cm。瑞香荛花纸。封面、封底着彩色装饰。保存完好。

搜集于云南省丽江市。讲述东巴通过念咒语把什罗送到三十三个吉祥的神界里；东巴什罗去世后把福泽赐予活人。

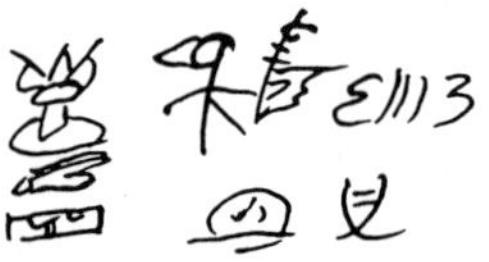

把能干的什罗送到祖先居住地

dæ^{21} pv^{55} uɑ^{21} me^{55}

佚名撰

抄本

1册，36页

左右双栏，版框 24.5×9.5m。瑞香荛花纸。保存完好。

搜集于云南省香格里拉东坝行政村。讲述由亲戚、孝子孝媳、孝孙、邻居弟子送死者，东巴一站站地指路，让什罗回到祖先居住地；东巴又把活者的灵魂从祖先居住地招回。

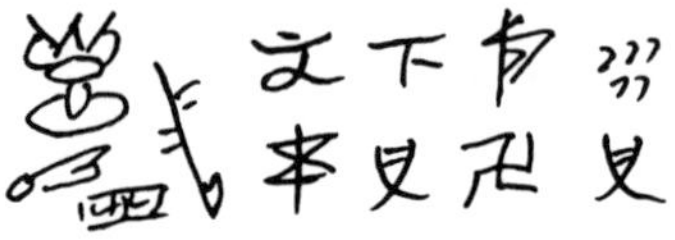

用祭献的绵羊占卜

nɑ^{21} tshæ^{33} ɕiə^{55} me^{33} the^{33} ɯ^{33} uɑ^{21} me^{55}

佚名撰

抄本

1册，40页

左右双栏，版框 27×9cm。瑞香荛花纸。封面、封底着彩色装饰。保存完好。

搜集于云南省丽江市。讲述请神要献牲，请优麻战神带利刀杀绵羊，用绵羊进行占卜，因绵羊既懂神说的话，又懂鬼的话，愿能占出好征兆。

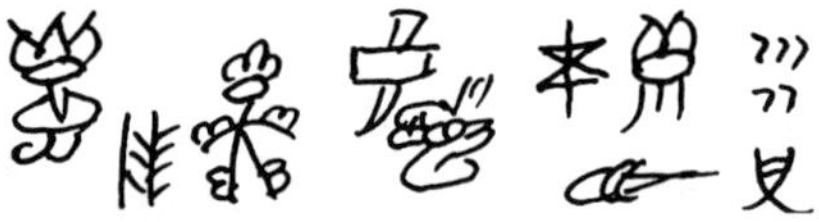

替罗昌咒语（头本）

thi^{55} lo^{33} tsæ^{33} tɕiə^{21} kv^{33} tʂu^{55} uɑ^{21} me^{55}

佚名撰

抄本

1册，26页

左右双栏，版框 28×10cm。瑞香荛花纸。缺封底。

搜集于云南省香格里拉维西县。记述的都是咒语，其义不明。

替罗昌咒语（中本）

thi^{55} lo^{33} tsæ^{33} tɕiə^{21} ly^{33} tʂu^{55} uɑ^{21} me^{55}

佚名撰

抄本

1 册，22 页

左右双栏，版框 28 ×9.5cm。瑞香荛花纸。保存完好。

搜集于云南省香格里拉维西县。记述的都是咒语，咒语其义不明。

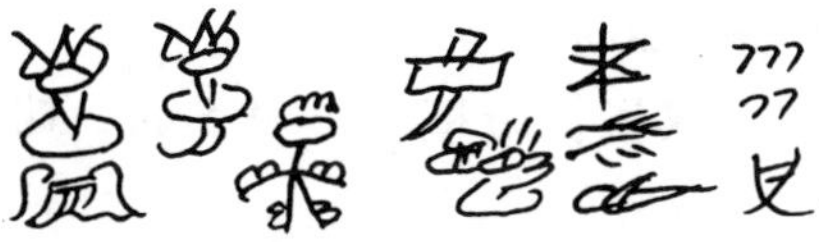

替罗昌咒语（末本）

thi^{55}lo^{33}tsæ^{33}tɕiə^{21}mæ^{33}tʂu^{55}uɑ^{21}me^{55}

佚名撰

抄本

1 册，14 页

左右双栏，版框 28 ×9.5cm。瑞香荛花纸。缺封底。

搜集于云南省香格里拉维西县。记述的都是咒语，咒语其义不明。

劳桑吉景咒语（头本）

lɑ^{21} sæ^{33} dʑi ^{55}dʑi ^{55}dʑi ^{33}kv^{33} tʂu^{55} uɑ^{21}me^{55}

佚名撰

抄本

1 册，20 页

左右双栏，版框 28 ×10cm。瑞香荛花纸。缺封底，其他完好。

搜集于云南省香格里拉维西县。记述的都是咒语，其义不明。

劳桑吉景咒语（中本）

lɑ^{21}sæ^{33} dʑi ^{55}dʑi ^{55}dʑi ^{33}tɕiə^{21} ly^{33} tʂu^{55} uɑ^{21}me^{55}

佚名撰

抄本

1 册，20 页

左右双栏，版框 28 ×10cm。瑞香荛花纸。缺封底，其他完好。

搜集于云南省维西县。记述的都是咒语，其义不明。

劳桑吉景咒语（末本）

lɑ^{21}sæ^{33} dʑi ^{55}dʑi ^{55}dʑi ^{33}tɕiə^{21} mæ^{55} ʂu^{55} uɑ^{21}me^{55}

佚名撰

抄本

1 册，28 页

左右双栏，版框 28 ×10cm。瑞香荛花纸。缺封底，其他完好。

搜集于云南省香格里拉维西县。记述的都是咒语，其义不明。

星更通昌咒语

si^{33}gɯ ^{33}to^{33}tʂhæ^{33}

佚名撰

抄本

1 册，14 页

左右双栏，版框 28.5 ×9.5cm。瑞香荛花纸。缺封面、封底。

搜集于云南省香格里拉维西县。记述的都是咒语，其义不明；其后记民国四年属火龙，九月十一日下雪，人被雪埋水淹，人都在树上生活了。

泽居多咒语

tshe^{55}dʑy^{33}to^{33}

佚名撰

抄本

1 册，24 页

左右双栏，版框 28 × 10cm。瑞香荛花纸。保存完好。

搜集于云南省香格里拉维西县。记述的都是咒语，其义不明。

萨坞古坡上说吉利话·法器的来历

na^{33} sa^{21} uə^{33} kv^{33} bu^{21} nɯ^{33} khu^{55} ʂə^{55} · dʑər^{33} ʂu^{21}thv^{33}pɯ

佚名撰

抄本

1 册，22 页

左右双栏，版框 26 × 10cm。瑞香荛花纸，保存基本完好。

搜集于云南省香格里拉。讲东巴主持仪式是从神路而来，东巴由各路神赐予神威后而来，带着各种法器而来，以显示东巴之神力。讲述了法帽及各种法器的出处来历。

从十八个尼坞鬼域里把魂领上来

ȵi^{33}uə^{33}tshe^{21}ho^{55}dy^{21}nɯ^{33}ɡə^{21}le^{33}sə^{33}

佚名撰

抄本

1 册，28 页

左右双栏，版框 25 × 9.5cm。瑞香荛花纸，保存完好。

搜集于云南省香格里拉。讲东巴什罗去世后，其魂会羁留在十八个鬼域里，东巴们及什罗的三百六十个弟子把什罗的灵魂从鬼域里领到上方来。

向十八个尼坞鬼域里的鬼还债

ȵi^{33} uə^{33} tshe^{21} ho^{55} dy^{21} ɡə^{33} tʂʅ^{21} dʑu^{33}ʐuɑ^{21}

佚名撰

抄本

1 册，20 页

左右双栏，版框 29 × 10cm。瑞香荛花纸，缺封底，其他完好。

搜集于云南省维西县。讲述了十八个尼坞鬼域的出处来历。东巴什罗死后其魂会被各种鬼摄去，并向东巴什罗讨债。东巴逐一向各鬼域的鬼还债，不让他们阻挡什罗通往神界之路，把什罗送到三十三个神界里。

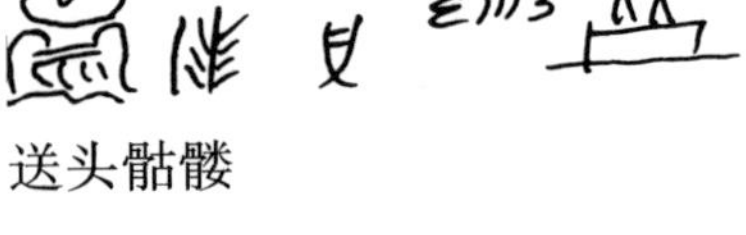

送头骷髅

kv^{33}pv^{21}mu^{33}me^{55}

佚名撰

抄本

1 册，24 页

左右双栏，版框 25.5 × 10cm。瑞香荛花纸，缺封底，其他完好。

搜集于云南省香格里拉。东巴什罗在世时，用各种牺牲祭祀，死后会有长着各种禽兽头的鬼来阻挡他的路。东巴及其子弟送干骷髅给它们还债，让什罗顺利到达神界。

抛干头干角

kho^{33}pv^{21}kv^{33}pv^{21}ty^{33}me^{55}

佚名撰

抄本

1 册，24 页

左右双栏，版框 26 × 10cm。瑞香荛花纸，保存完好。

搜集于云南省香格里拉。东巴什罗在世时，用各种牺牲祭祀，死后会有长着各种禽兽头的鬼来阻挡他的路。东巴及其子弟送干骷髅给它们还债，让什罗顺利到达神界。

用面偶赶鬼压鬼

to^{33}mɑ^{33}no^{55}

佚名撰

抄本

1 册，26 页

左右双栏，版框 26 × 10cm。瑞香荛花纸，保存完好。

搜集于云南省香格里拉。东巴做各种面偶给鬼，让面偶压住鬼，让各种病痛灾难附在面偶上，不让各种鬼阻挡死者去神地之路。

抛送卡鲁面偶

khɑ^{33}lv^{55}phi^{55}uɑ^{21}me^{55}

佚名撰

抄本

1 册，18 页

左右双栏，版框 28 × 9.5cm。瑞香荛花纸，保存完好。

搜集于云南省维西县。东巴什罗从天上到人间来为人类驱鬼消灾禳病，一路杀了各种鬼，在作法时会有差错，抛送卡鲁面偶给鬼，把差错之责推脱给鬼。

压冷凑鬼

gə^{21} bɑ^{21} bæ^{33} mi^{33} tʂʅ^{55} uɑ^{21} me^{55} · le^{21} tʂhə^{55}ʦhʅ^{21}zər^{21}

佚名撰

抄本

1 册，16 页

左右双栏，版框 26 × 10cm。瑞香荛花纸，保存完好。

搜集于云南省香格里拉。东巴什罗的三百六十个弟子点神灯供养天上地上的各种神灵，把什罗送到三十三个神界里。

玛尼老咒语

mɑ^{21}nɯ^{33}lɑ^{33}

佚名撰

抄本

1 册，18 页

左右双栏，版框 27.5 ×9.5cm。瑞香荛花纸，保存完好。

搜集于云南省维西县。全为咒语，其义不明。

当史中咒语

dæ^{33} ʂʅ^{33} ʥu^{33} uɑ^{21} me^{55}

佚名撰

抄本

1 册，10 页

左右双栏，版框 25 ×9.5cm。瑞香荛花纸，保存完好。

搜集于云南省香格里拉。全为咒语，其义不明。

寻找失去的灵魂

o^{21}he^{33}phi^{55} ʂu^{21}

佚名撰

抄本

1 册，10 页

左右双栏，版框 27.5 ×10cm。瑞香荛花纸，保存完好。

搜集于云南省维西县。东巴什罗的三百六十个弟子为其师寻找灵魂。到四面八方寻找未找到，到黑毒海边找到其魂。其中有什罗出生于八个方位时所取名字之事。

求本领·招魂

bu^{21}ze^{21} · o^{21} ʂər^{55}

佚名撰

抄本

1 册，24 页

左右双栏，版框 28.5 ×10cm。瑞香荛花纸，保存完好。

搜集于云南省维西县。东巴什罗向各种神求本领，神赐各种本领给什罗。东巴什罗去世后，其魂会被四方的鬼摄去，弟子们向四方的鬼王还债，招回什罗的灵魂。

招　魂

o^{21} ʂər^{55}uɑ^{21}me^{55}

佚名撰

抄本

1 册，18 页

左右双栏，版框 25.5 ×10cm。瑞香荛花纸，保存完好。

搜集于云南省香格里拉。东巴什罗去世后，其魂会被四方鬼王羁留，东巴祭司向各方鬼王还债，招回什罗之魂并送其到三十三个神界。

用面偶赶鬼压鬼

to^{33}mɑ^{33}no^{55}

佚名撰

抄本

1 册，32 页

左右双栏，版框 26.5 ×9cm。瑞香荛花纸，保存完好。

搜集于云南省香格里拉。历代祖先都用如树大的面偶压鬼。东巴什罗去世后五方东巴亦做面偶压五方鬼王及各种鬼。

送洛登面偶

lo^{21}te^{33}pv^{55}

佚名撰

抄本

1 册，24 页

左右双栏，版框 25 ×9.5cm。瑞香荛花纸，缺封底。

搜集于云南省香格里拉。东巴什罗从天上到人间为民驱鬼禳灾除病，杀了女鬼斯命麻佐固斯麻。什罗死后，她回来阻挡什罗去神界之路。东巴做洛登面偶把她送到十八个鬼域里去。

开阿久比畏神门

ə^{33}tɑ^{33}bɯ^{21}uə^{33}he^{21}khu^{33}phu^{33}uɑ^{21}me^{55}

佚名撰

抄本

1 册，8 页

左右双栏，版框 26 ×9.5cm。瑞香荛花纸，保存完好。

搜集于云南省香格里拉。把东巴什罗从鬼域里解救出来，关闭鬼域之门，打开神界的五方之门，让东巴什罗进入十八层天上的吉祥神界。

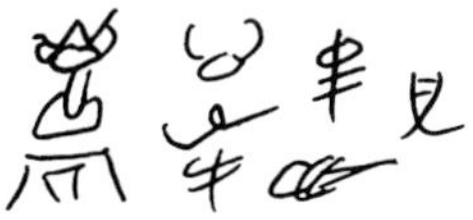

解冷凑鬼缠于什罗三结

kho^{33}tər^{55}phər^{21} · ly^{55}tʂu^{55}

佚名撰

抄本

1 册，22 页

左右双栏，版框 25.5 ×9.5cm。瑞香荛花纸，保存完好。

搜集于云南省香格里拉。东巴什罗生前用牺牲作祭祀，死后冷凑鬼会死死缠住东巴什罗。东巴什罗弟子用角解开冷凑鬼缠什罗的三结，让什罗顺利到达父母身边。

解冷凑鬼缠于什罗三结 · 向冷凑鬼还债

kho^{33} tər^{55} phər^{21} mæ^{55} tʂu^{55} le^{21} tʂhə^{55} dʐu^{33}ʐuɑ^{21}

佚名撰

抄本

1 册，18 页

左右双栏，版框 26 ×10cm。瑞香荛花纸，保存完好。

搜集于云南省香格里拉。什罗死后冷凑鬼会死缠住什罗，东巴弟子用角或爪解开缠住什罗的死结。东巴用许多财物向冷凑鬼还债。

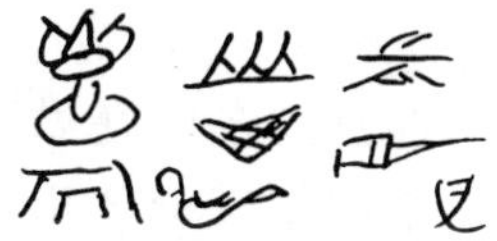

推脱责任

mi^{33}khə^{21}phv^{55}mæ^{55}tʂ

佚名撰

抄本

1 册，16 页

左右双栏，版框 25.5 × 10cm。瑞香荛花纸，保存完好。

搜集于云南省香格里拉。东巴在祭祀中杀牲，作仪式时会有差错，就把这过失之责任推脱给鬼。

推脱责任

mi^{33}khə^{21}phv^{55}uɑ^{21}me^{55}

佚名撰

抄本

1 册，18 页

左右双栏，版框 25.5 × 10cm。瑞香荛花纸，保存完好。

搜集于云南省香格里拉。东巴在祭祀中杀牲，做仪式时会有差错，就把这过失之责任推脱给鬼。

推脱责任 · 向冷凑鬼还债

mi^{33}khə^{21}phv^{55} · le^{21}tʂhə^{55}dʐu^{33}ʐuɑ^{21}

佚名撰

抄本

1 册，30 页

左右双栏，版框 27 × 10cm。瑞香荛花纸，保存完好。

搜集于云南省维西县。东巴在做法事时会有差错和过失，杀牲祭献会产生冷凑鬼，死后要到神界去时过失差错及冷凑鬼会阻碍东巴的去路。东巴及子弟就用许多财物向冷凑鬼还债，把过失差错之责推卸给鬼。

驱赶冷凑鬼

le^{21}tʂhə^{55}dʐɿ^{21}the^{33}ɯ^{33}

阿普史朱撰

抄本

1 册，30 页

左右双栏，版框 28 × 9.5cm。瑞香荛花纸，保存完好。

搜集于云南省丽江市。东巴什罗在做各种仪式时及平常行为中都会产生冷凑鬼。什罗死后冷凑鬼会阻挡其去往神界之路。东巴及子弟就用许多财物向冷凑鬼还债并驱赶冷凑鬼。

送冷凑鬼面偶

le^{21}tʂhə^{55}to^{33}mɑ^{33}phi^{55}uɑ^{21}me^{55}

佚名撰

抄本

1 册，28 页

左右双栏，版框 28.5 × 9.5cm。瑞香荛花纸，保存完好。

搜集于云南省维西县。东巴把面偶及冷凑鬼索要的一切都送给它，让它们去追逐这面偶和财物，把什罗的一切灾难和厄运都带到仇地去。

推脱责任·向冷凑鬼还债

mi^{33}khə^{21}py^{21}le^{21}tʂhə^{55}dʐu^{33}ʐuɑ^{21}

佚名撰

抄本

1 册，28 页

左右双栏，版框 25.5 ×10cm。瑞香荛花纸，保存基本完好。

搜集于云南省维西县。什罗生时杀各种牺牲作祭祀，死后长着各种禽兽头的冷凑鬼会来阻挡其去往神界之路。东巴用许多财物和牺牲向冷凑鬼还债。

解冷凑鬼缠于什罗之结

le^{21}tʂhə^{55}tshʅ^{21}tər^{55}phər^{21}

佚名撰

抄本

1 册，24 页

左右双栏，版框 26 ×10cm。瑞香荛花纸，保存完好。

搜集于云南省香格里拉。什罗生时做法事杀牲会产生冷凑鬼。什罗死后冷凑鬼会向绳结一样缠住什罗。东巴用角或爪打开这些绳结以解除冷凑鬼的纠缠。

向冷凑鬼还债

le^{21}tʂhə^{55}dʐu^{33}ʐuɑ^{21}

佚名撰

抄本

1 册，20 页

左右双栏，版框 25 ×9.5cm。瑞香荛花纸，保存完好。

搜集于云南省香格里拉。什罗去世后要去神地，冷凑鬼及各种鬼会来阻挡去路。东巴用鸡、猪及各种财物、面偶向冷凑鬼及各种鬼还债。还讲述了鸡和猪的出处。

驱赶冷凑鬼

le^{21}tʂhə^{55}dʐʅ^{21}the^{33}ɯ^{33}uɑ^{21}me^{55}

佚名撰

抄本

1 册，18 页

左右双栏，版框 28.5 ×10cm。瑞香荛花纸，保存完好。

搜集于云南省维西县。什罗去世后要去神地，冷凑鬼及各种鬼会来阻挡去路。东巴用鸡、猪及各种财物、面偶向冷凑鬼及各种鬼还债。还讲述了鸡和猪的出处。

向毒鬼还债

dv^{21}dʐu^{33}ʐuɑ^{21}kv^{33}tʂu^{55}

佚名撰

抄本

1 册，20 页

左右双栏，版框 28 ×10cm。瑞香荛花纸，保存完好。

搜集于云南省维西县。先讲述毒鬼的出处来历及毒鬼之黑海、血海之来历。茨拉金姆因天上有九个太阳而觉太热，于是到黑海及血海里洗头。其身、魂被毒鬼摄去。茨拉金姆的三个儿子请什罗的三百六十个弟子向毒鬼还债，救出茨拉金姆的身和魂。

赐予本领·向毒鬼还债

bu^{21}ʥe^{21} · mæ^{55}tʂu^{55}dv^{21}dʐu^{33}ʐuɑ^{21}

佚名撰

抄本

1 册，20 页

左右双栏，版框 28×10cm。瑞香荛花纸，保存完好。

搜集于云南省维西县。各种神及父母赐予茨拉金姆各种本领。茨拉金姆死后毒鬼会将其丢在血海里。她的三个儿子请什罗的三百六十个弟子向毒鬼还债，救出她并把她送到神界。

破毒鬼黑海·火化

dv^{21}hɯ^{55}phv^{21} · bv^{33}tshɿ^{33}du^{33}

佚名撰

抄本

1 册，28 页

左右双栏，版框 28×10cm。瑞香荛花纸，保存完好。

搜集于云南省维西县。茨拉金姆死后毒鬼将其丢在黑海和血海里。她的三个儿子请各种神破除毒鬼黑海和血海，将其救出并为她洗秽。将茨拉金姆火化，向冷凑鬼还债，使茨拉金姆顺利到达神地。

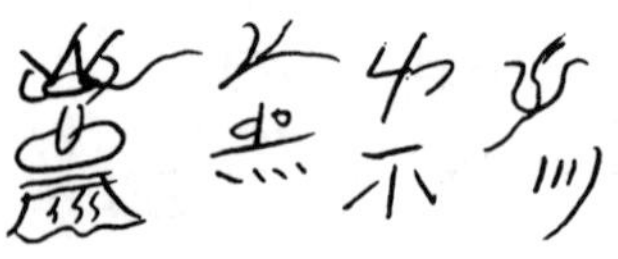

超度茨拉金姆

tshɿ^{55}lɑ^{33}dʐi^{33}mu^{33}ŋv^{55}

东林撰

抄本

1 册，26 页

左右双栏，版框 28×10cm。瑞香荛花纸，保存完好。

搜集于云南省维西县。茨拉金姆生平及三个儿子之情况。什罗做法事时会产生冷凑鬼，其妻茨拉金姆去世后冷凑鬼会阻挡其去往神界之路。茨拉金姆的三个儿子请什罗的三百六十个弟子向鬼还债，让茨拉金姆顺利到达神界。

向拉姆女神求寿

lɑ^{33}mu^{33}ty^{33}uɑ^{21}me^{55}

东恒撰

抄本

1 册，20 页

左右双栏，版框 26×10cm。瑞香荛花纸，保存完好。

搜集于云南省香格里拉。讲述了十三位趣衣女神的出处来历。十三位趣衣拉姆女神手持神箭和净水壶，口念咒语，庇佑并赐福泽寿岁给人类。

送拉姆女神

he^{21}mi^{55}lɑ^{33}mu^{33}pv^{55}

佚名撰

抄本

1 册，20 页

左右双栏，版框 25.5 × 10cm。瑞香荛花纸，保存完好。

搜集于云南省香格里拉。由什罗的三百六十位弟子把拉姆女神从十八个鬼域中解救出来送往神地。

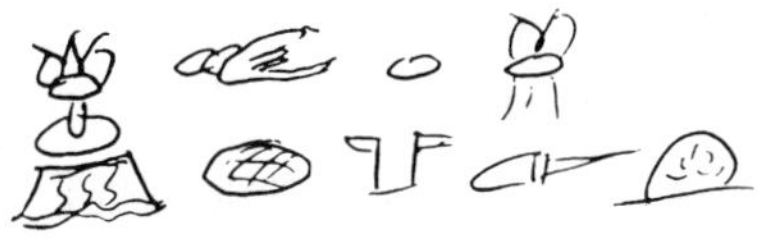

拉姆女神的身世（头本）

lɑ^{33}mu^{33}ɡv^{33}thv^{33}kv^{33}tʂu^{55}uɑ^{21}

佚名撰

抄本

1 册，18 页

左右双栏，版框 27.5 × 10cm。瑞香荛花纸，保存完好。

搜集于云南省维西县。记有历代祖先死于何处，死亡不可避免，把拉姆送往神地。

拉姆女神的身世（末本）

lɑ^{33}mu^{33}ɡv^{33}thv^{33}mæ^{55}tʂu^{55}

佚名撰

抄本

1 册，42 页

左右双栏，版框 28 × 10cm。瑞香荛花纸，缺封面。

搜集于云南省维西县。讲述了尼坞十八个鬼域、黑海、血海、毒鬼及各种鬼的出处，拉姆死后其魂会被羁留在鬼域里，东巴弟子向各种鬼还债，救出拉姆的魂，为其除秽并送往神界。还讲述了超度拉姆仪式的规程及十八鬼域的木牌画画谱。

东巴祭司跳舞的舞谱

dzi^{33}dʑiə^{21}lɑ^{33}lər^{33}dy^{21}ɡə^{33}py^{33}bv^{33}tsho^{33}pɯ^{33}uɑ^{21}me^{55}

佚名撰

抄本

1 册，16 页

左右双栏，版框 29 × 9.5cm。瑞香荛花纸，保存完好。

搜集于云南省维西县。记录了东巴舞之来历及各种神舞的舞谱。

东巴舞谱

tsho^{33}bu^{21}

佚名撰

抄本

1 册，8 页

左右双栏，版框 26 × 10cm。瑞香荛花纸，缺封底。

搜集于云南省香格里拉。讲述东巴弟子求赐神威时该如何跳神舞。

关死门仪式（Q）

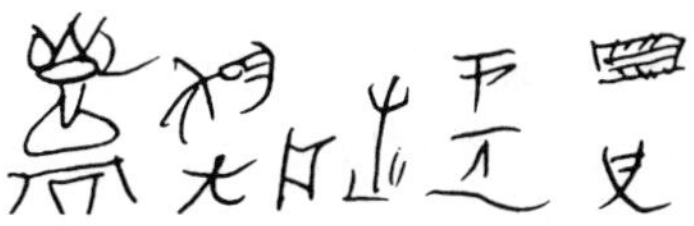

赐威灵

dʐər^{21}tsæ^{55}the^{33}ɯ^{33}me^{13}

佚名撰
抄本
1 册，22 页
左右双栏，版框 27 × 8.5cm。瑞香荛花纸，保存基本完好。
搜集于云南省丽江市。东巴向各种神及先辈中的大东巴求赐神之威灵。

安慰死者三歌
mu^{55}ʥʅ^{33}mi^{55}
佚名撰
抄本
1 册，28 页
左右双栏，版框 27.5 × 9cm。瑞香荛花纸，保存完好。
搜集于云南省维西县。以先辈一代又一代地去世，有生命的动植物会死，山会倒、江会涸、石会裂缝等劝慰死者。

关死门
uɑ^{21}me^{55}
佚名撰
抄本
1 册，32 页
左右双栏，版框 28.5 × 10cm。瑞香荛花纸，保存完好。
搜集于云南省维西县。最初人类不会关死门，便出现天空地空、村空寨空。后来会关死门了，人类得以发展。

驱赶饶鬼
zɑ^{21}tʂ^{21}uɑ^{21}
佚名撰
抄本
1 册，22 页
左右双栏，版框 28.5 × 9.5cm。瑞香荛花纸，保存完好。
搜集于云南省维西县。讲述了东、西、南、北、中饶鬼之来历。饶鬼不仅降灾于活人，还会阻挡死者去往祖先居住地。驱赶饶鬼，活人得安宁，死者与祖先团聚。

驱赶星鬼
kɯ^{21}tʂə^{55}uɑ^{21}me^{55}
佚名撰
抄本
1 册，24 页
左右双栏，版框 28 × 10cm。瑞香荛花纸，缺封底。
搜集于云南省维西县。讲述了二十八星宿的出处来历，它们会给活人带来灾难，会阻挡死者去往祖先居住地。驱赶了星鬼，关闭死门，活人得平安，死者能与祖先团聚。

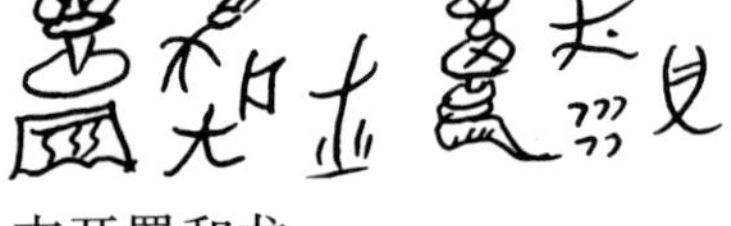
支开署和龙
sʅ^{21}tʂə^{55}uɑ^{21}me^{55}
佚名撰

抄本

1 册，20 页

左右双栏，版框 28 × 10cm。瑞香荛花纸，保存完好。

搜集于云南省维西县。讲述了署和龙的出处来历。署和龙会降灾于活人，阻挡死者去往祖先居住地。东巴向署和龙还债，支开署和龙，关闭死门，活人得安康，死者能与祖先团聚。

招　魂

o^{21} ʂər^{55} uɑ^{21} me^{55}

佚名撰

抄本

1 册，24 页

左右双栏，版框 27. 5 × 10cm。瑞香荛花纸，保存完好。

搜集于云南省维西县。历代祖先去世后，东巴都为他们招魂。举行祭祀的主人请东巴为死者招魂，不让灵魂被五方鬼王及各种鬼羁留。

高勒趣解生者和死者之间的手结

kɑ^{33} le^{21} tshy^{21} tʂu^{55} phər^{21}

佚名撰

抄本

1 册，22 页

左右双栏，版框 28 × 10cm。瑞香荛花纸，保存完好。

搜集于云南省维西县。死者会眼看活人，死手伸向活人，活人便不得安宁。从高勒趣时代起，东巴解开死者和生者之间的手结，生者便得发展。

超度董的沙劳死者

du^{13} gə^{33} sɑ^{33} lɑ^{21} ŋv^{55} uɑ^{21} me^{55}

佚名撰

抄本

1 册，18 页

左右双栏，版框 27. 5 × 10cm。瑞香荛花纸，保存完好。

搜集于云南省维西县。董死后，其眼还活着，其手还伸向活人。董家派人请来吕史麻道东巴，解开死者和生者之间的手结，把死者送到神地，活者子孙兴旺。

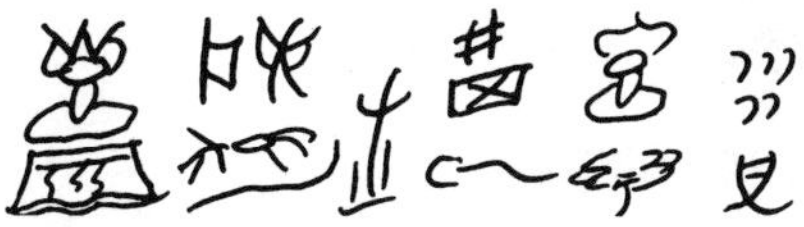

禳除病痛 · 送神

gu^{21} phv^{55} tshər^{33} phv^{55} · he^{21} pv^{55} uɑ^{21} me^{55}

佚名撰

抄本

1 册，30 页

左右双栏，版框 28 × 10cm。瑞香荛花纸，保存完好。

搜集于云南省维西县。人生于五行，病痛也因五行引起，病痛太多，人已背不动，东巴什罗用绵羊和鸡为人禳除病痛。把各种神送到各自的神界里，把一切厄运和灾难关到死门里。

祭风仪式（R）

建造神梯

le^{33} ʥi^{21} tshʅ^{55} uɑ^{21} me^{55}

佚名撰

抄本

1 册，32 页

左右双栏，版框 27.5 ×10cm。瑞香荛花纸。保存完好。

搜集于云南省维西县。讲述神梯的出处来历，搭建神梯是为求寿岁。人类建造居那若罗神山以顶天镇地。

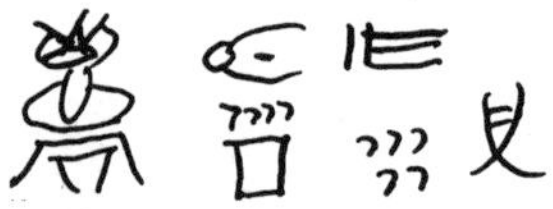

迎请卡冉战神

khɑ^{33} ʐər^{33} sɑ^{55} uɑ^{21} me^{55}

佚名撰

抄本

1 册，16 页

左右双栏，版框 29 ×10cm。瑞香荛花纸。保存完好。

搜集于云南省维西县。大地上游荡着各种鬼，人们不得安宁，就请四头八臂的卡冉战神来镇压鬼。还讲述了卡冉战神的出处及威武形态。

迎请卡冉战神

khɑ^{33} ʐər^{33} sɑ^{55}

佚名撰

抄本

1 册，14 页

左右双栏，版框 27 ×9cm。瑞香荛花纸，缺封面。

搜集于云南省维西县。大地上游荡着各种鬼，人们不得安宁，就请四头八臂的卡冉战神来镇压鬼。还讲述了卡冉战神的出处来历。

楚鬼的出处来历

tshʅ^{33} thv^{33} tshʅ^{33} pɯ^{55}

佚名撰

抄本

1 册，8 页

左右双栏，版框 26 ×9.5cm。瑞香荛花纸。保存完好。

搜集于云南省维西县。讲述了使人上吊而死的楚鬼的出处来历。

饶鬼、仄鬼、毒鬼、魂风鬼、楚鬼和尤鬼的出处

zɑ^{21} thv^{33} tse^{21} thv^{33} dv^{21} thv^{33} tɕi^{21} thv^{33} həv^{33} thv^{33} tshʅ^{33} thc^{33} iə^{21} thv^{33}

佚名撰

抄本

1 册，24 页

左右双栏，版框 27 ×8.5cm。瑞香荛花纸。保存基本完好。

搜集于云南省维西县。讲述了饶鬼、仄鬼、毒鬼、魂风鬼、楚鬼和尤鬼的出处来历。

各种鬼的出处

khɯ^{55} ʣo^{21}

佚名撰

抄本

1 册，26 页

左右双栏，版框 26 × 8. 5cm。瑞香荛花纸，缺封面。

搜集于云南省维西县。讲述了各种鬼的出处来历。

楚鬼和尤鬼的出处

tshʅ^{33} khɯ^{55} ʣo^{21}

佚名撰

抄本

1 册，40 页

左右双栏，版框 29 × 9. 5cm。瑞香荛花纸，保存完好。

搜集于云南省维西县。讲述了人类建造居那若洛神山的过程。记有楚鬼和尤鬼以及尤鬼吹的竹笛、口弦等的出处来历。

饶鬼、仄鬼、毒鬼、风鬼、呆鬼的出处来历

zɑ^{21} dv^{21} ʦe^{21} tər^{21} hər^{33} thv^{33} pɯ^{55}

佚名撰

抄本

1 册，20 页

左右双栏，版框 27 × 9. 5cm。瑞香荛花纸，缺封面、封底。

搜集于云南省维西县。讲述了饶鬼、仄鬼、毒鬼、风鬼、呆鬼的出处来历。

祭达勒阿萨命

dɑ^{33} le^{21} ə^{33} sɑ^{21} mi^{55} ʂu^{55}

佚名撰

抄本

1 册，20 页

左右双栏，版框 25 × 9. 5cm。瑞香荛花纸。保存完好。

搜集于云南省香格里拉。达勒阿萨命是风鬼、星鬼和饶鬼的首领。用鸡等祭阿萨命。

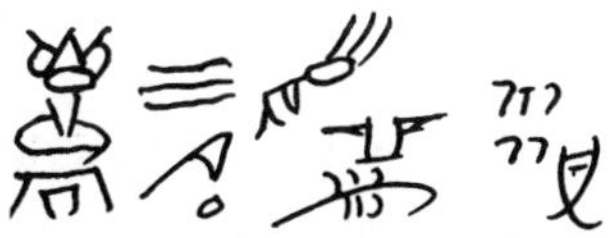

楚鬼的出处来历

tshʅ^{33} thv^{33} pɯ^{55} uɑ^{21} me^{55}

佚名撰

抄本

1 册，20 页

左右双栏，版框 27. 5 × 10cm。瑞香荛花纸，保存完好。

搜集于云南省维西县。讲述了使人上吊而亡的楚鬼之出处来历。东巴做仪式向楚鬼还债，为病者招魂。

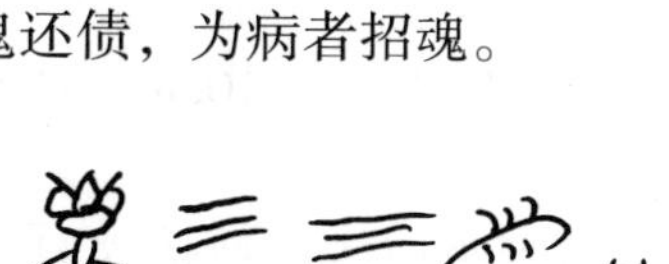

风鬼的出处

hər^{33} thv^{33} hər^{33} pɯ^{55} uɑ^{21} me^{55}

佚名撰

抄本

1 册，16 页

左右双栏，版框 28×10cm。瑞香荛花纸。保存完好。

搜集于云南省维西县。讲述了风鬼首领达勒阿萨命的出处来历。达勒阿萨命带领星鬼和饶鬼、风鬼和云鬼作祟于人间。人们请东巴向其还债招魂。

饶鬼、仄鬼、毒鬼、呆鬼的出处

dv^{21} tse^{21} thv^{33} zɑ^{21} thv^{33} tər^{21} thv^{33}

佚名撰

抄本

1 册，24 页

左右双栏，版框 27.5×10cm。瑞香荛花纸。保存完好。

搜集于云南省维西县。讲述了饶鬼、仄鬼、毒鬼、呆鬼的出处来历。

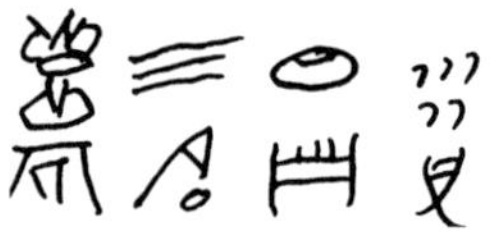

赶　鬼

thv^{55} dzo^{21} uɑ^{21} me^{55}

佚名撰

抄本

1 册，24 页

左右双栏，版框 27.5×10cm。瑞香荛花纸。保存完好。

搜集于云南省维西县。迎请各种神灵以赶鬼。

大祭仄鬼（头本）

tse^{21} dɯ^{21} py^{21} kv^{33} tʂu^{55} uɑ^{21} me^{55}

佚名撰

抄本

1 册，26 页

左右双栏，版框 27.5×10cm。瑞香荛花纸。保存完好。

搜集于云南省维西县。讲述了仄鬼的出处来历。仄鬼作祟于人间，人们请东巴大祭仄鬼，向其还债。人间得以安宁，无病无灾。

大祭仄鬼（中本）

tse^{21} dɯ^{21} py^{21} ly^{55} tʂu^{55}

佚名撰

抄本

1 册，20 页

左右双栏，版框 27.5×10cm。瑞香荛花纸。保存完好。

搜集于云南省维西县。讲述了五方五色的仄鬼作祟于人间。人们请东巴大祭仄鬼，向其还债。人间得以安宁，无病无灾。

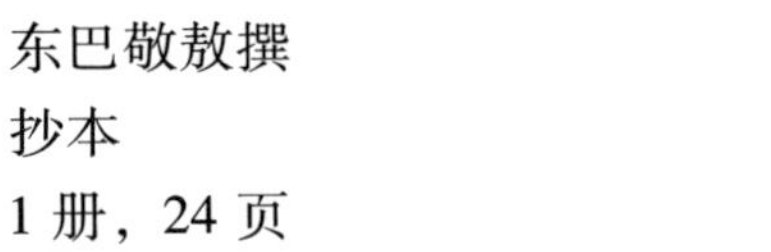

大祭仄鬼·用鸡放替身（末本）

tse^{21} dɯ^{21} py^{21} mæ^{55} tʂu^{55} æ^{21} nɯ^{33} ko^{21} khɯ^{55}

东巴敬敖撰

抄本

1 册，24 页

左右双栏，版框 27.5×10cm。瑞香荛花纸。保存完好。

搜集于云南省维西县。五方五色的仄

鬼、天上的仄鬼、各地的仄鬼一起作祟于主人家。主人请东巴大祭仄鬼。东巴用鸡放替身，向仄鬼还债，招魂，祭祀之家便得平安，无病无灾。

大祭仄鬼·向仄鬼还债

ʦe^{21}dɯ^{21}py^{21}ʦe^{21}dʐu^{33}ʐuɑ^{21}

佚名撰

抄本

1册，20页

左右双栏，版框28×9.5cm。瑞香荛花纸。保存完好。

搜集于云南省维西县。五方五色仄鬼到人间作祟，做祭祀的主人请东巴大祭仄鬼，向仄鬼还债，为病者招魂。这一家人便得安宁，无病无灾。

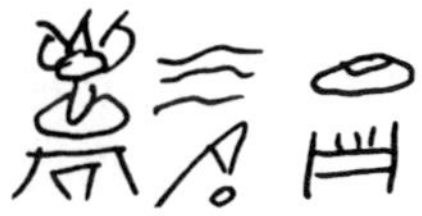

驱　鬼

thv^{55}ʥo^{21}

佚名撰

抄本

1册，18页

左右双栏，版框28×9cm。瑞香荛花纸，缺封面、封底。

搜集于云南省维西县。把人类所经历的各种灾难剔除，迎请各种神灵驱赶各种鬼。

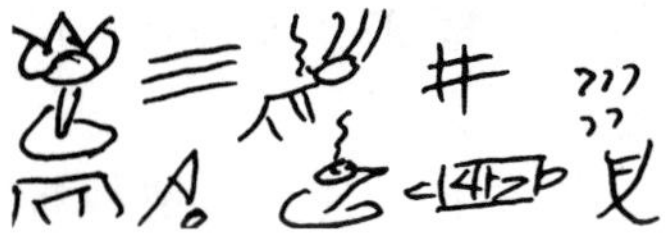

请楚鬼·献冥马

ʦhʅ^{33}ʦʅ^{33}gu^{21}ʦæ^{55}uɑ^{21}me^{55}

东鲁撰

抄本

1册，24页

左右双栏，版框29.5×10.5cm。瑞香荛花纸。保存完好。

搜集于云南省维西县。请楚鬼到祭祀场地来，献各色之马给楚鬼当坐骑，并献各种祭品。为主人家招魂。

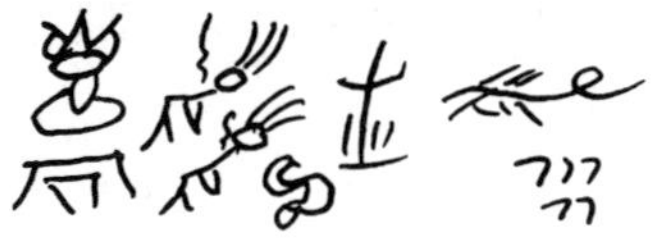

送楚鬼·结尾语

ʦhʅ^{33}ʦhʅ^{33}ʨhi^{33}py^{21}mæ^{55}tər^{55}

佚名撰

抄本

1册，30页

左右双栏，版框29×10cm。瑞香荛花纸。保存完好。

搜集于云南省维西县。送楚鬼，让它们骑上马，带上牺牲和祭品回到它们的居住地去。还讲述了十八支神签的来历，若楚鬼回头再来，就会死在神签上。

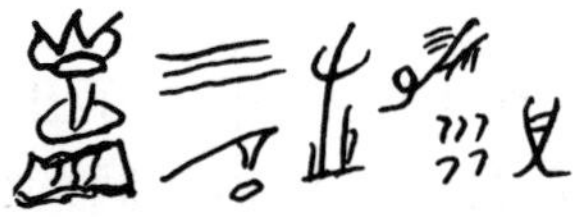

结尾语

py^{21}mæ^{55}uɑ^{21}me^{55}

佚名撰

抄本

1册，16页

左右双栏，版框27.5×9.5cm。瑞香荛花纸，保存完好。

搜集于云南省维西县。送楚鬼与各种鬼，若不走就赶它们走，不准它们返回。

若返回会死于神签上。

鲁般鲁饶

lv^{33}bər^{33}lv^{33}zɑ^{21}kv^{33}tʂu^{55}

佚名撰

抄本

1 册，28 页

左右双栏，版框 29 ×10cm。瑞香荛花纸，缺封底。

搜集于云南省维西县。讲述了开美久命金和孜补余勒盘两个情侣之间的爱情故事。

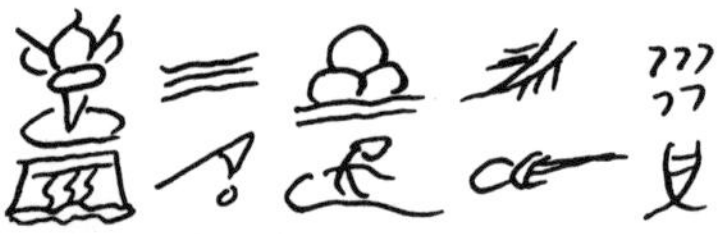

鲁般鲁饶（末本）

lv^{33}bər^{33}lv^{33}zɑ^{21}mæ^{55}tʂu^{55}uɑ^{21}me^{55}

佚名撰

抄本

1 册，38 页

左右双栏，版框 29 ×10cm。瑞香荛花纸。保存完好。

搜集于云南省维西县。讲述了开美久命金和孜补余勒盘两个情侣之间的爱情故事。

木牌、山羊、鸡的来历 · 推脱责任

khuɑ^{55} thv^{33} tshʅ^{55} thv^{33} æ^{21} thv^{33} · mi^{33} khə^{21}phv^{55}

佚名撰

抄本

1 册，20 页

左右双栏，版框 26 ×9. 5cm。瑞香荛花纸。保存完好。

搜集于云南省维西县。讲述了情死书、木牌、山羊和鸡的来历，并用木牌、山羊和鸡向各种鬼还债。东巴祭祀时用了牺牲，责任过错不在东巴身上，把这过失责任推脱给鬼。

割断楚鬼的上吊绳

tshʅ^{33}bər^{21}tshər^{55}uɑ^{21}me^{55}

佚名撰

抄本

1 册，14 页

左右双栏，版框 29. 5 ×10cm。瑞香荛花纸。保存完好。

搜集于云南省维西县。迎请战神及五方东巴，割断楚鬼上吊绳以杜绝以后再有人上吊而亡。送各种鬼到它们各自的地方去，把人鬼分开。

割断楚鬼的上吊绳

tshʅ^{33}bər^{21}tshər^{55}

佚名撰

抄本

1 册，34 页

左右双栏，版框 27 ×8. 5cm。瑞香荛花纸。保存完好。

搜集于云南省维西县。迎请战神及五方东巴，割断楚鬼上吊绳以杜绝以后再有人上吊而亡。送各种鬼到它们各自的地方去，把人鬼分开。

削制死者木身

ŋv^{33}be^{33}

佚名撰

抄本

1 册，30 页

左右双栏，版框 27 ×8.5cm。瑞香荛花纸。保存完好。

搜集于云南省丽江市。死者离人们而去，死后火化，超度时削制木身替代其身。讲舅舅为死者削制木身之过程。还讲述了绸的来历，用绸蘸药施于木身。向楚鬼还债。

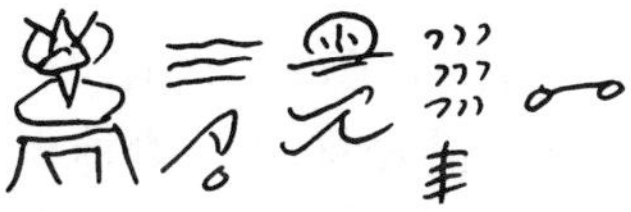

俄依九兄弟的故事

o^{21}i^{33}gv^{55}zɿ^{33}tʂər^{55}

佚名撰

抄本

1 册，28 页

左右双栏，版框 25 ×9cm。瑞香荛花纸。保存基本完好。

搜集于云南省维西县。讲述俄依九兄弟在母亲去世后不知如何丧葬，于是便去寻找丧葬之法。最后终于在卢神指导下把母亲火葬。

粮食的来历·高勒趣招父魂

æ^{33}dzɿ^{33}mi^{55} · kɑ^{33}le^{21}tshy^{55}o^{21}ʂər^{55}

佚名撰

抄本

1 册，32 页

左右双栏，版框 26 ×9cm。瑞香荛花纸。保存完好。

搜集于云南省丽江市。讲述了粮食的来历，用饭、酒、肉向鬼施食。高勒趣之父被署抓走，高勒趣赎回父亲途中父亲失踪死亡，于是高勒趣为父亲招魂。

说贫道富

si^{33}dzɿ^{33}hɯ^{21}dzɿ^{33}

佚名撰

抄本

1 册，38 页

左右双栏，版框 20.5 ×7.5cm。瑞香荛花纸，缺封面、封底。

搜集于云南省维西县。人世间是贫穷的且充满各种矛盾，而死者居住之地是富有的。让死者不要留恋人世，到死者居住的地方去。

分绝后者之家产·招魂·压仇敌

bɯ^{21}o^{33}by^{33} · o^{21}ʂər^{55} · zɿ^{21}zər^{21}

佚名撰

抄本

1 册，18 页

无边栏，版框 28 ×8.5cm。瑞香荛花纸。保存完好。

搜集于云南省丽江市玉龙县。因各种原因而凶死者，其魂不能到神地，就让狗和鸡请凶死者之魂。摄来仇敌之魂埋在土洞里，死者便无病无灾，活者亦能无病无灾。

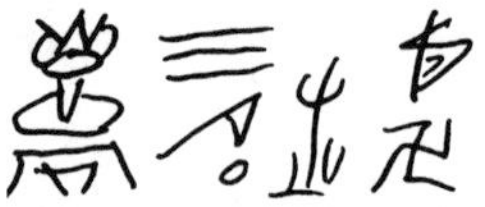

用于祭风仪式的书

hər^{33}be^{33}py^{21}the^{33}ɯ^{33}

佚名撰

抄本

1 册，46 页

左右双栏，版框 30 ×9cm。瑞香荛花纸，多页残缺。

搜集于云南省丽江市。分别讲述了各种鬼的出处来历。东巴用各种祭品向各种鬼还债，并送它们到各自的地方去。

仪式规程

du^{33}mu^{21}tʂər^{55}dzo^{21}

佚名撰

抄本

1 册，20 页

左右双栏，版框 28 ×10cm。瑞香荛花纸。保存基本完好。

搜集于云南省维西县。记录了举行祭风仪式所需之财物、洁器、举行仪式之程序以及所诵经书之顺序。

开坛经

py^{21}ly^{33}khu^{33}

佚名撰

抄本

1 册，24 页

左右双栏，版框 26 ×7. 5cm。瑞香荛花纸，缺封面、封底。

搜集于云南省丽江市。祭祀之家未曾做违背规矩之事亦要举行仪式，以防灾难及疾病之降临。还讲述了各种鬼的出处来历。

设神坛献神粮

ʐʅ^{21}tɯ^{21}kuɑ^{55}o^{55}

佚名撰

抄本

1 册，42 页

左右双栏，版框 26 ×8. 5cm。瑞香荛花纸，缺封面、封底。

搜集于云南省丽江市。讲述设神坛、献神粮，请神降临供养神灵，请神灵庇佑祭祀之家。

设神坛献神粮

ʐʅ^{21}ɯ^{21}kuɑ^{55}o^{55}the^{33}ɯ^{33}

佚名撰

抄本

1 册，18 页

左右双栏，版框 26. 5 ×8cm。瑞香荛花纸。保存基本完好。

搜集于云南省丽江市。讲述设神坛、献神粮，请神降临供养神灵，请神灵庇佑祭祀之家。

设神坛献神粮

ʐʅ^{21}ɯ^{21}kuɑ^{55}o^{55}the^{33}ɯ^{33}

佚名撰

抄本

1 册，16 页

左右双栏，版框 28.5 ×8.5cm。瑞香荛花纸，缺封底。

搜集于云南省丽江市。讲述设神坛、献神粮，请神降临供养神灵，请神灵庇佑祭祀之家。

卢神启程

du^{21}tɯ^{33}

佚名撰

抄本

1 册，16 页

无边栏，版框 27 ×8cm。瑞香荛花纸，缺封底，火烧右边角。

搜集于云南省丽江市。东巴受主人之请立马赶路而来，从神路而来。世间的一切规矩都由卢神规定，东巴遵循卢神之规而行事。请各种神也降临下来帮东巴镇压各种鬼。

白蝙蝠取经记

py^{21}phɑ^{21}kuɑ^{55} ʂu^{21}

佚名撰

抄本

1 册，24 页

左右双栏，版框 27 ×9cm。瑞香荛花纸。保存完好。

搜集于云南省丽江市。白蝙蝠受人之托到十八层天上向盘孜沙美女神求取占十经的故事。

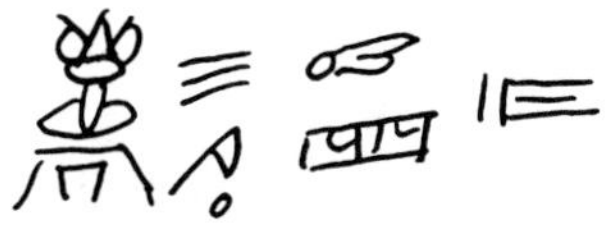

迎请东巴什罗

ʂər^{55}lo^{33}sɑ^{55}

佚名撰

抄本

1 册，22 页

左右双栏，版框 27 ×8.5cm。瑞香荛花纸，缺封底。

搜集于云南省丽江市。讲述了东巴什罗的身世。人间都被鬼占满，人类派使者到十八层天上请来东巴什罗。什罗带各种战神到人间来杀鬼。

迎请优麻战神

iə^{33}mɑ^{21}sɑ^{55}me^{33}the^{33}ɯ^{33}

东明撰

抄本

1 册，28 页

左右双栏，版框 28.5 ×8.5cm。瑞香荛花纸，封底缺页。

搜集于云南省丽江市。讲述了优麻战神的出处来历。美利董主的儿子被楚鬼抓走。董家的东巴请优麻战神来杀楚鬼及各种鬼。

迎请优麻战神・向战神献饭

iə^{33}ma^{21}sa^{55} · ga^{21}ha^{33} ʂɿ^{21}

佚名撰

抄本

1 册，18 页

左右双栏，版框 27.5 × 8.5cm。瑞香荛花纸。保存完好。

搜集于云南省丽江市。要向战神献绵羊牺牲而没有杀羊的刀，迎请优麻战神带刀来杀牺牲。向战神献饭及各种贡品以供养战胜。

迎请卡冉纽究战神

kha^{33}ʐər^{33}ȵiə^{21}dʑiə^{33}sa^{55}

佚名撰

抄本

1 册，22 页

左右双栏，版框 27 × 9cm。瑞香荛花纸，保存完好。

搜集于云南省丽江市。迎请卡冉纽究战神来杀楚鬼和尤鬼。

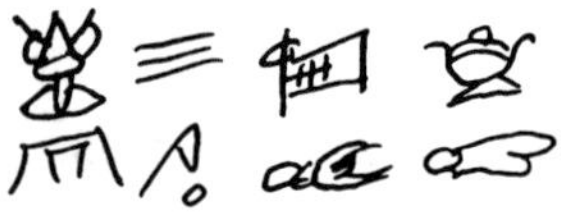

向战神献饭

ga^{33}la^{21}ha^{33} ʂɿ^{21}

佚名撰

抄本

1 册，16 页

左右双栏，版框 27.5 × 8.5cm。瑞香荛花纸。保存完好。

搜集于云南省丽江市。为各种神、祭神之贡品除秽以使众神吃来可口。请众神庇佑、赐福给做祭祀的主人家。

求赐神之威灵

dʐər^{21}tsæ^{55}

佚名撰

抄本

1 册，14 页

左右双栏，版框 27.5 × 8cm。瑞香荛花纸，缺封面。

搜集于云南省丽江市。请求各种神及历代东巴把威灵赐给主持祭祀的东巴及弟子，使他们具有神力去镇压各种鬼。

人类繁衍记（头本）

tsho^{21}bər^{33}thv^{33}kv^{33}tʂu^{55}

佚名撰

抄本

1 册，18 页

左右双栏，版框 27 × 8cm。瑞香荛花纸，缺封面。

搜集于云南省丽江市。讲述了天地万物的起源。人类因兄妹婚引发洪水，洪水淹没了人类，只剩崇忍利恩一男子。崇忍利恩遇天女衬恒褒白。

人类繁衍记（头本）

tsho^{21}bər^{33}thv^{33}kv^{33}tʂu^{55}

佚名撰

抄本

1 册，24 页

左右双栏，版框 27 × 8. 5cm。瑞香荛花纸。保存完好。

搜集于云南省丽江市。讲述了天地万物的起源。人类因兄妹婚引发洪水，洪水淹没了人类，只剩崇忍利恩一男子。

人类繁衍记（末本）

tsho^{21} bər^{33} thv^{33} mæ^{55} tʂu^{55}

佚名撰

抄本

1 册，24 页

左右双栏，版框 27 × 8. 5cm。瑞香荛花纸。保存完好。

搜集于云南省丽江市。崇忍利恩和天女衬恒褒白相遇相爱，衬恒褒白带崇忍利恩到天上。经天父考验崇忍利恩娶衬恒褒白返回人间繁衍人类。为纳西族创世神话。

人类繁衍记

tsho^{21} bər^{33} thv^{33}

佚名撰

抄本

1 册，32 页

左右双栏，版框 28 × 9cm。瑞香荛花纸，封面、封底残缺。

搜集于云南省丽江市。讲述天地万物之起源。因人类兄妹婚引发洪水，人类灭绝，只剩崇忍利恩一人。崇忍利恩娶得天女衬恒褒白返回人间繁衍人类。为纳西族创世史诗。

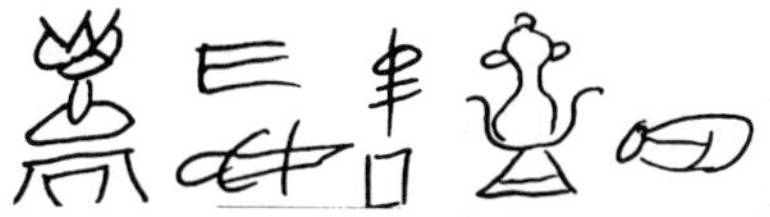

送刹道送里朵面偶

sɑ^{21} dɑ^{55} li^{33} to^{33} phi^{55}

佚名撰

抄本

1 册，14 页

左右双栏，版框 27 × 9cm。瑞香荛花纸，缺封底。

搜集于云南省丽江市。东巴在供养神时也供养各方各地的署、刹道、冉道等精灵。求它们心生善念，庇佑做祭祀的主人家。

送刹道送里朵面偶

sɑ^{21} dɑ^{55} tshɿ^{33} tɕhi^{33} to^{33} phi^{55}

佚名撰

抄本

1 册，18 页

左右双栏，版框 28 × 8cm。瑞香荛花纸，缺封底。

搜集于云南省丽江市。东巴在供养神时也供养各方各地的署、刹道、冉道等精灵。求它们心生善念，庇佑做祭祀的主人家。

鲁般鲁饶

lv^{33} bər^{33} lv^{33} zɑ^{21}

佚名撰

抄本

1 册，20 页

左右双栏，版框 29 ×8.5cm。瑞香荛花纸，缺封面、封底。

搜集于云南省丽江市。讲述了开美久命金和孜衬余勒盘两青年相爱却不能结合，最终殉情而死的爱情故事。

驮达耿金布马

tɑ^{21}kɯ^{33}dʐi^{33}pv^{55}tɕi^{55}

东昌敏撰

抄本

1 册，22 页

左右双栏，版框 29 ×9cm。瑞香荛花纸，缺封面、封底，第三、第四、第五、第六页残缺。

搜集于云南省丽江市。东巴用羊肩胛骨占卜，要用叫达耿金布的冥马驮着施给鬼的祭品到鬼地区，用达耿金布马向鬼还债。

猛鬼的出处来历

mu^{33}thv^{33}mu^{33}pɯ^{55}uɑ^{21}me^{55}

佚名撰

抄本

1 册，20 页

左右双栏，版框 28.5 ×8.5cm。瑞香荛花纸，保存完好。

搜集于云南省丽江市。讲述了猛鬼的出处来历。崇忍利恩因病灾占卜，知是猛鬼作祟，就请东巴做祭祀向猛鬼还债招魂。

粮食的来历 · 高勒趣为父招魂

æ^{33}dʐʅ^{33}mi^{55} · kɑ^{33}le^{21}tshy^{55}o^{21}ʂər^{55}

佚名撰

抄本

1 册，32 页

左右双栏，版框 27 ×9cm。瑞香荛花纸，保存完好。

搜集于云南省丽江市。讲述了粮食的出处来历。用粮食酿酒，把饭、酒施予各种鬼。还讲述了高勒趣之父被署抓走，高勒趣去赎回其父，不料中途其父失踪死亡，高勒趣为其父招魂。

施鬼食

tshʅ^{21}hɑ^{33}ʂʅ^{21}hɑ^{33}iə^{55}the^{33}ɯ^{33}

佚名撰

抄本

1 册，24 页

左右双栏，版框 27 ×9cm。瑞香荛花纸，保存完好。

搜集于云南省丽江市。施与鬼可口的饭。讲述鸡的出处，用黑鸡向鬼还债。

壬鬼的出处来历 · 楚鬼的出处来历

ze^{21}thv^{33}pɯ^{55} · tshʅ^{33}thv^{33}pɯ^{55}

佚名撰

抄本

1 册，26 页

左右双栏，版框 26.5 ×9cm。瑞香荛花纸，保存完好。

搜集于云南省丽江市。分别讲述了壬鬼和楚鬼的出处来历。它们把病痛灾难释放给人类，人们向它们还债以求无病无灾。

壬鬼孵蛋

ze^{21}bv^{21}kv^{33}tʂu^{55}

佚名撰

抄本

1 册，40 页

左右双栏，版框 27×9cm。瑞香荛花纸，右侧火烧缺角。

搜集于云南省丽江市。讲述了壬鬼的出处来历。祭祀之家请东巴向壬鬼还债以求平安。

烧壬鬼孵蛋之巢

ze^{21}bv^{21}khə^{55}bər^{21}mæ^{55}tʂu^{55}uɑ^{21}

佚名撰

抄本

1 册，30 页

左右双栏，版框 26.5×9.5cm。瑞香荛花纸，保存完好。

搜集于云南省丽江市。因壬鬼作祟于美利董主，美利董主叫东巴请来各路神杀壬鬼，烧壬鬼孵蛋之巢，不让壬鬼得以发展。

吊死者与活者离别

tshɿ^{33}ɡu^{33}to^{21}

佚名撰

抄本

1 册，18 页

左右双栏，版框 29×9cm。瑞香荛花纸，缺封底。

搜集于云南省丽江市。上吊者舍弃人间离去，上吊者离父母而去，上吊者带上人们所给的财物和牺牲到楚鬼和尤鬼所在的地方去吧。

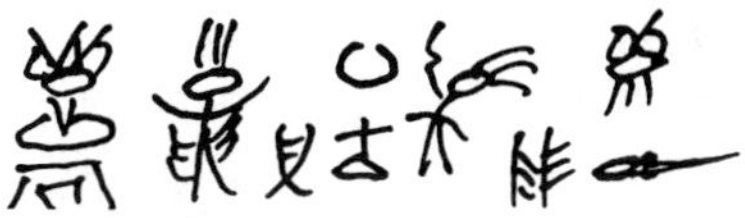

分开壬鬼和楚鬼

ze^{21}me^{33}phv^{33}tʂhɿ^{21}kv^{33}tʂu^{55}

佚名撰

抄本

1 册，30 页

左右双栏，版框 27.5×9cm。瑞香荛花纸，缺封底。

搜集于云南省丽江市。各种鬼一齐作祟于人。东巴祭祀把各种鬼逐一分开，分别予以祭祀，并送它们回各自的地方去，不准它们再来作祟。

割断上吊者之吊绳·烧壬鬼孵蛋之巢

tshɿ^{33}bər^{21}tshər^{55}·ze^{21}bv^{21}khə^{55}bər^{21}

佚名撰

抄本

1 册，28 页

左右双栏，版框 26.5×9cm。瑞香荛花纸，保存完好。

搜集于云南省丽江市。讲述东巴割断上吊者的上吊绳，烧掉壬鬼孵蛋的巢，用鸡向它们还债，请各种神将各种鬼赶走。

分割吊死者和凶死者的财物

tshɿ^{33} ʂʅ^{33} ŋv^{55} tər^{21} o^{33} by^{33} the^{33} ɯ^{33}

佚名撰

抄本

1 册，36 页

左右双栏，版框 28.5 ×8.5cm。瑞香荛花纸，缺封底。

搜集于云南省丽江市。年轻的吊死者和凶死者来不及报父母养育之恩便死去了。东巴举行祭祀给他们许多财物，劝他们不要再留恋人间，到该去的地方去。

请楚鬼招魂

tshɿ^{33} khr^{21} o^{21} ʂər^{55}

东明撰

抄本

1 册，16 页

左右双栏，版框 28 ×9cm。瑞香荛花纸，保存完好。

搜集于云南省丽江市。请上吊而亡变成楚鬼者到祭祀场来。东巴为死者招魂，不让其魂羁留在五方鬼所在的鬼域里。

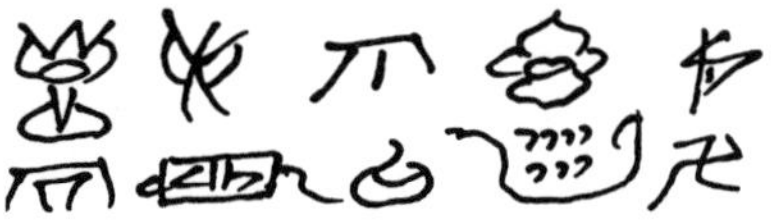

请呆鬼 · 使劲为活者招魂

tər^{21} khv^{21} · kɑ^{33} thv^{55} o^{21} ʂər^{55}

佚名撰

抄本

1 册，16 页

左右双栏，版框 28 ×9cm。瑞香荛花纸，缺封底。

搜集于云南省丽江市。东巴请各方的呆鬼到祭祀场来，用烧焦的肉之味请呆鬼，用牺牲的血招待呆鬼。之后东巴将呆鬼压在土洞里。但活着之魂不能被压在土洞里，于是便使劲为活者招魂。

o^{21} ʂər^{55} me^{33} gə^{33} the^{33} ɯ^{33} uɑ^{21}

祭风仪式 · 招魂

佚名撰

抄本

1 册，18 页

无边栏，版框 27.5 ×9cm。瑞香荛花纸，缺封底。

搜集于云南省丽江市。为死者招魂，不让其魂羁留在任何地方。

为吊死者招魂

tshɿ^{33} o^{21} ʂər^{55} me^{55}

佚名撰

抄本

1 册，16 页

左右双栏，版框 28 ×9cm。瑞香荛花纸，保存完好。

搜集于云南省丽江市。吊死者在世时，其魂不曾游荡。死后吊死者之魂会游荡到五方鬼域里去。东巴就为其招魂。

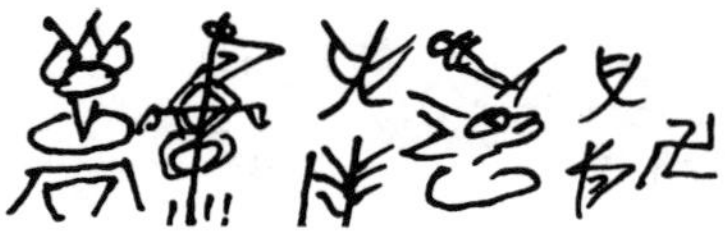

超度凶死者杀牲

tər^{21}ŋv^{55}mu^{33}kho^{55}me^{33}the^{33}ɯ^{33}

佚名撰

抄本

1 册，28 页

左右双栏，版框 30 × 8.5cm。瑞香荛花纸，保存基本完好。

搜集于云南省丽江市。祭祀之家超度凶死者，杀牲献牲以报恩。东巴为凶死者招魂，并请神杀死让人凶死的呆鬼。

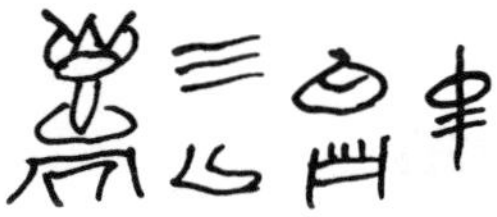

赶　鬼（中本）

thv^{55}dzo^{21}ly^{55}tʂu^{55}

佚名撰

抄本

1 册，26 页

左右双栏，版框 28.5 × 8.5cm。瑞香荛花纸，缺封底。

搜集于云南省丽江市。让鬼无藏身之地，把鬼剔出并将其赶走。

赶　鬼（末本）

thv^{55}mæ^{55}uɑ^{21}me^{55}

佚名撰

抄本

1 册，22 页

左右双栏，版框 27 × 9cm。瑞香荛花纸，保存完好。

搜集于云南省丽江市。把各种鬼赶到各自的地方，赶到它们首领那儿去。

说贫道富（末本）

si^{33}dʐɿ^{33}hɯ^{21}dʐɿ^{33}mæ^{55}tʂu^{55}

佚名撰

抄本

1 册，46 页

左右双栏，版框 28 × 9cm。瑞香荛花纸，封底、封面缺失。

搜集于云南省丽江市。讲述人间有许多烦恼与贫穷，而死鬼所在之地是快乐富有的。让楚鬼和尤鬼到快乐富有的地方去。

安慰死者之歌

mu^{55}dʐɿ^{33}mi^{55}uɑ^{21}me^{55}

东阿东补撰

抄本

1 册，34 页

左右双栏，版框 27 × 9cm。瑞香荛花纸，保存完好。

搜集于云南省丽江市。以先辈都一代一代死去，世上万物都有生老病死之过程来劝慰死者。

削制死者木身

ŋv^{33}be^{33}

佚名撰

抄本

1册，28页

左右双栏，版框27.5×9cm。瑞香荛花纸，保存完好。

搜集于云南省丽江市。舅舅削制死者之木身为死者超度。东巴向各种鬼还债。用绸蘸药点于木身，把死者送到祖居地。

o^{21} i^{33} ɡv^{55} zɿ^{33} phe^{21} khɯ^{33} tʂu^{55}

俄依九兄弟用麻布送亡灵木身

佚名撰

抄本

1册，34页

左右双栏，版框27.5×8.5cm。瑞香荛花纸，缺封底。

搜集于云南省丽江市。俄依九兄弟的母亲上吊而亡。九兄弟不知丧葬规矩，在卢神处找到丧葬规矩。舅舅为死者削制木身，九兄弟用麻布送木身以超度。

美利董主

mɯ^{33} lɯ^{55} du^{21} ʣɿ^{33} nɯ^{33} ʦhɿ^{33} ŋv^{55}

佚名撰

抄本

1册，22页

左右双栏，版框27×9cm。瑞香荛花纸，缺封底。

搜集于云南省丽江市。美利董主家的日月星宿被毒鬼、仄鬼偷走。董家的东巴请优麻战神杀毒鬼仄鬼，砍倒情死鬼的树。由东巴把楚鬼和尤鬼送走。

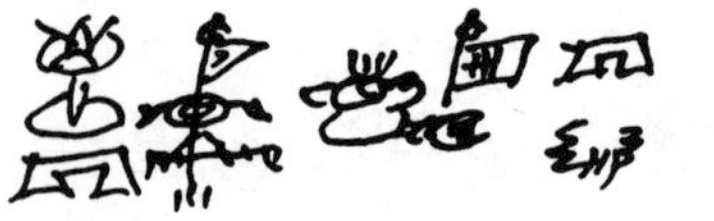

送祖先战神

y^{21} ɡɑ^{33} lɑ^{21} ɡə^{21} pv^{55}

佚名撰

抄本

1册，20页

左右双栏，版框28×9cm。瑞香荛花纸，缺封底。

搜集于云南省丽江市。在举行祭祀仪式时，东巴请来各种神和祖先战神供养。送各种神回神界时把祖先战神也送走，并请求其对后人予以庇佑。

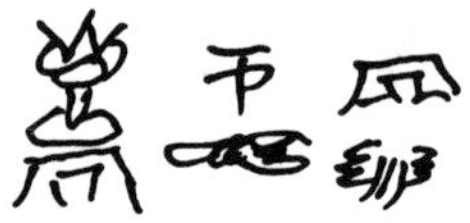

送　神

phv^{33} lɑ^{21} ɡə^{21} pv^{55}

佚名撰

抄本

1册，10页

左右双栏，版框28×8.5cm。瑞香荛花纸，保存基本完好。

搜集于云南省丽江市。把各种神送到各自的神地里去，请神庇佑、赐福给人类。

俄依九兄弟的故事

o^{21} i^{33} ɡv^{55} zɿ^{33} phe^{21} khɯ^{33} tʂu^{55}

佚名撰

抄本

1册，16页

左右双栏，版框 27.5 ×8cm。瑞香荛花纸，缺封底。

搜集于云南省丽江市。俄依九兄弟的母亲上吊而亡，九兄弟不知道丧葬规矩。在卢神指导下，用火葬葬母。做木身，用麻布包木身以超度。

献神粮·为卢神沈神除秽·点神灯

kuɑ^{55} o^{55} · se^{21} tʂhə^{55} ʂu^{55} · bæ^{33} mi^{33} tʂʅ^{55}

佚名撰

抄本

1 册，32 页

左右双栏，版框 27.5 ×9cm。瑞香荛花纸，保存完好。

搜集于云南省丽江市。迎请各种神灵到神坛上，东巴向各种神献神粮。为卢神沈神及各种神除秽洗秽。点神灯供养神。

卢神起身

du^{21} tɯ^{33}

佚名撰

抄本

1 册，18 页

左右双栏，版框 27 ×9.5cm。瑞香荛花纸，缺封面、封底。

搜集于云南省丽江市。人世间的规矩由卢神制定。东巴受主人之请从神路、日月星宿之路到祭祀之家去。请卢神随东巴到祭祀场地，东巴都遵循卢神的规矩行事。

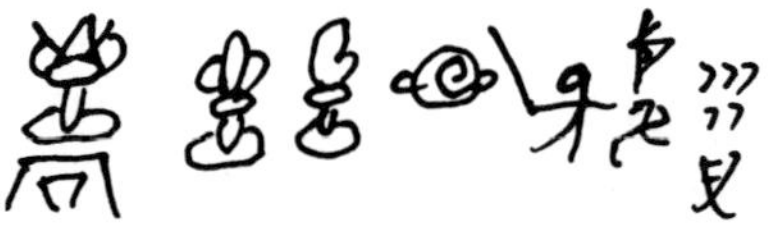

为卢神沈神除秽

du^{21} se^{21} tʂhə^{55} dy^{55} the^{33} ɯ^{33} uɑ^{21} me^{55}

佚名撰

抄本

1 册，20 页

左右双栏，版框 28.5 ×9cm。瑞香荛花纸，保存基本完好。

搜集于云南省丽江市。讲述了卢神和沈神的来历。世间一切规矩皆由卢神制定。要举行祭祀请卢神沈神降临，并为他们除秽洗秽。

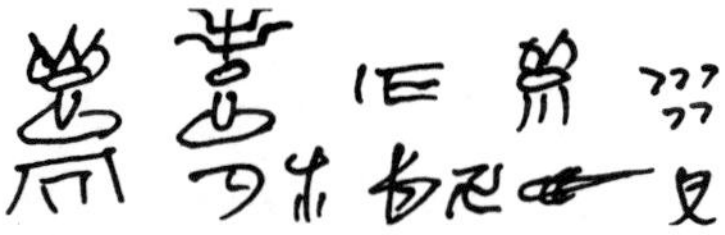

迎请莫毕精如神（头本）

mə^{33} py^{21} ʥi^{33} zʅ^{21} sɑ^{55} kv^{33} tʂu^{55}

佚名撰

抄本

1 册，32 页

左右双栏，版框 27 ×9cm。瑞香荛花纸，保存完好。

搜集于云南省丽江市。讲述了天地、神鬼、人类的来历。人间到处都是鬼，人类派使者到天上请来了莫毕精如神，莫毕精如神带领千千万万的神镇压大地上的鬼，人类得以安宁。

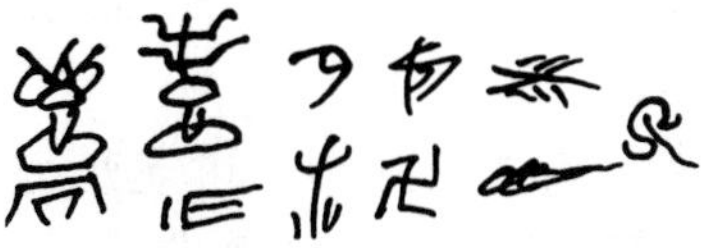

迎请莫毕精如神（末本）

mə^{33} py^{21} ʥi^{33} zʅ^{21} sɑ^{55} mæ^{55} tʂu^{55}

佚名撰

抄本

1 册，32 页

左右双栏，版框 27 × 9cm。瑞香荛花纸，保存完好。

搜集于云南省丽江市。人类派使者到天上请来了莫毕精如神，莫毕精如神带领千千万万的神镇压大地上的鬼，人类得以安宁。

压呆鬼·请依多神

tər^{21}zər^{21}i^{33}do^{33}sɑ^{55}uɑ^{21}me^{55}

佚名撰

抄本

1 册，36 页

左右双栏，版框 27 × 9cm。瑞香荛花纸，保存完好。

搜集于云南省丽江市。讲把各种鬼赶到首领那儿去。讲火的出处。还有部分为咒语，语义不明。

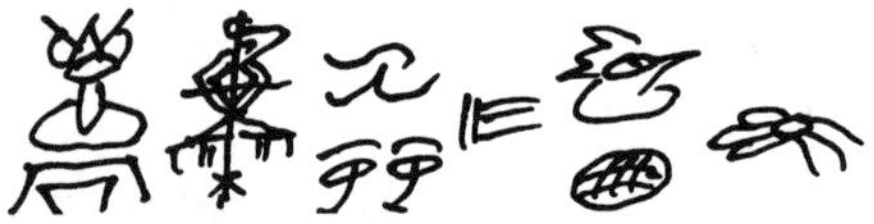

迎请依多神·用鸡向鬼还债

i^{33}do^{33}sɑ^{55}·æ^{21}mu^{33}ku^{21}

东明撰

抄本

1 册，22 页

左右双栏，版框 28 × 9cm。瑞香荛花纸，保存完好。

搜集于云南省丽江市。讲述楚鬼、尤鬼、呆鬼到祭祀场上来，用鸡向其还债。

请依多神的咒语

i^{33}do^{33}sɑ^{55}tɕiə^{21}me^{33}mu^{33}

佚名撰

抄本

1 册，26 页

左右双栏，版框 27.5 × 8cm。瑞香荛花纸，保存完好。

搜集于云南省丽江市。咒语，其义不明。

请神·迎请依多神

phv^{33}lɑ^{21}sɑ^{55}i^{33}do^{33}sɑ^{55}uɑ^{21}me^{55}

佚名撰

抄本

1 册，18 页

左右双栏，版框 27.5 × 9cm。瑞香荛花纸，保存完好。

搜集于云南省丽江市。在吉祥的日子里，东巴请各种神来镇压各种鬼，并对东巴和祭祀之家予以庇佑。

迎请本丹战神

be^{21}dæ^{21}sɑ^{55}

佚名撰

抄本

1 册，34 页

左右双栏，版框 28 × 8cm。瑞香荛花纸，保存完好。

搜集于云南省丽江市。各种神赐予本丹战神各种本领和武器。本丹战神拥有无边的威力，迎请本丹战神降临杀千千万万的呆鬼。还讲述优麻战神和瑞格的出处来历，请这两种战神来杀呆鬼。

迎请端格战神

tuɑ^{33}kə^{21}sɑ^{55}uɑ^{21}me^{33}

佚名撰

抄本

1 册，32 页

左右双栏，版框 27 ×7.5cm。瑞香荛花纸，保存完好。

搜集于云南省丽江市。讲述了端格战神的出处来历。端格战神是无所不知、无所不见、黑白分明的战神。历代祖先都迎请端格战神以战胜仇敌。

迎请端格战神

duɑ^{33}kə^{21}sɑ^{55}uɑ^{21}me^{55}

佚名撰

抄本

1 册，26 页

左右双栏，版框 29 ×8.5cm。瑞香荛花纸，保存基本完好。

搜集于云南省丽江市。讲述了端格战神的出处来历。端格战神是无所不知、无所不见、黑白分明的战神。历代祖先都迎请端格战神以战胜仇敌。

迎请端格战神

duɑ^{33}kə^{21}sɑ^{55}

佚名撰

抄本

1 册，16 页

无边栏，版框 27 ×7.5cm。瑞香荛花纸，缺封底。

搜集于云南省丽江市。讲述了端格战神的出处来历。端格战神是无所不知、无所不见、黑白分明的战神。历代祖先都迎请端格战神以战胜仇敌。

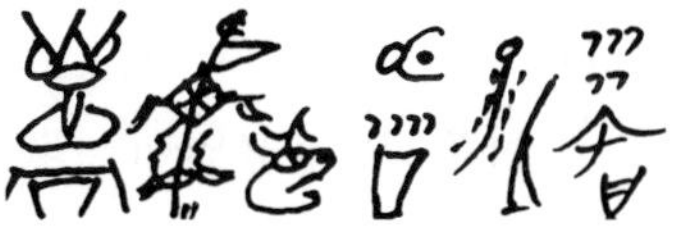

迎请卡冉战神·押送鬼

khɑ^{33}ʐər^{33}sɑ^{55} · tshɿ^{21}tsɿ^{33}tɕhi^{33}

佚名撰

抄本

1 册，18 页

左右双栏，版框 28 ×9cm。瑞香荛花纸，保存完好。

搜集于云南省丽江市。讲述生四头八臂之卡冉战神及其本领、武器之来历。迎请卡冉战神杀死三百六十种鬼。把各种鬼押送到它们各自的地方去。

迎请优麻战神

iə^{33}mɑ^{21}sɑ^{55}

佚名撰

抄本

1 册，30 页

左右双栏，版框 27.5 ×9cm。瑞香荛花纸，保存完好。

搜集于云南省丽江市。讲述了优麻战神的出处来历。自美利董主起就请优麻战神杀各种鬼。吃鬼肉，喝鬼血，摧毁鬼之天地、房屋。

供养优麻战神・压仇敌

iə^{33}mɑ^{21}tʂhu^{55}pɑ^{33}be^{33} · zʅ^{21}zər^{21}

佚名撰

抄本

1 册，44 页

左右双栏，版框 28.5 ×9cm。瑞香荛花纸，缺封底。

搜集于云南省丽江市。讲述了优麻战神的出处来历。历代祖先都供养优麻战神及各种神以平安生活。东巴禳解十二生肖及五行相克所带来的凶兆及厄运。优麻带领神兵镇压四方之仇敌。

压仇敌

iə^{33}mɑ^{21}tʂhu^{55}pɑ^{33}dʑi^{55}gə^{33}the^{33}ɯ^{33}uɑ^{21}

佚名撰

抄本

1 册，36 页

左右双栏，版框 28.5 ×8.5cm。瑞香荛花纸，保存完好。

搜集于云南省丽江市。讲述了优麻战神的出处来历。历代祖先都供养优麻战神及各种神以平安生活。东巴禳解十二生肖及五行相克所带来的凶兆及厄运。优麻带领神兵镇压四方之仇敌。

向战神献饭・献牺牲

gɑ^{33}lɑ^{21}hɑ^{33}ʂʅ^{21} · nɯ^{21}mu^{33}khɯ^{55}

佚名撰

抄本

1 册，38 页

左右双栏，版框 29 ×8.5cm。瑞香荛花纸，保存完好。

搜集于云南省丽江市。东巴为各种神献饭，给所献的饭除去不净之物，向战神献饭。要献牺牲给各种神，但没有杀牺牲的刀，只有优麻战神有刀。于是请优麻战神带刀来杀牺牲，然后献牺牲给各种神。

供养优麻战神・压仇敌

gɑ^{33}lɑ^{21}hɑ^{33}ʂʅ^{21} · nɯ^{21}mu^{33}khɯ^{55}

佚名撰

抄本

1 册，44 页

左右双栏，版框 27 ×8.5cm。瑞香荛花纸，保存完好。

搜集于云南省丽江市。东巴为各种神献饭，给所献的饭除去不净之物，向战神献饭。要献牺牲给各种神，但没有杀牺牲的刀，只有优麻战神有刀。于是请优麻战神带刀来杀牺牲，然后献牺牲给各种神。

迎请祖先战神

y^{21}ga^{33}la^{21}tsɿ^{33}

佚名撰

抄本

1 册，30 页

左右双栏，版框 27 ×8.5cm。瑞香荛花纸，保存完好。

搜集于云南省丽江市。在吉祥的日子里，迎请祖先战神来享祭，告诉祖先战神要记住自己的天地村寨，不要走错到其他地方去。孝儿孝媳用丰盛的祭品供养祖先，并为祖先招魂，最后送回祖居地。

迎请五方东巴

ɕy^{33}ʐər^{33}py^{33}bv^{21}sɑ^{55}me^{55}

佚名撰

抄本

1 册，24 页

左右双栏，版框 27 ×9cm。瑞香荛花纸，保存完好。

搜集于云南省丽江市。在吉祥的日子里，祭祀之家请东巴迎请五方的东巴、五方的神、五方的战神、五方的刹道、五方的哈姆女神来镇压五方的鬼王。

十八支启的出处来历

tɕhi^{21}dæ^{21}tshe^{21}ho^{55}ly^{33}thv^{33}kv^{33}

佚名撰

抄本

1 册，20 页

左右双栏，版框 28 ×9cm。瑞香荛花纸，保存完好。

搜集于云南省丽江市。启是分开神和鬼的十八支竹签，又称为十八个兄弟。讲述了十八支启的出处来历及其能杀鬼的本领。

鬼的来历

khɯ^{55}dzo^{21}

佚名撰

抄本

1 册，14 页

左右双栏，版框 28 ×8.5cm。瑞香荛花纸，缺封面、封底。

搜集于云南省丽江市。分别讲述了毒鬼、仄鬼、饶鬼、云鬼、风鬼、楚鬼、尤鬼、呆鬼、佬鬼等各种鬼的出处来历。它们一起作祟于人间，东巴向各种鬼还债招魂。

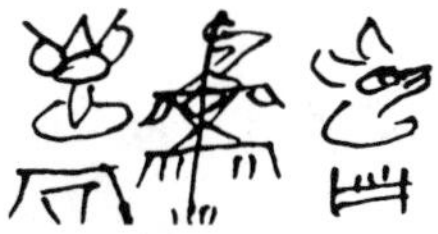

鬼的来历

khɯ^{55}dzo^{21}

佚名撰

抄本

1 册，26 页

左右双栏，版框 28 ×9cm。瑞香荛花纸，缺封面。

搜集于云南省丽江市。先讲述了祭祀之家未做违背规矩之事，又讲万物之起源，接着讲述使人上吊而亡的楚鬼的出处来历。

鬼的出处来历

khɯ^{55} dzo^{21}

佚名撰

抄本

1册，42页

无边栏，版框27×8.5cm。瑞香荛花纸，缺封面、封底。

搜集于云南省丽江市。分别讲述了毒鬼、仄鬼、饶鬼、云鬼、风鬼、楚鬼、尤鬼、呆鬼、佬鬼等各种鬼的出处来历。它们一起作祟于人间，东巴向各种鬼还债招魂。

鬼的来历

khɯ^{55} dzo^{21}

佚名撰

抄本

1册，30页

左右双栏，版框27.5×8cm。瑞香荛花纸，缺封底。

搜集于云南省丽江市。分别讲述了毒鬼、仄鬼、饶鬼、云鬼、风鬼、楚鬼、尤鬼、呆鬼、佬鬼等各种鬼的出处来历。它们一起作祟于人间，东巴向各种鬼还债招魂。

饶鬼的出处来历

zɑ^{21} thv^{33} zɑ^{21} pɯ^{55}

佚名撰

抄本

1册，18页

左右双栏，版框28×8.5cm。瑞香荛花纸，保存完好。

搜集于云南省丽江市。讲述了饶鬼的出处。它们会领着各种鬼来作祟。东巴向各种鬼还债，用降魔杵杀死饶鬼。

饶鬼和猛鬼的出处来历

zɑ^{21} thv^{33} pɯ^{55} · mu^{33} thv^{33} pɯ^{55}

佚名撰

抄本

1册，26页

左右双栏，版框28×9.5cm。瑞香荛花纸，保存完好。

搜集于云南省丽江市。分别讲述了饶鬼和猛鬼的出处来历。它们都会作祟于人。东巴先向它们还债然后杀掉它们，人们便得安宁。

分开楚鬼和壬鬼·割断上吊绳

ʦhʅ^{33} by^{33} iə^{21} by^{33} ʦhʅ^{33} bər^{21} ʦhər^{55}

佚名撰

抄本

1册，32页

左右双栏，版框28×8.5cm。瑞香荛花纸，保存完好。

搜集于云南省丽江市。各种鬼一起作祟于人，东巴用鸡向鬼还债，让鸡做替身。用优麻战神的利刀割断上吊绳。把千万个楚鬼杀掉。

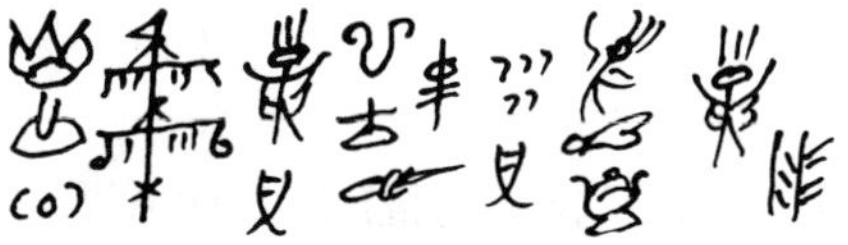

分出壬鬼

ze^{21}me^{33}phv^{33}tʂhʅ^{21}ly^{55}tʂu^{55}

佚名撰

抄本

1 册，24 页

左右双栏，版框 27.5 ×9cm。瑞香荛花纸，保存完好。

搜集于云南省丽江市。讲述了壬鬼的出处。壬鬼和楚鬼作祟于人间。通过占卜分开壬鬼和楚鬼，分别予以还债。东巴分别祭祀它们并把它们送回各自的鬼域。

分开壬鬼和其他鬼

ze^{21}me^{33}phv^{33}tʂhʅ^{21}

佚名撰

抄本

1 册，32 页

左右双栏，版框 29 ×8.5cm。瑞香荛花纸，缺封面。

搜集于云南省丽江市。先讲述了各地壬鬼的出处。壬鬼和楚鬼作祟于人间。通过占卜要分开壬鬼和楚鬼，以分别还债。东巴分别祭祀它们并把它们送到各自的鬼域里去。

烧壬鬼之巢

ze^{21}me^{33}khɯ^{21}bər^{21}

佚名撰

抄本

1 册，38 页

左右双栏，版框 28 ×8cm。瑞香荛花纸，缺封底。

搜集于云南省丽江市。讲述美利董主家的东巴分别祭各方位的鬼。东巴送鬼到各自的地方去，将壬鬼筑于美利董主家的鬼巢烧掉。

粮食的来历·招魂

æ^{33}dzʅ^{33}mi^{55} · uɑ^{21} ʂər^{55}

佚名撰

抄本

1 册，26 页

左右双栏，版框 28 ×9cm。瑞香荛花纸，保存完好。

搜集于云南省丽江市。讲述了粮食的耕种、收获、收藏及酿酒之过程。将饭、酒、肉施与鬼吃并送它们回去，不要作祟于人间。为所有死去的人招魂。

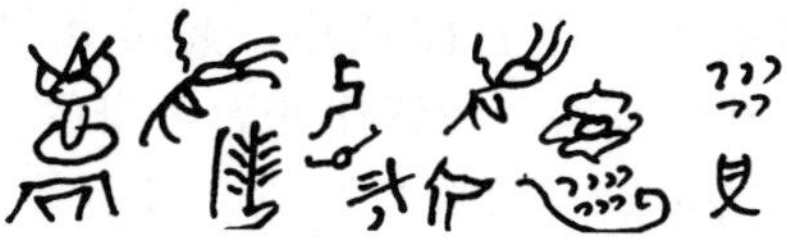

招　魂

tshʅ^{33}o^{21} ʂər^{55}uɑ^{21}me^{55}

佚名撰

抄本

1 册，20 页

左右双栏，版框 28.5 ×9cm。瑞香荛花纸，保存完好。

搜集于云南省丽江市。为死者招魂，不让其羁留在任何地方。

请呆鬼

tər^{21} khv^{21} uɑ^{21} mu^{21} me^{55}

佚名撰

抄本

1 册，20 页

左右双栏，版框 28 ×9cm。瑞香荛花纸，保存完好。

搜集于云南省丽江市。东巴请神降临杀死呆鬼的头目和母亲。对各种凶死后变成呆鬼的，用牺牲向它们还债并为其招魂。

建冥房、拆冥房、与祖辈相接

ŋv^{21} dʑi^{21} thv^{21} ŋv^{33} dʑi^{21} tɕe^{55} ŋv^{33} tʂu^{55}

佚名撰

抄本

1 册，16 页

左右双栏，版框 27.5 ×8.5cm。瑞香荛花纸，保存完好。

搜集于云南省丽江市。超度吊死者。舅舅为其建冥房，放置作死者替身的木身，把木身送走后，舅舅拆冥房。让死者与祖辈相连接。

建冥房、拆冥房、与祖辈相接

ŋv^{21} dʑi^{21} thv^{21} ŋv^{33} dʑi^{21} tshe^{55} ŋv^{33} tʂu^{55}

佚名撰

抄本

1 册，16 页

左右双栏，版框 27.5 ×9cm。瑞香荛花纸，保存完好。

搜集于云南省丽江市。超度吊死者。舅舅为其建冥房，放置作死者替身的木身，把木身送走后，舅舅拆冥房。让死者与祖辈相连接。

给楚鬼和尤鬼施食

tshɿ^{33} hɑ^{33} iə^{21} hɑ^{33} ʂɿ^{21}

佚名撰

抄本

1 册，32 页

左右双栏，版框 27 ×8.5cm。瑞香荛花纸，封面残缺。

搜集于云南省丽江市。讲述美利董主家的子女中受情死鬼王之蛊惑而上吊或情死而亡。美利董主家的东巴向楚鬼和尤鬼还债，给它们施食，送它们到鬼王那里去。

为凶死者招魂

tər^{21} o^{21} ʂər^{55}

佚名撰

抄本

1 册，22 页

左右双栏，版框 27.5 ×9.5cm。瑞香荛花纸，保存完好。

搜集于云南省丽江市。凶死者的魂会羁留在五方鬼域里。为凶死者招魂并将死者送到祖居地。

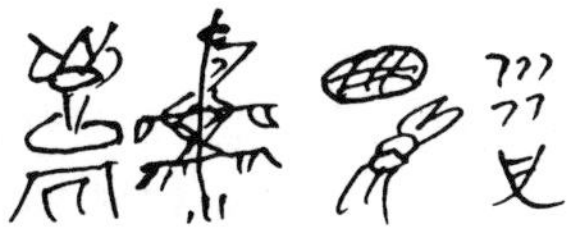

把牺牲送给鬼

mu^{33}ku^{21}uɑ^{21}me^{55}

佚名撰

抄本

1 册，32 页

左右双栏，版框 26.5 ×9cm。瑞香荛花纸，保存完好。

搜集于云南省丽江市。东巴向鬼还债，把绵羊、牺牲送给各种鬼。把杀牺牲的责任推给鬼。

绝后鬼的出处来历

bɯ^{21}py^{21}khɯ^{55}ʣo^{21}mu^{33}me^{55}

佚名撰

抄本

1 册，24 页

左右双栏，版框 29 ×8.5cm。瑞香荛花纸，保存完好。

搜集于云南省丽江市。历数先辈中之绝后者，指出绝后鬼会使人不能繁衍子孙。东巴就向绝后鬼还债，请神把绝后鬼压下去。

向绝后鬼还债

bɯ^{21}dʐu^{33}ʐuɑ^{21}

佚名撰

抄本

1 册，36 页

左右双栏，版框 29 ×8.5cm。瑞香荛花纸，保存完好。

搜集于云南省丽江市。因绝后鬼作祟，人不得发展兴旺。东巴就向绝后鬼还债，把绝后鬼镇压下去。

给吊死者献冥马

ʦhɿ^{33}gu^{21}ʦæ^{55}me^{13}

佚名撰

抄本

1 册，36 页

左右双栏，版框 27.5 ×7.5cm。瑞香荛花纸，保存完好。

搜集于云南省丽江市。上吊者和情死者死后变成了楚鬼和尤鬼。它们要到楚鬼和尤鬼的地界去，要翻山越岭，所以就献给它们冥马。

送楚鬼和尤鬼·放溜索

ʦhɿ^{33}iə^{21}pv^{55}lo^{55}khɯ^{55}the^{33}ɯ^{33}uɑ^{21}

佚名撰

抄本

1 册，24 页

左右双栏，版框 27.5 ×9cm。瑞香荛花纸，保存完好。

搜集于云南省丽江市。楚鬼和尤鬼会来寻饭要牺牲，东巴用许多财物和牺牲向它们还债并送它们走。把它们放在溜索上然后砍断溜索不让它们返回。

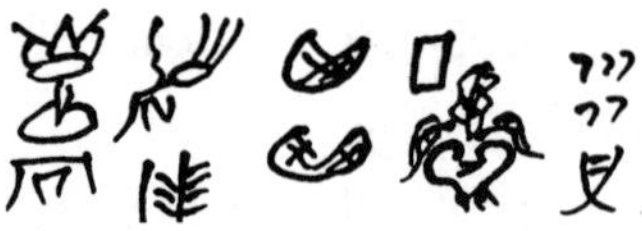

向寇寇多局毒鬼还债

khə^{55}khə^{55}to^{21}dẓy^{33}dẓu^{33}ẓuɑ^{21}

佚名撰

抄本

1册，38页

左右双栏，版框 28×9cm。瑞香荛花纸，保存完好。

搜集于云南省丽江市。祭祀之家通过占卜，占出是寇寇多局毒鬼作祟。于是请东巴向寇寇多局毒鬼还债。

向寇寇多局毒鬼还债

khə^{55}khə^{55}to^{21}dẓy^{33}dẓu^{33}ẓuɑ^{21}

佚名撰

抄本

1册，40页

左右双栏，版框 29×8.5cm。瑞香荛花纸，保存完好。

搜集于云南省丽江市。祭祀之家通过占卜，占出是寇寇多局毒鬼作祟。于是请东巴向寇寇多局毒鬼还债。

开坛经

py^{21}ly^{33}khu^{33}

佚名撰

抄本

1册，44页

左右双栏，版框 28.5×9cm。瑞香荛花纸，缺封底。

搜集于云南省丽江市。讲述了万物起源、神鬼的出处来历。东巴做仪式给各种鬼还债，请各种神把鬼镇压下去。

大祭仄鬼（头本）

tse^{21}dɯ^{21}py^{21}kv^{33}tṣ^{55}

佚名撰

抄本

1册，36页

左右双栏，版框 27×8.5cm。瑞香荛花纸，保存完好。

搜集于云南省丽江市。讲述五方仄鬼的出处来历。东巴分别用山羊、鸡向五方仄鬼还债。还讲述了山羊、鸡的出处来历。

大祭仄鬼（头本）

tse^{21}dɯ^{21}py^{21}kv^{33}tṣu^{55}the^{33}ɯ^{33}

佚名撰

抄本

1册，30页

左右双栏，版框 27×8.5cm。瑞香荛花纸，缺封底。

搜集于云南省丽江市。讲述五方仄鬼的出处来历。东巴分别用山羊、鸡向五方仄鬼还债。还讲述了山羊、鸡的出处来历。

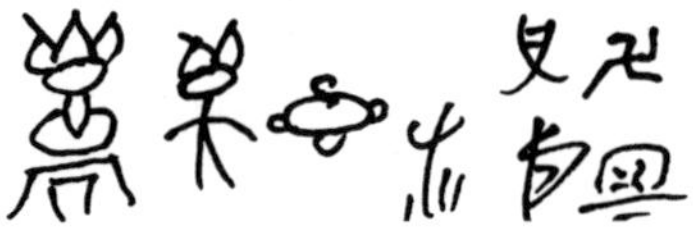

大祭仄鬼

tse^{21}dɯ^{21}py^{21}the^{33}ɯ^{33}uɑ^{21}me^{55}

佚名撰

抄本

1 册，44 页

左右双栏，版框 27 ×9cm。瑞香荛花纸，保存完好。

搜集于云南省丽江市。讲述了历代祖先用许多财物及绵羊、山羊、鸡向仄鬼还债以求得安宁。

大祭仄鬼（中本）

tse^{21}dɯ^{21}py^{21}ly^{55}tʂu^{55}

佚名撰

抄本

1 册，36 页

左右双栏，版框 27.5 ×9cm。瑞香荛花纸，保存完好。

搜集于云南省丽江市。东巴向各方仄鬼还债。讲述了鸡的出处来历，并用鸡放替身。附有部分木牌画画谱。

大祭仄鬼（中本）

tse^{21}dɯ^{21}py^{21}ly^{55}tʂu^{55}

佚名撰

抄本

1 册，20 页

左右双栏，版框 26.5 ×7.5cm。瑞香荛花纸，保存基本完好。

搜集于云南省丽江市。东巴向各方仄鬼还债。讲述美利董主家请东巴向各方仄鬼还债而得安宁。其后辈子孙遵循其规行事。

分仄鬼的天地

tse^{21}gə^{33}mɯ^{33}dy^{21}by^{33}the^{33}ɯ^{33}uɑ^{21}me^{55}

佚名撰

抄本

1 册，36 页

左右双栏，版框 27.5 ×9cm。瑞香荛花纸，保存完好。

搜集于云南省丽江市。先讲述了尤拉丁端的哈若九兄弟和斯若九兄弟分天地而发生争战的故事。又讲东巴把祭祀之家的一切灾难病痛附于面偶送于仄鬼。又把仄鬼送到它的天地里。

送冷凑鬼面偶

le^{33}tʂhə^{55}to^{33}mɑ^{33}phi^{55}uɑ^{21}me^{55}

佚名撰

抄本

1 册，24 页

左右双栏，版框 28.5 ×8.5cm。瑞香荛花纸，保存完好。

搜集于云南省丽江市。东巴用五种粮食做漂亮的面偶送给冷凑鬼，让冷凑鬼拿上面偶开心地回到自己的地方去。

烧本神石赶鬼的咒语

be^{21}lv^{33}dʑi^{55}me^{33}gə^{33}huɑ^{55}ly^{33}

佚名撰

抄本

1 册，14 页

左右双栏，版框 26 × 9.5cm。瑞香荛花纸，保存完好。

搜集于云南省丽江市。咒语，语义不明。

赶　鬼（头本）

thv^{55}kv^{33}me^{33}uɑ^{21}

佚名撰

抄本

1 册，24 页

左右双栏，版框 27 × 9cm。瑞香荛花纸，保存完好。

搜集于云南省丽江市。由各种神赶鬼，并把它们送到各自的地方去。

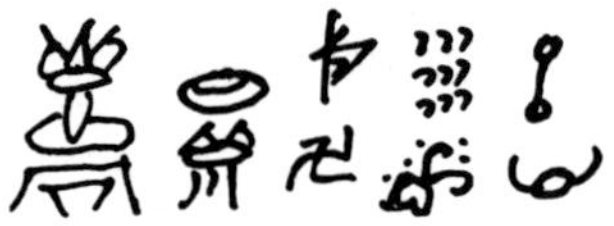

赶　鬼（头本）

thv^{55} kv^{33} the^{33} ɯ^{33} · gv^{33} dʑʅ^{33} gv^{33} o^{33}khuɑ^{33}

佚名撰

抄本

1 册，24 页

左右双栏，版框 28 × 8.5cm。瑞香荛花纸，保存完好。

搜集于云南省丽江市。先讲述各方位各种鬼的产生。依次退送这些鬼回到它们的地方去。又讲把崇忍利恩与鲁美猛恩所生的“舟”与各种鬼分开，把各种鬼送走，让舟押送这些鬼而去。

赶　鬼（中本）

thv^{55}ly^{55}

佚名撰

抄本

1 册，24 页

左右双栏，版框 27 × 8.5cm。瑞香荛花纸，保存基本完好。

搜集于云南省丽江市。把人们不需要的一切病痛灾难随着各种鬼赶走。

赶　鬼（中本）

thv^{55}dʑo^{21}

佚名撰

抄本

1 册，24 页

左右双栏，版框 26 × 8cm。瑞香荛花纸，保存完好。

搜集于云南省丽江市。把人们不需要的一切病痛和灾难随着各种鬼赶走。

送　神

phv^{33}lɑ^{21}pv^{55}

佚名撰

抄本

1 册，16 页

左右双栏，版框 26.5 × 7.5cm。瑞香荛花纸，保存基本完好。

搜集于云南省丽江市。不让各种神停留在鬼域里，而把各种神送到天上去。

结尾经

py^{21}mæ^{55}tər^{55}

佚名撰

抄本

1 册，24 页

左右双栏，版框 27 × 8. 5cm。瑞香荛花纸，保存完好。

搜集于云南省丽江市。把人和鬼分开，把鬼送到各自的地方不准返回。

送卡吕面偶

khɑ^{33}lv^{55}to^{33}mɑ^{33}phi^{55}

佚名撰

抄本

1 册，26 页

左右双栏，版框 28. 5 × 8. 5cm。瑞香荛花纸，保存完好。

搜集于云南省丽江市。东巴在做仪式时会有差错，杀了牺牲会有罪过。就做狗獾、猴、蝙蝠的卡吕面偶，让东巴的过失与罪过由卡吕面偶带走，带到仇敌和鬼域。

仪式规程

du^{33}mu^{21}

佚名撰

抄本

1 册，10 页

左右双栏，版框 28 × 8. 5cm。瑞香荛花纸，缺封面。

搜集于云南省丽江市。记录了祭风仪式的规程及所需诵读经书的顺序。

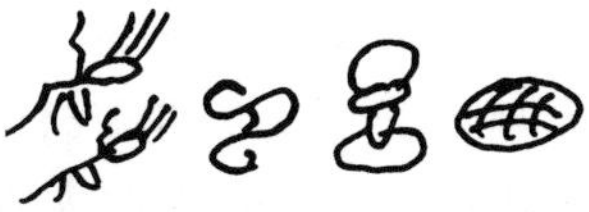

祭吊死者的仪式规程

tshɿ^{33}tshɿ^{33}kuə^{21}du^{33}mu^{21}

佚名撰

抄本

1 册，18 页

左右双栏，版框 29 × 10cm。瑞香荛花纸，保存完好。

搜集于云南省丽江市。记录了祭吊死者仪式的规程和诵读经书的顺序。还有设置仪式场地的示意图及木牌画的画谱。

仪式规程

du^{33}mu^{21}uɑ^{21}me^{55}

佚名撰

抄本

1 册，12 页

左右双栏，版框 21. 5 × 9. 5cm。瑞香荛花纸，保存完好。

搜集于云南省丽江市。记录了祭风仪式的规程及诵读经书的顺序。

开坛经

py^{21}ly^{33}khu^{33}

佚名撰

抄本

1 册，46 页

左右双栏，版框 28.5 ×9.5cm。瑞香荛花纸，封面残缺。

搜集于云南省香格里拉。讲述举行祭祀之家都按卢神制定的规矩行事，不做伤害他人之事，也时常举行祭祀以禳灾除祸。同时还讲述了各种鬼的出处来历。

迎请刹依威德大神

sɑ^{21} i^{33} uə^{33} de^{33} sɑ^{55}

佚名撰

抄本

1 册，38 页

左右双栏，版框 28 ×9cm。瑞香荛花纸，保存完好。

搜集于云南省香格里拉。讲述了刹依威德大神的身世。人间被各种鬼占满，人们无法生存。人们派使者到天上请来刹依威德大神。刹依威德大神带领各种神把各种鬼镇压下去。

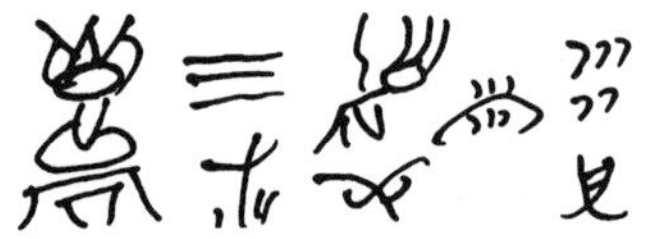

楚鬼和尤鬼的出处来历

tshɿ^{55} pɯ^{55} iə^{21} pɯ^{55} uɑ^{21} me^{55}

佚名撰

抄本

1 册，46 页

左右双栏，版框 20.5 ×5.5cm。瑞香荛花纸，保存完好。

搜集于云南省丽江市。讲述了楚鬼和尤鬼等各种鬼的出处来历。

迎请卡冉纽究战神

khɑ^{33} ʐər^{33} ȵiə^{21} dʑiə^{55} sɑ^{55}

佚名撰

抄本

1 册，16 页

左右双栏，版框 22 ×10cm。瑞香荛花纸，保存完好。

搜集于云南省香格里拉。讲述了生四头八臂的卡冉纽究战神的出处来历。因各种鬼在人间游荡，人们派使者到天上请来卡冉纽究镇压各种鬼。

迎请卡冉战神

kɑ^{33} ʐər^{33} sɑ^{55}

佚名撰

抄本

1 册，18 页

左右双栏，版框 28 ×9cm。瑞香荛花纸，保存完好。

搜集于云南省香格里拉。讲述了生四头八臂之卡冉纽究战神的出处来历。因各种鬼在人间游荡，人们派使者到天上请来卡冉纽究镇压各种鬼。

祭景神和崩神

dʐi^{33} py^{21} bɯ^{33} py^{21}

佚名撰

抄本

1册，18页

左右双栏，版框 22 × 10. 5cm。瑞香荛花纸，保存完好。

搜集于云南省香格里拉。景神和崩神类似于汉文化中的“雷公”和“电母”。打雷闪电总会给人带来灾难，人们通过占卜得知需祭景神和崩神。于是祭祀之家请东巴用饭、肥肉祭祀景神和崩神。

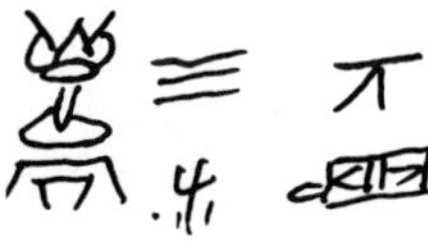

求赐神的威灵

dʐər^{21} tsæ^{55}

佚名撰

抄本

1册，36页

左右双栏，版框 29 × 9. 5cm。瑞香荛花纸，缺封面。

搜集于云南省香格里拉。东巴请求把神之威灵及历代东巴的威力赐予现在正举行仪式的东巴，让东巴能去镇压鬼。

祭景神和崩神

dʑi^{33} py^{21} bɯ^{33} py^{21}

佚名撰

抄本

1册，24页

左右双栏，版框 29 × 9. 5cm。瑞香荛花纸，保存完好。

搜集于云南省香格里拉。景神和崩神类似于汉文化中的“雷公”和“电母”。打雷闪电总会给人带来灾难，人们通过占卜得知需祭景神和崩神。于是祭祀之家请东巴用饭、肥肉祭祀景神和崩神。

祭景神和崩神

dʑi^{33} py^{21} bɯ^{33} py^{21}

佚名撰

抄本

1册，14页

左右双栏，版框 28 × 9. 5cm。瑞香荛花纸，缺封底。

搜集于云南省香格里拉。景神和崩神类似于汉文化中的“雷公”和“电母”。打雷闪电总会给人带来灾难，人们通过占卜得知需祭景神和崩神。于是祭祀之家请东巴用饭、肥肉祭祀景神和崩神。

人类繁衍记

tsho^{21} bər^{33} thv^{33} dʑo^{21} uɑ^{21} me^{55}

佚名撰

抄本

1册，32页

左右双栏，版框 28. 5 × 9. 5cm。瑞香荛花纸，缺封底。

搜集于云南省香格里拉。讲述天地万物的起源。人类因兄妹婚而引发洪水，人类灭绝只剩崇忍利恩一男子。他娶得天女衬恒褒白返回大地繁衍人类。为纳西族创世史诗。

人类繁衍记

tsho^{21} bər^{33} thv^{33} dʑo^{21} uɑ^{21} me^{55}

佚名撰

抄本

1 册，34 页

左右双栏，版框 29 ×9. 5cm。瑞香荛花纸，保存完好。

搜集于云南省香格里拉。讲述天地万物的起源。人类因兄妹婚而引发洪水，人类灭绝只剩崇忍利恩一男子。他娶得天女衬恒褒白返回大地繁衍人类。为纳西族创世史诗。

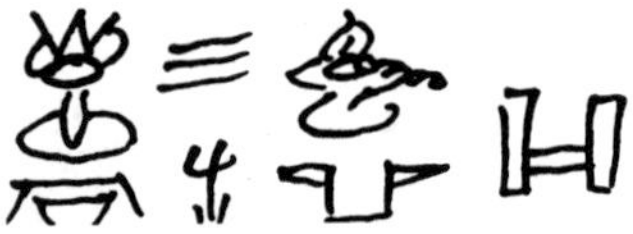

人类繁衍记

ʦho^{21} bər^{33} thv^{33} ʣo^{21}

佚名撰

抄本

1 册，40 页

左右双栏，版框 22 ×10cm。瑞香荛花纸，保存完好。

搜集于云南省香格里拉。讲述天地万物的起源。人类因兄妹婚而引发洪水，人类灭绝只剩崇忍利恩一男子。他娶得天女衬恒褒白返回大地繁衍人类。为纳西族创世史诗。

安慰死者之歌

mu^{55} ʣʅ^{33} mi^{55} the^{33} ɯ^{33} uɑ^{21}

佚名撰

抄本

1 册，28 页

左右双栏，版框 27. 5 ×7. 5cm。瑞香荛花纸，保存完好。

搜集于云南省丽江市。以历代祖先都相继去世，动植物也会死亡，石头会裂，江水会干涸等不可抗拒的自然现象劝慰死者。

安慰死者之歌·献肉汤

mu^{55} ʣʅ^{33} mi^{55} · ʦe^{55} ʦhe^{33} du^{33} du^{33}

佚名撰

抄本

1 册，36 页

左右双栏，版框 29 ×9. 5cm。瑞香荛花纸，保存完好。

搜集于云南省香格里拉。以历代祖先都相继去世，动植物也会死亡，石头会裂，江水会干涸等不可抗拒的自然现象劝慰死者。

说贫道富

si^{33} ʣʅ^{33} hɯ^{21} ʣʅ^{33} uɑ^{21}

佚名撰

抄本

1 册，34 页

左右双栏，版框 28 ×9cm。瑞香荛花纸，缺封底。

搜集于云南省香格里拉。讲述人间是贫穷、充满矛盾之地，而情死鬼域是富裕之地。让死者不要留恋人间到情死鬼生活的地方去。

说贫道富

si^{33} dʐʅ^{33} hɯ^{21} dʐʅ^{33} mi^{55} uɑ^{21}

佚名撰

抄本

1 册，26 页

左右双栏，版框 28 × 9cm。瑞香荛花纸，缺封底。

搜集于云南省香格里拉。讲述人间是贫穷、充满矛盾之地，而情死鬼域是富裕之地。让死者不要留恋人间到情死鬼生活的地方去。

说贫道富·结尾经

si^{33} dʐʅ^{33} hɯ^{21} dʐʅ^{33} mi^{55} · py^{21} mæ^{55} tər^{55}

佚名撰

抄本

1 册，44 页

左右双栏，版框 22 × 10.5cm。瑞香荛花纸，保存完好。

搜集于云南省香格里拉。讲述人间是贫穷、充满矛盾之地，而情死鬼域是富裕之地。让死者不要留恋人间到情死鬼生活的地方去。之后把鬼送走，把杀牺牲的责任推脱给鬼。

给情死者献冥马

iə^{21} gu^{21} tsæ^{55}

佚名撰

抄本

1 册，36 页

左右双栏，版框 28.5 × 9cm。瑞香荛花纸，缺封面。

搜集于云南省香格里拉。把冥马等献给各种鬼，请各种神杀鬼。把各种鬼送到各自的鬼域里并把鬼门关闭。

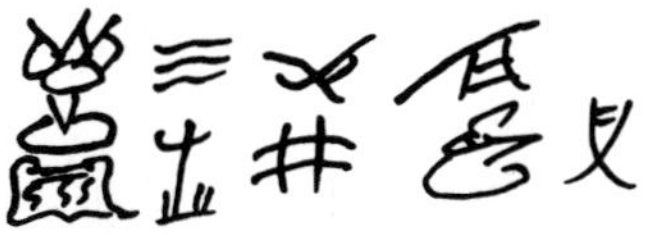

给情死者献冥马

iə^{21} gu^{21} ʂu^{55} uɑ^{21} me^{55}

佚名撰

抄本

1 册，28 页

左右双栏，版框 22.5 × 8cm。瑞香荛花纸，保存完好。

搜集于云南省香格里拉。把冥马等献给各种鬼，请各种神杀鬼。把各种鬼送到各自的鬼域里并把鬼门关闭。

俄依九兄弟的故事

o^{21} i^{33} gv^{55} dʑi^{33} uɑ^{21} me^{55}

阿景撰

抄本

1 册，32 页

左右双栏，版框 22 × 10cm。瑞香荛花纸，保存完好。

搜集于云南省香格里拉。俄依九兄弟和高勒趣四子在父母去世后不知丧葬规矩，卢神传授丧葬规矩，九兄弟和四子按规矩丧葬父母。

俄依九兄弟的故事

o^{21}i^{33}ɡv^{55}ʥi^{33}uɑ^{21}me^{55}

佚名撰

抄本

1 册，20 页

左右双栏，版框 28.5 ×9.5cm。瑞香荛花纸，保存完好。

搜集于云南省香格里拉。俄依九兄弟和高勒趣四子在父母去世后不知丧葬规矩，卢神传授丧葬规矩，九兄弟和四子按规矩丧葬父母。

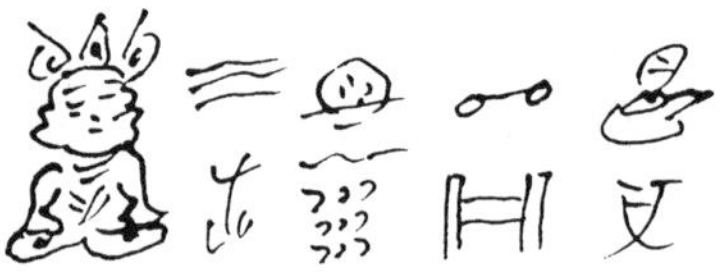

俄依九兄弟的故事

o^{21}i^{33}ɡv^{55}zɿ^{33}tʂər^{55}ʥo^{21}uɑ^{21}me^{55}

佚名撰

抄本

1 册，36 页

左右双栏，版框 27.5 ×10cm。瑞香荛花纸，保存完好。

搜集于云南省香格里拉。俄依九兄弟和高勒趣四子在父母去世后不知丧葬规矩，卢神传授丧葬规矩，九兄弟和四子按规矩丧葬父母。

俄依九兄弟的故事

o^{21}i^{33}ɡv^{55}zɿtʂər^{55}ʥo^{21}uɑ^{21}me^{55}

佚名撰

抄本

1 册，30 页

左右双栏，版框 28 ×9.5cm。瑞香荛花纸，缺封底。

搜集于云南省香格里拉。俄依九兄弟和高勒趣四子在父母去世后不知丧葬规矩，卢神传授丧葬规矩，九兄弟和四子按规矩丧葬父母。

招俄高勒之魂

o^{21}kɑ^{33}lɑ^{21}o^{21}ʂər^{55}

佚名撰

抄本

1 册，18 页

无边栏，版框 26 ×9.5cm。瑞香荛花纸，缺封底。

搜集于云南省香格里拉。俄高勒父子射杀了署的一头野猪，署把俄高勒的魂抓走。俄高勒的儿子赎回俄高勒，不料俄高勒半路失踪并死亡。于是俄高勒的儿子便为其父招魂。

招俄高勒之魂

o^{21}kɑ^{33}lɑ^{21}o^{21}ʂər^{55}

佚名撰

抄本

1 册，20 页

左右双栏，版框 29 ×9.5cm。瑞香荛花纸，保存完好。

搜集于云南省香格里拉。俄依九兄弟和高勒趣四子在父母去世后不知丧葬规矩，卢神传授丧葬规矩，九兄弟和四子按规矩丧葬父母。

鲁般鲁饶

lv^{33}bər^{33}lv^{33}zɑ^{21}

佚名撰

抄本

1册，38页

左右双栏，版框29×9cm。瑞香荛花纸，保存基本完好。

搜集于云南省香格里拉。讲述开美久命金姑娘和孜补余勒盘小伙儿相爱却不能在一起，于是双双情死。讲述了情死的起源。

鲁般鲁饶

lv^{33}bər^{33}lv^{33}zɑ^{21}

佚名撰

抄本

1册，30页

左右双栏，版框28×9.5cm。瑞香荛花纸，缺封底。

搜集于云南省香格里拉。讲述开美久命金姑娘和孜补余勒盘小伙儿相爱却不能在一起，于是双双情死。讲述了情死的起源。

鲁般鲁饶

lv^{33}bər^{33}lv^{33}zɑ^{21}uɑ^{21}me^{55}

佚名撰

抄本

1册，52页

左右双栏，版框29×9.5cm。瑞香荛花纸，保存完好。

搜集于云南省香格里拉。讲述开美久命金姑娘和孜补余勒盘小伙儿相爱却不能在一起，于是双双情死。讲述了情死的起源。

鲁般鲁饶（末本）

lv^{33}bər^{33}lv^{33}zɑ^{21}mæ^{55}tʂu^{55}

佚名撰

抄本

1册，28页

左右双栏，版框27.5×9cm。瑞香荛花纸，保存完好。

搜集于云南省香格里拉。讲述开美久命金姑娘和孜补余勒盘小伙儿相爱却不能在一起，于是双双情死。讲述了情死的起源。

鲁般鲁饶（末本）

lv^{33}bər^{33}lv^{33}zɑ^{21}mæ^{55}tʂu^{55}

佚名撰

抄本

1册，30页

左右双栏，版框27×8.5cm。瑞香荛花纸，保存完好。

搜集于云南省香格里拉。讲述开美久命金姑娘和孜补余勒盘小伙儿相爱却不能在一起，于是双双情死。讲述了情死的起源。

楚鬼和尤鬼的出处来历

tshɿ^{33}thv^{33}iə^{21}pɯ^{55}uɑ^{21}me^{55}

东武撰

抄本

1 册，40 页

左右双栏，版框 26 × 9cm。瑞香荛花纸，保存完好。

搜集于云南省香格里拉。讲述了楚鬼、尤鬼、壬鬼、毒鬼等的出处来历。

楚鬼和尤鬼的出处来历

tshɿ^{33}pɯ^{55}iə^{21}pɯ^{55}uɑ^{21}me^{55}

佚名撰

抄本

1 册，20 页

左右双栏，版框 28.5 × 9cm。瑞香荛花纸，保存基本完好。

搜集于云南省香格里拉。讲述了楚鬼、尤鬼、壬鬼、毒鬼等的出处来历。

退送毒鬼和仄鬼 · 关鬼门

dv^{21}tse^{21}pv^{55}khu^{33}tər^{55}uɑ^{21}me^{55}

佚名撰

抄本

1 册，22 页

左右双栏，版框 28.5 × 9cm。瑞香荛花纸，保存完好。

搜集于云南省香格里拉。向各个方位的毒鬼和仄鬼还债，把毒鬼和仄鬼送回它们的鬼域里并关上鬼门。

美利董主的故事

mɯ^{33}lɯ^{55}du^{21}dzɿ^{33}tʂər^{55}

佚名撰

抄本

1 册，12 页

左右双栏，版框 28 × 9cm。瑞香荛花纸，保存完好。

搜集于云南省香格里拉。讲述了美利董主家族中男女情死后请东巴做仪式，向楚鬼及各种鬼还债以求安宁。

美利董主时代祭楚鬼（头本）

mɯ^{33}lɯ^{55}du^{21}tʂhər^{55}tshɿ^{33}ŋv^{55}kv^{33}tʂu^{55}

佚名撰

抄本

1 册，24 页

左右双栏，版框 27.5 × 9cm。瑞香荛花纸，保存完好。

搜集于云南省香格里拉。美利董主时代，各种鬼不让他到草原上放牧，楚鬼引诱他到情死鬼域里。美利董主请东巴祭楚鬼，请各种神镇压鬼。

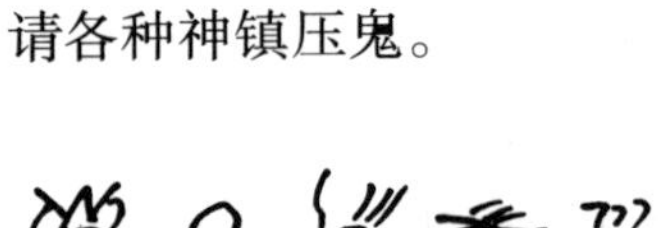

美利董主时代祭楚鬼（末本）

mɯ^{33}lɯ^{55}du^{21}tʂhər^{55}tshɿ^{33}ŋv^{55}mæ^{55}tʂu^{55}

佚名撰

抄本

1 册，24 页

左右双栏，版框 28 × 9cm。瑞香荛花纸，保存完好。

搜集于云南省香格里拉。美利董主家的太阳、月亮、星星被毒鬼偷去，他的魂也被毒鬼摄去。美利董主家的东巴做法仪，请神镇压鬼。

驱　鬼

dʐər^{33}tv^{55}khɑ^{33}ly^{21}uɑ^{21}me^{55}

佚名撰

抄本

1 册，34 页

左右双栏，版框 29 × 9.5cm。瑞香荛花纸，保存完好。

搜集于云南省香格里拉。东巴请神把各种鬼赶到它们的鬼域里，把鬼降下的灾难、病痛等人们不需要的统统抵挡在外，不让灾祸降落到人间。

给吊死者和情死者献冥马、指路

tshʅ^{21}gu^{21}iə^{21}gu^{21}tsæ^{55}ʐʅ^{33}me^{55}

佚名撰

抄本

1 册，20 页

左右双栏，版框 27 × 8cm。瑞香荛花纸，缺封面、封底。

搜集于云南省香格里拉。东巴向各方位的吊死者和情死者献冥马，让各种鬼骑上冥马回到各自的鬼域里去。

送大仄鬼和小仄鬼

tse^{21}dɯ^{21}tse^{21}tɕi^{55}pv^{55}uɑ^{21}me^{55}

佚名撰

抄本

1 册，50 页

左右双栏，版框 28 × 9cm。瑞香荛花纸，缺封底。

搜集于云南省香格里拉。仄鬼和毒鬼作祟于人间，东巴祭司向它们还债，用鸡放替身。

压呆鬼

tse^{21}dɯ^{21}tse^{21}tɕi^{55}pv^{55} · tər^{21}zər^{21}

佚名撰

抄本

1 册，56 页

左右双栏，版框 22 × 10.5cm。瑞香荛花纸，保存完好。

搜集于云南省香格里拉。东巴向仄鬼和毒鬼还债，用鸡放替身。向呆鬼还债，请神镇压呆鬼。妥构九兄弟和妥麻九兄弟分家的故事。

超度凶死者 · 施药

tʂhər^{33}khɯ^{55}

佚名撰

抄本

1 册，14 页

左右双栏，版框 20 ×9cm。瑞香荛花纸，保存基本完好。

搜集于云南省香格里拉。讲述美利董主和美利术主相互仇杀，有许多凶死者。美利董主请东巴为他们招魂、施药，把使人凶死的呆鬼压下去。

呆鬼骑鹿

tər^{21}tʂhuɑ^{55}tɕ^{55}

佚名撰

抄本

1 册，22 页

左右双栏，版框 21 ×5. 5cm。瑞香荛花纸，保存完好。

搜集于云南省香格里拉。尤拉丁端去打猪，结果打到一头呆鬼的鹿。于是尤拉丁端得病。他请东巴做法仪，用马鹿还债，把一切厄运和凶兆驮在马鹿上，让乌鸦领路，把厄运带到仇地去。

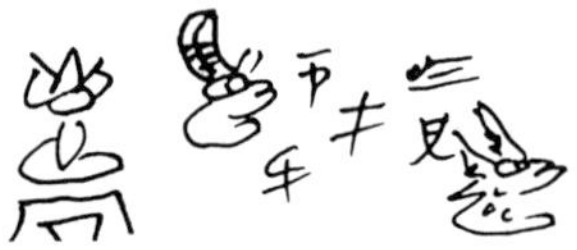

呆鬼骑鹿

tər^{21}tʂhuɑ^{55}tɕi^{55}

佚名撰

抄本

1 册，10 页

左右双栏，版框 28 ×9cm。瑞香荛花纸，保存基本完好。

搜集于云南省香格里拉。尤拉丁端去打猪，结果打到一头呆鬼的鹿。于是尤拉丁端得病。他请东巴做法仪，用马鹿还债，把一切厄运和凶兆驮在马鹿上，让乌鸦领路，把厄运带到仇地去。

向毒鬼还债

dv^{21}dʐu^{33}ʐuɑ^{21}

佚名撰

抄本

1 册，36 页

左右双栏，版框 27. 5 ×8. 5cm。瑞香荛花纸，封面、封底缺页。

搜集于云南省香格里拉。祭祀之家通过占卜得知毒鬼来讨债。于是请东巴向毒鬼还债，为主人家招魂。

送毒鬼和仄鬼

dv^{21}ne^{21}tse^{21}pv^{55}uɑ^{21}me^{55}

佚名撰

抄本

1 册，36 页

左右双栏，版框 28. 5 ×9cm。瑞香荛花纸，保存基本完好。

搜集于云南省香格里拉。祭祀之家通过占卜得知毒鬼和仄鬼在作祟，于是请东巴向毒鬼和仄鬼还债，用鸡放替身。讲述了鸡的出处来历，还讲述了祭风仪式的规程及治病的咒语。

把壬鬼和其他鬼分开

ze^{21}me^{33}phv^{33}tʂhʅ^{21}

佚名撰

抄本

1 册，24 页

左右双栏，版框 29 ×9cm。瑞香荛花纸，保存完好。

搜集于云南省香格里拉。东巴在祭祀中把各种鬼分开，不让它们纠缠在一起作祟于人。用鸡向壬鬼还债，讲述鸡的出处来历。

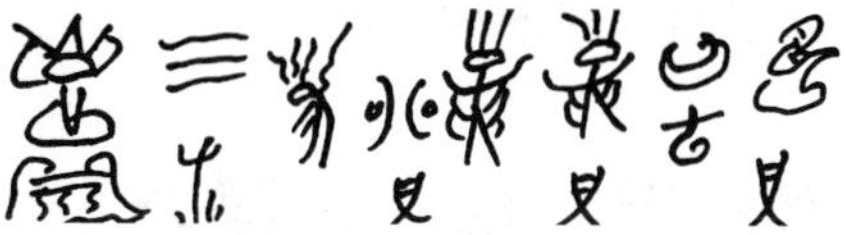

把壬鬼和其他鬼分开

ze^{21}me^{33}phv^{33}tʂhʅ^{21}

佚名撰

抄本

1 册，28 页

左右双栏，版框 21.5 ×10cm。瑞香荛花纸，保存完好。

搜集于云南省香格里拉。东巴在祭祀中把各种鬼分开，不让它们纠缠在一起作祟于人。用鸡向壬鬼还债，讲述鸡的出处来历。

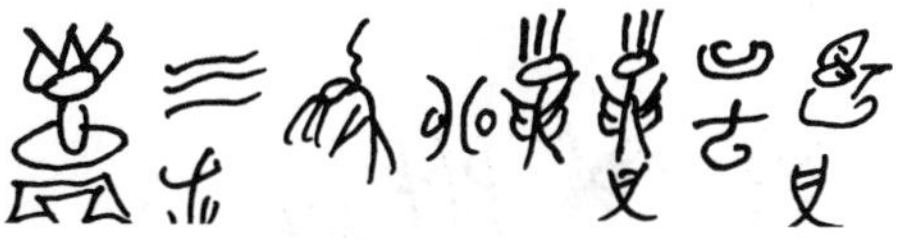

把壬鬼和其他鬼分开

ze^{21}me^{33}phv^{33}tʂhʅ^{21}uɑ^{21}me^{55}

佚名撰

抄本

1 册，24 页

左右双栏，版框 28.5 ×9cm。瑞香荛花纸，保存完好。

搜集于云南省香格里拉。东巴在祭祀中把各种鬼分开，不让它们纠缠在一起作祟于人。用鸡向壬鬼还债，讲述鸡的出处来历。

猛鬼和恩鬼的出处来历

mu^{33}thv^{33}mu^{33}pɯ^{55}

佚名撰

抄本

1 册，28 页

左右双栏，版框 29 ×9.5cm。瑞香荛花纸，保存完好。

搜集于云南省香格里拉。讲述了猛鬼和恩鬼的出处来历。东巴在给楚鬼等鬼施食时，猛鬼和恩鬼来抢食，于是东巴把各种鬼分开，把猛鬼和恩鬼杀死。

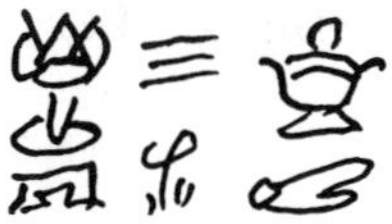

给鬼施食

hɑ^{33}ʂʅ^{21}

佚名撰

抄本

1 册，22 页

左右双栏，版框 29 ×9cm。瑞香荛花纸，封底缺页。

搜集于云南省丽江市。分别讲述各种鬼的出处来历。东巴给各种鬼施食，请它们回到各自的鬼域里，并关闭鬼门。

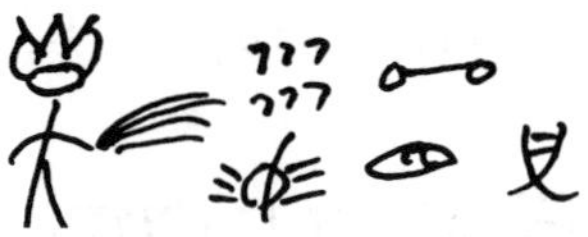

送鬼赶鬼

gv^{33}ʤe^{21}o^{33}thv^{55}

佚名撰

抄本

1 册，38 页

左右双栏，版框 21.5 ×10.5cm。瑞香荛花纸，保存完好。

搜集于云南省香格里拉。请各种神和东巴赶鬼，把鬼赶到各自的鬼域里去。

驱　鬼

thv^{55}dzo^{21}

佚名撰

抄本

1 册，52 页

左右双栏，版框 28.5 ×9cm。瑞香荛花纸，保存基本完好。

搜集于云南省香格里拉。由各种战神驱赶各种鬼，把危害人的厄运、疾病等一起赶走。

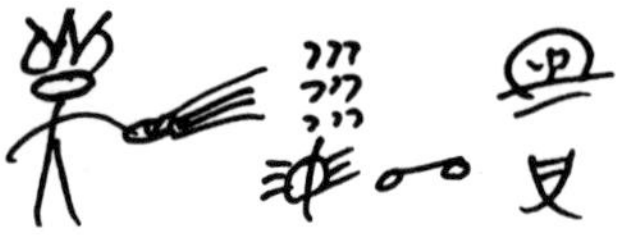

送鬼赶鬼

gv^{33}dze^{21}o^{33}thv^{55}uɑ^{21}me^{55}

佚名撰

抄本

1 册，30 页

左右双栏，版框 28.5 ×9.5cm。瑞香荛花纸，封底缺页。

搜集于云南省香格里拉。请各种神和东巴赶鬼，把鬼赶到各自的鬼域里去。

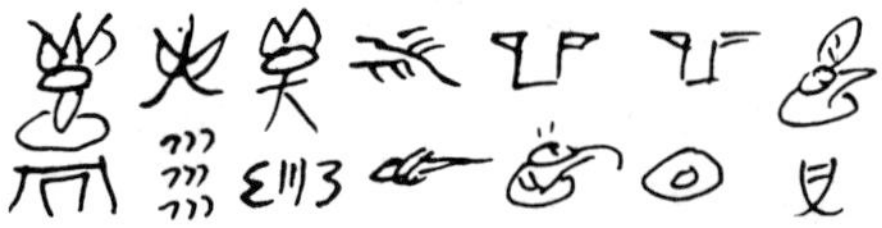

送九个呆鬼和仄鬼 · 妥构九兄弟和妥麻九兄弟争斗

tər^{21} tse^{21} gv^{33} kv^{55} pv^{55} thv^{33} kə^{55} thv^{33} mɑ^{21} æ^{21}

佚名撰

抄本

1 册，36 页

左右双栏，版框 28.5 ×9cm。瑞香荛花纸，保存完好。

搜集于云南省香格里拉。讲述九个呆鬼和仄鬼的出处来历，请东巴向九个呆鬼和仄鬼还债。讲述妥构九兄弟和妥麻九兄弟为分家而争斗的故事。

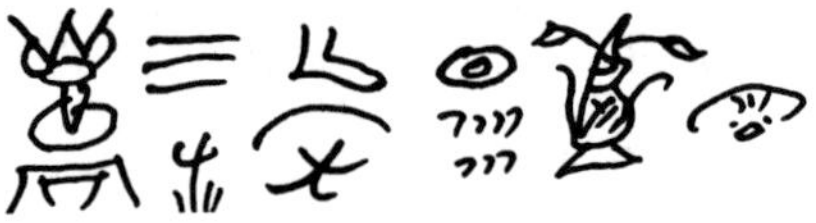

压呆鬼 · 用麻登面偶赶鬼

tər^{21}zər^{21}mɑ^{21}te^{33}to^{33}mɑ^{33}no^{55}

佚名撰

抄本

1 册，18 页

左右双栏，版框 27.5 ×8.5cm。瑞香荛花纸，封面缺页。

搜集于云南省香格里拉。描写了麻登面偶的威武形态。东巴用麻登面偶驱鬼禳灾除病。

给丹施食 · 把丹从鬼中分开

dæ^{21}kho^{33}uɑ^{21}me^{55}

佚名撰

抄本

1 册，16 页

左右双栏，版框 29 ×9cm。瑞香荛花纸，保存完好。

搜集于云南省香格里拉。讲述丹的出处。把丹从鬼中分出来，让丹把鬼押送到鬼域里去。

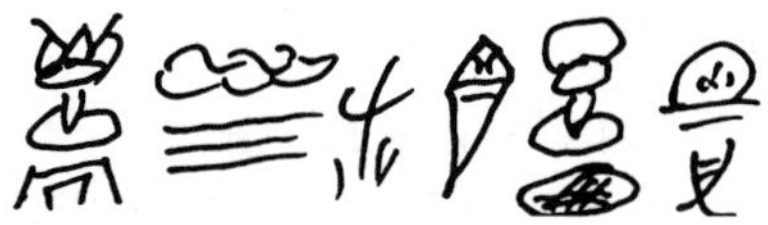

木牌画画谱

khuɑ^{55}bæ^{21}du^{33}mu^{21}

佚名撰

抄本

1 册，22 页

左右双栏，版框 29 ×10cm。瑞香荛花纸，保存完好。

搜集于云南省香格里拉。记录了祭风仪式中的木牌画画谱。东巴在木牌上画各种鬼的形象插在祭祀场地上，表示此鬼已到祭祀场。

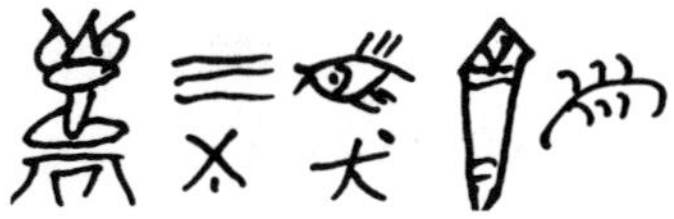

木牌画画谱

khuɑ^{55}pɯ^{33}

东昌撰

抄本

1 册，48 页

无边栏，版框 29 ×9cm。瑞香荛花纸，保存完好。

搜集于云南省香格里拉。记录了祭风仪式中的木牌画画谱。东巴在木牌上画各种鬼的形象插在祭祀场地上，表示此鬼已到祭祀场。

祭呆鬼仪式（S）

仪式规程

du^{33}mu^{21}

佚名撰

抄本

1 册，10 页

左右双栏，版框 28 ×9.5cm。瑞香荛花纸，保存完好。

搜集于云南省维西县。记录了举行祭呆鬼仪式的规程及所诵经书的顺序。

仪式规程·用牛放替身

du^{33}mu^{21}·ɯ^{33}nɯ^{33}ko^{21}kæ^{33}khɯ^{55}

佚名撰

抄本

1 册，14 页

左右双栏，版框 28 ×9cm。瑞香荛花纸，保存完好。

搜集于云南省丽江市。记录了祭呆鬼仪式的规程及诵读经书的顺序、场地的布置、木牌画画谱。

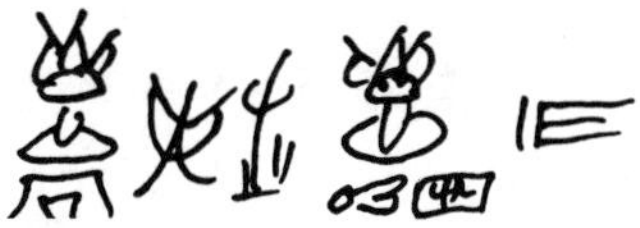

迎请什罗

ʂər^{55}lo^{33}sɑ^{55}

佚名撰

抄本

1 册，36 页

左右双栏，版框 25.5 ×8cm。瑞香荛花纸，封面、封底缺页。

搜集于云南省维西县。各种鬼在大地上横行，人类不得安宁，于是派使者请东巴什罗到人间杀鬼。还讲述了各种法器的出处来历。

迎请朗久敬久战神

lər^{21} dʑiə^{33} tɕi^{55} dʑiə^{33} sɑ^{55}

佚名撰

抄本

1 册，28 页

左右双栏，版框 27.5 × 10cm。瑞香荛花纸，保存完好。

搜集于云南省维西县。美利董主之子杀死美利术主之子而产生呆鬼，呆鬼作祟于美利董主之家。于是派人到天上请来朗久敬久战神杀呆鬼。

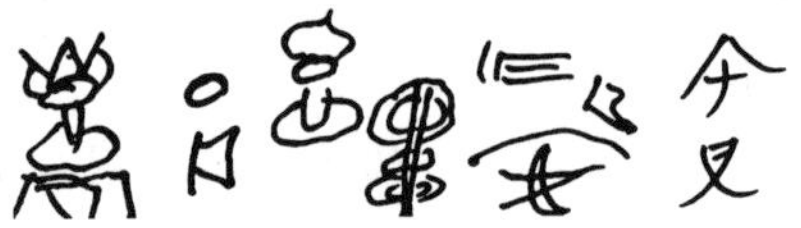

迎请恒依庚空战神

he^{21} i^{33} kɯ^{21} khu^{55} sɑ^{55}

佚名撰

抄本

1 册，26 页

左右双栏，版框 25.5 × 9.5cm。瑞香荛花纸，保存完好。

搜集于云南省维西县。先讲述了生九头十八支手的恒依庚空战神的出处。因大地上都被呆鬼占满，人们就派使者到天上请来恒依庚空战神来消灭呆鬼。

迎请端格战神

tuɑ^{33} kə^{21} sɑ^{55}

佚名撰

抄本

1 册，14 页

左右双栏，版框 27 × 9.5cm。瑞香荛花纸，保存完好。

搜集于云南省维西县。讲述了无所不见、无所不能的端格战神的出处来历。

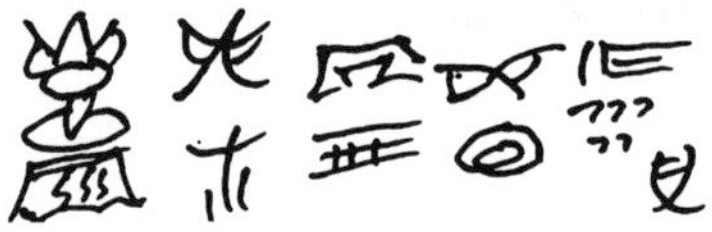

请所有的优麻战神

gə^{33} dər^{33} iə^{33} mɑ^{21} sɑ^{55} uɑ^{21} me^{55}

佚名撰

抄本

1 册，34 页

左右双栏，版框 28 × 10cm。瑞香荛花纸，保存完好。

搜集于云南省维西县。讲述了优麻战神的出处来历。请生爪、生翅、生斑纹的三百六十尊优麻战神杀各种呆鬼。

为祖先招魂 · 吊狗压呆鬼

y^{21} o^{21} ʂər^{55} · khɯ^{33} tʂhʅ^{33} tər^{21} zər^{21}

佚名撰

抄本

1 册，28 页

左右双栏，版框 28 × 10cm。瑞香荛花纸，保存完好。

搜集于云南省维西县。做仪式就要请祖先来享祭，东巴在请祖先的同时也为他们招魂。还讲述了自高勒趣时代就以吊狗压呆鬼，让狗把祖先领回去，用狗关闭呆鬼之门。

向胜利神献牲

gɑ^{33}lɑ^{21}nɯ^{21}mu^{33}khɯ^{51}

东昌撰

抄本

1 册，18 页

左右双栏，版框 28.5 × 9cm。瑞香荛花纸，保存完好。

搜集于云南省丽江市。在请神降临之后要献白绵羊，讲述了白绵羊的出处来历。白绵羊做梦，女神为它解梦，愿献牲后人类能吉祥如意。

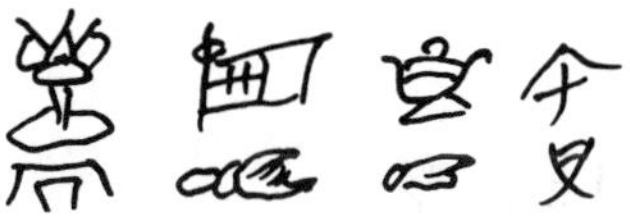

向胜利神献饭

gɑ^{33}lɑ^{21}hɑ^{33}ʂɿ^{21}mu^{33}me^{55}

东迪撰

抄本

1 册，32 页

左右双栏，版框 28 × 8.5cm。瑞香荛花纸，保存完好。

搜集于云南省丽江市。除秽后向胜利神献饭。讲述请优麻战神降临宰杀牺牲，向各种神和祖先献牺牲。讲用神兽之胆做药，施与众神，神得以长寿。

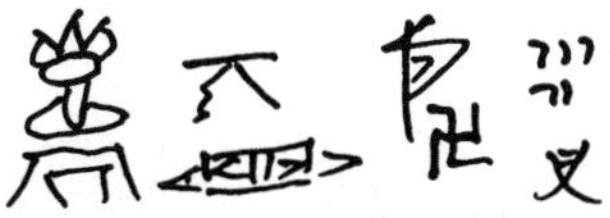

求赐威灵

dʐər^{21}tsæ^{55}the^{33}ɯ^{33}uɑ^{21}me^{55}

佚名撰

抄本

1 册，30 页

左右双栏，版框 27.5 × 10cm。瑞香荛花纸，保存完好。

搜集于云南省维西县。东巴祈求各种神灵及历代东巴之威灵赐予现在的东巴，使东巴具有压鬼杀鬼、祈求赐福之能力。

求赐威灵

dʐər^{21}tsæ^{55}ly^{55}tʂ^{55}

佚名撰

抄本

1 册，32 页

左右双栏，版框 28.5 × 10.5cm。瑞香荛花纸，保存完好。

搜集于云南省维西县。东巴祈求各种神灵及历代东巴之威灵赐予现在的东巴，使东巴具有压鬼杀鬼、祈求赐福之能力。

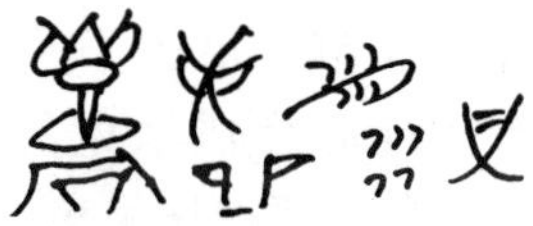

呆鬼的出处来历

tər^{21}thv^{33}tər^{21}pɯ^{55}uɑ^{21}me^{55}

佚名撰

抄本

1 册，22 页

左右双栏，版框 28 × 9cm。瑞香荛花纸，保存完好。

搜集于云南省维西县。讲述了呆鬼的出处来历。因各种非正常原因而凶死者亦变成了呆鬼。

请呆鬼·为活者和祖先招魂

tər^{21}khv^{21} · tər^{21}kɑ^{33}thv^{55}uɑ^{21}me^{55}

佚名撰

抄本

1 册，18 页

左右双栏，版框 29 ×9.5cm。瑞香荛花纸，保存完好。

搜集于云南省维西县。请各种呆鬼来到祭祀场地，东巴为它们施食。还讲述了东巴为活者和祖先招魂。

呆鬼的出处来历

khɯ^{55} ʥo^{21} uɑ^{21} me^{55}

佚名撰

抄本

1 册，22 页

左右双栏，版框 28 ×9cm。瑞香荛花纸，保存完好。

搜集于云南省丽江市。讲述了呆鬼的出处来历，各地有凶死后变成呆鬼的。呆鬼在祭祀之家作祟，东巴请神压呆鬼。

捉拿呆鬼

tər^{21} y^{21} the^{33} ɯ^{33} uɑ^{21} me^{55}

佚名撰

抄本

1 册，14 页

左右双栏，版框 29 ×9.5cm。瑞香荛花纸，保存完好。

搜集于云南省维西县。请各种神捉拿各种各样的呆鬼并把它们杀死。

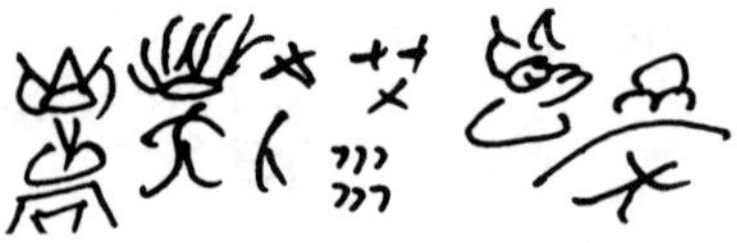

吊狗压呆鬼·迎请本丹战神

khɯ^{33} tʂhʅ^{33} tər^{21} zər^{21} · be^{21} dæ^{33} kɑ^{33} tɕhi^{33}

佚名撰

抄本

1 册，16 页

左右双栏，版框 27.5 ×7.5cm。瑞香荛花纸，保存完好。

搜集于云南省香格里拉。讲述了吊狗压呆鬼的来历和狗的出处。美利董主时代呆鬼到处作祟，于是东巴请来三百六十个本丹战神压呆鬼。

压呆鬼

tər^{21} zər^{21} uɑ^{21} me^{55}

佚名撰

抄本

1 册，12 页

左右双栏，版框 28.5 ×9cm。瑞香荛花纸，缺封底。

搜集于云南省维西县。祖先崇忍利恩通过占卜知道要压呆鬼。请东巴压了呆鬼后得三个儿子。后人遵古规请东巴镇压呆鬼，子孙便兴旺。

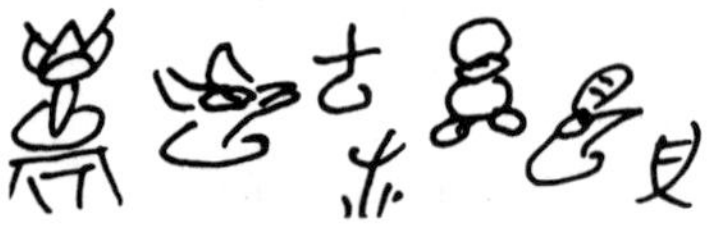

吊狗压呆鬼的仪式规程

khɯ^{33} tʂhʅ^{33} tər^{21} zər^{21} du^{33} mu^{21}

佚名撰

抄本

1 册，10 页

无边栏，版框 27.5 ×10.5cm。瑞香荛花纸，保存完好。

搜集于云南省香格里拉。记录了吊狗压呆鬼的仪式规程及诵经顺序。

吊狗压呆鬼

khɯ^{33} tʂhʅ^{33} tər^{21} zər^{21}

佚名撰

抄本

1 册，30 页

左右双栏，版框 28.5 ×9cm。瑞香荛花纸，缺封底。

搜集于云南省丽江市。请各种神降临下来压各种呆鬼，最后把狗吊起来压呆鬼。把历代凶死后变成的呆鬼都压下去。

驮秽马鹿之出处

tʂhə^{55} tɕi^{55} tʂhuɑ^{55} nɑ^{21} thv^{33}

佚名撰

抄本

1 册，12 页

左右双栏，版框 29 ×10cm。瑞香荛花纸，多页残缺。

搜集于云南省香格里拉。讲述各种神都染了秽。东巴用九十种木材火把除秽，把火把驮在马鹿上，让马鹿把秽带走。

送呆鬼咒语

tər^{21} huɑ^{55} ly^{33}

佚名撰

抄本

1 册，18 页

左右双栏，版框 27.5 ×9.5cm。瑞香荛花纸，保存基本完好。

搜集于云南省香格里拉。为送呆鬼和压呆鬼的咒语，语义不明。

消灾仪式（T）

陈述仪式过程及目的

ɕy^{33} be^{33} ku^{33} ʂə^{55}

佚名撰

抄本

1 册，60 页

左右双栏，版框 27 ×10cm。瑞香荛花纸，缺封底。

搜集于云南省香格里拉。陈述了举行此仪式的原因、仪式之目的及整个仪式过程。

仪式规程

du^{33} mu^{21} uɑ^{21} me^{55}

东涛撰

抄本

1 册，16 页

左右双栏，版框 24 ×9.5cm。瑞香荛花纸，保存完好。

搜集于云南省香格里拉。消灾仪式有大小两种，此书记录了消灾小仪式的规程及诵读经书的顺序。

仪式规程

$du^{33}mu^{21}ua^{21}me^{33}mu^{33}$

东若的儿子撰

抄本

1 册，16 页

左右双栏，版框 27.5 ×9cm。瑞香荛花纸，保存完好。

搜集于云南省丽江市。记录了消灾仪式所需之物、仪式程序及诵读经书之顺序。

仪式规程

$du^{33}mu^{21}ua^{21}me^{55}$

纽恒撰

抄本

1 册，16 页

左右双栏，版框 28.5 ×9.5cm。瑞香荛花纸，保存完好。

搜集于云南省香格里拉。消灾仪式有大小两种，此书记录了消灾小仪式的规程及诵读经书的顺序。

开坛经

$py^{21}ly^{33}khu^{33}$

佚名撰

抄本

1 册，20 页

左右双栏，版框 25.5 ×9cm。瑞香荛花纸，保存完好。

搜集于云南省香格里拉。祭祀之家未曾做违反规矩或伤害他人之事，但仇家会放来垛鬼和锋鬼。为防患于未然而请东巴举行仪式。

开坛经（头本）

$py^{21}ly^{33}khu^{33}kv^{33}tʂu^{55}$

佚名撰

抄本

1 册，40 页

无边栏，版框 27 ×8.5cm。瑞香荛花纸，保存完好。

搜集于云南省丽江市。祭祀之家未曾做违反规矩或伤害他人之事，但仇家会放来垛鬼和锋鬼。讲述争斗的由来、灾祸的起因。

开坛经

$py^{21}ly^{33}khu^{33}ua^{21}me^{55}$

佚名撰

抄本

1 册，16 页

左右双栏，版框 28 ×9.5cm。瑞香荛花纸，保存完好。

搜集于云南省维西县。祭祀之家未曾做违反规矩或伤害他人之事，但仇家会放来垛鬼和锋鬼。为防患于未然而请东巴举行仪式。

开坛经（末本）·鬼的出处来历

py^{21}ly^{33}khu^{33}mæ^{55}tʂu^{55} ·khɯ^{55}dʑo^{21}

佚名撰

抄本

1册，24页

左右双栏，版框28×8.5cm。瑞香荛花纸，保存完好。

搜集于云南省丽江市。人有厄年厄月。用各种占卜法会占出凶兆。各方的仇人会放来垛鬼和锋鬼。还讲述了各种鬼的出处来历。

开坛经（末本）

py^{21}ly^{33}khu^{33}mæ^{55}tʂu^{55}

佚名撰

抄本

1册，32页

左右双栏，版框28×8cm。瑞香荛花纸，保存完好。

搜集于云南省香格里拉。人有厄年厄月。用各种占卜法会占出凶兆。各方的仇人会放来垛鬼和锋鬼。还讲述了各种鬼的出处来历。

开坛经

py^{21}ly^{33}khu^{33}

佚名撰

抄本

1册，44页

左右双栏，版框28×8cm。瑞香荛花纸，保存完好。

搜集于云南省香格里拉。祭祀之家未曾做违反规矩之事，不曾伤害他人，不曾与锋鬼和垛鬼有联系。但各种仇人会放来各种鬼，用占卜可占出凶兆。之后讲述了各种鬼的来历。

设神坛献神粮

ʐʅ^{21}tɯ^{21}khɑ^{55}o^{55}

佚名撰

抄本

1册，62页

左右双栏，版框25×9.5cm。瑞香荛花纸，缺封底。

搜集于云南省香格里拉。东巴要请各种神来镇压鬼，还要请各种鬼到祭祀场以便向它们还债，于是便准备各种财物和牺牲。神降临到神坛上东巴就供养神。

设神坛撒神粮

ʐv^{33}tɯ^{33}khu^{33}kuɑ^{55}o^{55}uɑ^{21}me^{55}

佚名撰

抄本

1册，20页

左右双栏，版框28×9.5cm。瑞香荛花纸，保存完好。

搜集于云南省维西县。东巴设神坛，

请各种神降临下来，向神献神粮供养神。

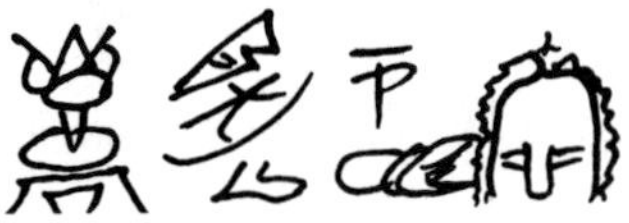

搭神的毡房

phv^{33} lɑ^{21} kv^{55} dʑi^{21} thv^{21}

佚名撰

抄本

1 册，26 页

左右双栏，版框 28 × 8cm。瑞香荛花纸，缺封底。

搜集于云南省香格里拉。历代祖先都请东巴迎请各种神灵。东巴为神搭建居住的毡房，神庇佑祭祀之家。

迎请大神为神搭毡房

kv^{55} dʑi^{21} thv^{21} phv^{33} lɑ^{21} dɯ^{21} sɑ^{55} uɑ^{21} me^{55}

佚名撰

抄本

1 册，18 页

左右双栏，版框 26 × 9cm。瑞香荛花纸，保存基本完好。

搜集于云南省香格里拉。祭祀之家请东巴请各种神灵。东巴为神灵搭建毡房。神灵庇佑祭祀之家。

搭神的毡房

phv^{33} lɑ^{21} kv^{55} dʑi^{21} thv^{21} uɑ^{21} me^{55}

佚名撰

抄本

1 册，24 页

左右双栏，版框 25.5 × 9cm。瑞香荛花纸，保存基本完好。

搜集于云南省香格里拉。历代祖先都请东巴迎请各种神灵。东巴为神搭建居住的毡房，神庇佑祭祀之家。

bər^{21} tɕhy^{33} si^{21} so^{33} tʂhu^{55} pɑ^{33} be^{33}

供养青龙、大鹏鸟、狮子三尊战神

佚名撰

抄本

1 册，20 页

左右双栏，版框 28 × 9cm。瑞香荛花纸，保存基本完好。

搜集于云南省香格里拉。讲述青龙、大鹏鸟、狮子三尊战神的出处来历，它们无所畏惧，长生不老。人们请这些战神镇压各种鬼。

点神灯

bæ^{33} mi^{33} tʂʅ^{55}

佚名撰

抄本

1 册，34 页

左右双栏，版框 25 × 10cm。瑞香荛花纸，保存基本完好。

搜集于云南省香格里拉。祭祀之家在没有灾难、没有鬼来作祟之前设神坛，在神坛下方设鬼寨。请神降临下来，在各位神前点神灯以供养神。

供养青龙、大鹏鸟、狮子三尊战神

bər^{21} tɕhy^{33} si^{21} so^{33} tʂhu^{55} pɑ^{33} be^{33}

佚名撰

抄本

1 册，20 页

左右双栏，版框 28 × 9cm。瑞香荛花纸，保存基本完好。

搜集于云南省香格里拉。讲述青龙、大鹏鸟、狮子三尊战神的出处来历，它们无所畏惧，长生不老。人们请这些战神镇压各种鬼。

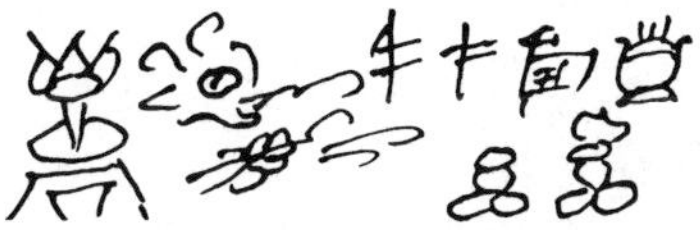

供养战神给战神点药

tʂhu^{55} pɑ^{33} be^{33} tʂhər^{33} khɯ^{55}

佚名撰

抄本

1 册，34 页

无边栏，版框 26 × 10cm。瑞香荛花纸，保存基本完好。

搜集于云南省香格里拉。东巴请来各种神杀各种鬼，并供养神，为它们除秽、点药，之后把神送到神界里。

卢神起驾

du^{21} tɯ^{33} uɑ^{21} me^{55}

佚名撰

抄本

1 册，24 页

左右双栏，版框 23. 5 × 9cm。瑞香荛花纸，保存基本完好。

搜集于云南省香格里拉。祭祀之家请东巴来主持祭祀，东巴立即赶来，从神路、日月星辰的吉祥之路来。一切规矩由卢神制定，请卢神和东巴一起压鬼。

卢神起驾

du^{21} tɯ^{33} uɑ^{21} me^{55}

佚名撰

抄本

1 册，26 页

左右双栏，版框 24 × 9. 5cm。瑞香荛花纸，保存完好。

搜集于云南省香格里拉。祭祀之家请东巴来主持祭祀，东巴立即赶来，从神路、日月星辰的吉祥之路来。一切规矩由卢神制定，请卢神和东巴一起压鬼。

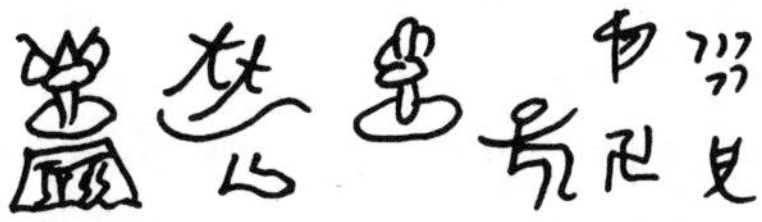

卢神起驾

du^{21} tɯ^{33} the^{33} ɯ^{33} uɑ^{21} me^{55}

佚名撰

抄本

1 册，30 页

左右双栏，版框 27. 5 × 10cm。瑞香荛花纸，保存完好。

搜集于云南省维西县。祭祀之家请东巴来主持祭祀，东巴立即赶来，从神路、日月星辰的吉祥之路来。一切规矩由卢神制定，请卢神和东巴一起压鬼。

迎请五方东巴、五方战神、女神、刹道

phv^{33}lɑ^{21}ɕy^{33}ʐər^{33}sɑ^{55}the^{33}ɯ^{33}uɑ^{21}me^{55}

佚名撰

抄本

1 册，24 页

左右双栏，版框 27.5 ×10cm。瑞香荛花纸，保存完好。

搜集于云南省维西县。迎请五方战神、五方东巴、女神、刹道。烧天香供养它们，给它们点药，向它们求寿岁、求富强、求子嗣。

迎请刹依威德大神

sɑ^{21}i^{33}uə^{33}de^{33}sɑ^{55}mu^{33}me^{55}

佚名撰

抄本

1 册，24 页

左右双栏，版框 27.5 ×8.5cm。瑞香荛花纸，缺封底。

搜集于云南省丽江市。讲述了刹依威德大神的出处来历。刹依威德变化产生各种战神。美利董主家的东巴请来各种战神杀死美利术主家的各种鬼。

迎请刹依威德大神

sɑ^{21}i^{33}uə^{33}de^{33}sɑ^{55}the^{33}ɯ^{33}uɑ^{21}mu^{21}me^{55}

佚名撰

抄本

1 册，30 页

左右双栏，版框 27 ×9cm。瑞香荛花纸，保存完好。

搜集于云南省丽江市。讲述了刹依威德大神的出处来历。刹依威德变化产生各种战神。美利董主家的东巴请来各种战神杀死美利术主家的各种鬼。

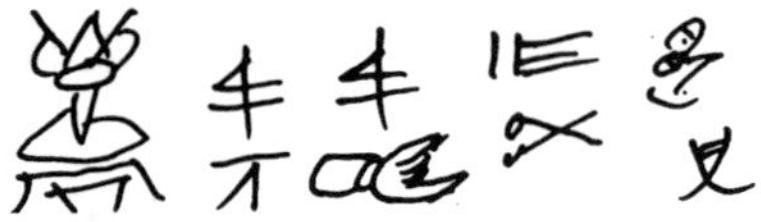

迎请神灵

phər^{21}sæ^{21}phv^{33}lɑ^{21}sɑ^{55}uɑ^{21}me^{55}

佚名撰

抄本

1 册，20 页

左右双栏，版框 29.5 ×9.5cm。瑞香荛花纸，保存完好。

搜集于云南省香格里拉。祭祀之家不敌鬼就请神帮忙。各种神带领千千万万的神兵把各种鬼杀死。之后把各种神送回到神界去。

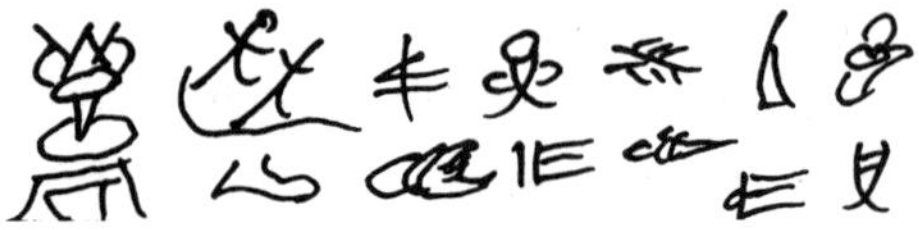

请大神 · 迎请启

phv^{33}lɑ^{21}dɯ^{21}sɑ^{55} · tɕhi^{21}sɑ^{55}

东丹撰

抄本

1 册，24 页

左右双栏，版框 25 ×8.5cm。瑞香荛花纸，保存完好。

搜集于云南省香格里拉。请各种大神降临下来庇佑祭祀之家及东巴，杀死三百六十种鬼。还讲述了十八个启的出处来历。启专门杀鬼不杀神，不让鬼跳到神界来。

迎请十八个启神

tɕhi^{21} dæ^{21} sɑ^{55} uɑ^{21} me^{55}

佚名撰

抄本

1 册，26 页

左右双栏，版框 25×10cm。瑞香荛花纸，保存完好。

搜集于云南省香格里拉。请各种大神降临下来庇佑祭祀之家及东巴，杀死三百六十种鬼。还讲述了十八个启的出处来历。启专门杀鬼不杀神，不让鬼跳到神界来。

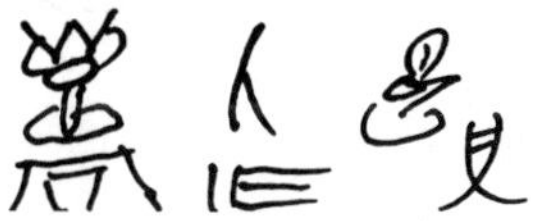

迎请十八个启神

tɕhi^{21} dæ^{21} sɑ^{55} uɑ^{21} me^{55}

佚名撰

抄本

1 册，10 页

无边栏，版框 27×8.5cm。瑞香荛花纸，保存基本完好。

搜集于云南省香格里拉。请各种大神降临下来庇佑祭祀之家及东巴，杀死三百六十种鬼。还讲述了十八个启的出处来历。启专门杀鬼不杀神，不让鬼跳到神界来。

迎请十八个启神

tɕhi^{21} dæ^{21} tshe^{21} ho^{55} ly^{33} sɑ^{55}

佚名撰

抄本

1 册，10 页

无边栏，版框 27.5×9cm。瑞香荛花纸，保存基本完好。

搜集于云南省香格里拉。请各种大神降临下来庇佑祭祀之家及东巴，杀死三百六十种鬼。还讲述了十八个启的出处来历。启专门杀鬼不杀神，不让鬼跳到神界来。

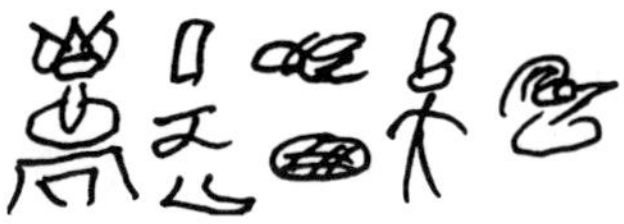

拉姆女神念咒压鬼

lɑ^{33} mu^{33} huɑ^{55} ly^{33} tʂhu^{33}

佚名撰

抄本

1 册，14 页

左右双栏，版框 27×7.5cm。瑞香荛花纸，缺封底。

搜集于云南省香格里拉。讲述了十三位依瑞拉姆女神的出处。东巴请十三位依瑞拉姆女神降临下来并供养。十三位女神口念咒语压鬼并庇佑人们。

迎请朗久敬久大战神

lər^{21} dʑiə^{33} dɯ^{21} sɑ^{55} uɑ^{21} me^{55}

佚名撰

抄本

1 册，48 页

左右双栏，版框 28×10cm。瑞香荛花纸，保存完好。

搜集于云南省维西县。呆鬼和佬鬼在人间横行，人们不得安宁，于是人们便派使者到天上请朗久敬久大战神。朗久敬久从天上到日、月、星界一路杀鬼，到人间念咒语把呆鬼和佬鬼压下去。

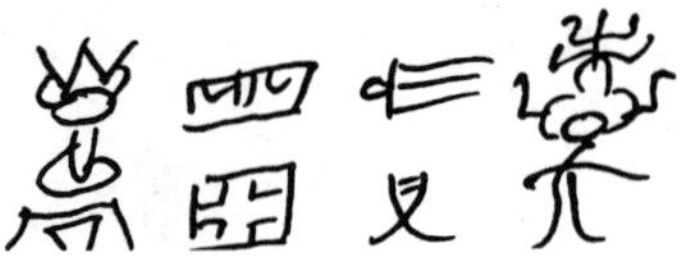

迎请朗久敬久战神

lo^{21} dʑiə^{33} sɑ^{55} me^{55}

佚名撰

抄本

1 册，12 页

无边栏，版框 25.5 × 8cm。瑞香荛花纸，保存基本完好。

搜集于云南省香格里拉。朗久敬久战神带领各种战神及神兵从天上降临下来杀鬼。

迎请朗久敬久战神

lo^{21} dʑiə^{33} sɑ^{55} me^{55}

佚名撰

抄本

1 册，16 页

无边栏，版框 24.5 × 10cm。瑞香荛花纸，保存基本完好。

搜集于云南省香格里拉。朗久敬久战神带领各种战神及神兵从天上降临下来杀鬼。

迎请朗久敬久战神

lo^{21} dʑiə^{33} tɕi^{55} dʑiə^{33} sɑ^{55}

佚名撰

抄本

1 册，14 页

无边栏，版框 25 × 8.5cm。瑞香荛花纸，缺封底。

搜集于云南省香格里拉。朗久敬久战神带领各种战神及神兵从天上降临下来杀鬼。

迎请莫毕精如战神

mə^{33} py^{21} dzi^{33} zɿ^{21} sɑ^{55}

佚名撰

抄本

1 册，24 页

左右双栏，版框 27 × 9.5cm。瑞香荛花纸，保存完好。

搜集于云南省维西县。人间被呆鬼占满，人们请来莫毕精如战神压呆鬼。在各种战神的帮助下镇压了呆鬼。东巴又把莫毕精如送回神界。

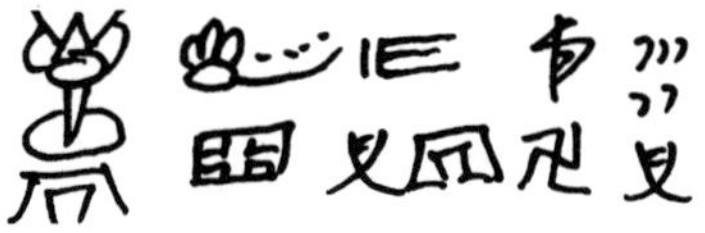

迎请朗久敬久大战神

lər^{21} dʑiə^{33} sɑ^{55} me^{33} ɡə^{33} the^{33} ɯ^{33} uɑ^{21} me^{55}

佚名撰

抄本

1 册，46 页

左右双栏，版框 28 × 9cm。瑞香荛花纸，保存完好。

搜集于云南省维西县。呆鬼和佬鬼在人间横行，人们不得安宁，于是人们便派使者到天上请朗久敬久大战神。朗久敬久从天上到日、月、星界一路杀鬼，到人间念咒语把呆鬼和佬鬼压下去。

迎请罗巴涛格战神

lo^{21}pɑ^{33}thɑ^{33}kə^{55}sɑ^{55}

佚名撰

抄本

1 册，26 页

左右双栏，版框 24.5 ×9.5cm。瑞香荛花纸，保存完好。

搜集于云南省维西县。呆鬼横行人间，人们无立足之地。于是人们便派使者到天上请来罗巴涛格战神。罗巴涛格带领各种战神消灭了人间的呆鬼。

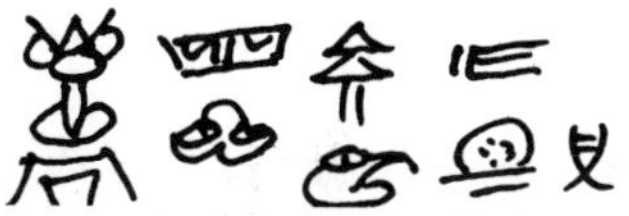

迎请罗巴涛格战神

lo^{21}pɑ^{33}thɑ^{33}kə^{55}sɑ^{55}uɑ^{21}me^{55}

抄本

1 册，20 页

左右双栏，版框 28 ×10cm。瑞香荛花纸，保存完好。

搜集于云南省维西县。呆鬼横行人间，人们无立足之地。于是人们便派使者到天上请来罗巴涛格战神。罗巴涛格带领各种战神消灭了人间的呆鬼。

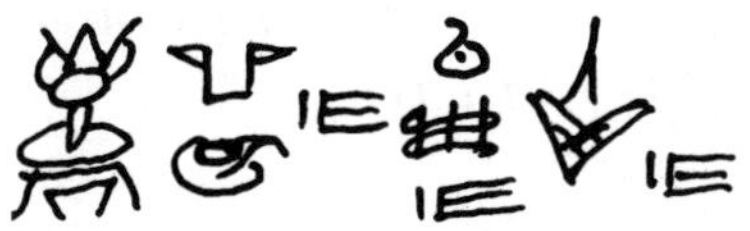

thv^{33} kə^{55} sɑ^{55} · kɯ^{21} kho^{55} sɑ^{55} · tɕhi^{21} dæ^{21}sɑ^{55}

迎请妥格神、庚空神、启神

久高恒撰

抄本

1 册，20 页

左右双栏，版框 24.5 ×9cm。瑞香荛花纸，保存基本完好。

搜集于云南省香格里拉。分别讲述了九个妥格神、长九头六臂的庚空神、十八个启神的出处来历。东巴分别请这三种神供养，请这些神杀各种鬼。

迎请依瑞神

phv^{33}lɑ^{21}i^{33}do^{33}sɑ^{55}uɑ^{21}me^{55}

佚名撰

抄本

1 册，16 页

左右双栏，版框 29.5 ×9.5cm。瑞香荛花纸，保存完好。

搜集于云南省维西县。全为咒语，语义不明。

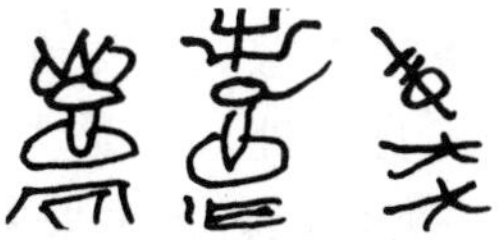

请本丹战神杀呆鬼

be^{21}dæ^{21}sɑ^{55}tər^{21}sy^{55}

佚名撰

抄本

1 册，36 页

左右双栏，版框 28 ×8.5cm。瑞香荛花纸，保存完好。

搜集于云南省丽江市。请各种战神杀各种鬼。请三百六十个本丹战神杀呆鬼。

送本丹战神

be^{21}dæ^{21}gə^{21}sɿ^{33}gə^{21}le^{33}pv^{55}

佚名撰

抄本

1 册，20 页

左右双栏，版框 27.5 ×9cm。瑞香荛花纸，保存完好。

搜集于云南省丽江市。本丹战神和各种战神到鬼域里杀鬼，把逗留在鬼域的神领出来送到神地去。

迎请塔尤塔巴神

thɑ^{55}iə^{21}thɑ^{33}bɑ^{33}sɑ^{55}uɑ^{21}me^{55}

佚名撰

抄本

1 册，30 页

左右双栏，版框 24.5 ×9.5cm。瑞香荛花纸，保存完好。

搜集于云南省香格里拉。呆鬼在人间到处横行，人们无安身之处。于是人们便派使者到天上请来塔尤塔巴神来杀呆鬼。

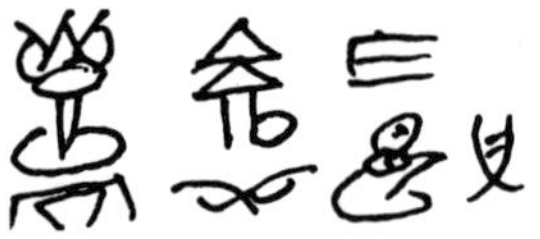

迎请塔尤塔巴神

thɑ^{55}iə^{21}thɑ^{33}bɑ^{33}sɑ^{55}uɑ^{21}me^{55}

佚名撰

抄本

1 册，26 页

左右双栏，版框 24.5 ×9cm。瑞香荛花纸，保存完好。

搜集于云南省香格里拉。呆鬼在人间到处横行，人们无安身之处。于是人们便派使者到天上请来塔尤塔巴神来杀呆鬼。

迎请庚空都支九头神

khɯ^{21}kho^{55}dv^{21}dʐʅ^{33}sɑ^{55}

佚名撰

抄本

1 册，26 页

左右双栏，版框 24.5 ×9cm。瑞香荛花纸，保存完好。

搜集于云南省香格里拉。讲述庚空都支九头神的出处来历。美利董主和美利术主两部族发生战争。董家的东巴请来庚空都支九头战神打败了对手。

迎请庚空都支九头神

kɯ^{21}kho^{55}sɑ^{55}uɑ^{21}me^{55}

久高恒撰

抄本

1 册，24 页

左右双栏，版框 24.5 ×9.5cm。瑞香荛花纸，保存完好。

搜集于云南省香格里拉。讲述庚空都支九头神的出处来历。美利董主和美利术主两部族发生战争。董家的东巴请来庚空都支九头战神打败了对手。

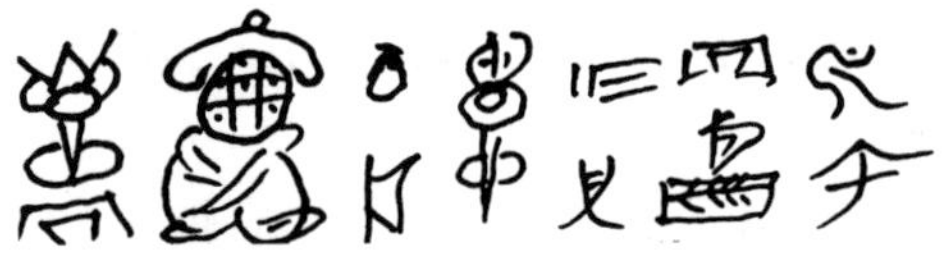

迎请庚空都支九头神

kɯ^{21}khu^{55}dv^{21}dʐʅ^{33}sɑ^{55}

佚名撰

抄本

1 册，32 页

左右双栏，版框 27 ×8.5cm。瑞香荛花纸，保存完好。

搜集于云南省丽江市。讲述庚空都支九头神的出处来历。美利董主和美利术主两部族发生战争。董家的东巴请来庚空都支九头战神打败了对手。

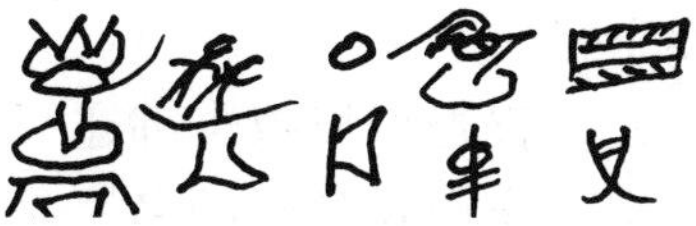

庚空都支的咒语

kɯ^{21}khu^{55}huɑ^{55}ly^{33}the^{33}ɯ^{33}me^{13}

佚名撰

抄本

1 册，12 页

左右双栏，版框 28 ×9cm。瑞香荛花纸，保存完好。

搜集于云南省丽江市。记录了庚空都支九头神念的咒语。咒语语义不明。

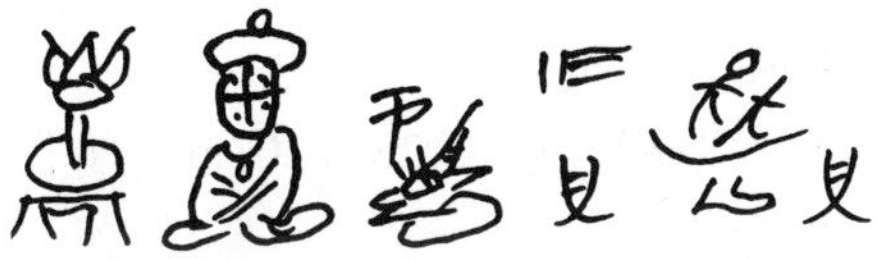

迎请盘生神

phər^{21}se^{33}sɑ^{55}me^{13}

佚名撰

抄本

1 册，32 页

左右双栏，版框 16.5 ×9cm。瑞香荛花纸，缺封底。

搜集于云南省丽江市。盘生神住在黑皎界地，把神和鬼分开。它看神则神胜，看鬼则鬼败。

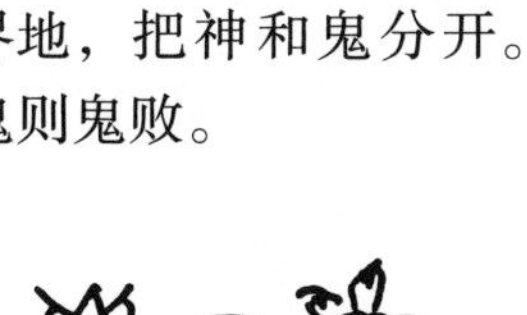

迎请莫毕精如战神

mə^{33}py^{21}ʥi^{33}zɿ^{21}sɑ^{55}me^{13}

佚名撰

抄本

1 册，32 页

左右双栏，版框 27 ×10cm。瑞香荛花纸，缺封底。

搜集于云南省香格里拉。人间被呆鬼占满，人们请来莫毕精如战神来压呆鬼。在莫毕精如战神帮助下镇压了呆鬼。东巴又把莫毕精如战神送往神地。

迎请莫毕精如战神

mə^{33}py^{21}ʥi^{33}zɿ^{21}sɑ^{55}uɑ^{21}me^{55}

佚名撰

抄本

1 册，56 页

无边栏，版框 25 ×9.5cm。瑞香荛花纸，保存完好。

搜集于云南省香格里拉。人间被呆鬼占满，人们请来莫毕精如战神来压呆鬼。在莫毕精如战神帮助下镇压了呆鬼。东巴又把莫毕精如战神送往神地。

供养妥格神九兄弟

tho^{33}kə^{55}gv^{55}zɿ^{33}tʂhu^{55}pɑ^{33}be^{33}

佚名撰

抄本

1 册，16 页

左右双栏，版框 29 ×9cm。瑞香荛花纸，保存完好。

搜集于云南省丽江市。讲述了妥格神九兄弟的出处来历。迎请妥格神来压鬼。

人们供养妥格神并把它送回神界。

迎请妥格神

thv^{33}kə^{55}sɑ^{55}uɑ^{21}me^{55}

佚名撰

抄本

1 册，14 页

左右双栏，版框 24 ×9.5cm。瑞香荛花纸，保存完好。

搜集于云南省香格里拉。讲述了妥格神九兄弟九姐妹的出处来历。讲九姐妹的名字并请九姐妹镇压鬼。

供养乌格神、卢神和沈神

uə^{33}kə^{21} du^{21}se^{21}tʂhu^{55}pɑ^{33}be^{33}

佚名撰

抄本

1 册，24 页

左右双栏，版框 25 ×9.5cm。瑞香荛花纸，保存完好。

搜集于云南省香格里拉。讲述了十八尊乌格神的出处来历及各自的名字。人们供养乌格神，请它们把铎鬼、垛鬼压下去。迎请卢神和沈神庇佑祭祀之家，祭祀之家供养卢神和沈神。

供养乌格神

uə^{33}kə^{21}tʂhu^{55}lu^{33}be^{33}

佚名撰

抄本

1 册，12 页

左右双栏，版框 27 ×9.5cm。瑞香荛花纸，保存完好。

搜集于云南省香格里拉。讲述了十八尊乌格神的出处来历及各自的名字。乌格神从东方降临来杀铎神和垛神。人们用圣灵药等来供养乌格神。

迎请端格战神

to^{33}kə^{21}sɑ^{55}uɑ^{21}me^{55}

东嘎撰

抄本

1 册，32 页

左右双栏，版框 28 ×10cm。瑞香荛花纸，保存完好。

搜集于云南省维西县。讲述了端格战神的出处来历及它是主持正义区分善恶真伪的神。人们迎请端格战神来主持正义、杀鬼。

迎请端格神

to^{33}kə^{21}sɑ^{55}

佚名撰

抄本

1 册，12 页

左右双栏，版框 29 ×9.5cm。瑞香荛花纸，缺封面、封底。

搜集于云南省香格里拉。讲述了端格战神的出处来历及它是主持正义区分善恶真伪的神。人们迎请端格战神来主持正义、杀鬼。

迎请优麻战神

iə^{33}mɑ^{21}sɑ^{55}

佚名撰

抄本

1 册，20 页

左右双栏，版框 24 × 9cm。瑞香荛花纸，保存完好。

搜集于云南省香格里拉。讲述了优麻战神及它们使用的兵器的出处来历。人们迎请供养优麻战神，请它们摧毁仇寨，杀三百六十种鬼。

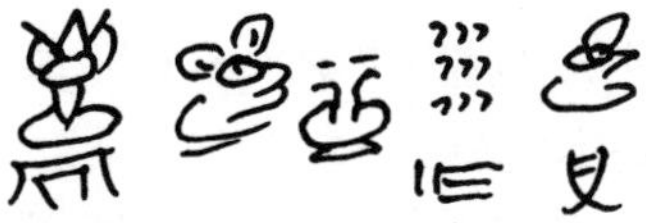

迎请九个优麻战神

iə^{33}mɑ^{21}gv^{33}zo^{33}gv^{33}kv^{55}sɑ^{55}

佚名撰

抄本

1 册，40 页

左右双栏，版框 25 × 9cm。瑞香荛花纸，保存完好。

搜集于云南省香格里拉。分别讲述九个优麻战神的出处来历。人们迎请优麻战神请它们杀各种鬼。

供养优麻战神

iə^{33}mɑ^{21}tʂhu^{55}pɑ^{33}be^{33}

佚名撰

抄本

1 册，36 页

左右双栏，版框 24.5 × 9.5cm。瑞香荛花纸，保存完好。

搜集于云南省香格里拉。讲述了三百六十尊优麻战神的出处来历。历代祖先供养优麻战神都生儿育女。

迎请此车优麻战神

tshɿ^{33}tʂhə^{55}iə^{33}mɑ^{21}sɑ^{55}

久高恒撰

抄本

1 册，26 页

左右双栏，版框 24 × 9cm。瑞香荛花纸，保存完好。

搜集于云南省香格里拉。讲述了此车优麻战神和其他优麻战神的出处来历。人们迎请、供养它们，请它们杀铎鬼等各种鬼，把病痛、灾难等丢到仇地去。

迎请此车优麻战神

tshɿ^{33}tʂhə^{55}iə^{33}mɑ^{21}sɑ^{55}uɑ^{21}me^{55}

东贡撰

抄本

1 册，20 页

左右双栏，版框 24.5 × 9.5cm。瑞香荛花纸，保存完好。

搜集于云南省香格里拉。讲述了此车优麻战神和其他优麻战神的出处来历。人们迎请、供养它们，请它们杀铎鬼等各种鬼，把病痛、灾难等丢到仇地去。

迎请孟史优麻战神

mɯ^{55} ʂʅ^{21} iə^{33} mɑ^{21} sɑ^{55} me^{55}

佚名撰

抄本

1 册，28 页

左右双栏，版框 25.5 ×9cm。瑞香荛花纸，保存完好。

搜集于云南省香格里拉。讲述了孟史优麻战神的出处来历。迎请、供养孟史优麻战神，请它们压秽鬼和火鬼。还讲述妥格九兄弟及九姐妹之来历和九姐妹的名字。请他们杀各种鬼。

迎请孟史优麻战神

mɯ^{55} ʂʅ^{21} iə^{33} mɑ^{21} sɑ^{55}

东康撰

抄本

1 册，32 页

左右双栏，版框 28 ×8.5cm。瑞香荛花纸，保存完好。

搜集于云南省丽江市。讲述了孟史优麻战神的出处来历。迎请、供养孟史优麻战神，请它们压秽鬼和火鬼。还讲述妥格九兄弟及九姐妹之来历和九姐妹的名字。请他们杀各种鬼。

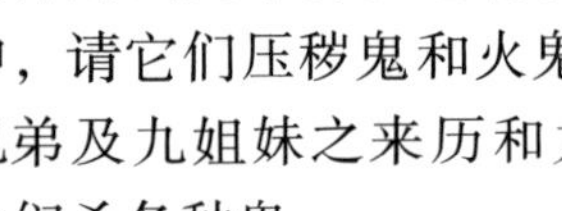

迎请孟史优麻战神

mɯ^{55} ʂʅ^{21} iə^{33} mɑ^{21} sɑ^{55}

佚名撰

抄本

1 册，20 页

左右双栏，版框 28 ×9cm。瑞香荛花纸，保存完好。

搜集于云南省维西县。讲述了孟史优麻战神的出处来历。迎请、供养孟史优麻战神，请它们压秽鬼和火鬼。还讲述妥格九兄弟及九姐妹之来历和九姐妹的名字。请他们杀各种鬼。

迎请孟史优麻战神

mɯ^{55} ʂʅ^{21} iə^{33} mɑ^{21} sɑ^{55}

佚名撰

抄本

1 册，30 页

左右双栏，版框 27 ×8.5cm。瑞香荛花纸，保存基本完好。

搜集于云南省香格里拉。讲述了孟史优麻战神的出处来历。迎请、供养孟史优麻战神，请它们压秽鬼和火鬼。还讲述妥格九兄弟及九姐妹之来历和九姐妹的名字。请他们杀各种鬼。

迎请优麻战神

gə^{33} tshʅ^{33} sɑ^{55}

东涛撰

抄本

1 册，32 页

左右双栏，版框 27 ×8.5cm。瑞香荛花纸，保存基本完好。

搜集于云南省香格里拉。讲述了优麻

战神及它们使用的兵器的来历。人们迎请、供养优麻战神，请它们摧毁仇寨，杀三百六十种鬼。

请优麻战神捉呆鬼

tər^{21}y^{21}iə^{33}mɑ^{21}sɑ^{55}uɑ^{21}me^{55}

久高恒撰

抄本

1 册，16 页

左右双栏，版框 25.5 ×9cm。瑞香荛花纸，保存基本完好。

搜集于云南省香格里拉。请优麻战神捉拿呆鬼。讲述了端格战神的来历。迎请端格压呆鬼，把一切厄运、凶兆都丢到仇地去。

迎请优麻战神压呆鬼

iə^{33}mɑ^{21}sɑ^{55}tər^{21}zər^{21}

佚名撰

抄本

1 册，24 页

左右双栏，版框 24.5 ×9.5cm。瑞香荛花纸，保存完好。

搜集于云南省香格里拉。请优麻战神捉拿呆鬼。讲述了端格战神的来历。迎请端格压呆鬼，把一切厄运、凶兆都丢到仇地去。

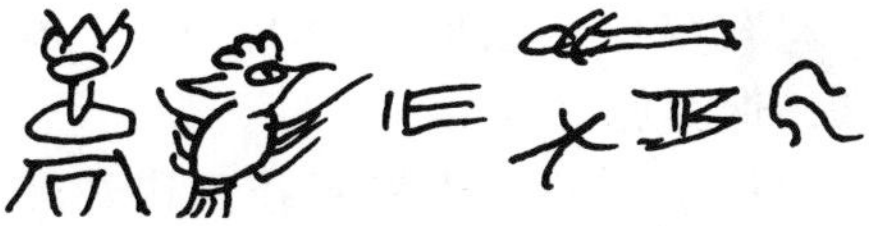

迎请优麻战神压呆鬼

iə^{33}mɑ^{21}sɑ^{55}tər^{21}zər^{21}uɑ^{21}

佚名撰

抄本

1 册，24 页

左右双栏，版框 28.5 ×9cm。瑞香荛花纸，保存完好。

搜集于云南省丽江市。讲述了优麻战神的出处来历。美利董主时代董家请优麻战神压了呆鬼就得安宁。其后辈子孙按古规迎请优麻战神。

迎请优麻战神摧毁仇寨

iə^{33}mɑ^{21}sɑ^{55}

纽恒撰

抄本

1 册，24 页

左右双栏，版框 27 ×10cm。瑞香荛花纸，保存完好。

搜集于云南省香格里拉。先讲述优麻战神的出处来历。美利董主和美利术主两部落发生冲突，美利董主请优麻战神摧毁仇敌的寨子。其后辈亦尊古规请优麻战神摧毁仇寨。

迎请优麻战神摧毁仇寨

iə^{33}mɑ^{21}sɑ^{55}zʅ^{21}uə^{33}phv^{21}

佚名撰

抄本

1 册，24 页

左右双栏，版框 27.5 ×8.5cm。瑞香荛花纸，缺封面。

搜集于云南省丽江市。先讲述优麻战神的出处来历。美利董主和美利术主两部落发生冲突，美利董主请优麻战神摧毁仇敌的寨子。其后辈亦尊古规请优麻战神摧毁仇寨。

迎请优麻战神用面偶赶鬼

iə^{33} mɑ^{21} to^{33} mɑ^{33} no^{55}

佚名撰

抄本

1 册，28 页

左右双栏，版框 25 ×9.5cm。瑞香荛花纸，保存完好。

搜集于云南省香格里拉。讲述各种优麻战神杀死各种鬼。人们供养优麻战神，让优麻战神把病痛灾难抛到仇地去，让面偶把人间的争斗、是非、贫穷带到仇地去。

迎请优麻战神镇压仇敌

iə^{33} mɑ^{21} sɑ^{55} zɿ^{21} zər^{21} mu^{33} me^{55}

佚名撰

抄本

1 册，28 页

左右双栏，版框 28.5 ×9cm。瑞香荛花纸，保存完好。

搜集于云南省丽江市。讲述了优麻战神的出处来历。人们迎请优麻战神镇压仇敌，摧毁仇寨。

向优麻战神烧天香

iə^{33} mɑ^{21} tʂhu^{55} pɑ^{33} dʑi^{55}

阿贡金撰

抄本

1 册，38 页

左右双栏，版框 24.5 ×8.5cm。瑞香荛花纸，保存完好。

搜集于云南省丽江市。讲述了优麻战神的出处来历。迎请优麻战神并烧天香以供养它。请优麻战神杀仇敌和各种鬼。

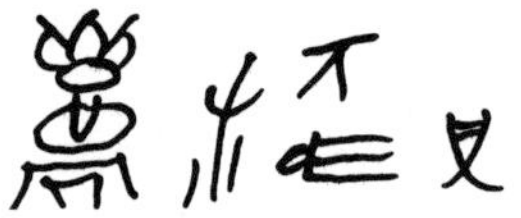

请东巴先祖之威灵助威

py^{21} dʐər^{21} sɑ^{55}

佚名撰

抄本

1 册，32 页

左右双栏，版框 25 ×9.5cm。瑞香荛花纸，保存完好。

搜集于云南省香格里拉。讲述东巴什罗及各种东巴具有之本领和威灵。主持祭祀仪式之东巴请东巴祖先把威灵赐予他们，使他们具有请神压鬼之本领。

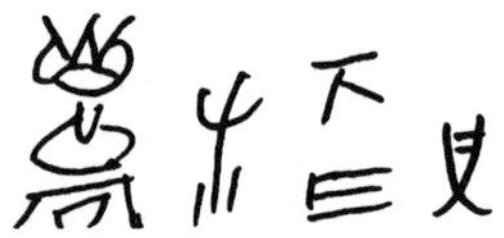

请东巴先祖之威灵助威

py^{21} dʐər^{21} sɑ^{55} me^{13}

佚名撰

抄本

1 册，32 页

左右双栏，版框 25 ×9.5cm。瑞香荛花纸，保存完好。

搜集于云南省香格里拉。讲述东巴什罗及各种东巴具有之本领和威灵。主持祭祀仪式之东巴请东巴祖先把威灵赐予他们，使他们具有请神压鬼之本领。

求赐神威

dʐər^{21}tsæ^{55}

佚名撰

抄本

1 册，32 页

左右双栏，版框 25 ×9.5cm。瑞香荛花纸，保存完好。

搜集于云南省香格里拉。请求各种神灵及先辈中有名望之东巴将威灵赐予现在祭祀的东巴，使东巴具有神威和本领请神压鬼、祛病赐福。

迎请盘神和禅神、噶神和吾神、沃神和恒神

phər^{21}sæ^{21}gɑ^{33}u^{21}o^{55}he^{21}kɑ^{33}tɕhi^{33}

东松撰

抄本

1 册，30 页

左右双栏，版框 24 ×9cm。瑞香荛花纸，保存基本完好。

搜集于云南省香格里拉。迎请各种大神和战神镇压各种鬼及三百六十种鬼类。又讲余聘爪棱、余吕爪棱、余敬爪棱各十三尊战神的来历并请它们压鬼。还讲述端格战神的出处，请其分善恶压铎鬼、垛鬼。

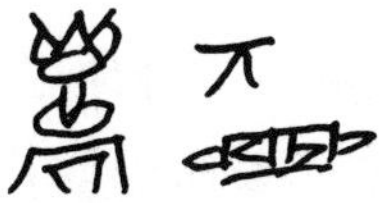

求赐神威

dʐər^{21}tsæ^{55}

佚名撰

抄本

1 册，26 页

左右双栏，版框 26 ×10cm。瑞香荛花纸，保存完好。

搜集于云南省香格里拉。请求各种神灵及先辈中有名望的东巴把他们的威灵赐予现在主持祭祀的东巴，使东巴具有压鬼、祛病赐福的本领。

phv^{33}lɑ^{21}sɑ^{55}

请神助威

佚名撰

抄本

1 册，32 页

左右双栏，版框 24.5 ×9.5cm。瑞香荛花纸，保存完好。

搜集于云南省香格里拉。请各种神压各种鬼，把各种厄运和灾难驮在呆鬼马鹿上丢到仇地。

求赐神威

dʐər^{21}tsæ^{55}

佚名撰

抄本

1 册，26 页

左右双栏，版框 28 ×9cm。瑞香荛花纸，保存完好。

搜集于云南省丽江市。请求各种神灵及先辈中有名望之东巴将威灵赐予现在祭祀的东巴，使东巴具有神威和本领请神压鬼、祛病赐福。

求赐神威

dʐər^{21}ʦæ^{55}

佚名撰

抄本

1 册，24 页

无边栏，版框 28 ×8cm。瑞香荛花纸，保存基本完好。

搜集于云南省丽江市。请求各种神灵及先辈中有名望之东巴将威灵赐予现在祭祀的东巴，使东巴具有神威和本领请神压鬼、祛病赐福。

求赐神威

dʐər^{21}dɯ^{21}ʦæ^{55}the^{33}ɯ^{33}uɑ^{21}me^{55}

佚名撰

抄本

1 册，46 页

左右双栏，版框 27.5 ×10cm。瑞香荛花纸，保存完好。

搜集于云南省香格里拉。请求各种神灵及先辈中有名望之东巴将威灵赐予现在祭祀的东巴，使东巴具有神威和本领请神压鬼、祛病赐福。

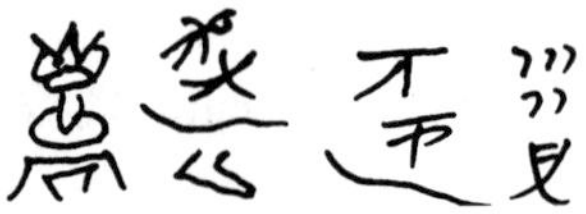

求赐神威

dʐər^{21}dɯ^{21}ʦæ^{55}uɑ^{21}me^{55}

佚名撰

抄本

1 册，24 页

左右双栏，版框 27 ×8.5cm。瑞香荛花纸，保存基本完好。

搜集于云南省丽江市。请求各种神灵及先辈中有名望之东巴将威灵赐予现在祭祀的东巴，使东巴具有神威和本领请神压鬼、祛病赐福。

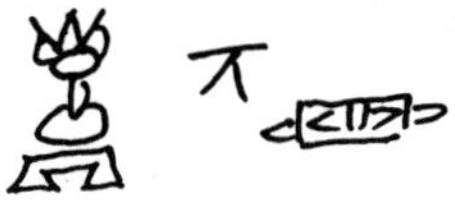

求赐神威

dʐər^{21}ʦæ^{55}

佚名撰

抄本

1 册，22 页

左右双栏，版框 28 ×8.5cm。瑞香荛花纸，缺封面。

搜集于云南省维西县。请求各种神灵及先辈中有名望之东巴将威灵赐予现在祭祀的东巴，使东巴具有神威和本领请神压鬼、祛病赐福。

人类繁衍记

ʦho^{21}bər^{33}thv^{33}ʥo^{21}

佚名撰

抄本

1 册，32 页

无边栏，版框 26 ×7.5cm。瑞香荛花纸，保存基本完好。

搜集于云南省香格里拉。讲述了天地万物之起源。因人类兄妹婚而引发洪灾，人类灭绝仅剩崇忍利恩一男子。他娶了天女返回人间繁衍人类。

人类繁衍记

tsho[21] bər[33] thv[33] dzo[33] uɑ[21] me[55]

佚名撰

抄本

1 册，38 页

左右双栏，版框 25 ×9. 5cm。瑞香荛花纸，缺封底。

搜集于云南省香格里拉。讲述了天地万物之起源。因人类兄妹婚而引发洪灾，人类灭绝仅剩崇忍利恩一男子。他娶了天女返回人间繁衍人类。

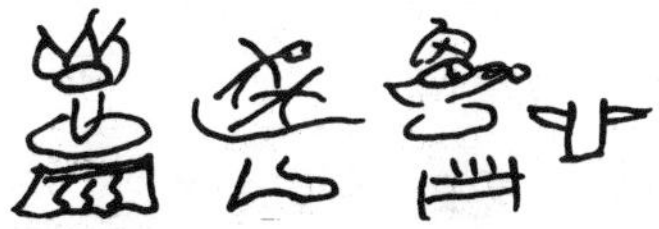

人类繁衍记

tsho[21] bər[33] thv[33] dzo[21]

佚名撰

抄本

1 册，36 页

左右双栏，版框 27 ×8. 5cm。瑞香荛花纸，保存完好。

搜集于云南省香格里拉。讲述了天地万物之起源。因人类兄妹婚而引发洪灾，人类灭绝仅剩崇忍利恩一男子。他娶了天女返回人间繁衍人类。

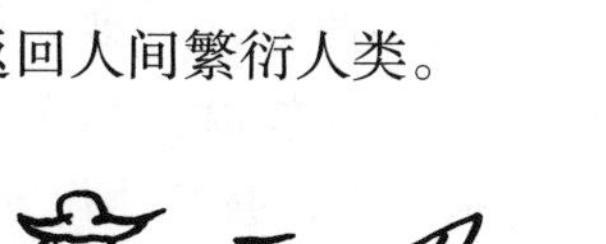

白蝙蝠取经记

py[33] phɑ[21] kɑ[55] ʂu[21] me[33] mu[33]

佚名撰

抄本

1 册，24 页

左右双栏，版框 27. 5 ×8. 5cm。瑞香荛花纸，保存基本完好。

搜集于云南省丽江市。人间独儿独女生了病，不知原因，于是便派白蝙蝠到十八层天上向女神盘攻沙美求占卜经书。通过占卜得知是哪种鬼作祟，用相应的仪式驱鬼。

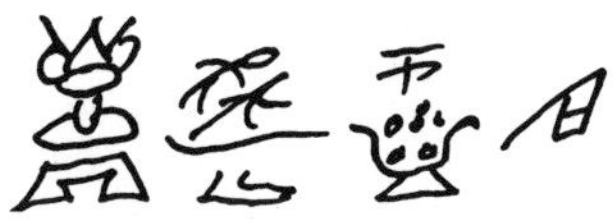

白蝙蝠取经记

py[33] phɑ[21] kuɑ[55] ʂu[21]

东日撰

抄本

1 册，18 页

左右双栏，版框 27. 5 ×7. 5cm。瑞香荛花纸，缺封底。

搜集于云南省丽江市。人间独儿独女生了病，不知原因，于是便派白蝙蝠到十八层天上向女神盘攻沙美求占卜经书。通过占卜得知是哪种鬼作祟，用相应的仪式驱鬼。

白蝙蝠取经记

py[33] phɑ[21] kuɑ[55] ʂu[21]

佚名撰

抄本

1 册，48 页

左右双栏，版框 25 ×8. 5cm。瑞香荛花纸，保存完好。

搜集于云南省香格里拉。人间独儿独女生了病，不知原因，于是便派白蝙蝠到十八层天上向女神盘攻沙美求占卜经书。通过占卜得知是哪种鬼作祟，用相应的仪式驱鬼。

白蝙蝠取经记

py^{33}phɑ^{21}kuɑ^{55} ʂu^{21}me^{13}

佚名撰

抄本

1 册，38 页

无边栏，版框 24 × 8cm。瑞香荛花纸，保存完好。

搜集于云南省香格里拉。人间独儿独女生了病，不知原因，于是便派白蝙蝠到十八层天上向女神盘攻沙美求占卜经书。通过占卜得知是哪种鬼作祟，用相应的仪式驱鬼。

白蝙蝠取经记

py^{33}phɑ^{21}kuɑ^{55} ʂu^{21}

佚名撰

抄本

1 册，32 页

无边栏，版框 27 × 8.5cm。瑞香荛花纸，保存完好。

搜集于云南省香格里拉。人间独儿独女生了病，不知原因，于是便派白蝙蝠到十八层天上向女神盘攻沙美求占卜经书。通过占卜得知是哪种鬼作祟，用相应的仪式驱鬼。

白蝙蝠取经记 · 用九种牲畜放替身

py^{33}phɑ^{21}kuɑ^{55} ʂu^{21} · nɯ^{21}tɕhy^{33}ɡv^{55}tɕh^{33}ko^{21}kæ^{33}khɯ^{55}

佚名撰

抄本

1 册，42 页

无边栏，版框 26 × 9cm。瑞香荛花纸，保存完好。

搜集于云南省丽江市。讲述了白蝙蝠到十八层天上向女神盘攻沙美求占卜经书的故事。还讲述了牛、牦牛、鸡、狗、山羊、绵羊等九种牲畜的出处来历。用牲畜作人的替身，把灾难病痛带到仇地去。

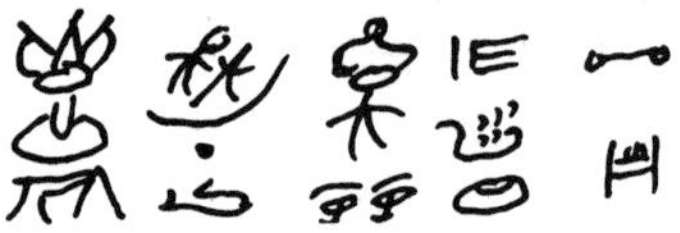

都沙敖吐的故事

do^{33}sɑ^{33}ŋɑ^{33}thv^{55}tʂər^{55}dzo^{21}

佚名撰

抄本

1 册，44 页

无边栏，版框 27 × 8cm。瑞香荛花纸，保存基本完好。

搜集于云南省香格里拉。讲述都沙敖吐杀死与其妻偷情的署酋纽沙许罗。署类起兵复仇，都沙敖吐到处躲藏，妻子也生病了。都沙敖吐请东巴举行祭祀才得安宁。

崇忍利恩和楞启斯普的故事

tsho^{21} ze^{33} lɯ^{55} ɯ^{33} le^{55} tɕhi^{33} sɿ^{33} phv^{33}

tʂər^{55}ʣo^{21}

佚名撰

抄本

1 册，26 页

无边栏，版框 24.5 ×8cm。瑞香荛花纸，保存基本完好。

搜集于云南省香格里拉。崇忍利恩打了一只鸟，楞启斯普就来索债。崇忍利恩请东巴举行消灾仪式，把病痛灾难丢到楞启斯普住地，崇忍利恩便得安宁。还讲述了美利董主和美利术主两部落争战的故事。

鬼的来历

khɯ^{55}ʣo^{21}me^{33}gə^{33}the^{33}ɯ^{33}uɑ^{21}

佚名撰

抄本

1 册，24 页

无边栏，版框 29 ×9cm。瑞香荛花纸，保存完好。

搜集于云南省丽江市。讲述一切自然现象及社会活动都会产生鬼。

灾祸的来历（头本）

khɯ^{55}ʣo^{21}kv^{33}tʂu^{55}

佚名撰

抄本

1 册，18 页

左右双栏，版框 28 ×9cm。瑞香荛花纸，缺封面、封底。

搜集于云南省丽江市。讲述恶神柯兴柯罗降下九颗祸石、九根祸木、九根祸绳后人与人、动物与动物之间便发生了争斗。

用猴放天上首领敬支增布的替身

mɯ^{33}gə^{33}sʅ^{22}phe^{33}tɕi^{55}dʐʅ^{33}ʦe^{55}bv^{33}y^{21}nɯ^{33}ko^{21}khæ^{33}khɯ^{55}

佚名撰

抄本

1 册，38 页

无边栏，版框 27 ×8cm。瑞香荛花纸，缺封底。

搜集于云南省香格里拉。敬支增布打猎获得一头鹿，仄鬼便来讨债。敬支增布于是得病。东巴用猴为敬支增布放替身。

灾祸的来临

dʐv^{33}pɯ^{55}dʐv^{33}le^{21}uɑ^{21}me^{55}

佚名撰

抄本

1 册，46 页

左右双栏，版框 25.5 ×9.5cm。瑞香荛花纸，保存基本完好。

搜集于云南省香格里拉。因恶鬼降下灾木、灾绳、灾石，人间便因各种原因发生争斗。

灾祸的来临

dʐv^{33}pɯ^{55}dʐv^{33}le^{21}

佚名撰

抄本

1 册，28 页

左右双栏，版框 28 ×9cm。瑞香荛花纸，保存基本完好。

搜集于云南省丽江市。因恶鬼降下灾木、灾绳、灾石，人间便因各种原因发生争斗。

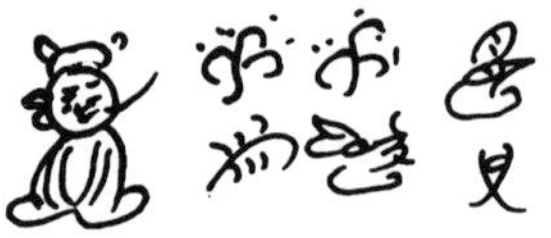

灾祸的来临（头本）

dʐv^{33} pɯ^{55} dʐv^{33} le^{21} uɑ^{21} me^{55}

佚名撰

抄本

1 册，28 页

左右双栏，版框 27.5 ×10cm。瑞香荛花纸，保存完好。

搜集于云南省香格里拉。因恶鬼降下灾木、灾绳、灾石，人间便因各种原因发生争斗。

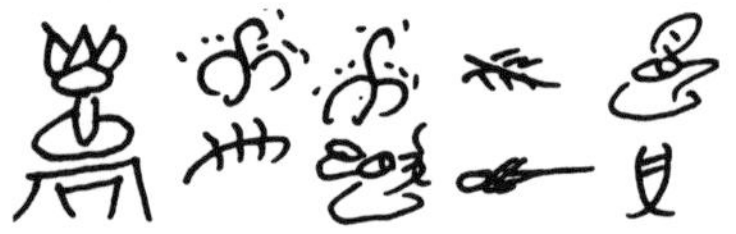

灾祸的来临（末本）

dʐv^{33} pɯ^{55} dʐv^{33} le^{21} mæ^{55} tʂu^{55} uɑ^{21} me^{55}

佚名撰

抄本

1 册，16 页

左右双栏，版框 26.5 ×9.5cm。瑞香荛花纸，保存完好。

搜集于云南省香格里拉。讲述许多自然界中的异常现象和人的幻觉都是不祥之兆。历代祖先都举行送铎鬼仪式以禳灾驱祸。

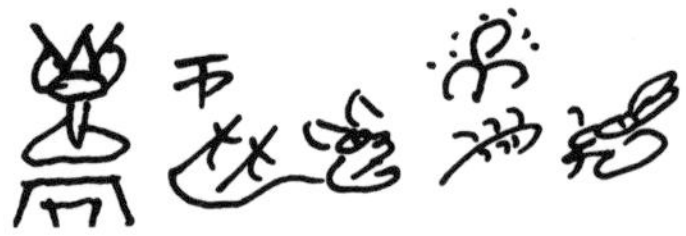

灾祸的来临

dʐv^{33} pɯ^{55} dʐv^{33} le^{21}

佚名撰

抄本

1 册，24 页

无边栏，版框 27 ×9cm。瑞香荛花纸，保存完好。

搜集于云南省香格里拉。因恶鬼降下灾木、灾绳、灾石，人间便因各种原因发生争斗。

柳木人关死门

ʐər^{33} ɕi^{33} ʂʅ^{33} khu^{33} tər^{55}

佚名撰

抄本

1 册，20 页

左右双栏，版框 28 ×9.5cm。瑞香荛花纸，保存完好。

搜集于云南省丽江市。美利董主之妻茨爪金姆总是生病。经占卜，要放替身。于是请来东巴，把柳枝扎成的人做替身火化，让它去关死门。于是其妻病愈。历代人们都照此规行事以禳灾除病。

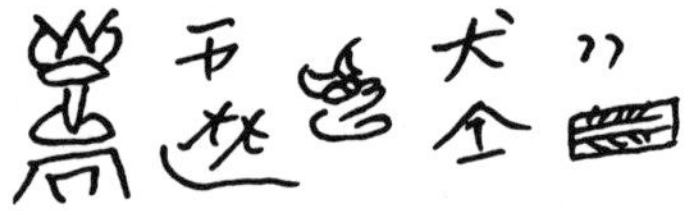

铎鬼的来历

khɯ^{55} dʑo^{21}

佚名撰

抄本

1 册，20 页

左右双栏，版框 27 ×8.5cm。瑞香荛花纸，保存基本完好。

搜集于云南省丽江市。讲述五方之异

族会把铎鬼放到祭祀之家，各种鬼也会使许多异常现象发生。人类自身的非正常行为也会产生铎鬼和垛鬼。

铎鬼的来历

khɯ^{55} ʣo^{21} ly^{55} tʂu^{55}

佚名撰

抄本

1 册，32 页

左右双栏，版框 28 ×8.5cm。瑞香荛花纸，保存完好。

搜集于云南省丽江市。时间、季节、星宿、方位、五行等相克都会产生鬼，一切异常现象都会产生铎鬼和垛鬼。

铎鬼的来历

khɯ^{55} ʣo^{21} uɑ^{21} me^{33}

佚名撰

抄本

1 册，24 页

左右双栏，版框 28 ×8.5cm。瑞香荛花纸，保存完好。

搜集于云南省丽江市。讲述意外伤害、兵祸都会给人带来灾难而产生铎鬼和垛鬼。占卜占得凶兆会产生鬼，绝后现象也会产生鬼。五方祭司也会用巫术放出铎鬼和垛鬼。

铎鬼的来历

khɯ^{55} ʣo^{21} me^{13}

佚名撰

抄本

1 册，20 页

左右双栏，版框 27.5 ×8.5cm。瑞香荛花纸，保存完好。

搜集于云南省丽江市。时间、季节、星宿、方位、五行等相克都会产生鬼，一切异常现象都会产生铎鬼和垛鬼。

压生肖相克

khv^{55} gə^{21} zɿ^{21} zər^{21}

佚名撰

抄本

1 册，20 页

左右双栏，版框 27.5 ×10cm。瑞香荛花纸，保存完好。

搜集于云南省香格里拉。讲述了十二生肖排列顺序及相克的来历。美利董主每生一子女就到神树上看其属相。树叶长成什么样就作此子女的属相。美利术主就派与之相克的属相去相克。美利董主之祭司做仪式以禳解。

压生肖相克

khv^{55} gə^{21} zɿ^{21} zər^{21}

佚名撰

抄本

1 册，22 页

无边栏，版框 27 ×9cm。瑞香荛花纸，保存完好。

搜集于云南省香格里拉。讲述了十二生肖排列顺序及相克的来历。美利董主每生一子女就到神树上看其属相。树叶长成什么样就作此子女的属相。美利术主就派与之相克的属相去相克。美利董主之祭司做仪式以禳解。

压生肖相克

khv^{55} gə^{21} zɿ^{21} zər^{21}

佚名撰

抄本

1 册，24 页

左右双栏，版框 18.5 × 9cm。瑞香荛花纸，保存完好。

搜集于云南省丽江市。讲述了十二生肖排列顺序及相克的来历。美利董主每生一子女就到神树上看其属相。树叶长成什么样就作此子女的属相。美利术主就派与之相克的属相去相克。美利董主之祭司作仪式以禳解。

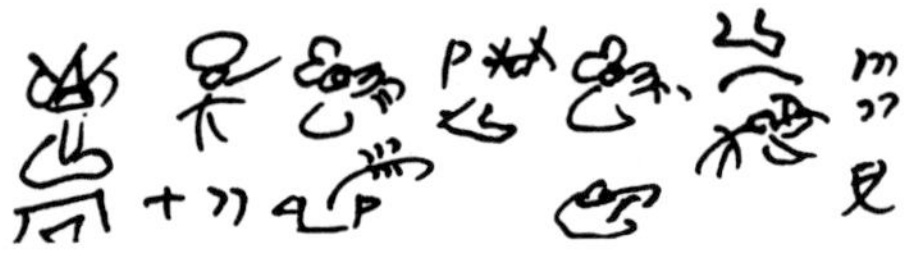

压生肖相克

khv^{55} gə^{21} zɿ^{21} zər^{21}

佚名撰

抄本

1 册，36 页

左右双栏，版框 25 × 9cm。瑞香荛花纸，保存完好。

搜集于云南省香格里拉。讲述了十二生肖排列顺序及相克的来历。美利董主每生一子女就到神树上看其属相。树叶长成什么样就作此子女的属相。美利术主就派与之相克的属相去相克。美利董主之祭司作仪式以禳解。

压生肖相克

khv^{55} gə^{21} zɿ^{21} zər^{21} uɑ^{21} me^{55}

佚名撰

抄本

1 册，32 页

左右双栏，版框 25 × 8cm。瑞香荛花纸，保存基本完好。

搜集于云南省香格里拉。讲述了十二生肖排列顺序及相克的来历。美利董主每生一子女就到神树上看其属相。树叶长成什么样就作此子女的属相。美利术主就派与之相克的属相去相克。美利董主之祭司作仪式以禳解。

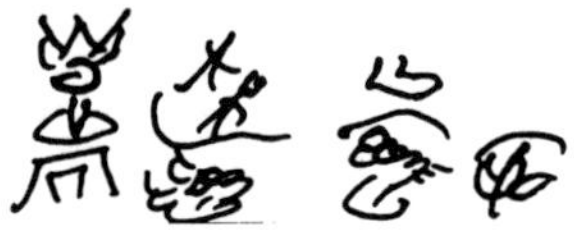

压生肖相克

khv^{55} gə^{21} zɿ^{21} zər^{21}

佚名撰

抄本

1 册，28 页

无边栏，版框 28 × 8cm。瑞香荛花纸，保存基本完好。

搜集于云南省丽江市。讲述了十二生肖排列顺序及相克的来历。美利董主每生一子女就到神树上看其属相。树叶长成什么样就作此子女的属相。美利术主就派与之相克的属相去相克。美利董主之祭司作仪式以禳解。

把灾祸驮于马上向垛鬼还债

to^{55}ʐuɑ^{33}tɕi^{55}dʐu^{33}ʐuɑ^{21}

佚名撰

抄本

1 册，8 页

左右双栏，版框 28 ×9cm。瑞香荛花纸，缺封底。

搜集于云南省丽江市。把云、风、火、水、土、死亡、寡带来的灾祸驮在马上，让马带到仇地里去。

家畜的出处

nɯ^{21}thv^{33}kv^{33}tʂu^{55}

佚名撰

抄本

1 册，22 页

左右双栏，版框 29 ×9cm。瑞香荛花纸，保存完好。

搜集于云南省丽江市。讲述了放替身用的猴、牦牛、绵羊、马、山羊的出处来历。

牛的出处来历

ɯ^{33}thv^{33}ɯ^{33}pɯ^{55}

佚名撰

抄本

1 册，22 页

无边栏，版框 26.5 ×8.5cm。瑞香荛花纸，保存完好。搜集于云南省丽江市。讲述了用来放替身的牛、猴、牦牛、绵羊、山羊、猪、鸡等牲畜的出处来历。

牺牲的来历 · 向鬼还债

ɯ^{33}thv^{33}dʐu^{33}ʐuɑ^{21}

佚名撰

抄本

1 册，18 页

左右双栏，版框 28.5 ×9cm。瑞香荛花纸，保存完好。

搜集于云南省丽江市。讲述各种牺牲的来历，用牺牲向鬼还债。让各种厄运和凶兆都被牺牲带去。最后，东巴把杀牲的责任推给鬼。

献　牲

mu^{33}fv^{33}the^{33}ɯ^{33}uɑ^{21}

佚名撰

抄本

1 册，14 页

左右双栏，版框 28 ×8.5cm。瑞香荛花纸，保存完好。

搜集于云南省丽江市。讲述各种牺牲的来历，用牺牲向鬼还债。让各种厄运和凶兆都被牺牲带去。

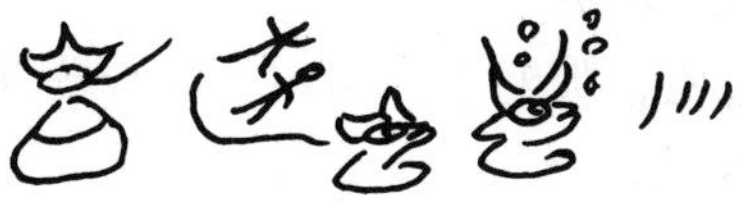

用牛祭鬼

mu^{33}fv^{33}

佚名撰

抄本

1 册，24 页

左右双栏，版框 28 ×8. 5cm。瑞香荛花纸，保存基本完好。

搜集于云南省丽江市。讲述了牛的出处来历，用牛作牺牲向各种鬼及五方鬼还债，把杀牲之罪推给鬼。讲在十二个月中每月要把替身放在哪个方位。

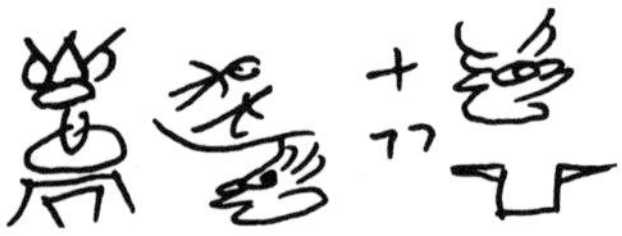

十二种牲畜的出处来历

tshe^{21} ȵi^{33} mu^{33} thv^{33}

佚名撰

抄本

1 册，24 页

左右双栏，版框 28 ×9cm。瑞香荛花纸，保存完好。

搜集于云南省丽江市。祭祀之家用十二种牲畜做替身，把替身放到仇地，仇地鸡犬不宁。又讲述了猴、牦牛、牛、马、猪等的出处来历。

十二种牲畜的出处来历

tshe^{21} ȵi^{33} nɯ^{21} thv^{33} kv^{33}

佚名撰

抄本

1 册，22 页

无边栏，版框 28 ×9cm。瑞香荛花纸，保存基本完好。

搜集于云南省丽江市。祭祀之家用十二种牲畜做替身，把替身放到仇地，仇地鸡犬不宁。又讲述了猴、牦牛、牛、马、猪等的出处来历。

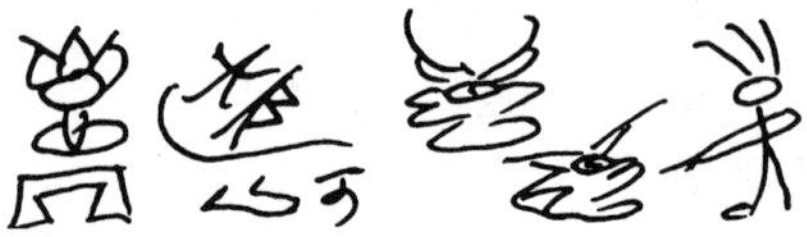

把牲畜递给鬼

mu^{33} ku^{21}

佚名撰

抄本

1 册，40 页

无边栏，版框 29 ×9cm。瑞香荛花纸，保存完好。

搜集于云南省丽江市。东巴杀牲祭鬼，把牺牲各部位递给鬼以还债。东巴把杀牲的罪过推给鬼。

招　魂

o^{21} ʂər^{55} me^{33} the^{33} ɯ^{33} uɑ^{21} me^{55}

佚名撰

抄本

1 册，16 页

左右双栏，版框 28 ×9. 5cm。瑞香荛花纸，保存完好。

搜集于云南省丽江市。东巴为祭祀之家的病人招魂，从天上、地下、东、西、南、北、中五方送祖路线上把魂招来。向鬼还债以赎魂。

招　魂

o^{21} ʂər^{55} me^{33} the^{33} ɯ^{33} uɑ^{21} me^{55}

佚名撰

抄本

1 册，20 页

左右双栏，版框 29×9cm。瑞香荛花纸，保存完好。

搜集于云南省丽江市。东巴为祭祀之家的病人招魂，从天上、地下、东、西、南、北、中五方送祖路线上把魂招来。向鬼还债以赎魂。

招被史支鬼王摄去之魂

ʂʅ^{21}dʐʅ^{33}o^{21} ʂər^{55}me^{13}

佚名撰

抄本

1 册，20 页

无边栏，版框 25×8cm。瑞香荛花纸，保存基本完好。

搜集于云南省维西县。讲述依丹米吴斥补生小孩，于是杀牛。但他不会供养神、祭鬼还债，不会待客。孩子的魂被史支鬼王摄去。依丹米吴斥补就请东巴祭神祭鬼，又从史支鬼王那儿招回其子之魂。

招被史支鬼王摄去之魂

ʂʅ^{21}dʐʅ^{33}o^{21} ʂər^{55}

佚名撰

抄本

1 册，30 页

左右双栏，版框 24×9.5cm。瑞香荛花纸，保存基本完好。

搜集于云南省香格里拉。讲述依丹米吴斥补生小孩，于是杀牛。但他不会供养神、祭鬼还债，不会待客。孩子的魂被史支鬼王摄去。依丹米吴斥补就请东巴祭神祭鬼，又从史支鬼王那儿招回其子之魂。

射杀呆鬼和黑猪（末本）

tər^{21}bu^{21}khæ^{55}mæ^{55}tʂu^{55}me^{13}

丹吉撰

抄本

1 册，24 页

左右双栏，版框 26×9cm。瑞香荛花纸，保存基本完好。

搜集于云南省香格里拉。历代祖先中有各种各样的凶死者。东巴向让人凶死的呆鬼还债，为凶死者招魂。还讲述鬼王派呆鬼和黑猪作祟于人间，人们就射杀呆鬼和黑猪，关闭呆鬼之门。

射杀呆鬼和黑猪

tər^{21}bu^{21}khæ^{55}

佚名撰

抄本

1 册，42 页

无边栏，版框 24×9.5cm。瑞香荛花纸，缺封底。

搜集于云南省香格里拉。先讲述各种凶死者变成的呆鬼之来历并请它们到祭祀场里来，给它们许多财物，把祖先和呆鬼分开。之后讲东巴请神射杀呆鬼和黑猪、黑熊、黑鸡。把祖先送到神地里。

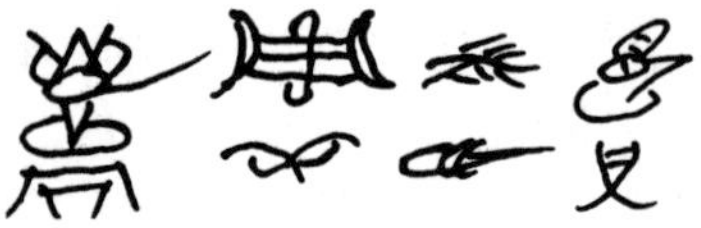

请呆鬼

tər^{21}khv^{21}tər^{21}dɑ^{21}tər^{21}iəuɑ^{21}me^{55}

佚名撰

抄本

1 册，28 页

左右双栏，版框 26 ×8.5cm。瑞香荛花纸，保存基本完好。

搜集于云南省香格里拉。请各种凶死者变成的呆鬼，给它们牺牲，并为祖先招魂。请五方的东巴杀死五方鬼王，请各种战神把呆鬼镇压下去。

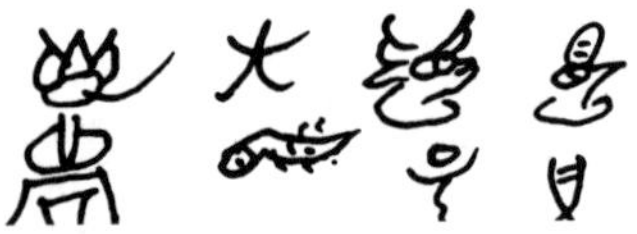

用牛撑呆鬼降下之灾

tər^{21}dʐər^{33}ɯ^{33}nɯ^{33}tv^{55}

佚名撰

抄本

1 册，30 页

左右双栏，版框 24.5 ×9.5cm。瑞香荛花纸，保存完好。

搜集于云南省香格里拉。分别讲述献给鬼的各种牺牲的出处来历，用这些牺牲向鬼还债，让鬼承担杀牲之责。用牛撑呆鬼降下之灾，把灾抛到仇地去。

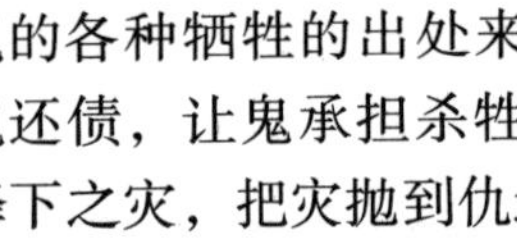

捉呆鬼

tər^{21}y^{21}

久噶恒撰

抄本

1 册，18 页

左右双栏，版框 24 ×8.5cm。瑞香荛花纸，保存基本完好。

搜集于云南省香格里拉。请各种战神杀死五方鬼王，捉拿呆鬼，用都扎把呆鬼压住。

捉呆鬼

tər^{21}y^{21}

佚名撰

抄本

1 册，34 页

左右双栏，版框 24.5 ×9.5cm。瑞香荛花纸，保存完好。

搜集于云南省香格里拉。讲述了优麻战神的出处来历，请优麻战神及各种神捉拿呆鬼，用那扎压呆鬼。

捉呆鬼

tər^{21}y^{21}

东敏撰

抄本

1 册，36 页

左右双栏，版框 29 ×9cm。瑞香荛花纸，缺封底。

搜集于云南省丽江市。请各种战神捉呆鬼杀呆鬼。又讲死者要到祖居地，呆鬼会阻于路上，杀呆鬼黑猪让死者回到祖居地。

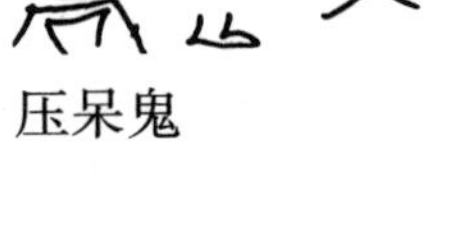

压呆鬼

tər^{21}zər^{21}

佚名撰

抄本

1 册，28 页

无边栏，版框 24 ×9.5cm。瑞香荛花纸，保存完好。

搜集于云南省香格里拉。先讲述了呆鬼的出处来历，历代先辈都请各种战神压呆鬼、杀呆鬼后生儿育女。后辈亦遵循古规压呆鬼以求子孙兴旺。

压呆鬼（头本）

tər^{21}zər^{21}kv^{33}tʂu^{55}uɑ^{21}me^{55}

佚名撰

抄本

1 册，16 页

无边栏，版框 26.5 ×9.5cm。瑞香荛花纸，保存完好。

搜集于云南省香格里拉。美利董主因呆鬼作祟，请东巴举行祭祀。东巴请各种战神镇压五方鬼王并压呆鬼。美利董主之后代亦举行压呆鬼仪式。

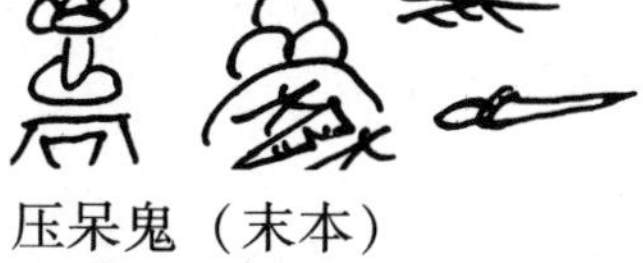

压呆鬼（末本）

tər^{21}zər^{21}

佚名撰

抄本

1 册，12 页

左右双栏，版框 26.5 ×9cm。瑞香荛花纸，保存完好。

搜集于云南省香格里拉。崇忍利恩、高勒趣等先祖请来东巴压呆鬼都能生儿育女、富裕强盛。后辈遵循古规压呆鬼求子孙兴旺。

捉拿肯孜呆尤鬼

khɯ^{33}dʑɯ^{33}tər^{33}iə^{21}y^{21}

佚名撰

抄本

1 册，54 页

无边栏，版框 24 ×9.5cm。瑞香荛花纸，保存完好。

搜集于云南省香格里拉。美利董主时，他的东巴请来各种战神杀呆鬼，不料肯孜呆尤落网了。最后杀掉肯孜呆尤，把各种战神从鬼域里领回天上。

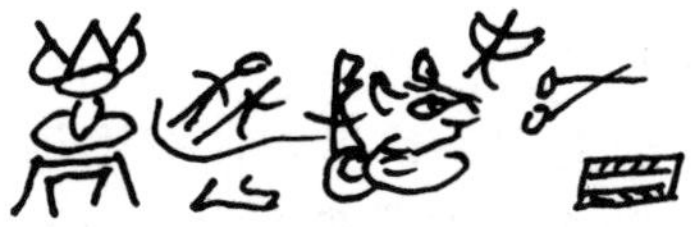

驮垛鬼之马

to^{55}ʐuɑ^{33}tɕi^{55}

佚名撰

抄本

1 册，16 页

左右双栏，版框 28 ×9.5cm。瑞香荛花纸，保存完好。

搜集于云南省丽江市。讲述了马的出处来历，用马向垛鬼还债。把云、风、火、铁、水、土、病、死、寡等给人带来的灾难驮于垛鬼马上，让马把灾难带到仇地去。

驱赶呆鬼

tər^{21}tshɿ^{33}tɕi^{33}

佚名撰

抄本

1 册，40 页

无边栏，版框 24 × 10cm。瑞香荛花纸，保存完好。

搜集于云南省香格里拉。把呆鬼送到鬼王那里，把东巴的过失及杀牲的责任推卸给鬼，关闭呆鬼门。

摧毁呆鬼寨

tər^{21}uə^{33}phv^{21}

佚名撰

抄本

1 册，12 页

无边栏，版框 25 × 10cm。瑞香荛花纸，保存完好。

搜集于云南省香格里拉。东巴请庚空优麻战神捣毁东、南、西、北、中五方的呆鬼寨。

摧毁九个鬼寨

tər^{21}uə^{33}gv^{55}uə^{33}phv^{21}kv^{33}tʂu^{55}

阿贡吉撰

抄本

1 册，22 页

左右双栏，版框 24 × 9.5cm。瑞香荛花纸，保存完好。

搜集于云南省香格里拉。呆鬼在人间到处横行。东巴请各种战神，战神口念咒语杀死呆鬼，摧毁呆鬼寨。

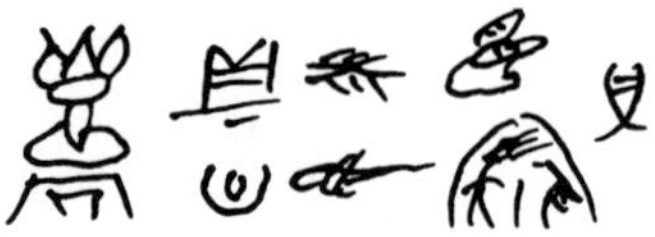

摧毁呆鬼寨（末本）

tər^{21}uə^{33}phv^{21}mæ^{55}tʂu^{55}uɑ^{21}me^{55}

佚名撰

抄本

1 册，26 页

左右双栏，版框 25 × 9cm。瑞香荛花纸，保存完好。

搜集于云南省香格里拉。讲述庚空优麻战神的出处来历，东巴请它杀呆鬼肯孜呆尤。请各种战神杀呆鬼并摧毁鬼寨。其后辈亦请神压呆鬼。

摧毁九个鬼寨

tər^{21}uə^{33}gv^{55}uə^{33}phv^{21}kv^{33}tʂu^{55}mæ^{55}tʂu^{55}

佚名撰

抄本

1 册，24 页

左右双栏，版框 24.5 × 9cm。瑞香荛花纸，保存完好。

搜集于云南省香格里拉。呆鬼在人间到处横行。东巴请各种战神，战神口念咒语杀死呆鬼，摧毁呆鬼寨。

董术争战

du^{21}æ^{21}sɿ^{21}æ^{21}ly^{55}tʂu^{55}

佚名撰

抄本

1 册，40 页

无边栏，版框 29 × 9cm。瑞香荛花纸，保存完好。

搜集于云南省丽江市。美利董主和美利术主发生争战，美利董主请优麻战神相助。讲述了优麻战神的出处来历及其所具备的本领。优麻战神摧毁美利术主的九道黑坡、九个寨子，杀死鬼王。把各种战神又领回董地并为其施药，将神送回神界。

董术争战

du^{21} æ^{21} sɿ^{21} æ^{21}

佚名撰

抄本

1 册，46 页

左右双栏，版框 24.5 ×9cm。瑞香荛花纸，保存完好。

搜集于云南省香格里拉。讲述了天地万物的起源、神鬼的出处来历。美利董主和美利术主两部落为争地盘和财物发生战争。美利董主在神的帮助下打败了美利术主。

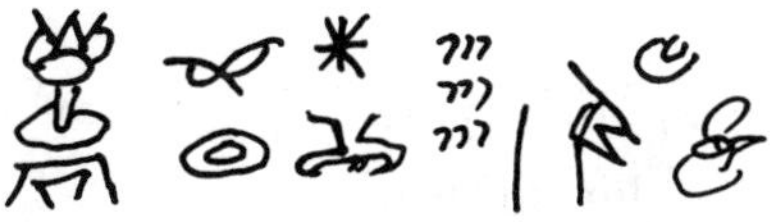

优麻战神摧毁术的九个寨子

iə^{33} mɑ^{21} tv^{33} tʂɿ^{21} gv^{55} uə^{33} phv^{21}

佚名撰

抄本

1 册，42 页

左右双栏，版框 28 ×8cm。瑞香荛花纸，保存完好。

搜集于云南省香格里拉。美利董主和美利术主两部落发生争战，美利董主在神的帮助下获胜。还讲述了优麻战神和端格战神的出处来历。优麻战神帮美利董主摧毁九道黑坡和九个寨子。

董术争战请神

du^{21} æ^{21} sɿ^{21} æ^{21} phv^{33} lɑ^{21} sɑ^{55} uɑ^{21} me^{55}

佚名撰

抄本

1 册，22 页

无边栏，版框 26 ×9.5cm。瑞香荛花纸，保存完好。

搜集于云南省香格里拉。美利董主和美利术主两部落发生争战，董主部落请各种战神相助。优麻战神摧毁了九道有岗哨的黑坡和九个术寨。

神女和鬼女的故事 · 崇忍利恩的故事 · 端尤争战 · 董术争战

he^{21} mi^{55} tshɿ^{21} mi^{55} tʂər^{55} tsho^{21} ze^{33} lɯ^{55} ɯ^{33} tʂər^{55} · iə^{21} æ^{21} dər^{33} æ^{21} du^{21} æ^{21} sɿ^{21} æ^{21}

佚名撰

抄本

1 册，40 页

左右双栏，版框 25 ×9cm。瑞香荛花纸，保存完好。

搜集于云南省香格里拉。1. 神女和鬼女发生冲突，鬼女作祟，神女作法祛病消灾。2. 崇忍利恩和丹美罗盘的故事。3. 端部族和尤部族之间发生冲突争战的故事。4. 董和术两部落发生争战的故事。

哈桑战争

hɑ^{33}æ^{21}sər^{33}æ^{21}uɑ^{21}me^{55}

佚名撰

抄本

1 册，30 页

左右双栏，版框 26 ×9.5cm。瑞香荛花纸，保存完好。

搜集于云南省香格里拉。同父异母的九个哈兄弟和九个桑兄弟分家。哈从事农业，桑狩猎，桑穷哈富，桑提出要重新分家。在端格战神帮助下哈战胜桑。

哈桑战争

hɑ^{33}æ^{21}sər^{33}æ^{21}

佚名撰

抄本

1 册，24 页

左右双栏，版框 27.5 ×9cm。瑞香荛花纸，保存完好。

搜集于云南省丽江市。同父异母的九个哈兄弟和九个桑兄弟分家。哈从事农业，桑狩猎，桑穷哈富，桑提出要重新分家。在端格战神帮助下哈战胜桑。

天之九兄弟的故事

mɯ^{33}zɿ^{33}gv^{55}zɿ^{33}tʂər^{55}dzo^{21}

佚名撰

抄本

1 册，28 页

无边栏，版框 22 ×9cm。瑞香荛花纸，保存基本完好。

搜集于云南省香格里拉。分别讲述了天之九兄弟、地之七兄弟、崇忍利恩、高勒趣因仇敌作祟而不得安宁。于是便放替身，请神镇压各种鬼及仇敌而获平安。

天之九兄弟、地之七兄弟、神之九兄弟、董之九兄弟的故事

mɯ^{33}zɿ^{33}gv^{55}zɿ^{33}dy^{21}zɿ^{33}ʂər^{33}zɿ^{33}tʂər^{55}

佚名撰

抄本

1 册，22 页

左右双栏，版框 28 ×8cm。瑞香荛花纸，缺封面。

搜集于云南省维西县。分别讲述了天之九兄弟、地之七兄弟、董之九兄弟因鬼作祟而请东巴放替身消灾，请神压鬼而得安宁的故事。

天之九兄弟、地之七兄弟、崇忍利恩的故事

mɯ^{33}zɿ^{33}gv^{55}zɿ^{33}dy^{21}zɿ^{33}ʂər^{33}zɿ^{33}ʂər^{33}zɿ^{33}tsho^{21}ze^{33}lɯ^{55}ɯ^{33}tʂər^{55}

佚名撰

抄本

1 册，30 页

左右双栏，版框 27 ×8cm。瑞香荛花纸，保存完好。

搜集于云南省丽江市。分别讲述了天之九兄弟、地之七兄弟、崇忍利恩因鬼作祟而请东巴放替身消灾，请神压鬼而得安宁的故事。

为恒命素寿麻、祟忍利恩放替身

he^{21} mi^{55} sɿ^{55} ʂə^{33} mɑ^{21} ko^{21} kæ^{33} tsho^{21} ze^{33} lɯ^{55} ɯ^{33} ko^{21} kæ^{33} khɯ^{55}

佚名撰

抄本

1 册，16 页

左右双栏，版框 26.5 ×8cm。瑞香荛花纸，保存完好。

搜集于云南省维西县。讲述恒命素寿麻因鬼作祟而病。于是请东巴为她放替身而病愈。又讲祟忍利恩因丹美罗盘狐鬼作祟而病，请东巴为他放替身而病愈。

为恒命素寿麻、祟忍利恩、尤若九兄弟放替身

he^{21} mi^{55} sɿ^{55} ʂə^{33} tsho^{21} ze^{33} lɯ^{55} ɯ^{33} iə^{21} zo^{33} gv^{33} kv^{55} ko^{21} kæ^{33} khɯ^{55}

佚名撰

抄本

1 册，18 页

无边栏，版框 28 ×9cm。瑞香荛花纸，缺封面。

搜集于云南省维西县。分别讲述恒命寿麻、祟忍利恩、尤若九兄弟因女鬼、丹美罗盘狐鬼、端若九兄弟作祟而得病。请东巴放替身而病愈。

为恒命寿麻等人放替身

he^{21} mi^{55} sɿ^{55} ʂə^{55} mɑ^{13} ko^{21} khæ^{33} khɯ^{55}

佚名撰

抄本

1 册，24 页

左右双栏，版框 24 ×10cm。瑞香荛花纸，保存基本完好。

搜集于云南省香格里拉。分别讲述恒命寿麻、祟忍利恩、尤若九兄弟、美利董主、祟忍潘迪因鬼作祟而生病。请东巴为他们放替身而病愈。其后裔亦尊古规放替身治病。

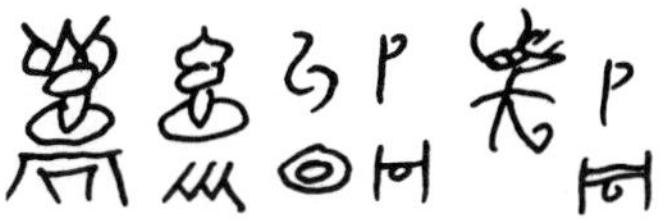

为恒命寿麻、祟忍利恩放替身

he^{21} mi^{55} kə^{33} mɑ^{21} tsho^{21} ze^{33} ɯ^{55} lɯ^{33} ko^{21} kæ^{33} khɯ^{55}

佚名撰

抄本

1 册，22 页

左右双栏，版框 28.5 ×9cm。瑞香荛花纸，保存完好。

搜集于云南省丽江市。分别讲述恒命寿麻、祟忍利恩因鬼作祟而生病。请东巴为他们放替身而病愈。其后裔亦尊古规放替身治病。

放祟忍利恩的替身

tsho^{21} ze^{33} lɯ^{55} ɯ^{33} ko^{21} kæ^{33} khɯ^{55}

佚名撰

抄本

1 册，16 页

左右双栏，版框 29 ×8.5cm。瑞香荛花纸，保存完好。

搜集于云南省丽江市。祟忍利恩干活时

打死了楞启斯善鬼王的一只黑鼠，鬼王向其讨债。崇忍利恩在天之九兄弟的帮助下射杀了鬼王，用牛做替身。之后无病无灾。

天之九兄弟、地之七兄弟、崇忍利恩的故事

mɯ^{33} zʅ^{33} gv^{55} zʅ^{33} dy^{21} zʅ^{33} ʂər^{33} zʅ^{33} tsho^{21} ze^{33} lɯ^{55} tʂər^{55} dzo^{21}

佚名撰

抄本

1 册，24 页

左右双栏，版框 28 × 9cm。瑞香荛花纸，缺封底。

搜集于云南省丽江市。分别讲述天之九兄弟、地之九兄弟、崇忍利恩因鬼作祟生病。请东巴请神放替身而病愈。

天之九兄弟、地之七兄弟的故事

mɯ^{33} zʅ^{33} gv^{55} zʅ^{33} dy^{21} zʅ^{33} ʂər^{33} zʅ^{33} tʂər^{55}

佚名撰

抄本

1 册，16 页

左右双栏，版框 25 × 10cm。瑞香荛花纸，保存基本完好。

搜集于云南省香格里拉。讲述天之九兄弟、地之七兄弟因鬼作祟而生病。请东巴请神，放替身而病愈的故事。

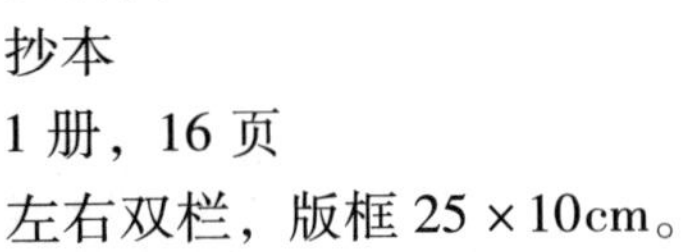

放崇忍利恩、神之九兄弟的替身

tsho^{21} ze^{33} phər^{33} dɯ^{21} ko^{21} kæ^{33} he^{21} zo^{33} gv^{55} zʅ^{33} ko^{21} kæ^{33}

佚名撰

抄本

1 册，18 页

左右双栏，版框 28.5 × 9cm。瑞香荛花纸，保存完好。

搜集于云南省丽江市。崇忍潘迪因父母去世而到楞启斯普鬼王的地域里找药，回到家因鬼王作祟而得病。请东巴放替身而病愈。又讲述神之九兄弟建了塔而遭鬼破坏，并遭鬼作祟，于是请东巴为其放替身而得平安。

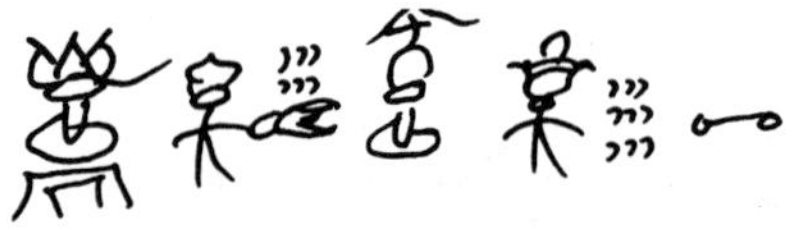

尤拉丁端、美利董主、哈若九兄弟的故事

iə^{21} la^{55} di^{33} dua^{33} mɯ^{33} lɯ^{33} du^{21} dzʅ^{33} ha^{33} zo^{33} gv^{33} kv^{55} tʂər^{55}

佚名撰

抄本

1 册，20 页

左右双栏，版框 22 × 9cm。瑞香荛花纸，保存基本完好。

搜集于云南省维西县。分别讲述了尤拉丁端、美利董主、哈若九兄弟因鬼作祟而生病。请东巴做法仪放替身而病愈的故事。

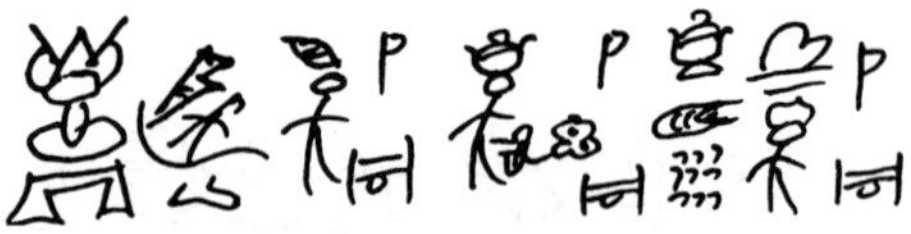

放高勒趣、哈若九兄弟、哈拉古补的替身

ka^{33} le^{21} tshy^{55} ha^{33} zo^{33} nɯ^{33} ɯ^{33} ha^{33} la^{33}

gu^{55}bu^{33}ko^{21}kæ^{33}

佚名撰

抄本

1 册，32 页

无边栏，版框 24 ×10cm。瑞香荛花纸，保存完好。

搜集于云南省丽江市。分别讲述高勒趣、哈若九兄弟、哈拉古补因鬼作祟而生病。于是请东巴放替身后病愈的故事。

哈劳古补和高勒趣的故事

hɑ^{33}gu^{55}bu^{33} kɑ^{33}le^{21}tshy^{55}tʂər^{55}dzo^{21}

佚名撰

抄本

1 册，16 页

左右双栏，版框 26 ×9.5cm。瑞香荛花纸，保存基本完好。

搜集于云南省香格里拉。分别讲述哈劳古补和高勒趣因鬼作祟而生病，于是请东巴做法仪向鬼还债放替身而病愈的故事。

尤拉丁端和善心神子的故事

iə^{21}lɑ^{55}di^{33}duɑ^{33}tʂər^{55} · he^{21}zo^{33}nɯ^{33}ɯ^{33}tʂər^{55}

佚名撰

抄本

1 册，24 页

左右双栏，版框 24.5 ×9.5cm。瑞香荛花纸，保存完好。

搜集于云南省香格里拉。分别讲述尤拉丁端和善心的神之子因鬼作祟，请东巴请神向鬼还债、放替身以消灾禳病的故事。

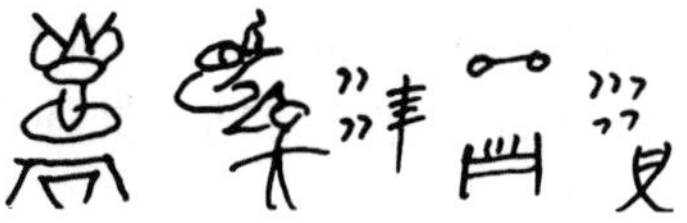

周本四兄弟的故事

tʂə^{33}pe^{33}lu^{55}zɿ^{33}tʂər^{55}dzo^{21}uɑ^{21}me^{55}

佚名撰

抄本

1 册，18 页

左右双栏，版框 28.5 ×9.5cm。瑞香荛花纸，保存完好。

搜集于云南省维西县。讲述周本四兄弟与人交战，在各种神的帮助下摧毁仇寨、攻破仇地的故事。

周本四兄弟的故事

tʂə^{33}pe^{33}lu^{55}zɿ^{33}tʂər^{55}

佚名撰

抄本

1 册，16 页

无边栏，版框 23 ×9cm。瑞香荛花纸，保存基本完好。

搜集于云南省香格里拉。讲述周本四兄弟与人交战，在各种神的帮助下摧毁仇寨、攻破仇地的故事。

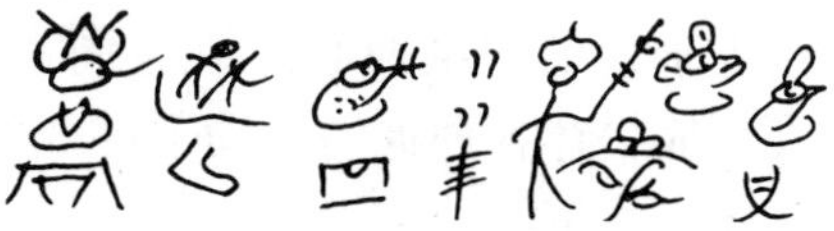

周本四兄弟的故事

tʂə^{33}pe^{33}lu^{55}zɿ^{33}tʂər^{55}

佚名撰

抄本

1 册，16 页

左右双栏，版框 26 ×9.5cm。瑞香荛

花纸，保存完好。

搜集于云南省维西县。讲述周本四兄弟与人交战，在各种神的帮助下摧毁仇寨、攻破仇地的故事。

周本四兄弟的故事

tʂə^{33}pe^{33}lu^{55}zɿ^{33}tʂər^{55}

佚名撰

抄本

1 册，20 页

左右双栏，版框 28 × 9.5cm。瑞香荛花纸，保存完好。

搜集于云南省香格里拉。讲述周本四兄弟与人交战，在各种神的帮助下摧毁仇寨、攻破仇地的故事。

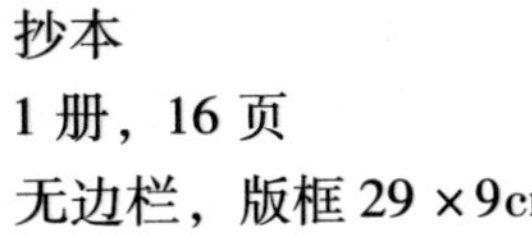

周本四兄弟的故事

tʂə^{33}pe^{33}lu^{55}zɿ^{33}tʂər^{55}dzo^{21}

佚名撰

抄本

1 册，16 页

无边栏，版框 29 × 9cm。瑞香荛花纸，保存完好。

搜集于云南省维西县。讲述周本四兄弟与人交战，在各种神的帮助下摧毁仇寨、攻破仇地的故事。

周本四兄弟的故事

tʂə^{33}pe^{33}lu^{55}zɿ^{33}tʂər^{55}dzo^{21}

佚名撰

抄本

1 册，14 页

左右双栏，版框 28 × 9cm。瑞香荛花纸，缺封底。

搜集于云南省丽江市。讲述周本四兄弟与人交战，在各种神的帮助下摧毁仇寨、攻破仇地的故事。

达奏恒依的故事

tɑ^{33}tʂə^{55}hə^{21}i^{33}tʂər^{55}

佚名撰

抄本

1 册，20 页

无边栏，版框 24 × 9.5cm。瑞香荛花纸，保存基本完好。

搜集于云南省香格里拉。分别讲述尤拉丁端、达奏恒依、哈若九兄弟因鬼作祟而生病，东巴请神驱鬼放替身而病愈的故事。

达奏恒依的故事

tsho^{21} ze^{33} phər^{33} dɯ^{21} tʂhər^{33} ʂu^{21} · tɑ^{33} tʂə^{55}he^{21}i^{33}tʂər

佚名撰

抄本

1 册，28 页

左右双栏，版框 26 × 10cm。瑞香荛花纸，保存完好。

搜集于云南省香格里拉。崇忍潘恩因父母去世找起死回生的药，不幸遇上楞启斯普鬼王，被鬼摄去其魂。请东巴做法仪向鬼还债放替身，病愈。又讲达奏恒依不会拜神祭鬼，家里发生许多异常现象而生病。请东巴向鬼还债、放替身，病愈。

都莎敖吐丢奏督皮口袋

do^{33}sɑ^{33}ŋɑ^{33}thv^{55}tʂə^{33}dv^{33}phi^{55}

佚名撰

抄本

1 册，38 页

无边栏，版框 26.5 ×9cm。瑞香荛花纸，封底残缺。

搜集于云南省丽江市。都莎敖吐之妻与署酋纽沙许罗偷情被都莎敖吐杀死。署起病报复。请东巴做法向署还债、放替身，把一些破烂装在叫奏督的皮口袋里抛给鬼并招魂，于是病愈。

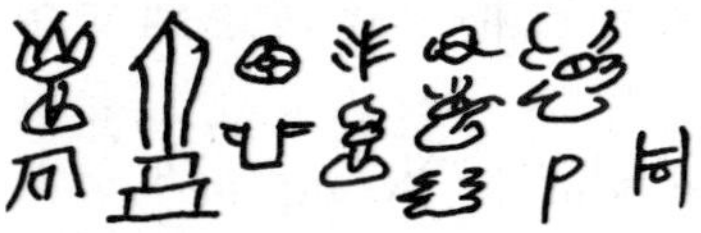

用牛放久日构补的替身

ʥiə^{33} ʐʅ^{21} kə^{55} bv^{33} ɯ^{33} nɯ^{33} ko^{21} khæ^{33}khɯ^{55}

佚名撰

抄本

1 册，32 页

左右双栏，版框 29 ×9cm。瑞香荛花纸，保存完好。

搜集于云南省丽江市。居住在居那若罗神山东面的汉族首领久日构补因不向居住在神山西面的呆饶金补鬼王还债，鬼王千方百计索取不曾欠的债，发兵来作祟。久日构补请东巴来做法仪，向鬼王还债、放替身便得安宁。

卢爪司沛的故事

lv^{21}dʐuɑ^{33}sʅ^{33}phe^{33}tʂər^{55}

佚名撰

抄本

1 册，36 页

左右双栏，版框 26 ×9.5cm。瑞香荛花纸，多页残缺。

搜集于云南省香格里拉。居住在居那若罗神山南面的卢爪司沛首领因遭南方鬼王史支金补作祟而病。于是请东巴请神驱鬼放替身而病愈。

用牛放孟拉金补的替身

mu^{33}lɑ^{21}ʥi^{33}bv^{33}ɯ^{33}nɯ^{33}ko^{21}kæ^{33}khɯ^{55}

东昌撰

抄本

1 册，30 页

无边栏，版框 29 ×9cm。瑞香荛花纸，保存完好。

搜集于云南省丽江市。居住在居那若罗神山西面的孟拉金补首领因遭西方鬼王作祟而病。请东巴请神驱鬼放替身而病愈。

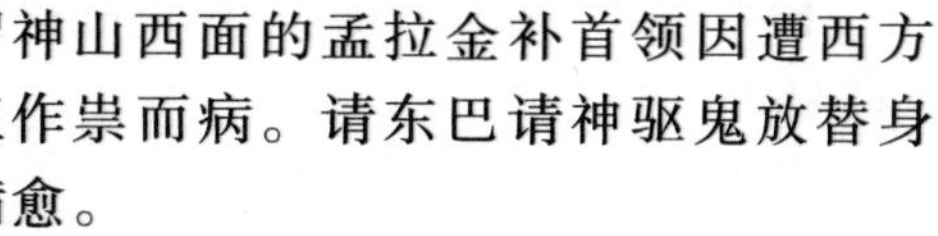

用牛放孟拉金补的替身

mu^{33}lɑ^{21}ʥi^{33}bv^{33}ɯ^{33}nɯ^{33}ko^{21}kæ^{33}khɯ^{55}

佚名撰

抄本

1 册，32 页

左右双栏，版框 28.5 ×9cm。瑞香荛花纸，保存完好。

搜集于云南省丽江市。居住在居那若罗神山西面的孟拉金补首领因遭西方鬼王作祟而病。请东巴请神驱鬼放替身而病愈。

用牛放禾布斥补的替身

ho^{21}bv^{33}tʂhʅ^{55}bv^{33}ɯ^{33}ko^{21}kæ^{33}khɯ^{55}

佚名撰

抄本

1 册，30 页

左右双栏，版框 28.5 ×9cm。瑞香荛花纸，保存完好。

搜集于云南省丽江市。居住在居那若罗神山北面的革洛人首领禾布斥补因遭北方鬼王奴祖景补作祟而生病。禾布斥补请东巴请神驱鬼，用牛放替身而病愈。

用牛放禾布斥补的替身

ho^{21} pu^{55} tʂhʅ^{55} bv^{33} ɯ^{33} nɯ^{33} ko^{21} kæ^{33}khɯ^{55}

佚名撰

抄本

1 册，28 页

无边栏，版框 29 ×9cm。瑞香荛花纸，保存完好。

搜集于云南省丽江市。居住在居那若罗神山北面的革洛人首领禾布斥补因遭北方鬼王奴祖景补作祟而生病。禾布斥补请东巴请神驱鬼，用牛放替身而病愈。

请猴子和狐狸

ə^{55}y^{21}ə^{55}dæ^{33}khv^{21}

佚名撰

抄本

1 册，24 页

无边栏，版框 27.5 ×9cm。瑞香荛花纸，保存完好。

搜集于云南省丽江市。讲述敬之正布因射到一头红鹿而导致毒鬼和仄鬼来讨债。敬之正布请来猴子和狐狸，给它们金银和衣服，让它们当自己的替身，让自己的一切灾难由猴子和狐狸带去。

禳解人在巴格上运转遇到的相克之厄运

pɑ^{33}kə^{21}khu^{55}lv^{33}by^{33}uɑ^{21}me^{55}

佚名撰

抄本

1 册，20 页

左右双栏，版框 28.5 ×10cm。瑞香荛花纸，保存完好。

搜集于云南省香格里拉。巴格是纳西族用十二生肖、五行表示方位的一种图。人的一生在巴格上运转。人的属相与巴格上转到之属相相克则有厄运。本书就讲述禳除这些厄运的必要性。

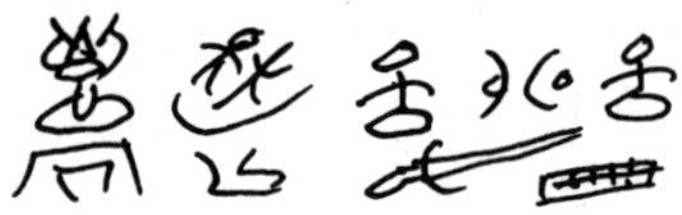

禳解人在巴格上运转遇到的相克之

厄运

pɑ^{33}kə^{21}khu^{55}lv^{33}by^{33}uɑ^{21}me^{55}

佚名撰

抄本

1 册，28 页

左右双栏，版框 27.5 ×8cm。瑞香荛花纸，保存完好。

搜集于云南省香格里拉。巴格是纳西族用十二生肖、五行表示方位的一种图。人的一生在巴格上运转。人的属相与巴格上转到之属相相克则有厄运。本书就讲述禳除这些厄运的必要性。

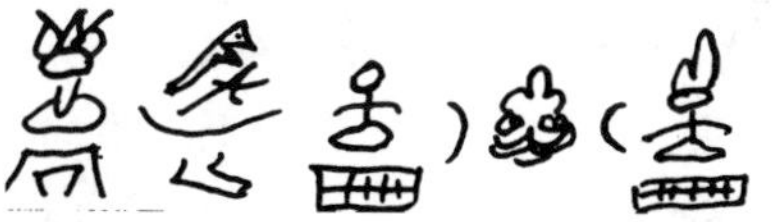

禳解人在巴格上运转遇到的相克之厄运

pɑ^{33}kə^{21}khu^{55}lv^{33}by^{33}

佚名撰

抄本

1 册，18 页

无边栏，版框 27.5 ×8cm。瑞香荛花纸，保存基本完好。

搜集于云南省香格里拉。巴格是纳西族用十二生肖、五行表示方位的一种图。人的一生在巴格上运转。人的属相与巴格上转到之属相相克则有厄运。本书就讲述禳除这些厄运的必要性。

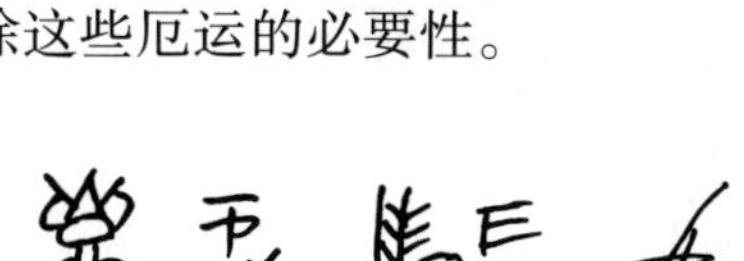

超度莎劳·解生死结

sɑ^{33}lɑ^{21}ŋv^{55} ·lɑ^{21}tʂu^{55}phər^{21}

佚名撰

抄本

1 册，24 页

左右双栏，版框 28 ×8cm。瑞香荛花纸，保存完好。

搜集于云南省丽江市。莎劳老人因太长寿，已享尽人间衣食，于是就到死亡之地吃死饭、穿死衣而死去。他的后裔超度他，请东巴解生死结以断死亡之路，关死门。

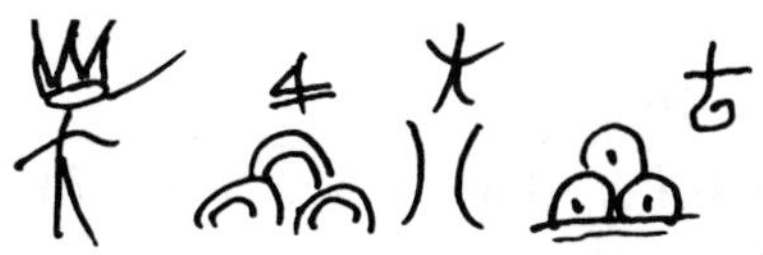

禳解人在巴格上运转遇到的相克之厄运

lv^{33}phər^{21}lv^{33}dʐæ^{21}tʂhə^{21}

佚名撰

抄本

1 册，20 页

左右双栏，版框 28.5 ×10cm。瑞香荛花纸，保存完好。

搜集于云南省香格里拉。巴格是纳西族用十二生肖、五行表示方位的一种图。人的一生在巴格上运转。人的属相与巴格上转到之属相相克则有厄运。本书就讲述禳除这些厄运的必要性。

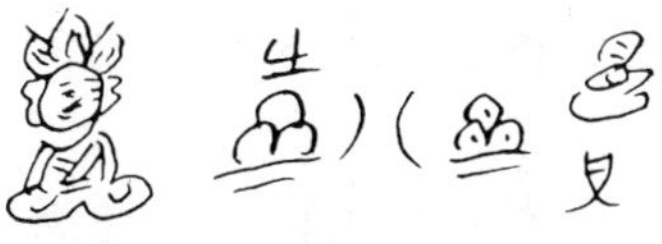

分清白石和黑石

lv^{33}phər^{21}lv^{33}nɑ^{21}by^{33}

久高恒撰

抄本

1 册，32 页

左右双栏，版框 24.5 ×9.5cm。瑞香荛花纸，保存完好。

搜集于云南省香格里拉。分别讲述从开天盘神九兄弟至崇忍利恩历代祖先请优麻战神摧毁仇敌的寨子、杀死仇敌的故事。

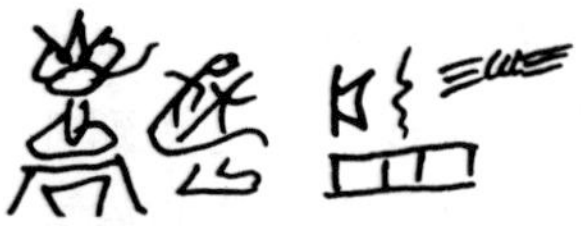

塞地缝

lɯ^{33}khu^{55}tsɿ^{55}

佚名撰

抄本

1 册，16 页

左右双栏，版框 26 × 9. 5cm。瑞香荛花纸，保存基本完好。

搜集于云南省香格里拉。讲述天之九兄弟、地之七兄弟、美利董主、崇忍利恩因仇敌作祟而不得安宁。于是他们请东巴用狗、山羊、猪塞地缝，用黄金磨平地缝并招魂。

塞地缝

lɯ^{33}khu^{55}tsɿ^{55}

佚名撰

抄本

1 册，22 页

无边栏，版框 24 × 8. 5cm。瑞香荛花纸，保存基本完好。

搜集于云南省香格里拉。讲述天之九兄弟、地之七兄弟、美利董主、崇忍利恩因仇敌作祟而不得安宁。于是他们请东巴用狗、山羊、猪塞地缝，用黄金磨平地缝并招魂。

压火鬼

mi^{33}zər^{21}py^{21}

佚名撰

抄本

1 册，16 页

无边栏，版框 24 × 7. 5cm。瑞香荛花纸，保存基本完好。

搜集于云南省维西县。讲述了火鬼的出处来历。厄年、厄月、厄日会招来火鬼。历代祖先都让东巴请神压火鬼、用鸡放替身，以得安宁。

压火鬼

mi^{33}zər^{21}

佚名撰

抄本

1 册，28 页

无边栏，版框 26 × 9cm。瑞香荛花纸，保存完好。

搜集于云南省香格里拉。讲述了火鬼的出处来历。厄年、厄月、厄日会招来火鬼。历代祖先都让东巴请神压火鬼、用鸡放替身，以得安宁。

压火鬼

mi^{33}zər^{21}

佚名撰

抄本

1 册，46 页

无边栏，版框 27 × 8cm。瑞香荛花纸，保存完好。

搜集于云南省香格里拉。讲述了火鬼

的出处来历。厄年、厄月、厄日会招来火鬼。历代祖先都让东巴请神压火鬼、用鸡放替身，以得安宁。

用狐狸放替身

dæ^{33}ŋv^{55}

佚名撰

抄本

1 册，36 页

无边栏，版框 26.5 ×8.5cm。瑞香荛花纸，保存完好。

搜集于云南省香格里拉。讲述了狐狸的出处来历。用狐狸放替身始于美支正布，美利董主、崇忍利恩、高勒趣等都用狐狸放替身，他们都获长寿。

咒　语

huɑ^{55}ly^{33}uɑ^{21}me^{55}

佚名撰

抄本

1 册，10 页

无边栏，版框 24 ×9cm。瑞香荛花纸，保存基本完好。

搜集于云南省香格里拉。记有朗久敬久、庚空优麻战神念的咒语，语义不明。

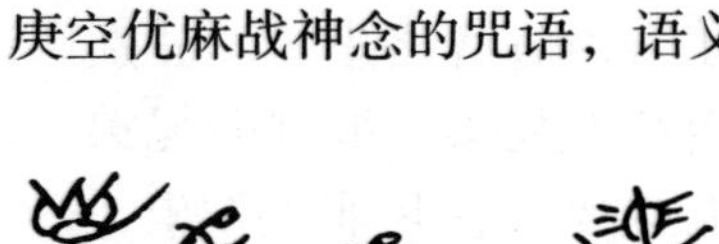

把财物给铎鬼和垛鬼

o^{33}ʥe^{33}to^{55}kæ^{33}ʨi^{33}

佚名撰

抄本

1 册，24 页

无边栏，版框 23 ×7.5cm。瑞香荛花纸，保存基本完好。

搜集于云南省维西县。分别讲述美利董主、崇忍利恩、高勒趣把牺牲等财物送给鬼，让鬼拿去放到鬼王处，把人鬼分开，把鬼送到仇地去。

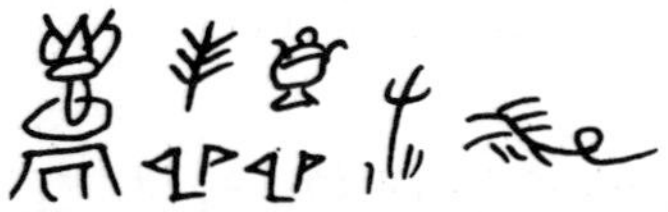

祭木和祭饭的来历 · 仪式结尾经

sər^{33}thr^{33}hɑ^{33}thv^{33} · py^{21}mæ^{55}tər^{55}

佚名撰

抄本

1 册，54 页

无边栏，版框 24 ×9cm。瑞香荛花纸，保存基本完好。

搜集于云南省香格里拉。内容包括：1. 祭木和祭饭的来历；2. 请仇鬼；3. 给鬼施食；4. 消灾仪式结尾经。

退口舌是非仪式（U）

优麻战神砍瓦鬼树

iə^{33}mɑ^{21}o^{33}ʥər^{21}ʦhər^{55}

佚名撰

抄本

1 册，26 页

左右双栏，版框 22 ×9cm。瑞香荛花纸，保存基本完好。

搜集于云南省香格里拉。讲述使人产生是非的瓦鬼作祟，东巴请优麻战神砍瓦鬼树，杀瓦鬼。

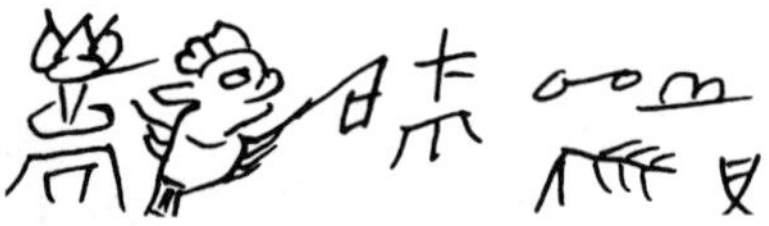

优麻战神砍瓦鬼树

iə^{33}mɑ^{21}o^{33}ʣər^{21}ʦhər^{55}me^{55}

纽恒撰

抄本

1 册，32 页

左右双栏，版框 27 ×10cm。瑞香荛花纸，保存完好。

搜集于云南省香格里拉。分别讲述了优麻战神、端格战神、本丹战神、东巴什罗的出处来历，请他们砍瓦鬼树杀瓦鬼的故事。

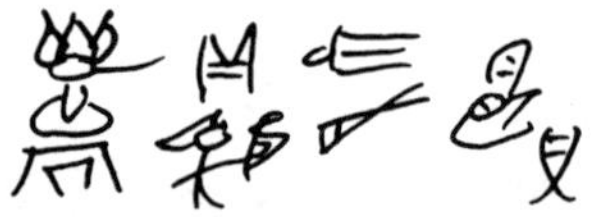

迎请畏当战神

uə^{33}dæ^{21}sɑ^{55}uɑ^{21}me^{55}

佚名撰

抄本

1 册，16 页

左右双栏，版框 25 ×9cm。瑞香荛花纸，保存完好。

搜集于云南省香格里拉。讲述东巴迎请各种战神压鬼的故事。

迎请十八个启神

ʨhi^{21}dæ^{21}ʦhe^{21}ho^{55}ly^{33}sɑ^{55}me^{55}

佚名撰

抄本

1 册，10 页

无边栏，版框 26 ×9. 5cm。瑞香荛花纸，保存基本完好。

搜集于云南省香格里拉。讲述十八个启神的出处来历。启在仪式中用一个个竹签表示，是分隔鬼和神的战神。请各种战神下来时不伤害神兵，不让鬼到神界里来。

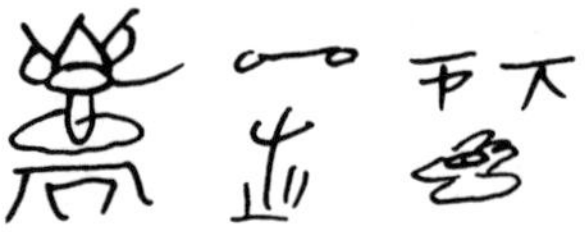

盘神九兄弟和禅神七兄弟的故事

phər^{21}zo^{33}gv^{33}kv^{55}sæ^{21}zo^{33}ʂər^{33}kv^{55}tʂər^{55}

佚名撰

抄本

1 册，24 页

左右双栏，版框 27 ×8. 5cm。瑞香荛花纸，缺封底。

搜集于云南省丽江市。分别讲述盘神九兄弟和禅神七兄弟因瓦鬼等各种是非鬼作祟不安宁，于是请东巴向鬼还债，把各种鬼赶到仇地去。

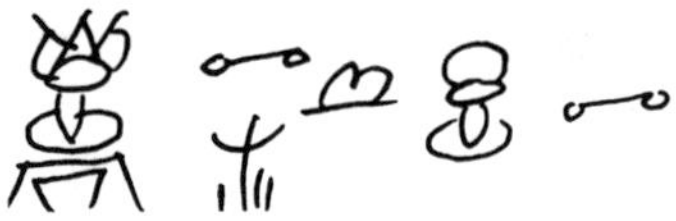

美利董主的故事

du^{13}gə^{33}tʂər^{55}ʣo^{21}

佚名撰

抄本

1 册，32 页

左右双栏，版框 23 ×9cm。瑞香荛花纸，缺封面。

搜集于云南省香格里拉。分别讲述美利董主、盘神九兄弟、禅神九兄弟、哈若九兄弟因瓦鬼等各种是非鬼作祟，请东巴用各种牺牲向鬼还债，请神压各种是非鬼的故事。

崇忍利恩、美利董主、哈若九兄弟的故事

tsho^{21}zə^{33}lɯ^{55}ɯ^{33} mɯ^{33}lɯ^{55}du^{21} hɑ^{33}zo^{33} gv^{33}kv^{55}tʂər^{55}

佚名撰

抄本

1 册，40 页

左右双栏，版框 27 ×10. 5cm。瑞香荛花纸，保存完好。

搜集于云南省香格里拉。讲述因天之恶神柯兴柯洛降下灾祸、是非及各种鬼，于是人们请东巴用各种牺牲向鬼还债、招魂，请神压鬼而无病无灾。

崇忍利恩和衬恒褒白的故事

tsho^{21} ze^{33} lɯ^{55} ɯ^{33} tshe^{55} hɯ^{21} bu^{33} bə^{21} tʂər^{55}dzo^{21}

佚名撰

抄本

1 册，26 页

左右双栏，版框 27 ×8. 5cm。瑞香荛花纸，保存完好。

搜集于云南省丽江市。崇忍利恩之妻衬恒褒白本是许给恶神柯兴柯洛的，却被崇忍利恩娶走。恶神柯兴柯洛为报夺妻之恨而施放灾祸、口舌是非到人间。崇忍利恩请东巴向鬼还债、招魂而得安康，并生三子。

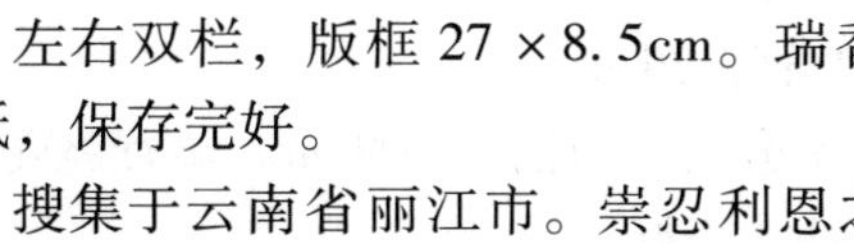

崇忍利恩的故事·端族和尤族争斗

tsho^{21}zə^{33}lɯ^{55}ɯ^{33} dər^{33}iə^{21}æ^{21}tʂər^{55}dzo^{21}

佚名撰

抄本

1 册，30 页

无边栏，版框 23. 5 ×9cm。瑞香荛花纸，保存完好。

搜集于云南省香格里拉。内容包括：1. 崇忍利恩因恶神降下灾难、口舌是非，就请东巴用各种牺牲向鬼还债、招魂，请神驱鬼。2. 美利董主之家请神驱鬼。3. 端族和尤族为争天地而发生争斗，尤族请战神战胜端族的故事。

端族和尤族的故事

dər^{33}nɯ^{13}iə^{21}gə^{33}tʂər^{55}dzo^{21}

佚名撰

抄本

1 册，30 页

左右双栏，版框 27. 5 ×10. 5cm。瑞香荛花纸，缺封底。

搜集于云南省香格里拉。端族经常偷尤族的牛羊而不承认，于是发生了战争。尤族请各种战神帮助而获胜。

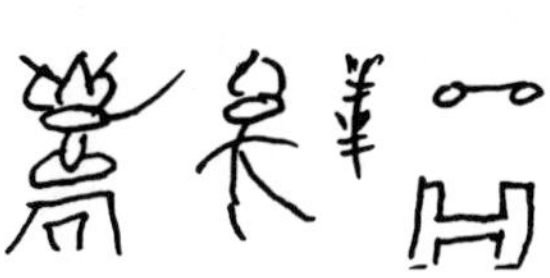

都沙敖吐的故事

do^{33}sɑ^{33}ŋɑ^{33}thv^{55}tʂər^{55}dzo^{21}

纽恒撰

抄本

1 册，32 页

左右双栏，版框 27. 5 ×10cm。瑞香荛花纸，保存完好。

搜集于云南省香格里拉。都沙敖吐到高原上放牦牛，其妻在家与署类的纽沙许罗相遇而终日调情做爱。都沙敖吐得知后回家杀死了纽沙许罗。署酋放出孔鬼等各种是非鬼。都沙敖吐请东巴做仪式而得安宁。

都沙敖吐的故事

do^{33}sɑ^{33}ŋɑ^{33}thv^{55}tʂər^{55}dzo^{21}

佚名撰

抄本

1 册，28 页

无边栏，版框 23 ×9cm。瑞香荛花纸，保存完好。

搜集于云南省香格里拉。都沙敖吐到高原上放牦牛，其妻在家与署类的纽沙许罗相遇而终日调情做爱。都沙敖吐得知后回家杀死了纽沙许罗。署酋放出孔鬼等各种是非鬼。都沙敖吐请东巴做仪式而得安宁。

迎请太阳

bi^{33}khv^{21}bi^{33}tsɿ^{33}

东纽撰

抄本

1 册，26 页

左右双栏，版框 23.5 ×9cm。瑞香荛花纸，保存完好。

搜集于云南省香格里拉。内容包括：1. 美利董主因仇敌放来崩鬼、孔鬼等作祟而请东巴做祭祀驱鬼。2. 崇忍利恩因恶鬼柯兴柯洛降下孔鬼等作祟而请东巴禳灾。3. 天上有十个太阳、十个月亮，人们热得经受不住，冷得经受不住。盘神、禅神杀了九个太阳、九个月亮，剩下的逃走了。他们又用鸡和狗请太阳。

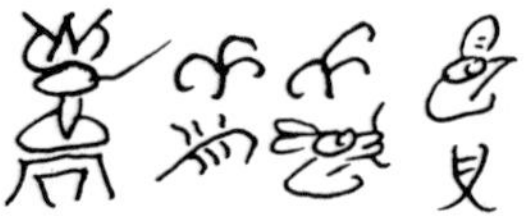

灾祸的来历

dzɿ^{33}pɯ^{55}dzɿ^{33}le^{21}uɑ^{21}me^{55}

佚名撰

抄本

1 册，24 页

左右双栏，版框 27.5 ×10cm。瑞香荛花纸，保存完好。

搜集于云南省香格里拉。讲述人为争地盘而发生争战，兄弟妯娌因争财产而发生争斗，人的一切失误过错都会产生口舌是非，都会给人带来灾难。

鬼的来历

khɯ^{55}dzo^{21}

佚名撰

抄本

1 册，26 页

无边栏，版框 22 ×9cm。瑞香荛花纸，保存基本完好。

搜集于云南省香格里拉。讲述了招致灾难和使人之间产生口舌是非的景鬼、崩鬼、孔鬼、奇鬼的出处来历。

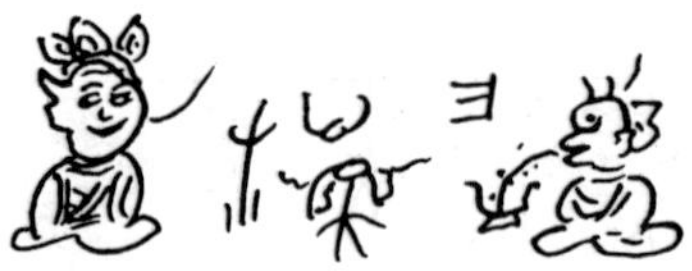

请祖先

y^{21}sɑ^{55}py^{21}kho^{33}mi^{33}
东恒撰
抄本
1 册，14 页

左右双栏，版框 27 ×10. 5cm。瑞香荛花纸，保存完好。

搜集于云南省香格里拉。子女备下酒饭、猪膘肉、糖等请祖先来享用以报养育之恩，并请祖先听东巴的祭祀声。同时东巴向各种鬼还债，愿上方的祖先平安，下方的活者幸福。

射杀呆鬼猪（头本、末本）
tər^{21}bu^{21}khæ^{55}kv^{33}tʂu^{55}mæ^{55}tʂu^{55}
佚名撰
抄本
1 册，38 页

左右双栏，版框 27 ×10. 5cm。瑞香荛花纸，缺封底。

搜集于云南省香格里拉。讲述了使人凶死的呆鬼的出处来历。东巴请神降临杀呆鬼，射杀呆鬼猪，向呆鬼还债。

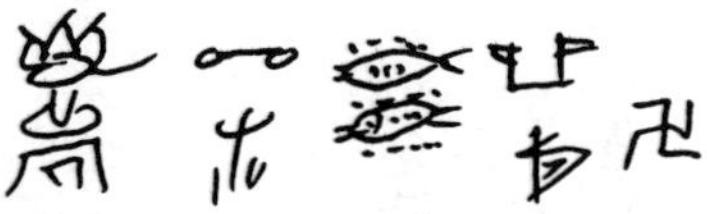

端鬼的出处来历
dər^{33}thv^{33}the^{33}ɯ^{33}
东宋撰
抄本
1 册，30 页

左右双栏，版框 27 ×8cm。瑞香荛花纸，保存完好。

搜集于云南省丽江市。端鬼是传播瘟疫和使人出差错的一种鬼。本书讲述了端鬼的来历及祭祀之家请东巴祭端鬼的过程。

端鬼的出处来历
dər^{33}thv^{33}
东宋撰
抄本
1 册，16 页

左右双栏，版框 27 ×8. 5cm。瑞香荛花纸，保存完好。

搜集于云南省丽江市。讲述巴乌崇宝在父亲死后杀狗待客。客人不吃狗肉，于是巴乌崇宝用马驮着狗肉去西方卖。回家途中马陷入泥塘无法出来，于是巴乌崇宝把马杀了，马的各个部位变成了各个地方的端鬼。

丹族和尤族争斗
dər^{33}æ^{21}iə^{21}æ^{21}
东宋撰
抄本
1 册，18 页

左右双栏，版框 27 ×8. 5cm。瑞香荛花纸，保存完好。

搜集于云南省丽江市。讲述丹族人偷了尤族的白牦牛，尤族人偷了丹族的猪。两族因此而争斗不断。丹族请毕摩祭祀杀死了尤族放的鬼而得安宁。

赶端鬼

dər^{33}thv^{55}mu^{21}

东宋撰

抄本

1 册，30 页

左右双栏，版框 27 × 8cm。瑞香荛花纸，保存完好。

搜集于云南省丽江市。先讲述了各色各样的端鬼的出处来历。端鬼给人带来疾病，给牲畜带来瘟疫。祭祀之家请神压端鬼，用绵羊、山羊、猪来请端鬼的魂以压在深土下。

送卡鲁面偶

khɑ^{33}lv^{55}to^{33}mɑ^{33}phi^{55}uɑ^{21}me^{55}

东金撰

抄本

1 册，16 页

左右双栏，版框 27 × 9.5cm。瑞香荛花纸，保存完好。

搜集于云南省维西县。讲述卡鲁面偶的出处来历。卡鲁面偶由白海螺色的狗獾、金黄色的猪、松石色的蝙蝠面偶组合而成。美利董主、尤拉丁端时代的东巴抛卡鲁面偶，让卡鲁面偶把东巴的失误带到仇地去。

解瓦鬼所缠之绳结

o^{33}tər^{55}phər^{21}

佚名撰

抄本

1 册，16 页

左右双栏，版框 23.5 × 9.5cm。瑞香荛花纸，保存完好。

搜集于云南省香格里拉。把各种口舌是非推送到仇地去。但若不把缠在人身上的是非像解绳结一样解开，人们便不能子孙兴旺。崇忍利恩请东巴用羚羊角解开是非之结，之后生有三子。

抠古鬼的出处来历 · 烧本丹神水

khə^{33}gv^{33}tsɿ^{21}thv^{33} · be^{21}ʥi^{21}tɯ^{21}

佚名撰

抄本

1 册，22 页

左右双栏，版框 28.5 × 8cm。瑞香荛花纸，保存完好。

搜集于云南省丽江市。内容包括：1. 讲述了传播口舌是非的会飞的抠古鬼的出处及壬鬼的出处来历。五方鬼王会派抠古鬼和其他鬼来作祟于人间。2. 讲述本丹战神的出处，烧本丹神水，用本丹神水把鬼烫死。

抠古鬼的出处来历 · 烧本丹神水

khə^{33}gv^{33}tsɿ^{21}thv^{33} · be^{21}ʥi^{21}tɯ^{21}

佚名撰

抄本

1 册，22 页

左右双栏，版框 27 × 7.5cm。瑞香荛花纸，保存完好。

搜集于云南省丽江市。内容包括：1. 讲述了传播口舌是非的会飞的抠古鬼的出处及壬鬼的出处来历。五方鬼王会派抠古鬼和其他鬼来作祟于人间。2. 讲述本丹战神的出处，烧本丹神水，用本丹神水把鬼烫死。

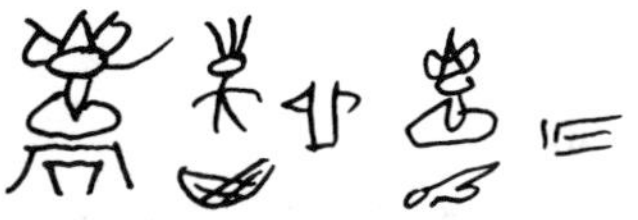

抠古鬼的出处来历·迎请什罗

khə^{33}gv^{33}tsɿ^{21}thv^{55} · ʂər^{55}lər^{33}sɑ^{55}

佚名撰

抄本

1 册，34 页

左右双栏，版框 29 ×9cm。瑞香荛花纸，缺封面。

搜集于云南省丽江市。讲述了抠古鬼等鬼的出处来历及东巴什罗的身世。因人间都被抠古鬼占满，于是人们派使者请东巴什罗。东巴什罗带领各种神压鬼杀鬼。

退口舌是非仪式规程

du^{33}mu^{21}me^{13}

佚名撰

抄本

1 册，16 页

左右双栏，版框 24 ×9. 5cm。瑞香荛花纸，保存基本完好。

搜集于云南省香格里拉。讲述了进行退口舌是非仪式的程序、所需物品及诵读经书的顺序。

向瓦鬼还债

o^{33}tshy^{55}ʐuɑ^{21}

佚名撰

抄本

1 册，24 页

左右双栏，版框 23 ×9. 5cm。瑞香荛花纸，保存完好。

搜集于云南省香格里拉。讲述美利董主、崇忍利恩等先辈请东巴用金银、松石和墨玉、木偶向鬼还债便得安宁。其后裔亦遵先辈古规进行仪式以求安宁。

分水·压仇敌

dʑi^{21}by^{33} · zɿ^{21}zər^{21}

佚名撰

抄本

1 册，40 页

左右双栏，版框 29. 5 ×9. 5cm。瑞香荛花纸，保存基本完好。

搜集于云南省丽江市。内容包括：1. 讲述天上生九个太阳和九个月亮，盘神毁了八个太阳，禅神毁了八个月亮，剩下的一个太阳和一个月亮躲起来了，于是用鸡请太阳和月亮。2. 请神压仇敌。

祸马的出处来历

dzɿ^{33}ʐuɑ^{33}thv^{33}pɯ^{55}

佚名撰

抄本

1 册，16 页

左右双栏，版框 28.5 ×9cm。瑞香荛花纸，保存完好。

搜集于云南省丽江市。讲述了马的出处来历。恶神柯兴柯洛降下各种灾祸和口舌是非给崇忍利恩和衬恒褒白两夫妇。崇忍利恩请东巴做仪式，把柯兴柯洛降下的灾祸及口舌是非驮在马上，让马把灾祸带到仇地。

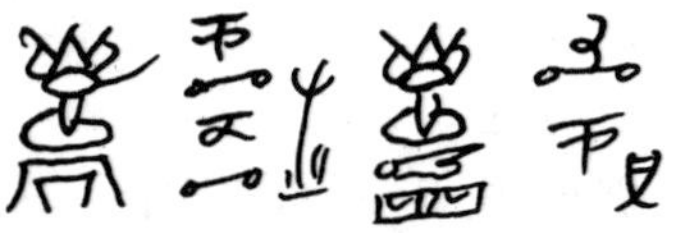

东巴解口舌是非之结

ʂər^{55} lo^{33} o^{33} tər^{21} phər^{21} me^{55}

佚名撰

抄本

1 册，26 页

左右双栏，版框 28 ×9.5cm。瑞香荛花纸，保存完好。

搜集于云南省丽江市。讲述东巴什罗的身世。东巴什罗请各种战神压各种鬼。东巴什罗把缠于人身上的口舌是非之结解开，祭祀之家的人便无病无灾。

招仇人之魂

zʅ^{21} khv^{21}

东恒撰

抄本

1 册，22 页

左右双栏，版框 26.5 ×8.5cm。瑞香荛花纸，缺封面。

搜集于云南省丽江市。讲述人间灾祸及纷争之来历。东巴请仇人之魂压在黑白交界处。

向崩鬼还债

bu^{33} dʐu^{33} ʐuɑ^{21}

佚名撰

抄本

1 册，16 页

左右双栏，版框 27.5 ×8.5cm。瑞香荛花纸，封面残缺。

搜集于云南省丽江市。讲述了崩鬼的出处来历。东巴做仪式用面偶、猪向五方鬼王等还债。东巴把杀牲之罪及过失推卸给鬼。

仇敌之来历·请仇人之魂

zʅ^{21} thv^{33} zʅ^{21} khv^{21} zʅ^{21} zər^{21}

佚名撰

抄本

1 册，22 页

无边栏，版框 28.5 ×9cm。瑞香荛花纸，保存基本完好。

搜集于云南省丽江市。讲述人间纷争产生仇敌。东巴做祭祀请仇人之魂，并把仇人之魂压住。

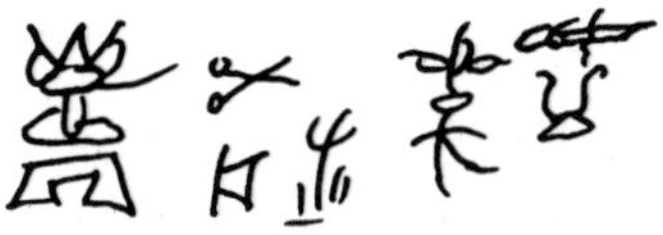

砍仇人的脖子

zʅ^{21} tɕər^{33} dɑ^{55}

佚名撰

抄本

1册，22页

左右双栏，版框27×8.5cm。瑞香荛花纸，封底残缺。

搜集于云南省丽江市。讲述历代祖先都砍了仇人的脖子。人间纷争产生仇敌，请仇人之魂并用咒语砍仇人的脖子。又讲述季鬼的出处来历及祭季鬼仪式的规程。

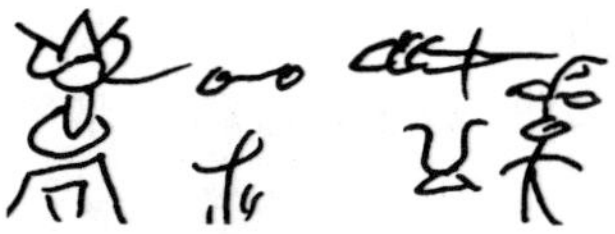

砍仇人的脖子

zʅ^{21}tɕər^{33}dɑ^{55}

佚名撰

抄本

1册，26页

左右双栏，版框27.5×9cm。瑞香荛花纸，封面残缺。

搜集于云南省丽江市。讲述历代祖先都砍了仇人的脖子。人间纷争产生仇敌，请仇人之魂并用咒语砍仇人的脖子。又讲述季鬼的出处来历及祭季鬼仪式的规程。

压仇人之魂

zʅ^{21}zər^{21}the^{33}ɯ^{33}

佚名撰

抄本

1册，24页

左右双栏，版框28×9cm。瑞香荛花纸，缺封底。

搜集于云南省丽江市。请各种神驱鬼，为祭祀之家的人招魂。之后招来仇人之魂并把它压住。又讲崩鬼的出处来历，把崩鬼赶到仇地。

求福泽子嗣

nɯ^{21}py^{21}me^{55}

佚名撰

抄本

1册，16页

左右双栏，版框27×8.5cm。瑞香荛花纸，保存基本完好。

搜集于云南省丽江市。讲述了九个福男、七个吉女的出处来历。祭司把口舌是非等灾祸抛到仇地，为祭祀之家求福泽子嗣。

求福泽子嗣

nɯ^{21}py^{21}o^{21}py^{21}uɑ^{21}me^{55}

佚名撰

抄本

1册，26页

左右双栏，版框22×9cm。瑞香荛花纸，多页残缺。

搜集于云南省香格里拉。讲述了九个福男、七个吉女的出处来历。祭司把口舌是非等灾祸抛到仇地，为祭祀之家求福泽子嗣。

求福泽子嗣

nɯ^{21}zʅ^{33}ɡv^{55}zʅ^{33}o^{21}zʅ^{33}ʂər^{33}zʅ^{33}py^{21}

佚名撰

抄本

1 册，26 页

左右双栏，版框 27 × 10cm。瑞香荛花纸，缺封底。

搜集于云南省香格里拉。讲述了九个福男、七个吉女的出处来历。祭司把口舌是非等灾祸抛到仇地，为祭祀之家求福泽子嗣。

用生鸡头的面偶赶鬼

çi^{13}se^{33}to^{33}mɑ^{33}no^{55}uɑ^{21}me^{55}

佚名撰

抄本

1 册，16 页

无边栏，版框 27 × 9. 5cm。瑞香荛花纸，缺封底。

搜集于云南省香格里拉。讲述生鸡头的面偶之出处来历。用生鸡头面偶放替身。生鸡头的面偶把口舌是非都带走。只要面偶到哪个鬼域里，那里的鬼之父母都死亡。

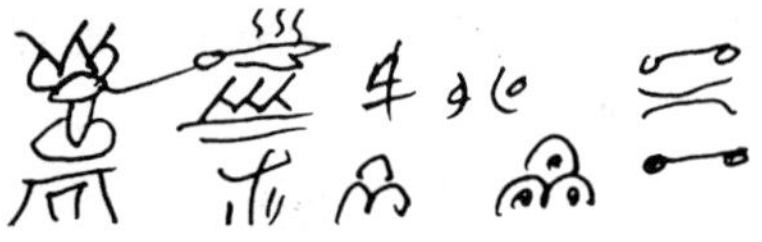

分清白石黑石

lv^{33}phər^{21}lv^{33}nɑ^{21}tʂhʅ^{33}phi^{21}

佚名撰

抄本

1 册，32 页

无边栏，版框 27 × 9cm。瑞香荛花纸，保存完好。

搜集于云南省香格里拉。分别讲述各种神和鬼的出处来历。盘神九兄弟、禅神九兄弟、恒神九兄弟等把与他们作对的鬼都杀死。

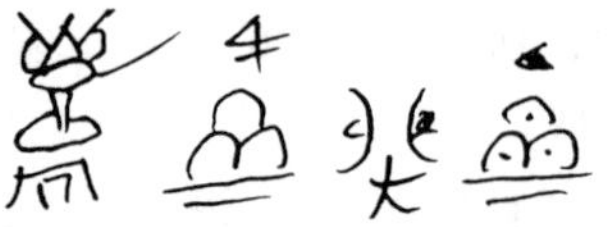

分清白石黑石

lv^{33}phər^{21}lv^{33}nɑ^{21}by^{21}

东恒撰

抄本

1 册，28 页

无边栏，版框 27 × 10. 5cm。瑞香荛花纸，保存完好。

搜集于云南省香格里拉。分别讲述各种神和鬼的出处来历。盘神九兄弟、禅神九兄弟、恒神九兄弟等把与他们作对的鬼都杀死。

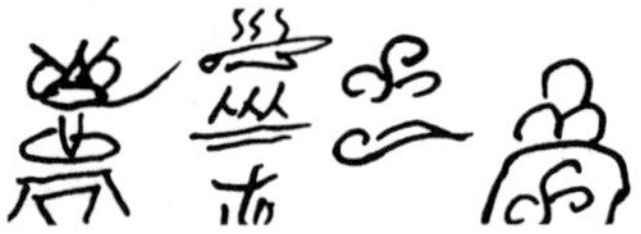

禳灾压祸

dzʅ^{33}hɯ^{55}dzʅ^{33}zər^{21}

佚名撰

抄本

1 册，28 页

左右双栏，版框 27 × 9cm。瑞香荛花纸，保存完好。

搜集于云南省香格里拉。讲述一切灾难都不是人类需要的而是各种鬼带来的。于是人们请东巴把各种灾难和鬼禳除并赶到仇地去。

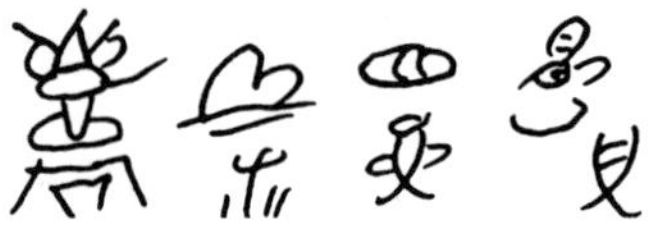

大赶鬼

thv^{55}dɯ^{21}uɑ^{21}me^{55}

佚名撰

抄本

1 册，26 页

左右双栏，版框 27.5 ×10cm。瑞香荛花纸，保存完好。

搜集于云南省香格里拉。讲述历代祖先都请神把各种鬼和灾难赶到仇地去。

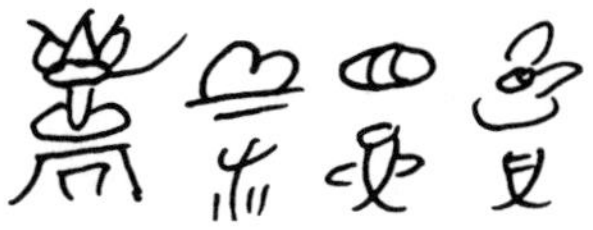

大赶鬼

thv^{55}dɯ^{21}uɑ^{21}me^{55}

佚名撰

抄本

1 册，32 页

左右双栏，版框 22.5 ×9cm。瑞香荛花纸，保存基本完好。

搜集于云南省香格里拉。讲述历代祖先都请神把各种鬼和灾难赶到仇地去。

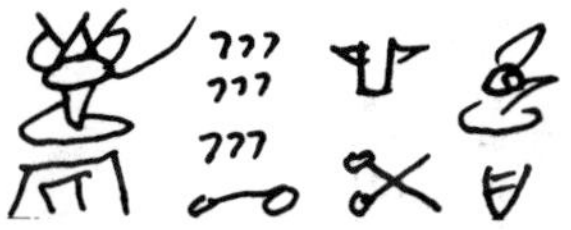

小赶鬼

thv^{55}dɯ^{21}uɑ^{21}me^{55}

佚名撰

抄本

1 册，36 页

左右双栏，版框 26 ×9cm。瑞香荛花纸，保存完好。

搜集于云南省香格里拉。讲述人类把不需要的各种鬼及鬼带来的灾难等赶到仇地去。把丹从鬼中分开，让丹把各种鬼带走。

抛卡鲁面偶

khɑ^{33}lv^{55}to^{33}ma^{33}phi^{55}

佚名撰

抄本

1 册，18 页

左右单栏，版框 25 ×9cm。瑞香荛花纸，缺封面。

搜集于云南省香格里拉。讲述历代祖先都请东巴做法仪，东巴做法仪时会有过失。于是东巴就抛狗獾、猴、蝙蝠面偶——卡鲁，把东巴的过失让卡鲁面偶带走，把过失推卸给鬼。

用耿空面偶赶鬼 · 驱赶是非鬼 · 结尾经

kɯ^{21}khu^{55}to^{33}mɑ^{33}no^{55} · bu^{33}tshɿ^{33}tɕhi^{33}py^{21}mæ^{55}tər^{55}

佚名撰

抄本

1 册，22 页

无边栏，版框 23 ×9cm。瑞香荛花纸，保存基本完好。

搜集于云南省香格里拉。内容包括：1. 用生九头的耿空面偶把各种鬼赶到仇地去。2. 历代祖先都把鬼赶到各自的鬼域里。3. 东巴在各路口插上表示五方战神的五叉竹，不让鬼返回来作祟。

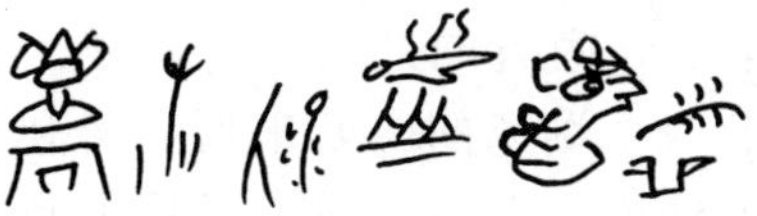

赶口舌是非 · 马的来历

bu^{33}tshɿ^{33}tɕhi^{33} · ʐuɑ^{33}thv^{33}pɯ^{55}

佚名撰

抄本

1 册，20 页

左右双栏，版框 21.5 ×9cm。瑞香荛花纸，保存基本完好。

搜集于云南省香格里拉。讲述了马的出处来历，把各种口舌是非都驮在马上，让马把各种鬼赶到仇地去。

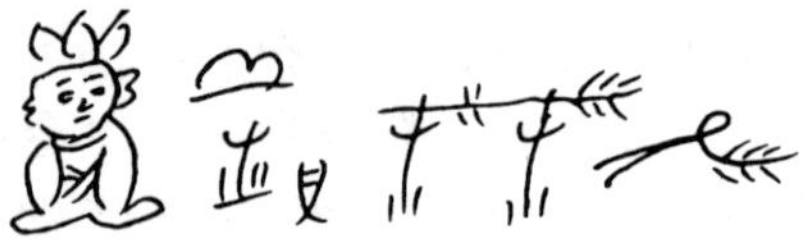

结尾经

py^{21}mæ^{55}tər^{55}

佚名撰

抄本

1 册，32 页

左右双栏，版框 27.5 ×10cm。瑞香荛花纸，缺封底。

搜集于云南省香格里拉。东巴把鬼赶走，在路上插表示五方战神的五叉竹不让鬼返回来作祟。

赶十八个端鬼的出处来历

dər^{33}ʦhʅ^{21}ʦhe^{21}ho^{55}kv^{33}thv^{33}

佚名撰

抄本

1 册，24 页

左右双栏，版框 28.5 ×8.5cm。瑞香荛花纸，保存完好。

搜集于云南省丽江市。先讲述了传播瘟疫的十八个端鬼的出处来历。美利董主家遭端鬼作祟，人畜皆病。于是美利董主便请东巴做仪式压端鬼。之后美利董主家又获安康。

杂类（V）

祭豹鬼和虎鬼

ʐər^{21}ʦhʅ^{21}lɑ^{33}ʦhʅ^{21}py^{21}

佚名撰

抄本

1 册，16 页

左右双栏，版框 28 ×8cm。瑞香荛花纸，保存基本完好。

搜集于云南省丽江市。先讲述豹鬼和虎鬼的出处来历。因豹鬼和虎鬼作祟，庄稼歉收、人生病。东巴请神杀豹鬼和虎鬼。

送蛇鬼

ʐʅ^{21}ʦhʅ^{21}pv^{55}

佚名撰

抄本

1 册，30 页

左右双栏，版框 27 ×9cm。瑞香荛花纸，缺封面。

搜集于云南省丽江市。内容包括：1. 讲述了神、人、鬼及牲畜、五谷的出处，然后讲述豹鬼和虎鬼的出处。因虎鬼和豹鬼作祟，东巴请神杀豹鬼和虎鬼。2. 讲述蛇鬼的出处来历。东巴向蛇鬼还债、送蛇鬼。

送蛇鬼

ʐʅ^{21}ʦhʅ^{21}pv^{55}

佚名撰

抄本

1册，24页

左右双栏，版框28.5×8.5cm。瑞香荛花纸，保存基本完好。

搜集于云南省丽江市。内容包括：1. 送蛇鬼仪式的规程。2. 讲述了蛇鬼的出处来历。因蛇鬼作祟，东巴向蛇鬼还债送蛇鬼。

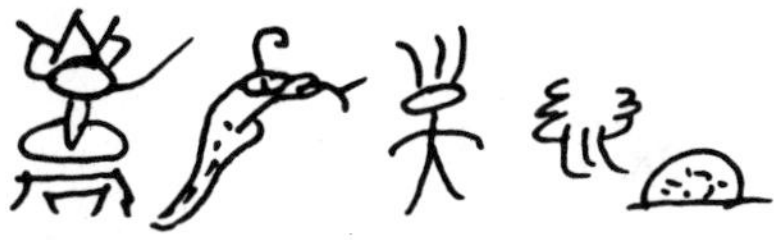

送蛇鬼

ʐʅ^{21} tshʅ^{21} pv^{55} uɑ^{21}

佚名撰

抄本

1册，16页

左右双栏，版框28×8.5cm。瑞香荛花纸，保存完好。

搜集于云南省丽江市。内容包括：1. 送蛇鬼仪式的规程。2. 讲述了蛇鬼的出处来历。因蛇鬼作祟，东巴向蛇鬼还债送蛇鬼。

送蛇鬼

ʐʅ^{21} tshʅ^{21} pv^{55} the^{33} ɯ^{33} uɑ^{21} me^{55}

佚名撰

抄本

1册，10页

左右双栏，版框28×9cm。瑞香荛花纸，保存基本完好。

搜集于云南省丽江市。讲述了蛇鬼的出处来历。因蛇鬼作祟，东巴向蛇鬼还债送蛇鬼。

用鸡祭替罗鬼

thi^{55} lo^{33} ku^{55} ɕy^{55}

佚名撰

抄本

1册，16页

左右双栏，版框27×7.5cm。瑞香荛花纸，保存完好。

搜集于云南省丽江市。讲述了替罗鬼和鸡的出处来历。因替罗鬼作祟，东巴用鸡放替身，向替罗鬼还债，为祭祀之家招魂。又讲述了祭替罗鬼仪式的规程。

压火鬼和秽鬼

mi^{33} tshʅ^{21} tʂhʅ^{21} tʂhə^{55} tshʅ^{21} zər^{21}

佚名撰

抄本

1册，40页

左右双栏，版框28×9cm。瑞香荛花纸，保存完好。

搜集于云南省丽江市。讲述了火鬼和鸡的出处来历。美利董主、岛周欧马、哈若九兄弟、都沙敖吐、崇忍利恩等因火鬼、秽鬼作祟请东巴向火鬼和秽鬼还债，用鸡放替身，请神压火鬼。

驱赶替罗鬼·用鸡祭替罗鬼

thi^{55} lo^{33} tshʅ^{21} thv^{55} · thi^{55} lo^{33} ku^{55} ɕy^{55}

佚名撰

抄本

1 册，14 页

左右双栏，版框 28 × 9cm。瑞香荛花纸，封底残缺。

搜集于云南省丽江市。讲述了替罗鬼和鸡的出处来历。因替罗鬼作祟，东巴用鸡放替身，向替罗鬼还债，为祭祀之家招魂。又讲述了祭替罗鬼仪式的规程。

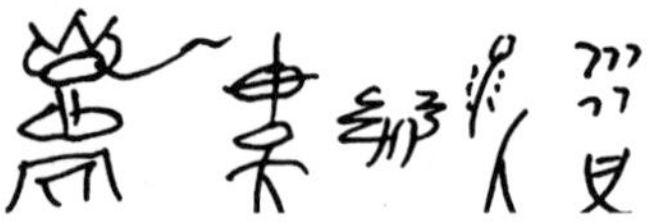

驱赶替罗鬼

thi^{55}lo^{33}pv^{55}pv^{33}ʦhʅ^{33}ʨhi^{33}

佚名撰

抄本

1 册，20 页

左右双栏，版框 28 × 10cm。瑞香荛花纸，保存完好。

搜集于云南省丽江市。讲述退口舌是非仪式的规程。其余为驱赶替罗鬼的咒语，语义不明。

天之九兄弟、崇忍利恩、高勒趣的故事

mɯ^{33} zʅ^{33} ɡv^{55} zʅ^{33} ʦho^{21} ze^{33} lɯ^{55} ɯ^{33} kɑ^{33} le^{21}ʦy^{55}tʂər^{55}ʣo^{21}

佚名撰

抄本

1 册，28 页

无边栏，版框 29 ×9cm。瑞香荛花纸，保存完好。

搜集于云南省丽江市。讲述天之九兄弟、崇忍利恩、高勒趣因绝后鬼作祟不能生儿育女。他们请东巴做法仪，让东巴请神杀绝后鬼。东巴向绝后鬼还债，之后祭祀之家便能生儿育女。

祭绝后鬼（中本）

ly^{55}tʂu^{55}

佚名撰

抄本

1 册，28 页

无边栏，版框 20 × 8. 5cm。瑞香荛花纸，缺封面、封底。

搜集于云南省香格里拉。讲述崇忍利恩时代有九个绝后的，高勒趣时代有六个绝后的。他们请东巴祭绝后鬼。之后崇忍利恩有了三个孩子，高勒趣有了四个孩子。他们的后裔都遵循古规祭绝后鬼。

祭绝后鬼（头本）

bɯ^{21}py^{21}kv^{33}tʂu^{55}

佚名撰

抄本

1 册，20 页

无边栏，版框 24 ×9cm。瑞香荛花纸，缺封底。

搜集于云南省香格里拉。讲述天之九兄弟、崇忍利恩、高勒趣因绝后鬼作祟不能生儿育女。他们请东巴做法仪，让东巴请神杀绝后鬼。东巴向绝后鬼还债，之后祭祀之家便能生儿育女。

景仄景饶

dʑi^{33}tsə^{21}dʑi^{33}zɑ^{21} ʂu^{55}

佚名撰

抄本

1册，8页

无边栏，版框 28 × 8.5cm。瑞香荛花纸，保存基本完好。

搜集于云南省香格里拉。讲述了景仄景饶的出处及一些水源的名称。因祭祀之家有人生病，举行景仄景饶宋仪式向鬼还债，为病人招魂。

杀猛鬼

mɯ^{33}ɯ^{21}sy^{55}

佚名撰

抄本

1册，10页

左右双栏，版框 28 × 8cm。瑞香荛花纸，缺封面、封底。

搜集于云南省丽江市。记有祭猛鬼仪式规程。猛鬼是在水中的一种馋鬼，会抢吃贡品，摄人之魂。又讲尤拉丁端、美利董主、崇忍利恩及他们的后裔都祭猛鬼招魂。

杀猛鬼

dʑi^{33} mɯ^{33} ɯ^{21} py^{21} me^{33} gə^{33} the^{33} ɯ^{33} uɑ^{21}me^{55}

佚名撰

抄本

1册，12页

左右双栏，版框 27 × 9cm。瑞香荛花纸，保存完好。

搜集于云南省丽江市。讲述尤拉丁端、美利董主、崇忍利恩及其后裔祭猛鬼招魂的事。又讲祭猛鬼仪式的规程。

杀猛鬼恩鬼

mu^{33}ɯ^{21}sy^{55}

佚名撰

抄本

1册，20页

左右双栏，版框 27.5 × 8cm。瑞香荛花纸，保存完好。

搜集于云南省丽江市。首先讲述猛鬼和恩鬼的出处来历。因猛鬼、恩鬼摄人之魂，先辈们都用鸡向鬼还债。孝顺的儿女们在野外祭祖，为祖先招魂。猛鬼和恩鬼此时会来抢食贡品，于是便杀猛鬼和恩鬼。又讲述了野外祭祖仪式的规程。

祭景神和崩神

dʑi^{33}bɯ^{21}py^{21}

东齐撰

抄本

1册，22页

左右双栏，版框 28 × 9cm。瑞香荛花纸，封面、封底残缺。

搜集于云南省丽江市。讲述向景神和崩神祭祀，并向它们求富裕强盛、长寿、胜利等。景神和崩神类似汉文化中的雷公、电母。

向争神献许愿鸡

tse^{21}ku^{55}ɕu^{55}

东奏撰

抄本

1 册，20 页

左右双栏，版框 27.5 ×9cm。瑞香荛花纸，保存完好。

搜集于云南省丽江市。讲述了争神和鸡的出处来历。美利董主、崇忍利恩、高勒趣等请神、供养神、向神献许愿鸡，于是无病无灾。其后裔亦遵古规行事。

赶　鬼

thv^{55}dzo^{21}

佚名撰

抄本

1 册，28 页

无边栏，版框 26.5 ×8.5cm。瑞香荛花纸，缺封底。

搜集于云南省丽江市。东巴请神把各种灾难、病痛、死亡等都赶走，把这一切由面偶带到仇地去。

顶　灾

tv^{55}py^{21}

佚名撰

抄本

1 册，24 页

左右双栏，版框 28 ×9cm。瑞香荛花纸，缺封面、封底。

搜集于云南省丽江市。讲述美利董主、都沙敖吐、崇忍利恩等都举行顶灾仪式，把各种灾难、病痛等都顶上去，不让它们降临到人间。

顶　灾

tv^{55}py^{21}the^{33}ɯ^{33}

佚名撰

抄本

1 册，32 页

左右双栏，版框 28.5 ×8.5cm。瑞香荛花纸，保存基本完好。

搜集于云南省丽江市。讲述美利董主、都沙敖吐、崇忍利恩等都举行顶灾仪式，把各种灾难、病痛等都顶上去，不让它们降临到人间。又讲述祭土鬼招魂仪式及咒语。

祭土鬼

lɯ^{33}tshɿ^{21}py^{21}

佚名撰

抄本

1 册，20 页

左右双栏，版框 28 ×10cm。瑞香荛花纸，保存基本完好。

搜集于云南省丽江市。讲土鬼的出处来历。美利董主请东巴祭土鬼招魂。其后辈亦遵古规行事。又讲祭土鬼仪式的规程。

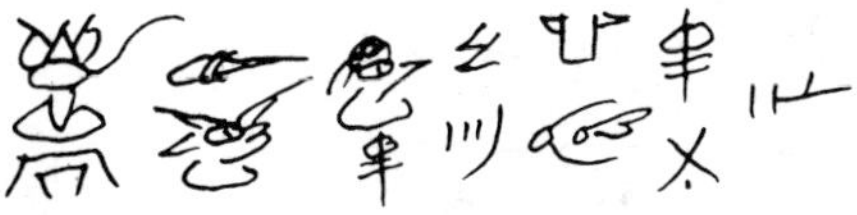

咒语·看土神吃什么算凶吉

tʂu^{55}y^{33}huɑ^{55}ly^{33}uɑ^{21}me^{55} ·thv^{33}ʥʅ^{33}ly^{21}

佚名撰

抄本

1 册，16 页

左右双栏，版框 26.5 ×8cm。瑞香荛花纸，保存完好。

搜集于云南省丽江市。内容包括：1. 记有治眼疮、被鬼缠身、中毒等的咒语。2. 看一年十二个月每月哪个属相日为凶日以及每月几号为凶日。

祭仁神和趣神

ze^{21}me^{55}the^{33}ɯ^{33}

佚名撰

抄本

1 册，38 页

左右双栏，版框 26 ×8.5cm。瑞香荛花纸，保存完好。

搜集地不明。讲述仁神和趣神的出处来历。崇忍利恩和衬恒褒白求了仁神和趣神而生了三个儿子。

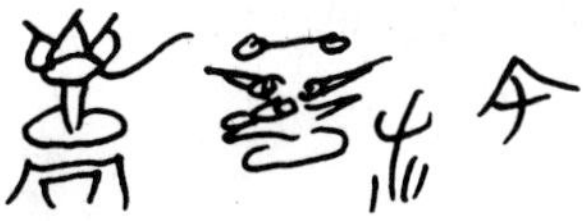

求福泽子嗣

o^{33}le^{33}nɯ^{21}py^{21}mu^{33}

佚名撰

抄本

1 册，16 页

无边栏，版框 28 ×8.5cm。瑞香荛花纸，保存基本完好。

搜集于云南省丽江市。讲述了九个福男、七个吉女的出处来历。因无数争端人类无法发展。崇忍利恩举行求福泽子嗣仪式后子孙兴旺。

以死亡者之属相、死亡时辰等占卜

ʂʅ^{33}sɑ^{21}ly^{21}

佚名撰

抄本

1 册，64 页

左右双栏，版框 24 ×9cm。瑞香荛花纸，缺封面。

搜集于云南省香格里拉。根据死者之属相、死亡时间占卜吉凶。若结果为凶，则举行仪式消灾禳祸。

民歌·说吉利话

ʥər^{33}pɯ^{33} ·khu^{55} ʂə^{55}

佚名撰

抄本

1 册，64 页

左右双栏，版框 28 ×9.5cm。瑞香荛花纸，保存完好。

搜集地不明。记有在结婚等喜庆场合唱的歌。

记录村寨名

o^{33}tse^{33} ʂʅ^{55}gə^{33}ʥʅ^{33}mi^{21}uɑ^{21}mu^{21}me^{55}

东久撰
抄本
1 册，12 页
左右双栏，版框 28 × 10cm。瑞香荛花纸，保存完好。
搜集地不明。记录了许多村寨名称。书末记有家谱。

以死亡者之属相、死亡时辰等占卜
ʂʅ^{33}sɑ^{21}ly^{21}
佚名撰
抄本
1 册，64 页
左右双栏，版框 27 × 9.5cm。瑞香荛花纸，保存完好。
搜集于云南省香格里拉。根据死者之属相、死亡时间占卜吉凶。若结果为凶，则举行仪式消灾禳祸。

东巴什罗和弟子的故事
ʂər^{55}lər^{33}ne^{13}gə^{21}bɑ^{21}tʂər^{55}dʑo^{21}
佚名撰
抄本
1 册，16 页
左右双栏，版框 24 × 9cm。瑞香荛花纸，缺封底。
搜集地不明。讲述了东巴什罗三个儿子及东巴什罗的弟子的故事。

象形文和哥巴文对照字典
gə^{21}bɑ^{21}thv^{33}thv^{21}
佚名撰
抄本
1 册，14 页
左右双栏，版框 28 × 8cm。瑞香荛花纸，保存完好。
搜集地不明。象形文字和哥巴文对照字典。

象形文和哥巴文对照字典
gə^{21}bɑ^{21}ku^{33}sɿ^{33}uɑ^{21}me^{55}
佚名撰
抄本
1 册，14 页
左右双栏，版框 28 × 9cm。瑞香荛花纸，保存基本完好。
搜集地不明。象形文字和哥巴文对照字典。

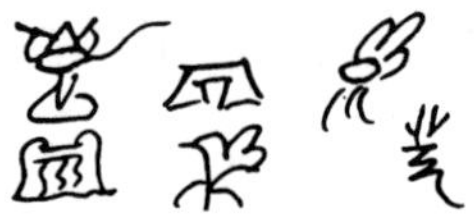

象形文和哥巴文对照字典
gə^{21}bɑ^{21}ku^{33}sɿ^{33}
佚名撰
抄本
1 册，10 页
无边栏，版框 26 × 8.5cm。瑞香荛花纸，缺封面。
搜集地不明。象形文字和哥巴文对照字典。

用鸡蛋占卜

æ^{21}kv^{33}phæ^{21}uɑ^{21}

佚名撰

抄本

1 册，20 页

左右双栏，版框 13 ×9cm。瑞香荛花纸，保存基本完好。

搜集于云南省香格里拉。内容包括：1. 观察鸡蛋的蛋黄、蛋清有无水汽现象占卜。2. 用胆占卜。3. 用三片树叶占卜。4. 用三颗祭粮占卜。

通过异常现象占卜

do^{21}ly^{21}do^{21}çiə^{55}me^{13}

佚名撰

抄本

1 册，16 页

左右双栏，版框 29 ×8. 5cm。瑞香荛花纸，缺封底。

搜集地不明。内容包括：1. 通过见到异常现象之日的属相、月份等占卜。2. 以具体异常现象如狗爬上房顶等占卜。

通过异常现象占卜

do^{21}sɿ^{21}ly^{21}the^{33}ɯ^{33}

佚名撰

抄本

1 册，22 页

左右双栏，版框 28 ×8cm。瑞香荛花纸，保存完好。

搜集地不明。内容包括：1. 通过见到异常现象之日的属相、月份等占卜。2. 以具体异常现象如狗爬上房顶等占卜。

咒　语

huɑ^{55}ly^{33}

佚名撰

抄本

1 册，30 页

左右双栏，版框 27. 5 ×8. 5cm。瑞香荛花纸，保存完好。

搜集地不明。内容为哥巴文咒语，语义不明。

咒　语

huɑ^{55}ly^{33}

佚名撰

抄本

1 册，10 页

无边栏，版框 27. 5 ×8. 5cm。瑞香荛花纸，缺封面、封底。

搜集地不明。内容为咒语，语义不明。

咒　语

huɑ^{55}ly^{33}

佚名撰

抄本

1 册，10 页

无边栏，版框 27 ×8.5cm。瑞香荛花纸，缺封面、封底。

搜集地不明。内容为咒语，语义不明。

窝姆达庚咒语

o^{33}mu^{33}dɑ^{13}gɯ^{33}

佚名撰

抄本

1 册，16 页

无边栏，版框 27 ×8.5cm。瑞香荛花纸，缺封面、封底。

搜集地不明。内容为咒语，语义不明。

祭世日

ʂʅ^{55}ʐʅ^{21} ʂu^{55}

佚名撰

抄本

1 册，32 页

无边栏，版框 27 ×8.5cm。瑞香荛花纸，缺封面、封底。

搜集地不明。内容包括：1. 火咒，语义不明。2. 请来各个大山、水源的龙王，以福咒祭之。

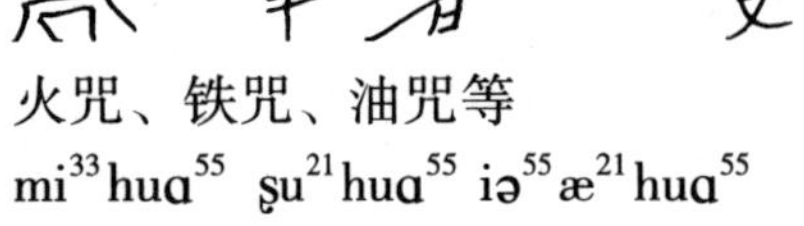

火咒、铁咒、油咒等

mi^{33}huɑ^{55} ʂu^{21}huɑ^{55} iə^{55}æ^{21}huɑ^{55}

佚名撰

抄本

1 册，16 页

无边栏，版框 28 ×9.5cm。瑞香荛花纸，保存完好。

搜集地不明。记有火咒、铁咒、油咒及治病的咒语。

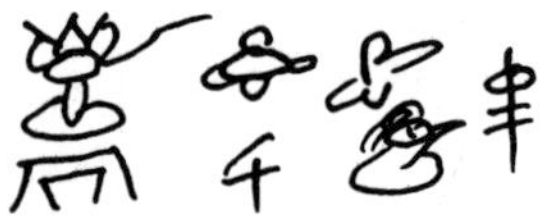

一百种咒语

dɯ^{33}çi^{33}sy^{21}huɑ^{55}ly^{33}

佚名撰

抄本

1 册，40 页

左右双栏，版框 29.5 ×9.5cm。瑞香荛花纸，保存完好。

搜集地不明。内容为咒语，语义不明。

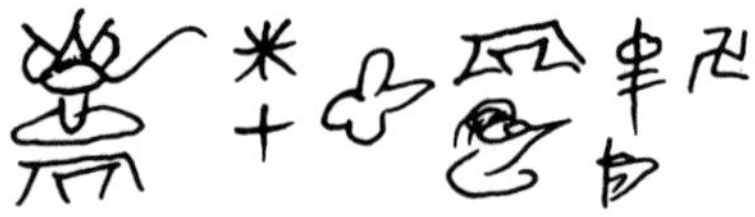

一百种咒语

tv^{21}le^{33}çi^{33}sy^{21}gə^{33}huɑ^{55}ly^{33}

佚名撰

抄本

1 册，46 页

左右双栏，版框 27.5 ×9.5cm。瑞香荛花纸，保存完好。

搜集地不明。内容为咒语，语义不明。

祛病咒语

gu^{21}huɑ^{55}me^{33}the^{21}gu^{21}ly^{21}

佚名撰

抄本

1 册，10 页

左右双栏，版框 27.5 ×10cm。瑞香荛花纸，保存完好。

搜集地不明。记有治生眼针、手脚出血的咒语。

咒　语

hua55ly33

佚名撰

抄本

1 册，16 页

无边栏，版框 27.5 ×9cm。瑞香荛花纸，缺封面。

搜集地不明。记录了治骨病、眼病、被狗咬、被蛇咬等时需念的咒语。

咒　语

hua55ly33

佚名撰

抄本

1 册，12 页

无边栏，版框 11.5 ×8cm。瑞香荛花纸，保存完好。

搜集地不明。内容为哥巴文咒语，语义不明。

咒　语

hua55ly33

佚名撰

抄本

1 册，12 页

无边栏，版框 18 ×9.5cm。瑞香荛花纸，保存完好。

搜集地不明。内容为咒语，语义不明。

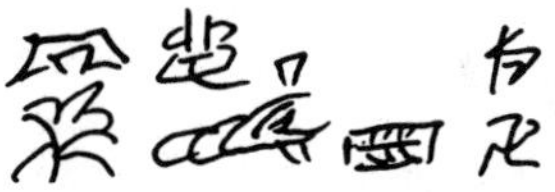

用哥巴文写的书

gə21ba21nɯ33pər55the33ɯ33

佚名撰

抄本

1 册，28 页

左右双栏，版框 29 ×9cm。瑞香荛花纸，缺封面、封底。

搜集地不明。内容为哥巴文写成的五言句，似记录的民歌。

舞　谱

tsho33bu21ua21me55

佚名撰

抄本

1 册，14 页

左右双栏，版框 28.5 ×9cm。瑞香荛花纸，保存完好。

搜集地不明。记有三十多种舞的跳法。

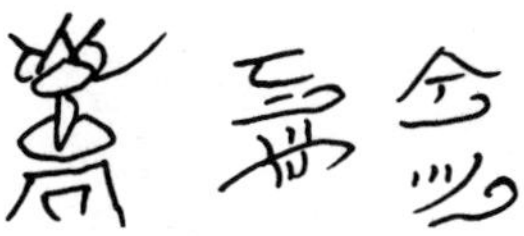

舞　谱

tsho33pɯ33mu33me55

佚名撰

抄本

1 册，36 页

左右双栏，版框 28.5 ×8.5cm。瑞香荛花纸，保存完好。

搜集地不明。记有多种舞的跳法。

消灾仪式·木牌画画谱

to^{55}khɯ^{55} · khuɑ^{55}pɯ^{33}

佚名撰

抄本

1 册，14 页

无边栏，版框 24 ×9cm。瑞香荛花纸，保存基本完好。

搜集于云南省香格里拉。记有消灾仪式上设置十八道坡时所要画的木牌画的画谱。

祭署仪式·木牌画画谱

sɿ^{21}ɡv^{21} · khuɑ^{55}pɯ^{33}

佚名撰

抄本

1 册，32 页

无边栏，版框 28.5 ×9cm。瑞香荛花纸，保存完好。

搜集地不明。记有祭署仪式上所需木牌画的画谱。

木牌画画谱

khuɑ^{55}pɯ^{33}the^{33}ɯ^{33}uɑ^{21}me^{55}

佚名撰

抄本

1 册，18 页

无边栏，版框 27 ×8.5cm。瑞香荛花纸，保存完好。

搜集地不明。记有一些神、鬼、动物、五宝的画谱。

后　记

这是我们承担美国大使文化保护基金项目“中国中央民族大学古籍研究所馆藏古籍保护与整理”的附属成果之一。期间我们邀请了云南丽江东巴文化研究院的王世英和郑菊清对纳西东巴古籍进行整理编目，为学者们利用这批古籍文献提供方便，我们在上述整理成果的基础上进行了综合编目。为扩大和提高本书的信息量及使用率，我们又把内容扩充到校内馆藏量较大的蒙古文、满文古籍目录，并汇总成一册，题名为《中央民族大学馆藏少数民族文字古籍名录》。本书撰稿与工作分工为：

纳西东巴文：王世英　郑菊清　李欣欣　李　鹏

满文：李　婷　李雄飞

蒙古文：其其格

框架与条目格式设置：黄建明

统稿、审稿：马　兰、黄建明

我们非常感谢中央民族大学资深教授张公瑾先生为本书作序；感谢美国驻华大使馆文化处胡贺娟女士对本课题的悉心督促，使本课题实现了预期目标；感谢硕士研究生钱思辰，博士研究生谢燮、叶康杰分别在担任本课题秘书期间付出的辛劳，正是他（她）们的操劳，课题才得以顺利推进；更感谢王世英、郑菊清、李欣欣、李鹏、李婷、李雄飞、其其格几位撰稿人，是他（她）们的心血铸就了这本巨著；同时感谢中央民族大学出版社黄修义副社长为本书付出的辛勤劳动。

黄建明

2015 年 6 月 20 日

责任编辑：杨爱新
封面设计：汤建军

ISBN 978-7-5660-1177-0

9 787566 011770 >

定价：148.00元